学方法清除遮蔽,超越传统,通达渊源,获得关于天道与人道、公平与正义、法治与理性、自由与民主最为直接、最为本真的认识。例如,"自由"这个西方法律思想史上最基本、最核心的概念,从氏族制度瓦解到希腊化罗马时代几乎孕育了千年之久,直到斯多亚学派的爱比克泰德这里"才获得了正确和切实的阐发"。① 后来经过中世纪披上了神学的外衣,到了近现代又出现了形形色色的自由主义,但是要真正弄清"自由"的原义,还必须回到希腊。这种"从今到古"与一般文化史、思想史"从古到今"的研究方法不同,而与人类学研究颇为相似,当然二者又有本质的区别。学习与研究西方法律思想史,可以借鉴原创文化这种"从今到古"回溯过去的方法,这不是贵古贱今的好古主义,这是一种拨开传统遮蔽、追寻真理的科学态度,是出于对文化原创、文化渊源在现代处境中返本开新意义的自信和自觉。这种自信和自觉有利于从方法论误区中获得拯救,有利于摆脱"中西"、"传统—现代"的二元思维模式,从而为人类法治事业开发出更多的精神资源。

作为一个中国人,在阅读西方法律思想史的时候,自然会想到中国的历史和中国的问题,甚至自觉不自觉地去进行中西比较。但是,有一种比较是需要警惕的,那就是"浸透着欧洲文明中心主义的文化观,它用欧洲的历史和文化观念来度量和裁剪非西方的历史和文化,把不同文化之间的差异解释成为单独一方的缺乏"。② 在西方历史上,即使一些著名思想家,如亚里士多德、孟德斯鸠、梅因、韦伯以至当代的昂格尔,他们对中国问题的判断也不尽准确,偏颇甚至误谈误解不少,如果坚持用他们偏颇的观点来认识中国,就必然把中国文化看成是"落后文化",甚至认为"二千年来,中华法系一直陷于停顿、僵化甚至与世界文明进步的方向背道而驰"。③ 这样的论断显得简单而粗暴,这"好比对着一面哈哈镜,看到的都是被认为夸大或被贬抑的自我"。④ 这种比较主要源于对中西文化实情的不了解,张伟仁先生说,要了解不同特质的文化实非

① 杨适:《古希腊哲学探本》,商务印书馆 2003 年版,第 667 页。
② 夏勇:《"中国文化与法治"国际学术研讨会暨中国法律史学会 2005 年年会开幕词》,载中国法律史学会编:《中国文化与法治》,社会科学文献出版社 2007 年版,第 7—8 页。
③ 余定宇:《寻找法律的足迹》,法律出版社 2005 年版,第 269 页。
④ 夏勇:《"中国文化与法治"国际学术研讨会暨中国法律史学会 2005 年年会开幕词》,载中国法律史学会编:《中国文化与法治》,社会科学文献出版社 2007 年版,第 7—8 页。

易事,比如特殊的语言、文字、器物、制度、理想、价值、信仰、见解、习惯等等,都十分复杂,"要了解一国的法制,就必须先了解该国的文化特质,以及形成这些特质的境遇。对于一个并未深受某一文化熏陶的人而言,要取得这样的了解,当然极其不易,如果他又有语文上的隔阂,则更不可能了"。当然,这也有历史的原因,"我国近世屡为西方及其学徒日本所挫,丧失了自信、自尊,以致崇洋媚外,对东西洋的事物盲目地模仿",结果"形体虽存,特质尽失,只能被人牵着亦步亦趋"。①

实际上,中西文化并不是冰火不相容的,二者之间虽有质的差异,但也有相似、相近、相通之处。比如,法律与道德的关系就是中西法律思想史上的基本问题,尽管深入下去又有很大的不同,但精神还是可以沟通的。当我们阅读苏格拉底,特别是阅读爱比克泰德,我们会因他们对灵魂和道德的善的切实关注以及对公平、正义、和谐的追求而自然想到孔子甚至耶稣、佛陀。我们应该以世界人的眼光观察和思考人类的文化和法文化,学习费孝通先生"各美其美,美人之美,美美与共,天下大同"的恢弘的文化气度,不妄自菲薄,也不盲目自大。既要看到自己的长处,也要承认别人的优势,以真诚的兄弟之心,平等地进行文化及其法文化的比较与对话。因此,对待西方文化包括法律思想,我们要抱积极学习的态度,因为西方人在法文化的积淀与法治精神的铸造上,更适应现代社会的需要,而我们中国如毛泽东、邓小平指出的是一个缺乏民主传统的国家,又如哈贝马斯所说中国缺乏西方那样的"法学传统",这就更需要去学习和了解西方文化,深入研究西方法律思想,以滋养我们的法治精神。

---

① 张伟仁:《祝辞》,载中国法律史学会编《法史学刊》第 1 卷,社会科学文献出版社 2006 年版,第1—2页。

目　录

第一编　古希腊罗马法律思想

第三编　近代西方法律思想

第 一 编
古希腊罗马法律思想

第一章 概 述

第一节 古希腊罗马法律文化
产生的自然历史条件

古希腊是一个地理文化概念,它指从公元前 12 世纪至前 2 世纪所有使用古希腊语的民族所产生的文化。它大体上可分为三个阶段:其一,公元前 12—前 8 世纪为一个阶段,是古希腊原始社会的解体时期,史称"荷马时代",因为其历史事实仅以诗人荷马的史诗为据;其二,公元前 8—前 4 世纪,是古希腊城邦制度的产生、发展和消亡时期,也是古希腊文化的鼎盛时期;其三,前 4—前 2 世纪,史称"希腊化时代",是古希腊文化的没落和向古罗马文化的转化时期。古希腊文化产生之前,在这个地区曾存在过两个文化,它们是约公元前 30 世纪到前 14 世纪克里特岛在古巴比伦和古埃及文化影响下的米诺斯文化;以及在它的影响下,希腊本土于公元前 16 世纪兴起的迈锡尼文化,不过四个世纪后发生的特洛伊战争毁灭了它。米诺斯人和迈锡尼人建立起类似东方君权神授的专制政体,特别是迈锡尼社会等级森严,国王具有绝对统治的权力,荷马的史诗描述了他们征服特洛伊人的战争。公元前 12 世纪迈锡尼文明毁灭,希腊北部蛮族多利安人南侵并成为主宰,地中海地区文明一下退回到了愚昧的原始状态,史称"黑暗时代"。经过几个世纪的沉寂,公元前 8 世纪,希腊人建立了自己的城邦国家,传统上的"希腊"历史开始,标志西方世界步入了文明社会。从此,希腊人有了哲学,有了法律文化,开西方法律文化之端。因此,黑格尔说:"一提到希腊这个名字,……自然会引起一种家园之感。"①恩格斯说:"在希腊哲学的多种多样的形式中,几乎可以发现以后的所有观点的胚胎、萌芽。"②这里的"希腊哲学"自然包括了希腊的法哲学及其法律文化。

古希腊比今天大,包括现在的希腊半岛,还有东边爱琴海诸岛,直到小亚细亚沿海一带、黑海沿岸,西到西西里、意大利南部和现在的法兰西、西班牙地中海沿岸地区。希腊本土境内多山,四面八方交错着山岭,土壤大部分是石灰质的。黑格尔认为,正是这种驳杂的地形,不能给人一种断然的影响,"我们在这里碰见的是山岭、狭窄的平原、小小的山谷和河流;这里没有大江巨川,没有简单的'平原流域';这里山岭纵横、河流交错,结果没有一个伟大的整块。这里看不到东方所表现的物质的权力——没有恒河、印度河等等江流,在这些大江流域上的种族,因为它的天边永远显出一个不变的形态,因此,习于单调,激不起什么变化;相反地,希腊到处都是错综分裂的性质,正同希腊各民族多方面的生活和希腊'精神'善变化的特征相吻合"。错综分裂、参差不同、多中心是希腊人生活里的第一个元素。③

希腊有良好宽广的道路,这就是大海。柏拉图说"希腊人是围着池塘的蚂蚁和青蛙",大海三面环绕希腊,港湾深入陆地内部,与邻国联系十分方便,黑格尔由此认为,海是"活跃在希腊民族生活里的第二个元素",④这就造成希腊人两栖类式的生活,"他们不像游牧人民那样漂泊无定,也不像江河流域居民那样安土重迁。"⑤黑格尔将希腊民族及其文化的特征归结为地理环境,显然是错误的,但他看到了地理环境对希腊文化的重大影响,却又具有一定的客观性和合理性。英国著名作家韦尔斯亦认为,"希腊这个被群山和海湾割裂为河谷众多的国家相互间交通困难,以致很少有城邦能在一段时间里使其他多数城邦附属于自己"。结果造成"希腊城邦的继续不断的和无法挽回的割据状态",从未形成一个管辖全希腊的或某一地区的最高权力或统一国家。

---

① [德]黑格尔:《哲学史讲演录》第1卷,贺麟、王太庆译,商务印书馆1983年版,第157页。

② 《马克思恩格斯选集》第4卷,人民出版社1995年版,第287页。

③ [德]黑格尔:《历史哲学》,王造时译,商务印书馆1956年版,第270页。

④ [德]黑格尔:《历史哲学》,王造时译,商务印书馆1956年版,第272页。

⑤ [德]黑格尔:《历史哲学》,王造时译,商务印书馆1956年版,第272页。

这是古希腊不同于埃及、苏美尔、中国、北印度的一个很大的差异。①

但是,在黑格尔看来,比地理环境更为有意义的是希腊人、希腊文化同外国人、外国文化特别是东方文化的交融。他说:"比这些开始具有更多历史性的,便是外国人的来临。"②据说,外国人帮助雅典人建立了炮台和宫室,雅典城就是埃及人栖克罗普斯建立的,"皮罗普斯带来了大量的财富到伯罗奔尼撒来,深受当地人的尊敬。丹内阿斯在雅各斯住了下来。尤其重要的是卡德马斯,他从腓尼基来,把发音的文字传入了希腊"。希腊人航海,从事海上贸易、海盗、贩卖奴隶,在财富积累的过程中,加快和扩展了与邻国的往来,吸收了异质的文化。"希腊人从印度、叙利亚、埃及取得了各种观念,乃是历史上的事实,同时希腊观念是希腊人自己所专有,同样地是历史上的事实。"③也就是说,东方文化是希腊文化的重要来源,但二者又不相等,虚怀若谷的开放精神导致希腊人把东方观念大胆地改造,并且消融、转化"成为希腊人自己所专有",而古希腊文化的繁荣确实是从东方殖民地小亚细亚沿海地区开始的。

需要指出的是,黑格尔特别强调异质文化的融合,这不仅揭示了人类文化演进过程中的一个重要事实,而且也包含了一个重要思想,封闭的文化无异于文化的自戕。希腊人和东方殖民地区文化的"水乳交融",为希腊精神的形成提供了强大的刺激和增添了内在的活力。一个民族的法律文化的形成与发展,也是在不断地与外来法文化的碰撞、冲突中进行的,孤芳自赏则会丧失文化的生命力,因为它违背了人类文化生存、更新、拓展的客观规律。

根据马克思恩格斯的分析,希腊文化的形成作为西方文明的起源,最重要的原因还在于希腊人走的是与古代东方截然不同的道路,他们用一种革命精神同旧制度决裂,创造了一个崭新的世界,这给人类精神花朵的开放准备了必要而优厚的条件。

不少研究中西文化的学者都喜欢引用马克思《〈政治经济学批判〉导言》中的一段话,并以此作为具体分析两种文化特质的理论依据。马克思说:"有粗野的儿童和早熟的儿童。古代民族中有许多是属于这一类的。希腊人是正

---

① [英]赫·乔·韦尔斯:《世界史纲》,吴文藻等译,人民出版社1982年版,第310页。
② [德]黑格尔:《历史哲学》,王造时译,商务印书馆1956年版,第273页。
③ [德]黑格尔:《历史哲学》,王造时译,商务印书馆1956年版,第282页。

常的儿童。"①马克思的论断确实是我们把握人类步入文明社会特点的钥匙。希腊罗马与古代东方专制主义不同,原始公社和氏族制度的瓦解,是由于个人私有财产以及个人为追求私有财产进行的各种活动的强大冲击。所以,恩格斯说:"氏族制度已经走到了尽头。"②"古老的氏族制度,不仅无力反对货币的胜利进军,而且它也绝对没有办法能在自己的结构内部给货币、债权人、债务人以及逼债等找到立足之地。"③"由子女继承财产的父权制,促进了财产积累于家庭中,并且使家庭变成一种与氏族对立的力量;财产的差别,通过世袭贵族和王权的最初萌芽的形成,对社会制度发生反作用;奴隶制起初虽然仅限于俘虏,但已经开辟了奴役同部落人甚至同氏族人的前景;古代部落对部落的战争,已经开始蜕变为在陆上和海上攫夺家畜、奴隶和财宝而不断进行的抢劫,变为一种正常的营生,一句话,财富被当做最高的价值而受到赞美和崇敬。"④对财富的追求、"鄙俗的贪欲是文明时代从它存在的第一日起直至今日的起推动作用的灵魂;财富,财富,第三还是财富,——不是社会的财富,而是这个微不足道的单个的个人的财富,这就是文明时代唯一的、具有决定意义的目的"。⑤ 古希腊人正是凭借私有财产和追逐个人财富的动力,斩断了氏族制度自然血缘的脐带,显示了希腊人创造历史的活力,铸造了自由的希腊精神,因此,恩格斯指出:"只是在公社瓦解的地方,各民族才靠自身的力量继续向前迈进。"⑥所以,它是"发育正常的儿童"。

与此相应的是古代东方专制主义国家,却是"早熟的文明小孩",⑦比如埃及、巴比伦、中国。根据马克思在《1857—1858 年经济学手稿》中的分析,这些国家的形成是建立在许多自给自足的小公社经济基础上的,在形式上同原来的氏族土地公有制"完全不矛盾",⑧各种社会关系和制度形式上也没有重大变化,那些掌管公共事务的少数人(君主、贵族、上层僧侣)自然地成了统治阶

①　《马克思恩格斯选集》第 2 卷,人民出版社 1995 年版,第 29 页。
②　《马克思恩格斯选集》第 4 卷,人民出版社 1995 年版,第 112 页。
③　《马克思恩格斯选集》第 4 卷,人民出版社 1995 年版,第 111—112 页。
④　《马克思恩格斯选集》第 4 卷,人民出版社 1995 年版,第 106—107 页。
⑤　《马克思恩格斯选集》第 4 卷,人民出版社 1995 年版,第 177 页。
⑥　《马克思恩格斯选集》第 3 卷,人民出版社 1995 年版,第 525 页。
⑦　侯外庐:《中国思想通史》第 1 卷,人民出版社 1957 年版,第 5 页。
⑧　《马克思恩格斯全集》第 46 卷(上),人民出版社 1979 年版,第 473 页。

级,成为全部土地和人民的最高所有者。"统治阶级以公有制的体现者出现,并且正是在保持公有制的氏族制度的形式下,把几乎所有的社会成员变成了自己的支配对象,从而实际上使原始社会变成了奴隶社会。所以,原先氏族制度的血缘关系所形成的人们的自然纽带,在形式上非但没有遭到破坏和改变,反而由于对统治阶级维护其统治有利而更加强化了。氏族成员的个人始终没有能从氏族的脐带上脱落和分离,因而不能得到自主的发展。这种类型的社会是十分保守的。"①恩格斯在《反杜林论》中指出过由氏族公有制度转化而来的国有土地制度对东方国家的负面影响,他说:"古代的公社,在它继续存在的地方,在数千年中曾经是从印度到俄国的最野蛮的国家形式即东方专制制度的基础。"在这里,传习有极其重要的作用,为了社会支配者的利益,习惯与传统甚至被当作成文的法律神圣化起来。像古埃及和古巴比伦虽早已进入文明社会,产生了最早的法和法典,"但在几千年里这种社会几乎就像木乃伊那样僵死不动,停滞不前,显示不出人民的活力。这里不能出现希腊那种自由公民;就是在统治阶级里的个人,也不曾得到过希腊人的那种自由,所以他们尽管享有种种特权和闲暇,也产生不出哲学这种新的对世界的看法,以及以个人独立思考为必要形式的思维花朵来。他们所做的,只是对神话和宗教加工使之更加森严可怕,用至高无上的神权来表现和巩固那地上的专制制度"。②汉穆拉比法典披上太阳神的外衣,中国夏商周时代的法亦被当作神的意旨。

　　侯外庐先生认为,古代东方国家走进文明社会的路径,就是依存于传习,即氏族制度,再把它固定起来。他称这样步入文明社会为"古代的维新制度"。灌溉和热带等自然环境是古代东方"早熟"的自然条件;氏族公社的保留以及转化成为土地所有者的氏族王侯,是它的"维新"的路径;土地国有而没有私有地域化的所有形态,是它的因袭的传习;征服了周围部落的俘获,是它的家庭奴隶劳动力的源泉。中国古代文明社会比西洋早了约一千年,青铜器时代(手无寸铁)就成立了国家。这种"早熟"文明好比在温室似的环境之下成长,必然先天不足,而有异于自然生长的希腊文明。这种早熟的文明,来不及清算氏族制度,相反,"器惟求新"、"人惟求旧",比较多地因袭着氏族制

────────────────

①　杨适:《哲学的童年》,中国社会科学出版社 1987 年版,第 220 页。
②　杨适:《哲学的童年》,中国社会科学出版社 1987 年版,第 62 页。

度,因此,它不可能产生梭伦立法革命,而只能出现周公制礼的改良维新。法律文化重传统,重伦常道德,重群体,倡无讼,重调解,主和谐。因此,"中国历史一开始便走一条曲折的道路,保存了旧人物,使'旧的拖住新的',以致一系列的旧生产方式遗留到后世,形成束缚历史发展的力量"。① 希腊人走的是同氏族制度决裂的道路,他们是正常的儿童,依靠自己的力量,凭借商品经济和货币的动力,不仅加速了私人财富的积累和追求,而且大大地促进了希腊人从原始氏族共同体中分离和独立的过程,地域单位代替了血缘单位,国民代替了氏族。在法律文化上一开始就表现了希腊精神的特点,梭伦立法就是这种精神的典范。因此,希腊人重视立法与法的作用,重视自由,重视个人的权利,履行义务是为了实现自己的权利,重视私法,注意用法律维护财产的私有权。

第二节　古希腊罗马法律文化概述

黑格尔说:"民主国家并不是大家长制的国家——并不建筑在一种还没有发达的信赖上面——而是具有各种法律,具有一种公平的和道德的基础上订立法律的意识,并且知道这些法律是积极的。"②希腊罗马的立法一开始就同这种法律文化意识联系在一起,他们积极开展立法活动,亚里士多德《雅典政制》记载的古希腊法律文献达150种之多。法史学界一般以"古希腊法"这一概念来总称希腊城邦国家和希腊化时代的法律。在古希腊法中,梭伦立法集中地反映了希腊前苏格拉底时期的法律文化精神。米利都学派成功之处在于给希腊人的法思考提供了一种新的思维方式,而梭伦则利用这种思维方式总结了他的法律思想,并且将这种法的精神变成了希腊人早期的法的实践,这对后来的法律思想家产生了深远影响。

人类早期的法思想尚未独立,往往同哲学、伦理甚至文学联系在一起,古希腊早期法的意识主要同自然哲学结合起来。前苏格拉底时期的赫拉克利特,这位爱非斯晦涩哲人走的是另外一条道路,它强调"斗争就是正义",主张

---

① 侯外庐:《中国思想通史》第1卷,人民出版社1957年版,第16页。
② [德]黑格尔:《历史哲学》,王造时译,商务印书馆1963年版,第296页。

成文法,反对过时的习惯法,但更认为逻各斯、自然法则决定一切,支配一切,它养育了人类的法律,是法律的主宰。而毕达哥拉斯是古希腊法律文化史上第一个提出对立面思想的人,他把数与正义联系起来,用物质世界的数量关系解释万物的本原,表现了一种难能可贵的科学精神。爱利亚学派对传统宗教的冲击,用推理的逻辑力量对抗自然哲学,对矛盾(悖论)的揭露,表明希腊人的思维水平迈出了决定性的一步。留基波、德谟克利特的原子论为雅典奴隶主"原子"式的民主与法制提供了哲学依据,并且直接影响了智者派的法律思想。

有人认为,智者可以和文艺复兴时期人文主义者相比,他们是古希腊思想界的启蒙者,第一批人文主义者。① 智者学派形成于伯利克里时期,这是古希腊民主制的鼎盛年代。但是,它的衰落也是同民主制的衰落联系在一起的。如果说普罗泰戈拉"人是万物的尺度"这一命题是原子论的法哲学原则在社会生活中的具体运用和发展,那么,安提芬认为自然高于法律,自然就是必然,则把赫拉克利特的自然法思想推进到一个新阶段。他们明确地提出了自然法与人为法的关系问题,人为法要符合自然法,达到了前苏格拉底时期自然法思想的最高水平。

包含着强烈的感觉主义、相对主义、个人主义的智者派的自然法理论并不能挽救雅典民主制的危机,因为这些正是民主制本身的弊端,于是产生了苏格拉底、柏拉图学派。苏格拉底、柏拉图企图用"普遍"、"共相"代替"特殊"、"个人",用理性主义、国家主义、绝对主义、客观唯心主义代替感觉主义、相对主义、主观主义,从"拯救现象"到"拯救本质",追求最高的、普遍的"善"和"正义",并以此批判一切不义。苏格拉底之死的悲剧和柏拉图理想国的破灭,对他们的追求不啻是严重打击,但又深刻地展现了希腊古典时代法律文化的内容和深度,亦表现了希腊法律文化的自我反省、自我批判和新的追求。这一阶段法文化精神带有强烈的伦理色彩和义务本位特征,无疑是对古朴的自然法思想的一种否定。但是,柏拉图晚年思想的变化与深化,表明希腊法精神的"勇于自新"。

亚里士多德重视经验事实,既不简单地否定智者派,又不踩着老师柏拉图

①　耶格尔:《Paideia:希腊文化的理想》,英译本,1939 年,牛津,第 291 页。

的脚印走,而是从经验事实出发,具体地分析问题。他集古希腊城邦法律思想之大成,发展了柏拉图的正义论和法治论,提出了系统的法治理论和法制体系模式,标志古希腊法律文化的辉煌成果,为罗马法学的崛起准备了丰富的思想资料,成为西方法律文化的一个理论源泉。

古希腊奴隶制衰落时期产生了伊壁鸠鲁和斯多亚派的法律思想。他们批判奴隶制,提出"世界城邦"新概念、新思想、新世界观,这与柏拉图、亚里士多德的法哲学路向全然不同,不仅标志哲学与法哲学中的一个深刻变革,而且也是古希腊法律思想史上的重大变化。他们主张的正义、自然法虽然反映了人们对城邦民主制绝望的情绪和统治阶级调和阶级矛盾的要求,但他们的思想对罗马法文化产生了直接的作用,对中世纪和近代的法律思想也有深远影响。

古代罗马国家从台伯河上的一个小小城邦,经过长期对外征服,承袭并发展了古代东方和希腊各国的经济、政治和文化成果,发展成为以地中海域为中心,横跨欧、亚、非的大帝国。特别是罗马的法律经过长期演变,成为奴隶制社会最发达、最完备的法律体系,并且还"包含着资本主义时期的大多数法权关系",①"以致一切后来的立法都不能对它做任何实质性的修改"。② 这是古代西方法律文化的最高成果,也是古罗马法律文化的结晶。

"罗马人,比起希腊人来是蛮族。罗马文明独特的创造唯有法律;其他哲学、科学、文化、宗教、神话全都是希腊搬来的。"③古罗马文化直接受到希腊的影响,希腊人不仅给罗马人带来了种植橄榄和葡萄的技术、青铜器和陶器、建筑艺术和语言文字,而且充当罗马人的家庭教师、医生和音乐师,把自然科学著作、政治和法律的著作带给了意大利人。黑格尔说,罗马宗教具有不含诗意的效用主义和私图性质,而希腊宗教则显示出自由与美丽。罗马人采取希腊的神祇只是由于需要,而希腊人建立庙宇和神像是出于对美的爱、对神的爱。罗素说,古罗马人最初与希腊人接触,就感到自己比较野蛮、粗鲁,而希腊人在许多方面要比他们优越,这说明罗马文化与希腊文化的差异,一定程度上揭示了罗马人学习和借鉴希腊文化的必然性、必要性。

---

① 《马克思恩格斯全集》第 36 卷,人民出版社 1974 年版,第 169 页。
② 《马克思恩格斯文集》第 4 卷,人民出版社 2009 年版,第 221 页。
③ 顾准:《顾准文集》,贵州人民出版社 1995 年版,第 240 页。

在法律文化方面,希腊对罗马的影响是广泛而深远的,比如公元前6世纪罗马人仿照梭伦实行改革,并设立了新的人民大会。罗马共和国实行的是雅典式的奴隶主民主制。但是,就法律文化的深层结构而言,最深刻的影响是希腊人的自然法思想成为古罗马法律思想的直接的思想渊源,古罗马法律思想史实际上是一个学习、传播、应用希腊自然法思想的过程,这也正是罗马法思想的一个显著特点。

罗马人是"效用主义"的,[1]因此,他们的法律文化基本上属于应用型,在法哲学思维的深度与高度上远不如希腊人。他们不重视法学理论的研究,恩格斯说,罗马人的重要兴趣是发现和规定那些作为私有财产的抽象关系的关系。因此,罗马法学家的主要任务就是解决当时急需解决的具体问题,这是罗马法律思想的第二个特点。

第三,宗教与皇权的结合是罗马法的指导思想。黑格尔说,在罗马宗教被用来达到贵族阶级的目的。[2] 由于皇权的需要,宗教又充当了法学家们的助手,以至于把古希腊自然法思想中的神秘因素进一步发展,最终蜕变为神学的自然法思想,成为中世纪法律思想的出发点。

---

① [德]黑格尔:《历史哲学》,王造时译,商务印书馆1956年版,第337页。
② [德]黑格尔:《历史哲学》,王造时译,商务印书馆1956年版,第340页。

第二章　前苏格拉底时期的法律思想

第一节　米利都学派和希腊人早期的法思维

米利都位于爱琴海东岸，是希腊人在小亚细亚殖民地伊奥尼亚地区的一个城市。该城濒临爱琴海，是古代亚、非、欧的交通枢纽，工商业繁荣，人文荟萃，被称为"伊奥尼亚地区的花朵"。在这里孕育了西方思想史上的第一个学派，其主要代表人物有泰勒斯、阿那克西曼德和阿拉克西美尼。

米利都学派是希腊历史上第一个唯物主义哲学派别，创始人泰勒斯（Tnales，约公元前624—约前547年）是著名的希腊"七贤"之一，黑格尔说"最初的立法者被称为七圣"。① 这七人是希腊最有声望的人，都是伟大的政治家，其中政绩卓著者是梭伦。泰勒斯是古希腊第一个写自然论文的人，但他没有留下任何著作，其名言"水是万物的始基"，却标志了西方哲学的开端。黑格尔说，这"是哲学命题，哲学是从这个命题开始的"。② 从法律文化的视角考察，它又是一个法哲学命题，包含着自然法思想的萌芽因子，这一命题深刻地展现了人类法哲学思维的萌芽状态，貌似简单，却并不简单。这是一种新思想、新的思维方式，用自然本身去说明自然，把世界万物的产生变化归结为自然原因，这就沉重地打击了传统的宗教迷信，为新兴阶级的法制改革要求提供

---

① 〔德〕黑格尔：《历史哲学》，王造时译，商务印书馆1956年版，第296页。
② 〔德〕黑格尔：《哲学史讲演录》第1卷，贺麟、王太庆译，商务印书馆1960年版，第186页。

了有力的理论武器。"泰勒斯是意识形态上的梭伦",①梭伦改革奠定了奴隶主民主制度的基础,而泰勒斯第一个把人类的法思维从宗教神话中解放出来,从而开始了科学的法律文化的发展历程。

第欧根尼·拉尔修记载的泰勒斯的诗句中有这样的话:"去寻找唯一的智慧","去选择唯一的善"。智慧是理性,善就是正义;哲学家的诗句实际上蕴涵了人类最早的正义观念的因素,而明确地宣告正义的则是泰勒斯的后继者阿那克西曼德。据亚里多士德著作的重要注释家辛普里丘(公元 6 世纪人)《物理学》记载,阿拉克西曼德说过:"一切存在着的东西都由此生成的也是它们灭亡后的归宿,这是命运注定的。根据时间的安排,它们要为各自对它物的损害而互相补偿,得到报应。"②罗素把后一句话译为"为它们彼此间的不正义而互相补偿"。③ 汤姆逊(G. Thomson)认为阿拉克西曼德的"作出报偿(补偿)"的观点原出于部落的意识形态,因为这是用来表示解决敌对氏族争端的方法的用语。为此,汤姆逊还查考了泰勒斯和阿拉克西曼德都属于古代希腊的祭司君主的王族系统出身,他们同古代氏族制度和宗教传统有着深刻的渊源关系。④

我们赞成杨适先生的分析,他认为这一段话表明泰勒斯、阿拉克西曼德他们承认了新事物,承认了原始氏族制度发生分化的必然性(彼此对立,相互侵夺),但又对氏族制度的衰落抱有留恋之情,因为他们毕竟同原始氏族制度传统有深切的关系。因此,他们提出的"正义"就有两重性,但基本方面同代表工商奴隶主利益的梭伦是一致的。

第二节　毕达哥拉斯和希腊人早期的正义观念

继米利都学派之后,毕达哥拉斯创立了古希腊第一个唯心主义派别——毕达哥拉斯派。毕达哥拉斯(Pythgoras)是萨摩斯人,出身于平民,其父是个指

---

① 叶秀山:《前苏格拉底哲学研究》,生活·读书·新知三联书店 1982 年版,第 42 页。
② 苗力田:《古希腊哲学》,中国人民大学出版社 1990 年版,第 24 页。
③ [英]罗素:《西方哲学史》上卷,商务印书馆 1963 年版,第 52 页。
④ [英]汤姆逊:《古代哲学家》,生活·读书·新知三联书店 1963 年版,第 173 页。

环雕刻匠。传说他学习过米利都派学说,长期在埃及、巴比伦、波斯等地进行贸易和游学,深受东方文化影响,又学过许多有关神话和宗教的知识。据说,他把统一的铸币引入克罗通及其邻近的南意大利各邦,①又是最早把秤和尺介绍给希腊人的人。这说明毕达哥拉斯所领导的"贵族政治"并不单纯是旧的土地所有制形态的,而是同商业贸易有强有力的联系的。②

毕达哥拉斯的名言:"数是本原",数构成了全宇宙。第欧根尼·拉尔修说,毕达哥拉斯发现了直角三角形斜边的平方等于其他二边的平方和(即勾股定理),为此举行了一次百牛大祭庆祝,可见,数对于毕达哥拉斯之重要。马克思说:"作为使用价值,商品首先有质的差别;作为交换价值,商品只能有量的差别。"③人类关于量的抽象思维是在生活实践中,特别是随着商品经济的发展而发展起来的。当然,作为一种世界观,毕达哥拉斯的理论是不科学的,但是,从人类对于事物的质和量认识的历史发展看,它又有极重大的意义,是古希腊商业贸易与社会进步的一种反映。

毕达哥拉斯在数是本原的基础上,强调指出:"和谐"是宇宙的最高原则,灵魂净化的最完美的境界。当然,这种和谐是以承认对立面为前提的。万物由数产生,又按照一定数量比例而构成"和谐"的"秩序"。宇宙天体按照一定比例的距离环绕"中心火"运转而发出美妙的声音,构成所谓"天体的和谐"。"整个的天是一个和谐,一个数目。"④人类社会也由一种和谐的秩序支配,"美德乃是一种和谐,正如健康、全善和神一样。所以一切都是和谐的"。⑤ 实现了"和谐",也就达到了正义。亚里士多德说,毕达哥拉斯学派以前曾讨论过几个主题如机遇、正义或婚姻,并将它们的定义归结为数。毕达哥拉斯用宇宙和谐的理论肯定了正义观,在他的团体戒律中亦有严格的规定:不要使天平倾斜。这就是要维护正义公平,不应做不义的事。这种正义论超过了米利都学派,因为他把目光从自然转向了现实的社会生活、人生和灵魂。而且,他把

---

①　[英]汤姆逊:《古代哲学家》,生活·读书·新知三联书店1963年版,第282页。
②　杨适:《哲学的童年》,中国社会科学出版社1987年版,第120页。
③　马克思:《资本论》第1卷,人民出版社1975年版,第50页。
④　杨适:《哲学的童年》,中国社会科学出版社1987年版,第133页。
⑤　北京大学哲学系编译:《古希腊罗马哲学》,生活·读书·新知三联书店1957年版,第36页。

自己的正义论付诸实践,产生了一定的效果,他反对僭主吕格拉底"建立一个自由人无法忍受的强权加暴政的统治"。① 他们"为意大利人立法","他们将城邦治理得极好"。②

第三节　赫拉克利特的逻各斯和希腊人早期的法哲学精神

赫拉克利特(Heraclitus,公元前530—前470年)出生在一个名门贵族家庭,是祭司王巴斯鲁斯的儿子。其父的职位可以世袭,但赫拉克利特却让给了兄弟,以便自己完全献身哲学。黑格尔认为,从赫拉克利特开始,哲学家才从公共事务中分离。"希腊七贤"包括泰勒斯在内是一些政治家、统治者、立法者,毕达哥拉斯搞了一个政治团体,到了赫拉克利特才完全献身于哲学,"完全为了哲学而生活在孤寂之中"。赫拉克利特哲学是继毕达哥拉斯学派之后出现的,赫拉克利特是古希腊唯物主义和辩证法的杰出代表,黑格尔认为"他是一个有深刻思想的人,他是前此(一切)意识(或知识)的完成,——一个从理念到全体的完成,而这个全体性就是哲学的开始"。③

赫拉克利特的法律哲学思想有一个基本的概念——"逻各斯",这是一个古希腊词的音译,含义丰富。黑格尔在《哲学史讲演录》中认为它是指理性的规律,这当然是一种深刻的哲学洞见。经国内外许多著名专家精细研究,大多指出"逻各斯"的一个重要含义是"尺度"。赫拉克利特说:"太阳不能超出它的尺度,否则,正义之神的使从——爱林妮们就会把它查出来。"④但是,在赫拉克利特看来,逻各斯还有更为本质的含义,即逻各斯是隐藏在事物内部的对立和斗争,"互相排斥的东西结合在一起,不同的音调造成最美的和谐,一切

---

① 苗力田:《古希腊哲学》,人民出版社1990年版,第54页。
② 苗力田:《古希腊哲学》,人民出版社1990年版,第55页。
③ [德]黑格尔:《哲学史讲演录》第1卷,贺麟、王太庆译,商务印书馆1960年版,第298—299页。
④ 苗力田:《古希腊哲学》,人民出版社1990年版,第39页。

都是斗争所产生的"。① 而"斗争就是正义"。② "如若没有这些事情(指不正义的各种行为),人们就不会知道正义的名字"。③ 可见,正义、和谐是同不正义、不和谐相比较而存在,相斗争而发展的,正义、和谐要经过斗争才能实现。

据此,有人判断赫拉克利特与梭伦、毕达哥拉斯"对正义有着完全对立的理解"。④ 这样论断恐怕根据不足。所谓"完全对立",就是从根本上否认它们的同一性。不要忘记赫拉克利特的逻各斯既有斗争、对立的含义,但尺度、分寸也是它的内涵。世界秩序是一团活火,这团活火在一定的分寸上燃烧,在一定的分寸上熄灭,正义之神不准许任何事物超越"尺度"。这表明赫拉克利特讲的对立与斗争是有"度"的,有"分寸"的,这样的斗争才能造成最美的和谐和人间的正义。显然,这与梭伦的节制、尺度、正义是一致的。

"尺度"一词是当时希腊人的一种新观念、正义女神的新形式,有"分量适当"、"节制"的意思。梭伦出身古老的中等贵族世家,远古的文化传统和新兴工商业阶级的进取精神在他身上合而为一。他不满雅典的现状,认为社会冲突是因为贵族们对金钱和财富的贪得无厌造成的。为了缓和、抑制冲突,他提出社会需要公道和正义,而"正义"的要义是"那种唯一维持事物界限的内在智慧、尺度"。在实践中,梭伦企图用"节制"的武器限制贵族和平民双方,贵族不要过分侵夺平民,平民不要过分反对贵族,大家都把正义和公道置于财富的追求之上,把正义和公道作为道德与法律的标准,社会就会安宁。这是一种中和、调停社会冲突的法哲学思想,实为亚里士多德中庸之道的滥觞。这种法哲学思想是古希腊公元前 6 世纪前后一百多年间兴起的一种进步的新思潮。这种思潮渗透哲学、政治、法律、文艺、医学等各个领域。它在法哲学上表现为对正义、公道、和谐以及实现正义的手段节制、中和等的思考,而且通过统治者立法(如梭伦立法),这种法哲学精神变成了希腊早期的法的实践。因此,可以说,泰勒斯、梭伦、毕达哥拉斯、赫拉克利特主张的正义、和谐虽有差别,但基

① 北京大学哲学系编译:《古希腊罗马哲学》,生活·读书·新知三联书店 1957 年版,第 19 页。

② 北京大学哲学系编译:《古希腊罗马哲学》,生活·读书·新知三联书店 1957 年版,第 19 页。

③ 苗力田:《古希腊哲学》,中国人民大学出版社 1990 年版,第 40 页。

④ 徐大同:《西方政治思想史》,天津人民出版社 1985 年版,第 25 页。

本上是一致的,适应了希腊社会发展的客观需要。

　　长期以来学术界有一种传统观点,根据赫拉克利特的贵族出身,加之他非常孤傲,离群索居,便断定他"鼓吹反动的贵族政治"。① 这样定论,似乎简单化了,实际上赫拉克利特的法哲学是"响彻千年"的进步思想。他同梭伦的区别不过是关于正义思路上思考重心和思考深浅的不同,但殊途同归。而且造成不同的根本原因不是主观因素,而是客观历史条件。赫拉克利特生活在希波战争的前夜,希腊人面临做自由人或奴隶的生死搏斗,这不能不引起哲人沉痛而深刻的思考,因此,他大声疾呼"斗争就是正义"。这是对那个时代的精神的集中和强烈的反映。

　　赫拉克利特主张成文法,反对过时的习惯法。他说:"人民应当为法律而战斗,就像为自己的城垣而战斗一样。"②认为法律是城邦国家的武装,如同理智、思想对于人那样重要。他还说:"人类的一切法律都是因那唯一的神的法律而存在。神的法律从心所欲地支配着,满足一切,也超过一切。"③神的即神圣的法律可以理解为"逻各斯",逻各斯作为客观规律、自然法则决定一切,支配一切,它养育了人类的法律,是人类法律的主宰,这就是正义。赫拉克利特第一次明确地将正义同自然法统一起来,第一次明确地区分了自然法(神法)与人为法,并且指出人类社会的法源于自然神圣的法。"自然法则与城邦法则极其相似",④这一思想在西方法律文化史上有着十分重大的意义。当然,这种萌芽状态的自然法思想还具有原始朴素性质,"我们可以把初期的希腊哲学看作是根据宇宙现象事先对纷裂的井然有序的城邦世界所作的一种朴实的而极有成效的规划"。⑤ 自然主义特征很鲜明,对法的哲学把握还沉浸在感性思维之中,是一种感性的领悟,但它毕竟宣告了古希腊政治与法律哲学的开端。

---

　　① 张宏生:《西方法律思想史》,北京大学出版社 1983 年版,第 27 页。
　　② 北京大学哲学系编译:《古希腊罗马哲学》,生活·读书·新知三联书店 1957 年版,第 23 页。
　　③ 北京大学哲学系编译:《古希腊罗马哲学》,生活·读书·新知三联书店 1957 年版,第 29 页。
　　④ 〔美〕乔治·霍兰·萨拜因:《政治学说史》上册,商务印书馆 1986 年版,第 18 页。
　　⑤ 〔美〕乔治·霍兰·萨拜因:《政治学说史》上册,商务印书馆 1986 年版,第 18—19 页。

第四节 德谟克利特的原子论与
伯利克里的民主法治

一、德谟克利特的原子论

德谟克利特(Democritus)是亚里士多德之前唯一的百科全书式的思想家。马克思、恩格斯认为他是"经验的自然科学家和希腊人中第一个百科全书式的学者"。[①] 根据留传下来的一个关于德谟克利特著作的目录,就可知当时还没有其他人有如此丰富的著述。目录涉及自然哲学、伦理学、法律政治、认识论、心理学、逻辑学、天文地理、动植物、医药、诗歌、音乐、绘画、语言、农业、军事等各个方面。他出生于色雷斯的殖民地阿伯德拉,其父是一位很有资产和地位的富人,但他冷漠财富,轻视名望,执着地追求科学真理,他说过:我宁肯找到一个因果的解释,不愿获得一个波斯王位。他游历过很多地方,南赴埃及,东去波斯、印度,"探索了最遥远的东西","看见了最多的土地和国家","听见了最多的有学问的人的讲演"。[②] 这表明东方文化是其思想的重要渊源。

大量的资料表明德谟克利特与苏格拉底是同时代人,他访问雅典时,苏格拉底已名噪一时,而在雅典时,什么人也不认识他。但我们又将德谟克利特列入前苏格拉底时期,主要是从希腊思想及法律文化进程考虑的。赫拉克利特之后兴起的唯心主义的爱尼亚学派虽然是希腊法思维史上的一次大转折,标志希腊人对法的哲学思考摆脱原始自然素朴性步入了抽象的逻辑思维,但又是对唯物主义的伊奥尼亚学派(米利都学派)的否定。不少人试图解决二者之间的矛盾却未成功,德谟克利特创立的原子论哲学则比较圆满地回答了世界的统一性,并由此提出了世界生成和宇宙演化的理论。这种思想无疑是古希腊最彻底的无神论,"人们在祈祷中恳求神赐给他们的健康,而不

---

① 《马克思恩格斯全集》第3卷,人民出版社1960年版,第146页。
② 马克思:《博士论文》,人民出版社1961年版,第57页。

知道他们自己是健康的主人"。① 否定神祇,相信自己,这同"人是万物的尺度"的思想是一致的。

德谟克利特的青壮年时期,正是雅典民主制鼎盛阶段,即伯利克里时代。希波战争的胜利使雅典一跃而为希腊世界的商业、政治和文化的中心。雅典建立了直接民主的政治法律制度,雅典公民中经常有百分之十五的公民充当法庭陪审员。国家鼓励公民参加政治与法制活动,实行陪审员津贴制度和戏剧津贴制度。一年两度的传统戏剧节也富有政治色彩,伯利克里甚至和公民们一起观看讽刺伯利克里的戏剧。"凡有兴趣、有才能的自由民,都可以参加各种科学、文化活动,可以公开演讲,可以参加奥林匹克的比赛,可以演出自己的剧本。法律不再是君主的意志,也不再是传统的习惯,而是要写成文字,公之于众,使人人得以据理解释、运用。因此,法庭上的判决,也不再靠对神起誓,而要靠据理力争,不再请专门的讼师,而可以亲自辩护。"②这种生动活泼的政治局面,必定带来经济发展,学术文化繁荣,像群星灿烂似的涌现出一批杰出的政治家、哲学家、历史学家、文学家、艺术家、自然科学家。当时流行这样的谚语:"假如你未见过雅典,你是一个笨蛋;假如你见到雅典而不狂喜,你是一头蠢驴;假如你自愿把雅典抛弃,你就是一头骆驼。"不少的哲学家、科学家、艺术家都纷纷涌向雅典。雅典公民是独立的,人人都参与政事,人人都有主人翁的感觉,他们不靠权柄,而靠意见的正确来取得公众的信任。有人认为德谟克利特的原子论是对这种"原子"式的独立自由精神的反映,是古希腊奴隶主民主制的哲学概括:"生活在民主制社会中的每个自由民,都是一个小'原子',它有自身的独立性,自满自足,怡然自得,它拥有自己的全部独立性与别人发生关系,与别人结合成为城邦,城邦人民之间固然需要协商,以便结合成为统一体,但在这个统一体中,每一个公民又是自由的,仍然不失去'原子'的独立性,它们无懈可击,每个人的意见都是真理,不仅应该容许发表,而且应该认真倾听,认真对待。这样一种'封闭的''原子'各行其是,当然会发生'碰撞',万物正是在原子的旋涡碰击中变化生长,矛盾、对立、冲突毫不可

_____

① 北京大学哲学系编译:《古希腊罗马哲学》,生活·读书·新知三联书店 1957 年版,第118 页。

② 叶秀山:《前苏格拉底哲学研究》,生活·读书·新知三联书店 1982 年版,第303—304 页。　　*19*

怕。无论是悲剧的深刻的震撼——如《安提哥尼》中所暴露的'成文法'与'不成文法'的冲突,或是喜剧的指名道姓的夸张甚至丑化——据说伯利克里就是旧喜剧家最主要的嘲笑对象之一,都动摇不了每个人的坚强的信心,也只有这样的人民和领导人才能欣赏具有这样大的刺激性的戏剧而处之泰然。"①我们认为,这个分析还是有一定道理的。作为古希腊唯物主义哲学的最高成就的原子论同雅典的民主制必定有一种关系,否则这种理论的出现就不可思议。

"原子"式的民主自由本身就带有主观的感觉主义色彩,亦有其虚假的一面,这表明原子论同智者派的个人主义、感觉主义存在着天然的联系,没有留基波、德谟克利特原子论的哲学概括,很难想象智者派把个人主义、感觉主义具体运用于社会生活。事实上,德谟克利特同智者派的主要人物普罗泰戈拉都出生和生活在色雷斯城的大商业城市阿希德拉,同居一市的两位杰出的思想家不可能没有任何联系,不可能没有思想与学术上的影响。正是基于上述考虑,我们赞成将德谟克利特列为前苏格拉底时期的思想家。

二、德谟克利特的法律思想

希腊经过伯罗奔尼撒战争,雅典民主制开始衰落,而德谟克利特的大半生是同这样一个衰落的时代联结在一起的,这是我们考察他的法律思想时不能忽略的一个历史事实。

第一,他热烈拥护奴隶主民主制的法律制度,谴责贵族专制,认为"在一种民主制度中受贫穷,也比在专制统治下享受所谓幸福好,正如自由比受奴役好一样"。② 这里不是热情讴歌,而是把"民主制"和"受贫穷"联系起来,虽然是肯定民主制,但又说明处在民主制衰落时代的德谟克利特的困惑与矛盾。一方面深切感受到奴隶主民主制及其法律制度的危机,另一方面又企图维护、修补这种制度。他说:"在现行的宪章制度中,没有任何方法能使官吏避免不义,即使他们是完全廉直的人。"③"继续不断地处在坏人的社会中,就有助于

---

① 叶秀山:《前苏格拉底哲学研究》,生活·读书·新知三联书店1982年版,第310页。
② 北京大学哲学系编译:《古希腊罗马哲学》,生活·读书·新知三联书店1957年版,第120页。
③ 北京大学哲学系编译:《古希腊罗马哲学》,生活·读书·新知三联书店1957年版,第121—122页。

坏的倾向。"①德谟克利特看到了社会环境、衰败的奴隶主民主制是造成不公正、不义的重要因素,但他又提不出切实可行的政治与法制改革方案,最后只有诉诸道德,这个思路同苏格拉底是一致的。

第二,德谟克利特认为"法律意在使人们生活得更好"。② 因此,人们要"遵从法律,永远不得不做正义的并为法律许可的事"。在他看来,法律要建立维护一个和谐、有秩序的奴隶主民主制社会,那就"应该尽一切力量来保护那身受不义而不听任不义之举得逞的人"。③ "正如颁布了法律来对付毒蛇猛兽一样,我觉得也应该颁布法律来对付某些人。"④法律应该严惩山寇与海盗,严惩那些不服从奴隶制法律的"危险的人",⑤"凡杀死一个山寇或一个海盗的人,不论他是亲手杀死或受人差遣,或由于法律决定,都应不受惩罚"。⑥ 同时,法律要慎用赦宥,甚至应反对赦免,"那些犯了当受流放监禁或刑罚的罪行的人,应该受到惩处而不应赦免",⑦如果因为私利而赦免罪犯,那"是做了一件不合正义的事"。这一思想很像中国古代法律史上的反赦之论,一定程度上揭示了乱世与刑罚的关系,也表明了德谟克利特主张的法律制度和正义的阶级实质。

第三,德谟克利特认为,人对自然界的模仿在产生文化的过程中起了重大的作用。这说明他撇开了神,把人看做是自然的产物,把社会文明看做是人自己逐渐创造的。这是一种素朴的社会进化思想,包含了萌芽状态的自然法思想的重要根据。他推测,原始社会的人过着群居生活,他们没有住所、衣服和

①　周辅成编:《西方伦理学名著选辑》上卷,商务印书馆 1964 年版,第 81 页。

②　北京大学哲学系编译:《古希腊罗马哲学》,生活·读书·新知三联书店 1957 年版,第 119 页。

③　北京大学哲学系编译:《古希腊罗马哲学》,生活·读书·新知三联书店 1957 年版,第 121 页。

④　北京大学哲学系编译:《古希腊罗马哲学》,生活·读书·新知三联书店 1957 年版,第 121 页。

⑤　北京大学哲学系编译:《古希腊罗马哲学》,生活·读书·新知三联书店 1957 年版,第 121 页。

⑥　北京大学哲学系编译,《古希腊罗马哲学》,生活·读书·新知三联书店 1957 年版,第 112 页。

⑦　北京大学哲学系编译:《古希腊罗马哲学》,生活·读书·新知三联书店 1957 年版,第 112 页。

工具,他们以偶然获得的食物充饥。他们"受到需要的教训",逐渐开始改变自己的生活方式。人类不是因为神的赐予,而是在需要的影响下,"双手、智慧、机灵"就引导他们走向文明的生活。他说:"在许多重要的事情上,我们是摹仿禽兽,做禽兽的小学生的。从蜘蛛我们学会了织布和缝补;从燕子学会了造房子;从天鹅和黄莺等歌唱的鸟学会了唱歌。"①模仿自然也就是向自然索取,不断总结对待人与自然关系的经验,语言文字也不单纯是自然的,而是人类为交流思想"约定俗成"的(约定的即人为的),音乐艺术不仅是需要,而是"生活已经富裕后的产物"。② 德谟克利特不仅意识到自然界是人类文明存在和发展的基础,而且还看到了文化是伴随人类物质生活条件的改善而发展起来的。人类要生活得好,社会要有秩序,就要有法律,因此,法律就是正义,正义符合自然。从自然物质世界、从人类本身而不是从神来回答文明与文化的起源,这在当时无疑具有重要的启蒙意义,在西方法律文化史上亦具有重要的价值。

第四,法律与道德的关系。在古希腊法律文化史上,德谟克利特是比较早地论及法与道德的关系这一原则问题的思想家。他提出了一个重要思想,认为道德对人的约束比法律更为有效。他说:"用鼓励和说服的言语来造就一个人的道德,显然是比用法律约束更能成功。因为很可能那种因法律禁止而不行不义之事的人,在私下无人时就犯罪了,至于由说服而被引上尽义务的道路的人,似乎不论私下或公开都不会做什么坏事。所以照着良心行事并且能知其所以然的人,同时也是一个坚定而正直的人。"③在他看来,人有了道德心,就能被引向正义、善,不管什么情况下都会自觉守法。如果人没有道德心,但因为法律的威吓与禁止,也可以勉强守法,可是一旦有了犯罪的条件,就会去行不义、不善之事。这与中国孔子"道之以政,齐之以刑,民免而无耻;道之以德,齐之以礼,有耻且格"的法律箴言有相似之处,这说明东西方法律文化

---

① 北京大学哲学系编译:《古希腊罗马哲学》,生活·读书·新知三联书店 1957 年版,第 104 页。

② 北京大学哲学系编译:《古希腊罗马哲学》,生活·读书·新知三联书店 1957 年版,第 114 页。

③ 北京大学哲学系编译:《古希腊罗马哲学》,生活·读书·新知三联书店 1957 年版,第 108 页。

并没有一条不可逾越的鸿沟，二者之间仍然存在相通的地方。

　　基于道德的作用大于法律的作用的认识，德谟克利特把挽救雅典民主制寄希望于社会的道德重建，提出节制、宁静淡泊、知足适度而达到"怡悦"的境界；认为幸福不在于占有财富，而在于改善灵魂；强调教育可以改变一个人，通过教育培养"好公民"等等。从人类法律文化产生与发展的历史看，这些思想自有其价值，但在当时，不过是德谟克利特的一种幻想。

　　另外，德谟克利特还谈到国家要制定好的法律，大家"尊敬法律、官长和最贤明的人，是适宜的"。① 亚里士多德关于良法良吏、执法守法的法治思想显然是受了德谟克利特的影响。

第五节　"人是万物的尺度"——
希腊人法思维的转折

　　智者(sophistes)来自名词智慧(sophia)。在古希腊，"智者"就是聪明的人，灵巧的人，有技艺的人。到公元前5世纪后半叶，它才专指以收费授徒为职业的一批巡回教师。智者并不是一个统一的学派，他们之间在政治立场、哲学与法律思想观点上都存在着较大差异，但他们又有基本的共同的倾向，比如否定传统文化、轻视理论、注重实际人事、重视修辞和辩论、人为约定、怀疑主义、感觉主义、相对主义等等。

　　智者派的出现反映了希腊人的目光从自然哲学到注重社会和人本身的转变，这种转变是社会历史的需要、希腊奴隶主民主制的必然要求和产物。这种转变又标志希腊法律文化的进一步发展。民主制给每一个公民创造性、主动性的发挥准备了最好的舞台，但是"谁要想在公共事务中起更大的作用，在诉讼中打赢官司，就不仅要有传统的教育和知识，而且要在思维、语言、修辞、论辩以至行为举止、演讲姿势等方面得到特殊的训练。显然，这是他们的长辈和家庭无法提供的，须得有一批具有专门知识的人来完成这项历史使命"。② 因

---

① 《西方著名哲学家评传》第1卷，山东人民出版社1984年版，第408页。
② 叶秀山主编：《西方著名哲学家评传》第1卷，山东人民出版社1984年版，第408页。

此,作为职业教师的智者的形成,就适应了这种需要,也满足了这种需要。

一、"人是万物的尺度"

这是智者派奠基人普罗泰戈拉的名言,黑格尔称"这是一句伟大的话","是一个伟大的命题"。① 这一命题集中地反映了智者派所追求的法律文化的精神。

普罗泰戈拉与德谟克利特是同乡,是伯利克里的挚友。他多次到过雅典,积极支持雅典的民主制,伯利克里的两个儿子都是他的学生。他主要教授诡辩术、文法及修辞。他的主要著作有三部:《论真理》、《论神》、《论相反论证》,可惜都全部佚失了,现仅剩下几条残篇。据说,由于在雅典吕克昂广场宣读了《论神》,他被四百人委员会成员毕索多洛控告为渎神,于是《论神》被焚毁,普罗泰戈拉被赶出雅典,最后,死于渡海去西西里的途中。

普罗泰戈拉命题的全文是:"人是万物的尺度,是存在物存在的尺度,也是不存在物不存在的尺度。"②苏格拉底、柏拉图和亚里士多德都曾正确地指出,这一命题的根本性质是强调"每个人的感觉都是尺度"。③ 但洞察其重大意义的是黑格尔,黑格尔虽然出于唯心主义立场,却正确而深刻地指出了这一命题包含主体能动性的光辉思想。④ 普罗泰戈拉继承了赫拉克利特的思想,认为一切都在变化,人的认识源于感觉,由感觉得到的知识,才是真理。他描述过人类是怎样同自然、同动物分离,在漫长的历史中,依靠自己的技艺、智慧、美德建立起城邦国家。"人是万物的尺度",不仅是对人类社会形成的一种哲学概括,而且也是繁荣的民主制城邦生活的反映。因此,这是一个"体现了他的政治、伦理、法律、哲学观点的综合命题",⑤虽然它是相对主义的,但在希腊社会确实曾经起了重大作用。这一命题一定程度上看到了人的能动性,突出了人的作用,把人置于历史舞台中心的地位。这实际上为雅典自由公

---

① [德]黑格尔:《哲学史讲演录》第2卷,商务印书馆1960年版,第27页。
② 北京大学哲学系编译:《古希腊罗马哲学》,生活·读书·新知三联书店1957年版,第133页。
③ [古希腊]亚里士多德:《形而上学》,商务印书馆1959年版,第12—14、22—23页。
④ [德]黑格尔:《哲学史讲演录》第2卷,商务印书馆1960年版,第27页。
⑤ 叶秀山主编:《西方著名哲学家评传》第1卷,山东人民出版社1984年版,第31页。

民主动参加政治法律活动提供了论证,也是对传统的人与神、人与自然关系思想的否定。这一命题又是希腊人本主义思潮兴起的标志,反映了古希腊法律文化的重大转折,开始了以人为中心、以人为标准的立法、司法思考,正义论又增添了新的根据。

二、国家与法律起源论

在柏拉图的《普罗泰戈拉》中,比较集中地反映了智者派的国家与法律起源的思想。他们否认法的自然渊源(physis),但又提出人类经历了一个自然状态的阶段,主张人类社会、国家与法律、公平与正义是人为约定的(nomos)观点,认为人人都有治国能力,人人都有美德,人人都有正义。显然,这一思想是"人是万物的尺度"命题的必然结果。

普罗泰戈拉说,开始世界没有生物,"神们便用土、水以及一些这两种元素的不同混合物在大地的内部造出了它们",神命令普罗米修斯和艾比修斯给各种动物分配了必要的装备和性质,结果忘了给人类分配应有的属性,"轮到人出世的时间快到了,普罗米修斯不知道怎样去想办法救人,便偷了赫斐斯特和雅典娜的机械技术,加上火,送给了人。于是人有了维持生活所必需的智慧。由于人有了智慧和技艺,因此,不久,人发明了有音节的语言和事物的名称,并且造出了房子、衣服、鞋子和卧具,并学会从土地里取得养生之资"。"但是,他们还没有政治的技艺(战争的技术就是其中的一部分),后来自保的欲求使他们聚集到城市里"。"可是,他们彼此为害,又陷于分散和毁灭的过程。"后来,宙斯派赫尔墨斯到人间来,"带来尊敬和正义,作为治理城邦的原则,作为友谊与和好的纽带"。宙斯命令赫尔墨斯把尊敬和正义"分配给所有的人,我愿他们都有一份;因为,如果只是少数人分享美德,就像分享技术一样,那么城邦就不能存在。因而按我的命令制作一条法律:不分有尊敬和正义的人应当被处死,因为他是城邦的祸害"。① 普罗泰戈拉用神话的形式、用最初的"自然状态"说,回答了国家法律的起源问题:人类来自自然界,从动物界分化,为了"自保的欲求"而建立了城邦国家,为了避免"彼此为害",人类才拥

---

① 北京大学哲学系编译:《古希腊罗马哲学》,生活·读书·新知三联书店 1957 年版,第136—138 页。

有了美德、正义、法律,而且人人具有美德和治理城邦的技术,人人都有资格参加城邦的政治法律活动,那些不分有正义和美德的人还要受到法律的惩罚。可见,国家与法律并不是自然而然产生的,而是由于人类的需要和约定。

在柏拉图的《泰阿泰德》中,正义、法律人为约定的思想更加明确。"普罗泰戈拉主张,在政治方面,所谓正义与非正义、荣誉和可耻、虔诚和亵渎,事实上是法律使然的,是各个城邦自己这样看的。""凡一国视为公平正义者,只要它信以为然,那就是公平正义的。"①因为人是衡量一切事物的尺度,政治法律制度既不可能是神创的,也不会是永恒不变的,它必须经受"人"这个尺度的衡量和检验。凡是符合人们利益的政治法律制度就应该存在,凡是不符合人们利益的政治法律制度就该消灭,因此,普罗泰戈拉主张用民主制取代贵族寡头制。这个思想在当时震动很大,引起了长期的论辩,涉及政治、法律、文学、历史、医学等领域。思想本身虽然是不科学的,但它却动摇了宗教、法律、伦理、等级乃至神定的传统观念,平等思想出现了,这对后来资产阶级反封建的自然法思想和社会契约学说准备了宝贵的思想资料。

三、"自然"与"法律"

"自然"与"法律"的对立,是公元前 5 世纪才突出起来的问题。智者派的希庇阿斯、安提丰比较集中地思考了这个问题,这是民主制法律发展的必然要求,也反映了智者学派法律思想中民主传统的进一步发展。

韦尔斯说:"认为国家中任何人都应该是一个公民的那种现代观念,是会使那些享有特权的雅典民主主义者大为惊骇的。"②雅典民主制实际上是一种公民特权制,奴隶、外邦人以及本邦的妇女无权,"甚至在城内出生的希腊人,而他的父亲来自离城八或十英里畦头未耕之地以外的",③也不属于公民。早期甚至还规定了公民要有财产上的资格。公元前 451 年,伯利克里还颁布过一条法令:公民只限于那些能确证父母双方都是雅典后裔的人。韦尔斯说:"这样一来,希腊的民主政体同寡头政治就差不多了。公民们组成了一个紧

---

① 叶秀山主编:《西方著名哲学家评传》第 1 卷,山东人民出版社 1984 年版,第 434 页。
② [英]赫·乔·韦尔斯:《世界史纲》,吴文藻等译,人民出版社 1982 年版,第 313 页。
③ [英]赫·乔·韦尔斯:《世界史纲》,吴文藻等译,人民出版社 1982 年版,第 313 页。

密的社团,有时,如在雅典的全盛时期,竟统治了一个奴隶和'异邦人'的广大人口。"①因此,这种民主制度隐藏着不可克服的矛盾与危机,少数人的民主、自由、平等、财富是建立在多数人失去民主、自由、平等、财富的基础上的。法律制度从原始宗教法和贵族习惯法即不成文法到成文法,这是法制史上的巨大进步,雅典民主制就禁止使用不成文法。可是,当民主制的弊端日益暴露、矛盾尖锐起来以后,奴隶制成文法的价值就起了变化,成文法与"自然"的关系就具有另外的性质。智者派最先指出这个矛盾。希庇阿斯就认为,人们结合为城邦,并不是因为法律的统一,而是因为人的自然天性相同。他说,法律是僭主制定的,它违反人的天性而强迫许多人在一起。② 人是天然平等的,而人为的法律把人分成许多等级,这本身就违反人性,因而他相信有一种神圣的、普遍的、合乎人性的不成文法,这种不成文法才能使人们在更大范围内享受更多的自由。

智者安提丰进一步强调"自然",强调人的"天然"权利,把"法律"与"自然"对立起来。认为"自然"高于"法律",法律是人为"建立起来的事",而自然则是"必然的事"。法律固然不允许"明知故犯",但"不知者不罪";而"如果有人要破坏与生俱来的天性自然,那么即使所有的人都无知于此,亦不减其恶,即使所有的人都一清二楚,亦不加其罪"。③

安提丰从自然本能、自然本性强调人的平等。他说:"从自然上来说,无论外邦人、希腊人长得都完全一样的。应该看到对一切人来说,都有自然的、必然的一面。按自然能力来说,无论外邦人或我们希腊人都没有什么区别。我们都是用嘴和鼻子吸进空气,用嘴配以手来吃东西。"④人与人是亲近的同胞和好友,"根据自然,没有一个人生而为奴隶"。"我们的自然禀赋在一切点上都一律平等,不论我们是希腊人或野蛮人。我们可以观察到人人天生有人所必须具备的任何一种能力的特征。我们没有一个人可注定,作为一个希腊

---

① [英]赫·乔·韦尔斯:《世界史纲》,吴文藻等译,人民出版社1982年版,第313页。
② 叶秀山:《前苏格拉底哲学研究》,生活·读书·新知三联书店1982年版,第345页。
③ 叶秀山:《前苏格拉底哲学研究》,生活·读书·新知三联书店1982年版,第349页。
④ 叶秀山:《前苏格拉底哲学研究》,生活·读书·新知三联书店1982年版,第349—350页。

人，或一个野蛮人的"。① 法律却把人分为自由民与奴隶，它剥夺了异邦人和奴隶的民主权利，这就是对"自然"的限制。"自然"给人视、听、触、味和思想，"法律"却命令人哪些可以看，哪些不可以看。"法律禁止人们做这些，命令人们做那些，都不是和自然亲善的。"②因此，"本来有用的东西，在法律控制下，就束缚自然，在自然控制下，则是自由的"。③ 希庇亚甚至宣称：法律就是"人类的暴君"。这是一种激进智者派的主张，他们用"自然"批判"法律"，用自然平等观批判等级特权，用"法律暴君"说批判美化奴隶制法制的"法律正义论"。这种否定奴隶制及其法律制度的观点已成为当时的一种进步思潮，这是由激进的智者派人士掀起的，他们虽然没有提出推翻奴隶制及其法律制度的主张和方案，但他们开了西方法律文化史上平等说、权利说之端。他们对法律、正义的批判，第一次将自然法与人为法、法律与正义两大问题联系起来，从此，这两大问题构成了西方法律文化史的重要线索。

随着民主制的衰落，智者学派也发生了分化，同激进的智者相反，斯拉西马库和克里底亚等智者公开鼓吹寡头政制。斯拉西马库的名言即"正义不外乎是强者的利益"。法律就是强者为自己的利益而制定，权利只能是强者的权利。克里底亚说："优者比劣者多得一些是公正的，强者比弱者多得一些也是公正的"，也是自然的，否则就是反自然的，这完全是"强权公理"，弱肉强食的极端反民主的思想。当然，我们又必须看到，智者派的分化有着深刻的社会根源，雅典民主制的危机为斯巴达贵族寡头政制的法律思想重新崛起提供了客观条件，而且形成一种思潮，斯巴达成了巩固奴隶制法制的理想典范，预示着新的思想家和新的法的理论的到来。

---

① 周辅成编：《西方伦理学名著选辑》上卷，商务印书馆 1964 年版，第 31—32 页。
② 叶秀山：《前苏格拉底哲学研究》，生活·读书·新知三联书店 1982 年版，第 349 页。
③ 叶秀山：《前苏格拉底哲学研究》，生活·读书·新知三联书店 1982 年版，第 349 页。

第三章　苏格拉底和柏拉图的法律思想

第一节　时代的法哲学化身

苏格拉底(Sokrates,公元前469—前399年)是古希腊著名的唯心主义哲学家,雅典公民,父亲是雕刻匠,母亲是助产妇。他曾经继承父业,从事雕刻石像的工作,但不久就放弃了,致力于研究哲学和社会政治活动。韦尔斯把苏格拉底与伯利克里相提并论,认为雅典文化运动中的"另一个领导人物是一个石匠的儿子苏格拉底"。[①] 马克思称苏格拉底是那个时代的"哲学化身"、"明朗和光辉的人。"[②]他是希腊哲学中最具原创性的人物,通过他的教诲产生了柏拉图和亚里士多德,产生了犬儒派等新学派,并通过他们一直影响到希腊化罗马时代。苏格拉底主张的"认识你自己"、"自知自己无知"、"善是目的"、"美德即知识"等重大命题是我们认识希腊哲学及法律思想的钥匙。由于苏格拉底的原创和推动,希腊哲学和法律思想进入了高峰,产生了许多伟大成就。[③]

长期以来,苏格拉底被认为是反民主的、维护奴隶主贵族利益的思想家,因此,其法律思想也是反动的。[④] 评判历史人物及其思想,不是依我们的主观

---

① [英]赫·乔·韦尔斯:《世界史纲》,吴文藻等译,人民出版社1982年版,第353页。
② [德]格·伊尔茨:《马克思恩格斯论哲学史》,陕西人民出版社1988年版,第69、88页。
③ 参见杨适:《古希腊哲学探本》,商务印书馆2003年版,第317页。
④ 《中国大百科全书》哲学卷,中国大百科全书出版社1984年版,第847页。

而定,而是要把历史人物及其思想放在具体的历史运动中去考察,这才能发现真理,纠正错误。要比较客观地把握苏格拉底的法律思想,就必须了解苏格拉底的时代。

苏格拉底出生时,正是希波战争的关键时期。伯利克里成为雅典民主派领袖时,苏格拉底已七岁。公元前444年,伯利克里掌权,苏格拉底二十四岁。他亲眼看到雅典城邦怎样成为世界的中心,体验到民主制度的自豪与幸福。可以说,苏格拉底是在雅典民主制度的关怀和伯利克里的政治教导下成长起来的一代。苏格拉底勇敢正直、富于智慧,他热爱祖国,忠于祖国,把国家的事务当作自己的唯一事务。他三次参军作战,后两次战役时他已四十多岁。战场上表现勇敢,冒着生命危险拯救同伴的生命,说明他具有高度的爱国主义和自我牺牲精神。

在政治活动中,他刚直不阿,把自己比作一只牛虻,是神赐给雅典的礼物。对民主制他敢于批评,对贵族专制也无所畏惧。公元前406年,苏格拉底六十二岁时被选进五百人议事会并做主席,正好审议取得海战胜利但因风暴未能收回阵亡士兵尸体的十将军。面对着狂怒喧哗的群众和许多威胁恐吓,苏格拉底全然不顾,成为唯一坚持要依法办事、反对把不合法的提案付诸表决的人。可是他只值班一天,第二天另外一人当主席,提案被表决通过,海军将领含屈而死了。这是发生在雅典的民主政治下的事情。

公元前404年,雅典的贵族们在斯巴达支持下建立了三十僭主的寡头专制有八个月之久。在三十僭主当政期间,他们到处抓捕民主派政敌,实行暴虐统治。有一次,他们召集苏格拉底和别的一些人参与抓人事件,苏格拉底拒绝参加迫害民主派的活动,这件事使他遭到三十僭主的仇视,勒令他不得继续讲学,还要加害于他,只是因为三十僭主不久被推翻,他才避免了一场灾祸。①

苏格拉底经历了雅典民主制的辉煌时期,又目睹了其衰败景况。雅典民主制本身就是一种特权制度、殖民主义制度,它对希腊的历史曾经起过巨大的作用,但它又包含着不可解决的内在矛盾。伯罗奔尼撒战争导致这些矛盾的激化,据修昔底德亲历记载,雅典陷入了普遍深刻的政治、法制、精神和智慧的危机。邪恶充斥社会,法制空前破坏,违法乱纪触目惊心。战争使雅典统治

---

① 参见杨适:《哲学的童年》,中国社会科学出版社1987年版,第417页。

者更加暴虐,他们残酷地镇压属国人民的反抗和起义。国内竞争激烈,私欲泛滥,智者的雄辩本领成了政客们手中诡辩的工具。面对祖国的衰落与危难,每一个正直的雅典人都会忧心如焚,作为时代"哲学化身"的苏格拉底,自然要重新思考,重新审查批判雅典的一切,重新认识自己。这就是苏格拉底法哲学思想形成的历史与现实的基础,一定意义上也可以说,这又是苏格拉底之死的悲剧的原因。

第二节　拯救法的本质的"正义论"

雅典道德的堕落、精神的沉沦,是奴隶主阶级私有制基础上形成的种种矛盾尖锐化的必然结果。但是,生活在公元前 5 世纪的哲学家是不可能认识这个根本原因的,因此,苏格拉底只能从精神上、思想上寻找原因。苏格拉底的法律思想具有显著的道德特征,这一点很像中国公元前 5 世纪的孔子。他把希腊的衰败归结为道德沉沦,人们丢掉了正义和美德,国家遭到不幸,从而提出了他的正义论。

苏格拉底正义论的哲学基础是"拯救本质",寻求一般。这是他批判和总结智者派理论的必然结论。他认为智者派的理论只能"拯救现象",因为太强调个体,包含着强烈的感觉主义和相对主义,忽视了客观的、普遍的东西。"意见"可以有各种各样,"真理"却只能有一个;"意见"可以随各个人及其他条件而变化,"真理"却是永恒的、不变的。在柏拉图早期对话中,我们处处可以发现苏格拉底追求"美自身"、"正义自身"的记载。这就根本改变了智者派注重社会人事而仅停留在感性阶段的相对主义的状况。智者把眼光从自然转向人伦,这是一个很大的进步,但他们又陷入了错误的感觉主义,甚至怀疑主义。苏格拉底吸收了智者重视人伦的思想,并把这个哲学路向深化和推进了一大步,同时,他又克服了智者夸大个人意见的缺陷和相对主义道德观,实现了古希腊哲学的重大转变,米利都学派以来的正义论在自然哲学基础上又获得了新的哲学理论依据。

当然,苏格拉底的"正义"有他那个时代的特定内容。已如前述,雅典人的堕落就是不义的典型表现。忠诚、正直、勇敢、智慧、守法就是美德,符合正

31

义。邪恶、倾轧、争权夺利、追逐金钱名位、违法乱纪就是不义。过去习惯认为苏格拉底批判雅典民主制,而民主制代表进步的工商奴隶主阶层利益,所以苏格拉底的"正义论"是反动的贵族奴隶主集团的理论。这样的阶级分析似乎简单而粗暴,苏格拉底确实是批评民主制、批评雅典人陷于不义,因为雅典的沉沦使他痛苦,他要反省这一切。但他从道德原则出发,从拯救奴隶制着眼,对民主政体和贵族政体持独立不倚的态度。他强调正义是从政治国、治民的准绳,是法律的灵魂。法律之所以是国家"不会地覆天翻"的保障,正因为法律代表正义,"令则必行"。如果不遵行城邦和国家之命,那"就必须改变对什么是正义的规定"。在苏格拉底看来,不管什么人、什么政体,只要言行不合正义、不合法律,他就要批评和反对。这就必然招致各方面的人的仇视,他逃脱了贵族政体的迫害,却又死于民主制下,但处死他的民主制不久又处罚了控告苏格拉底的人,说明雅典人对苏格拉底之死是后悔的。①

苏格拉底是雅典公民守法的楷模,面对不公正的又是合法的死刑判决,他宁愿死,服从法律而死,也不愿在朋友帮助下逃离雅典而活下去。他认为自己应遵守雅典的法律,"他和国家之间有神圣的契约,这是他不能违背的"。② 当然,这里的契约不是指霍布斯解释社会起源时所使用的社会契约,也不是社会成员与他们选举出来统治他们的人之间达成的政府契约,而是"指某种默示的契约,即柏拉图《对话录》所描述的契约"。③ 苏格拉底认为,法律具有独立的权威,不论它的内容是否符合正义,也不论违反法律而受到的判决是否有效。试图逃避法律的判决,就是违反契约协议。苏格拉底并没有明确表示同意遵守法庭的判决,相反,他为自己申辩,但是,这一默示的协议可以从他一生始终居住在雅典这个事实中推论出来。"由于他居住在雅典,接受了雅典公民权,因此,他默示了遵守雅典的法律。苏格拉底把作为一个公民而对国家所负的义务与作为一个儿子对父亲所负的义务作了比较。公民对现政府的服从使得以纯理性的术语进行的抽象分析变得毫无意义。正如儿子必须服从父亲

---

① 参见杨适:《哲学的童年》,中国社会科学出版社 1987 年版,第 416 页。
② 杨适:《哲学的童年》,中国社会科学出版社 1987 年版,第 417 页。
③ [英]彼得·斯坦:《西方社会的法律价值》,中国人民公安大学出版社 1990 年版,第 60 页。

所做出的不恰当的惩罚一样，公民也必须服从国家对他的约束。如果个人对法庭的判决置之不理，那么国家也就无法生存。不能由个人来选择哪些法律应当服从，哪些法律不应当服从。"①1787 年法国新古典主义画家创作的《苏格拉底之死》，用不朽的艺术形象，向世人昭示了这种守法精神以及法治与民主的张力，并且也暗示了苏格拉底之死与基督的献身有某些相似之处。

实际上苏格拉底承认了人为法的权威，而且把遵守法律作为道德的要求，并认为是神圣的、绝对的，这同古希腊那种自然法高于人为法的自然法思想大异其趣。不公正的法律，也必须遵守，不正义不就成了正义。但是，罗尔斯赞赏这一思想，他翻版为不得"随意自决"的义务观念。罗尔斯说："安全和有秩序地生活，这种利益，只有在几乎所有人都遵守法律的情况下才可能实现。"他把"不遵守法律的人"，称为"处于随意自决状态的人"。② 但是，不得"随意自决"的义务观念应该有一个前提，那就是法律作为一个整体而言，是对社会有利的、公平的。这是苏格拉底的理论和苏格拉底之死留下的法律思考与启示，也是后来自然法学为之奋斗的崇高理想。

第三节　从"哲学王"到法治论

柏拉图(Platon，公元前 427—前 347 年)生于雅典附近的埃祭那岛。他是在伯罗奔尼撒战争时期长大的，目睹了战祸、贫困和社会的混乱，他的一生跨越了从雅典衰落到马其顿兴起的时期。③ 柏拉图同苏格拉底创立了古希腊最大的客观唯心主义体系。柏拉图的父母皆出身于雅典的名门望族，母亲是梭伦的后裔，舅父克里底亚和表弟查米德斯等几位亲戚是雅典三十僭主统治集团内的人物，父系家谱可以追溯到古雅典王卡德鲁斯。柏拉图二十岁始学于苏格拉底。青年柏拉图曾想从事政治活动，但由于雅典贵族政治堕落为寡头

---

① 　[英]彼得·斯坦:《西方社会的法律价值》，中国人民公安大学出版社 1990 年版，第 60—61 页。

② 　[美]J. 罗尔斯:《公平竞争中的法律责任和义务》，载 S. 霍克编《法律与哲学专题论丛》1964 年版，第 3 页。

③ 　[英]罗素:《西方的智慧》，世界知识出版社 1992 年版，第 64 页。

政治,特别是苏格拉底之死改变了他的志向,他感到民主政治和贵族政治都令人失望,政治充满邪恶和不义,因此,决心放弃仕途,毕生从事哲学研究。他认真学习过赫拉克利特的哲学。离开雅典后,他游历过埃及、小亚细亚,三次访问意大利,同毕达哥拉斯派有紧密联系,后回雅典,于公元前 387 年创办了一所学校,称"阿卡德米"(Academy,学园)。这是欧洲历史上第一所固定的学校,柏拉图在这里从事著述和教育事业,一直到去世,长达四十年。

柏拉图的著作大部分保留下来了。他是西方法律思想史上第一个有大量著作流传下来的思想家,这些著作中的《国家篇》、《政治家篇》、《法律篇》是研究其法律思想的珍贵资料。柏拉图是苏格拉底的继承者。第欧根尼·拉尔修说:柏拉图"对感性事物的看法同赫拉克利特一致,对理智的看法同毕达哥拉斯派一致,而在政治哲学上同苏格拉底一致"。① 但由于他的贵族家庭和社会环境,以及他的种种曲折而复杂的经历,造成其思想在内容与形式上都更加曲折、丰富、深刻。怀特海(A. M. Whitehead)说:"一部西方哲学史不过是对柏拉图的注脚。"②古希腊是西方法律文化萌发与形成阶段,而柏拉图起了奠基的作用,他是西方古代文明的主要代表人物,黑格尔称他为"人类的导师",③马克思说他是"古希腊罗马时代的至圣"。④ 美国出版的《世界名人大辞典》和英国的《人民年鉴手册》均把他列为世界十大思想家之一。

一、"相论"的法哲学意义

"相论"就是通常说的"理念论"。不少专家主张译为"相论",因为"理念"或"观念"都突出它是主观的东西,这并不合柏拉图原意。柏拉图是客观唯心主义者,相论是他的本体论,也是他哲学的基本标志,了解这一点,对于把握他的法律思想很有意义。⑤

亚里士多德说柏拉图接受了苏格拉底的教导,超越感性事物去寻找一个

---

① 杨适:《哲学的童年》,中国社会科学出版社 1987 年版,第 476 页。
② 转引自余英时:《内在超越之路》,中国广播电视出版社 1992 年版,第 57 页。
③ [德]黑格尔:《哲学史讲演录》第 2 卷,贺麟、王太庆译,商务印书馆 1983 年版,第 15 页。
④ 《马克思恩格斯全集》补卷第 1 卷,第 589 页(法文版)。
⑤ 有人主张与"逻各斯"同样,采用音译,比如"一的亚",或者"一"的译法更好。参见杨适主编:《原创文化与经典》,社会科学文献出版社 2007 年版,第 33 页。

一般的定义,这就是相。在柏拉图看来,"相"是最真实的存在,是永恒不变的、最神圣的,是普遍的独立自存的,世界万物的根本原因,正义和善之所以是正义和善,因为它符合正义的相、善的相。美的东西之所以是美的,因为它们分有了美的相。其他事物也同样。事物之所以存在,其原因就在于分有了使之具有某种特性的实在(相)。相就是事物存在的原因。① 柏拉图在这里夸大了"相"(一般)的作用,而贬低了特殊(个别)的地位,但是,我们的认识不能停留在这里,要从人类哲学思维来考察,就自然可以发现柏拉图相论的重大价值。

从米利都学派起,希腊人就在寻找世界的根本原因,即寻找普遍的一般,但他们寻找到的普遍不过是水、火、气之类特质的具体的东西,或感觉所规定的东西。毕达哥拉斯、巴门尼德和爱尼亚学派虽有所前进,但他们找到的仍是有限的普遍者,只有柏拉图第一次自觉地用普遍作为说明世界万物的根据,其"相"在内容与形式上都是对普遍所做的自觉明白的表达,这是前苏格拉底哲学所望尘莫及的,也是柏拉图的重大贡献,他完成了古希腊哲学思维从特殊到普遍的过渡和转变。从法思维的角度看,相论把希腊人的法认识水平大大推进了一步,也可以说是一个重大的转折。对国家与法的考察,要从个别特殊的东西达到普遍共相的一般原则,根据普遍共相的一般原则建立起来的国家与法就自然是公正的、善的、美的。柏拉图本人就是遵循这条法思维路线,演绎出了理想国与哲学王的理论。柏拉图说:"立法者在订立他的法律时,不要只看到一个方面,只看到人的德性中最低下的那一部分;他应该看到全部的善德,并按照这些善德来制定法律。"②又说:"那些只有仿照部分人的利益制定法律的国家,不是真正的国家,他们所说的公正是毫无意义的。"③这一立法思想可以说是他"相论"的具体运用。标志人类认识巨大发展的"相论"思维方式也影响了亚里士多德和罗马的立法者。

---

① 汪子嵩:《希腊哲学史》第2卷,人民出版社1993年版,第726页。
② 西方法律思想史编写组:《西方法律思想史资料选编》,北京大学出版社1983年版,第20页。
③ 西方法律思想史编写组:《西方法律思想史资料选编》,北京大学出版社1983年版,第24页。

二、理想国和哲学王

《理想国》是柏拉图的一部重要的对话集,曾经译成多种文字出版。但Politeia一词本无理想的含义,按哲学文献中的传统,译为《国家篇》为好。这里的理想国是指柏拉图依据他的相论原则,为实现公正而设计的一个真、善、美相统一的政体。《国家篇》的副标题是"论正义",由此也可认为柏拉图设想的国家政体是他的正义模式。《国家篇》具有重大的政治学与法学价值,是人类文化史上第一本研究政体问题的专著,虽然它涉及的内容远远超出政治与法律的范围。①

《国家篇》分为10卷,主要由三部分组成:(1)1卷至5卷,论述国家的具体组织,讨论正义、教育、道德、相论等问题;(2)6卷至7卷,主要论述统治者必须是哲学王,并给哲学家下定义;(3)8卷至10卷,主要讨论几种政体及其优缺点。

柏拉图设想了一个等级森严的国家,国家由三个等级组成,即统治阶级、武士阶级和劳动者阶级,这三个等级如同人的灵魂有三个部分一样,不同等级之间的关系亦相当于灵魂(理性、意志、情欲)各部分之间的关系,具有不同的天赋职能。统治者的美德是"智慧",是经过哲学训练的人,其天赋职能是管理国家,与灵魂的理性部分相适应。武士的美德是"勇敢",其天赋职能是防御敌人、保卫国家,与灵魂的意志部分相适应。劳动者阶级指农夫和手艺人,美德是节制,其天赋职能是安分守己地进行生产劳动,与灵魂的"情欲部分相适应"。

柏拉图还用宗教神话进一步证明他的三个等级的神圣性,他认为神用不同的金属制造出不同的人,因此造成不同等级的人不同的美德与职能。统治者的身上加入了黄金,是最可宝贵的。维护统治的武士是神用银子做的,而农夫和手艺人是神用铁做成的,"奴隶则破烂铁都不如"。柏拉图认为,每一等级的子女也自然属于父辈的等级,然而,神给统治者所做的第一条重要的指示便是要教他们特别注意保护神的纯洁性。在他看来,这三个等级能各守其美德,各尽其性,各按其本分行事,便算得到了自然的和谐,即实现了正义理想

---

① 杨适认为,把Politeia译成"理想国"很不妥当。确切和素朴的译法,它只是"论城邦(生活)"。参见杨适:《爱比克泰德》,台北东大图书公司印行2000年版,第32页。

国。这种基于国民素质的社会分工,虽然不能简单地视为天命论和血统论,但其傲慢与偏见却是显而易见的,柏拉图因此还遭到犬儒派第欧根尼的嘲讽。①马克思也认为,从分工被说成是国家构成的原则这一点来说,"他的理想国只是埃及种姓制度在雅典的理想化"。②

萨拜因说:"《国家篇》的基本观念是柏拉图得之于他老师的美德即知识的学说。他本人不幸的政治经历加强了这个观念,并促使这个观念具体化,于是便创办学园以传授真知的精神实质,作为治国之术的哲学基础。"③"美德即知识"这一命题是苏格拉底提出来的,他出于对传统伦理道德的反省,把道德同知识或智慧联系起来,以便进行重新考察,从而使社会人生、伦理道德成了哲学的中心或主题。柏拉图继承了这一思想,强调统治者必须是经过训练、教育的,具有完善的才能的哲学家。也就是说,在理想国中须有个哲学王。④"哲学王"具备哪些品质和才能呢? 柏拉图说:

"要辨别是否具有哲学家的条件,就得看他是正义驯良还是鄙戾强悍。……能有成就的人,只能是具备美德而又受良好教育的人。"

"真正的爱智慧、爱知识、追求'真理'的人。这样的人才能真正学会和掌握相论,学会'统治艺术'。只有这样的人才能按照神的意志,掌握理想国家的政权,做国家的王,这个国王就是哲学王。"

"哲学家必须是一个热爱智慧的人,他酷爱各种知识,求之不厌,永不自足。……只有那些'能够认识美本身,又能认识分有美本身的事物,并且不把二者互相混淆起来'的人才算真正有知识。"

"哲学家是智慧的爱好者,……哲学家是一个'洞见真理'的人。"

"至此应重申,国家和个人,如不经哲学家治理,是无希望可言,而我们理想国家也永远不能实现的。"⑤

---

① 有一次第欧根尼去柏拉图家时用脏脚踩那华美的地毯,并说,"我践踏了柏拉图的骄傲。"柏拉图回报说:"是的,第欧根尼,你用的是另一种骄傲。"转引自杨适:《爱比克泰德》,台北东大图书公司 2000 年版,第 27 页。

② 《马克思恩格斯全集》第 44 卷,人民出版社 2001 年版,第 424 页。

③ [美]乔治·霍兰·萨拜因:《政治学说史》上册,盛葵阳、崔妙因译,商务印书馆 1986 年版,第 67 页。

④ 张宏生:《西方法律思想史》,北京大学出版社 1983 年版,第 31 页。

⑤ 柏拉图:《国家篇》,商务印书馆 1957 年版,第 99 页。

萨拜因由此认为柏拉图主张"知识专政",①并且构成了《国家篇》中一切论点的基础。这实际上是认为柏拉图提倡"哲人"为王,因为"哲人"拥有"善"之真知,或者能够获得"善"之真知。林美茂认为这是在国内外学术界都存在的一种"曲解"。② 以上引述可以说明,柏拉图的"哲学家"是"爱智者"而不是"有智者",哲学家作为"无知的自觉者"才会热爱智慧,他还不拥有"真知",所以才孜孜不倦地追求"真知"。因此柏拉图反复强调需要或必须拥有"善"的知识的人才能守护城邦。但他强调的仅仅是一个条件,是一个要求。在这里,柏拉图坚持了苏格拉底精神,正因为哲学王对自己的"无知"有冷静的自觉,能不混淆"知"与"不知"、"本真存在"与"非本真"存在的界限,所以他作为国民的守护者而监督国家时,社会的完善秩序才能得到保证。这样的政体就是贤人政体,"而这种贤人统治下的贤人政体是最好的政体,所以,只有建立以哲学家为国王的国家,才是最理想的国家,这个国家就是存在于天上的模范国家"。③

"如果一个国家完全由好人来治理,就可以避免当今之世为获取职位而争权夺利。"④把国家的盛衰归结为贤人、好人秉政,从表面看,这与中国孔子"人存政举,人亡政息"的法哲学格言有相似之处。在这里,道德被当作了治国的根本,虽然柏拉图也说到了法律的作用,但这种作用显然是在哲学王的贤德之下的,道德与教育比法律更为重要,这又似乎与德谟克利特殊途同归了。但是,如果从法文化的深层次考察,柏拉图的道德正义论同中国孔子的贤人政治又有质的区别。柏拉图把道德看做是一个知识问题,并且按逻辑建立起一个普遍的知识体系,而哲学王则是一个"无知的自觉者",没有私有财产,他热爱智慧、追求智慧,不仅具有敏锐的灵魂视力,而且热爱真实(本真),能够守卫城邦的法律和习惯。这就为后来《法律篇》的法治论理下了伏笔。中国的孔子把道德视为宗法人伦关系中人内心的自然情感,这种情感源于人类血缘

---

① [美]乔治·霍兰·萨拜因:《政治学说史》下册,盛葵阳、崔妙因译,商务印书馆1986年版,第67页。
② 参见林美茂:《谈"哲人王"理想中"知"的问题》,载杨适主编:《希腊原创智慧》,社会科学文献出版社2005年版,第250页。
③ 朱德生:《西方哲学名著菁华》,中国青年出版社1991年版,第21页。
④ 朱德生:《西方哲学名著菁华》,中国青年出版社1991年版,第21页。

人伦关系,君臣、父子、兄弟、夫妇、朋友五伦之中最关键的是父子一伦,父家长权威确立了,君权、嫡长子继承权、夫权也就获得了自然的情理依据、道德依据,因此,以仁治国、贤人治国就是道德治国,道德的地位自然高于法律。把握东西方道德论及其法律文化的区别,对于研究人类法律思想史至关重要。①

三、法律与正义

如果说《国家篇》比较集中地反映了柏拉图早期的政治法律思想,那么《政治家篇》和《法律篇》则是他后期政治法律思想的代表作。② 伟大的思想家是勇于创新的,柏拉图在《政治家篇》和《法律篇》中思想有了较大进展,一定程度上少于幻想而比较现实些了。斯巴达人在伯罗奔尼撒战争胜利后表现出的腐败、内争、内战,还有他们支持的贵族僭主专制,暴露出比民主制下更令人憎恶的弊端。特别是柏拉图本人三次西西里之行的失败,实际上宣告了他企图通过培养哲学王做统治者的贵族式幻想的破灭。严酷的事实和历史教训深深地震撼了他,他不得不重新审视自己的思想。从他81岁猝然去世时正在写作《法律篇》的事实看,其反思创新精神亦可见一斑。

关于国家与法的起源,柏拉图仍然坚持早期观点,认为城邦国家的形成源于人类共同生活需要,个人的力量是有限的,人们要满足生活需求就必须结合成共同体,这个共同体就是国家。人类曾经经历了漫长的没有文字、没有法律而凭借习惯而生活的年代,"在古代,人们当时尚无立法者,当时根本没有这一类东西存在,最初连文字也没有,人们根据习惯或他们称之为他们祖先的法律而生活"。③ 柏拉图把法律比作一条金色的、圣洁的绳子,这条绳子是调整人们利益、维持社会和谐秩序的需要,他说:

"在这些拉绳中,有一根必须抓紧不能松手,并且要用全力拉着它而抗拒

---

① 参见陈金全、陈鹏生:《对柏拉图法律思想的重要解读》,载《环球法律评论》2006年第6期。

② 汪子嵩认为,"《法篇》为理想城邦的政治、经济、社会、文化各个方面规定了法律条款,成为后来罗马法的蓝本"。参见王晓朝译:《柏拉图全集》,人民出版社2002年版,第一卷"中文版序"。

③ 西方法律思想史编写组:《西方法律思想史资料选编》,北京大学出版社1983年版,第21页。

其余所有的想拉我们的绳子,它就是头一条金色的、圣洁的绳子。它是一种'推定',我们称它为国家公共的法律。这条绳子很柔软,因为它是金子造的,……我们必须和这头一条最好的绳子合作,因为它的推定是最好的,它文雅而不粗暴。这条领头的绳子需要帮手来保证它在我们心中可以战胜其他的拉力。……对每一个人是多么需要从他内心的拉力中认识到起初的利益并按此生活;一个国家(它从某位神祇接受了这种利益,或从某一位知道这种利益的人认识到这种利益)何等需要把这种利益制成法律来指导它内部的关系,以及它和其他国家的关系。"①"把利益制成法律"以调整各种社会关系,这是指的实体法,它是公民应该普遍遵守的行为规则,是正义的体现,即法律正义。

柏拉图进一步指出,法律正义的更为本质的含义,在于"法律是理性的命令"。他说:"我们认为应该有办法去仿效'黄金时代'的生活,如同传说的那样,在家庭和国家两方面都要服从我们内心中那种永恒的素质,它就是理性的命令,我们称之为法律。"②后来亚里士多德说法律"是不受欲望所影响的理性",这是柏拉图理性法思想的继续。法律是理性的命令或体现,那么法律的统治就是上帝和理性的统治,"服从法律,这也是服从诸神"。③ 这是西方法律思想史上比较早的理性法和实体法思想,对自然法思想的发展产生了很大影响。柏拉图关于国家与法的起源思想,虽然掩盖了国家与法的阶级实质,但他从人的需要来思考法的问题,还是很有价值的。

柏拉图在《政治家篇》中承认了民主制度的优点,并且指出了贵族政体或君主政体的弊病。他认为,如果实行法治,民主政体则不如贵族政体,而贵族政体则不如君主政体;如果不实行法治,"君主政体则成为压迫平民最残酷的统治形式",而平民政体是"最好的统治形式"。在《法律篇》中,柏拉图不仅分析了法律的产生过程,强调"法律的基本意图是让公民尽可能地幸福",为达此目的,他提出一条立法原则,立法要"根据全国的利益",而不"只是根据部

---

① 西方法律思想史编写组:《西方法律思想史资料选编》,北京大学出版社 1983 年版,第 21 页。

② 西方法律思想史编写组:《西方法律思想史资料选编》,北京大学出版社 1983 年版,第 23 页。

③ 西方法律思想史编写组:《西方法律思想史资料选编》,北京大学出版社 1983 年版,第 26 页。

分人的利益而制定",也就是说,"立法者在订立他的法律时,不要只看到一方面,只看到人的德性中最低下的那一部分;他应该看到全部的善德,并按照这些善德来制定出各类法律"。这样的法律就具有普遍的适用性,这一观点是柏拉图相论、"拯救本质"思想的必然体现。另外,立法工作虽然重要,但如果没有称职的官吏去执行那些制定得更好的法律,"那么这些法律的价值便被掠夺了",在柏拉图看来,要实现法律的社会价值,良法与良吏要并重。同时,在良吏中还要选择好法律监护官,柏拉图认为这是最重要的事情。

依据法律正义论,柏拉图在司法、民法、刑法方面均提出了一些思想和观点,总之,他主张法治,把公平、平等、自由同法治联系起来。柏拉图认为,法律是为了整个国家利益,因此它才是正义的,那种凭借强者的权力来制定的法律不是公正,而是"滥用权力的方式之一"。人类必须有法律并且遵守法律,否则他们的生活将像最野蛮的兽类一样。一国之法律应是最高权威,如果"当一国的法律处在从属地位并且没有任何权威时,它就是走向毁灭;反过来,我以为那种法律凌驾于统治者之上,而统治者也要服从法律的国家必将得到神的拯救和赐福"。如果有人据理性和神的恩惠的阳光指导自己的行动,他们就用不着法律来支配自己,因为智慧比法律或秩序更有力量,理性是万物的主宰,道德正义就可以取代法律正义。柏拉图说:"但是,现在找不到这样的人,即使有也非常之少;因此,我们必须做第二种最佳的选择,这就是法律和秩序。"在这个意义上,可以说法律正义是柏拉图"理想国"的第二个也是最佳的方案。

第四章　亚里士多德的法律思想

第一节　古代最博学的人

亚里士多德(Aristotle,公元前384—前322年)出生在爱琴海西北岸色雷斯地方的希腊殖民城邦斯塔吉腊小镇,当时色雷斯已经处在马其顿的统治之下。亚里士多德的父亲是马其顿王腓力普的御医,亚里士多德因此从童年开始,便在一种舒适的物质环境里接受严格的精神训练,而且同马其顿皇室发生了长久的亲密关系,对他一生的事业发生了至关重要的影响。韦尔斯说,在柏拉图晚年,有个美少年从马其顿的斯塔吉腊来到学园,这个人名叫亚里士多德,是马其顿国王御医的儿子。① 这是亚里士多德17岁那年的事。据说,亚里士多德衣着华丽,手戴戒指,并留有当时颇为时髦的短发,举止儒雅,说话声调柔和,表现出一种贵族子弟所特有的气派,因此,柏拉图常告诫他:"一个追求真理的人不应该过分打扮。"但柏拉图又非常赏识他的才华,柏拉图说:"我的学园可以分作两部分——一般的学生构成它的躯体,亚里士多德代表它的头脑。"②

亚里士多德幼年时父母相继去世,由姐姐阿里木奈丝苔和姐夫普洛克赛诺斯抚养长大,17岁时读了柏拉图的对话而深深被吸引,于是他告别亲人,来到当时的文化中心雅典并进柏拉图学园学习,后来又在这里从事研究和教学,

---

① ［英］赫·乔·韦尔斯:《世界史纲》,吴文藻等译,人民出版社1982年版,第356页。

　② 转引自李杏顿:《西方圣哲小传》,中国展望出版社1982年版,第31页。

直到柏拉图去世,前后长达二十年。可以说,雅典和柏拉图是亚里士多德的真正教育者。但是,他"是个在思想上同那个伟大的雅典人属于不同类型的人。他对具有想象力的意志天生就怀疑,而对确立的事实却极为尊重而力求理解"。① 师生观点上的分歧给宵小之徒造成了空隙,恶语中伤,挑拨他们的亲密关系,因此而使柏拉图深为痛苦。但他们的师生关系毕竟持续了二十年之久,"吾爱吾师,吾更爱真理"。② 亚里士多德虽然不完全赞成柏拉图的观点,但他始终是尊重老师的,是柏拉图思想的真正继承者。西方法律文化史上三位伟大的开创者苏格拉底、柏拉图、亚里士多德的名字几乎是不可分割的,正如亚里士多德在柏拉图逝世悼文中说的:"使邪恶之辈连赞美他的资格都没有,他又以生平及教学,让世人知道快乐与美善同时得兼。"③

公元前 347 年柏拉图逝世,当时亚里士多德、齐诺克雷弟斯(Xenocrates)及柏拉图的外甥斯皮优西帕斯(Speusippus)三位同时被列为学园继承人的候选人,后来斯皮优西帕斯被选上了,亚里士多德因与其意见不合而同齐诺克雷弟斯一起离开了学园。但又据说亚里士多德离开雅典,主要是由于当时的政治原因。马其顿王腓力普二世掠夺了奥林达斯之后,奥林达斯的衰落及希腊盟邦的分崩离析,造成了雅典的反马其顿倾向和气氛,使雅典不再适合那些同马其顿有关的外国人居住。

离开雅典后,亚里士多德的同学、小亚细亚的一位国君赫米亚邀请他到阿梭斯建立分院,又有人说是邀请他做赫米亚的高级行政顾问。在小亚细亚的五年,被学术界称作亚里士多德哲学生涯的第二阶段之开始,奠定了他对自然科学研究的基础。赫米亚赞赏亚里士多德,并给了他很大帮助,还成全了他美满的婚姻,将侄女琵蒂亚斯嫁给亚里士多德为妻。亚里士多德因公主丰厚的嫁妆而获得了一笔资财,这为他科学研究提供了一定的物质保证。

公元前 342 年,亚里士多德应马其顿国王腓力普二世的邀请,成为王子亚历山大的家庭教师。据说,"亚历山大敬师如父,他说父亲赋我以生命,而亚氏则教我以生活之道"。亚里士多德还为亚历山大编了两本书,即《君王论》

---

① 　[英]赫·乔·韦尔斯:《世界史纲》,人民出版社 1982 年版,第 356 页。
② 　曾仰如:《亚里士多德》,台湾东大图书公司 1988 年版,第 6 页。
③ 　曾仰如:《亚里士多德》,台湾东大图书公司 1988 年版,第 6—7 页。

和《殖民地论》。① 亚里士多德这个时期最大的收获是与马其顿建立了友谊关系,尤其和安第巴特(Antipater)往来融洽。安第巴特于亚历山大出征亚洲时被派代理主持国政,后来成为希腊最强有力的统治者。

公元前 336 年腓力普被刺,亚历山大继位,亚里士多德回到雅典吕克昂地方建立学校。有人说亚里士多德重回雅典是由于政治观点不同,也有人认为亚里士多德深感马其顿王朝是一座野兽横行的原始森林,统治者衣冠禽兽,腓力普家庭乌烟瘴气,这种环境令哲学家感到窒息。总之,亚里士多德同亚历山大关系逐渐冷淡。但是,据说亚历山大还是给了亚里士多德八百达仑(talent,相当于四百万美元)的物理学及生物学设备费与研究费。还传说亚历山大曾经派遣几千人遍布希腊和小亚细亚一带,供亚里士多德为搜集资料自由支配使用。这样优越的条件对亚里士多德的科学研究有很大的影响,"这样的资助是科学探讨工作在以后的许多世代再也没有得到过的"。②

雅典吕克昂附近有一座林园,据柏拉图说这是苏格拉底最爱去的地方,又离供奉神祇的庙宇很近,于是亚里士多德就在这里租了房子(法律规定外国人不能买房),建立了属于他自己的学园,虽然此时的柏拉图学园已由好友齐诺克雷弟斯主持。

吕克昂办学是亚里士多德一生的黄金岁月、哲学生命历程的第三阶段,也是他最后的一个阶段。亚里士多德在这里达 13 年,从事教育与著述,各种学科的学术性研究及其著作是在这里完成的。因为亚里士多德常在林荫道上和学生边散步边讨论问题,所以被称为"逍遥学派"(Perpatetics)。

公元前 323 年六月亚历山大突然逝世,希腊人欣喜若狂,雅典反马其顿情绪亦因此高涨。亚里士多德虽已离开政界,而且他的政治法律观点与雅典人相同而与马其顿利益相悖,但因他与马其顿和亚历山大的特殊关系,加之柏拉图学派对他的敌意,自然会成为雅典人控告的对象。据说,当时雅典群众的情绪和丧失理智的举动可与处死苏格拉底之时相比,亚里士多德不愿步苏格拉底之死的后尘,毅然离开雅典到了优卑亚岛,第二年在该岛的卡尔基斯城逝世,享年六十三岁。据说,他是挥泪离开他创办的学园的,从此生活陷入了孤

---

① 曾仰如:《亚里士多德》,台北东大图书公司 1988 年版,第 10—11 页。
② [英]赫·乔·韦尔斯:《世界史纲》,吴文藻等译,人民出版社 1982 年版,第 357 页。

寂落寞之中,精神受到严重打击,因此抑郁而终。可见,哲学家把自己的科学与学术研究视为生命,哲学停止,生命即告终结。

据第欧根尼·拉尔修记载,亚里士多德去世前亲笔写下遗嘱,要求执行人为其母亲和他早年去世的弟弟、抚养他成人的姐姐姐夫立像,吩咐女儿嫁给他姐姐的儿子尼加诺,并且宣布解放所有的家奴,这可以说是"人类历史上第一个解放奴隶的人权宣言"。① "从这里看到他作为理智化身的另一面,他是一个孝敬的儿子,深情的丈夫,慈爱的父亲,诚挚的兄长,真实的朋友,宽厚的主人。"②黑格尔称他是"人类导师",③J.巴恩斯说他是一切有知识的人的老师,这不仅指他是西方文化的一大奠基人,而且也包含他作为人类历史上一个完美人格的典型的重大意义。

亚里士多德是古希腊最伟大的百科全书式的学者,是古代最博学的人。梁启超说,试一翻泰西汗牛充栋之科学书,观其发端处叙本学之沿革,无论何科,无不皆本推于亚里士多德。亚里士多德的著作大致可分为七大类,即逻辑学、自然哲学、形而上学(哲学)、伦理学、政治学、经济学、文艺著作等,号称千卷之多,但实际留存下来的有 162 卷(纸草卷),其中《伦理学》、《政治学》、《雅典政制》等著作是我们研究他的法律思想的主要资料。

第二节　思想的经验论与法治论

亚里士多德集自由城邦时期希腊法律思想之大成,对米利都学派以来的法律思考进行了概括与总结,提出了新的观点,建立了系统的法治理论,对西方法律文化产生了巨大而深刻的影响。

一、法与哲学

传统的观点认为,亚里士多德虽然批判了柏拉图的唯心主义相论,但批判

---

① 李杏顿:《西方圣哲小传》,中国展望出版社 1982 年版,第 42 页。
② 王树人等主编:《西方著名哲学家传略》上卷,山东人民出版社 1987 年版,第 142 页。
③ [德]黑格尔:《哲学史讲演录》第 2 卷,贺麟、王太庆译,商务印书馆 1960 年版,第 380 页。

是不彻底的,归根到底他是倾向唯心主义的。其"四因论"亦是他从唯物主义开始而以唯心主义告终的典型,其认识论也是动摇于辩证法和形而上学之间。这种世界观和方法论上的二元论和这种折中主义的哲学构成了亚里士多德政治立场和政治法律思想的哲学基础。亚里士多德哲学确实包含着唯物主义与唯心主义、辩证法与形而上学的矛盾,但我们不能停留在这一结论上,需要抓住他哲学思想的特点和精华,这样才能比较客观地把握其法学与哲学的关系,而有助于考察他的政治法律思想。

列宁认为亚里士多德哲学的特点是动摇于唯物主义和唯心主义之间。但是,列宁又说:"亚里士多德的逻辑学是探索、寻求……就是希腊人所用的若干套试探方式,就是在亚里士多德学说中卓越地反映出来的素朴的意见分歧。"①亚里士多德的探索就是从经验、事实出发,但又不是在经验事实中爬行,而是运用理性和发挥思想的能动性,正如黑格尔所说的,"思辨地深入到对象的本性里面去",②从而发现真理。

亚里士多德批判地继承改造了毕达哥拉斯派尤其是柏拉图哲学中的合理成分,他提出本体是存在的中心,而个体事物是第一本体,种和属只能称作第二本体:

> "本体",就这个词的最真实、最原初、最确定的意义来说,是指既不能表述一个主体、又不存在在一个主体中的东西,如个别的人或马。但是在派生的意义上,像属那样包括着原初本体的东西,也被称为本体;同样,包括着属的种,也被称作本体。例如个别的人包括在"人"这个属里,"人"又包括在"动物"这个种里,"人"和"动物"就是第二本体。③

"本体"是一个希腊词的拉丁文翻译,意思是"在下面的东西"、于万变中保持不变的永恒基础。将本体作为一个哲学范畴加以分析论证的第一个人是亚里士多德,本体亦是其哲学的核心。在这里,亚里士多德把握感性本体时,把一

---

① 《列宁全集》第55卷,人民出版社1990年版,第313—314页。
② [德]黑格尔:《哲学史讲演录》第2卷,贺麟、王太庆译,商务印书馆1960年版,第284页。
③ 杨适:《哲学的童年》,中国社会科学出版社1987年版,第644页。

般和本质的东西放到了首位。这个一般和本质现在不再独立于个别事物之外了，只是个别事物自身的本质和普遍性，这就同柏拉图的"相论"和毕达哥拉斯的"数"有了较大区别，表现了强烈的唯物主义倾向和具有唯物主义倾向的辩证法思想。正因为这样，亚里士多德研究政治法律问题总是从事实和个别事物出发，他概括出的结论都是建立在大量经验事实基础之上的，这又正是亚里士多德法哲学思想的一个显著特点。

近现代以来包括罗素这样著名的哲学家都认为亚里士多德重视演绎逻辑而否认归纳逻辑的作用，以致今天的许多教科书仍然坚持这个观点。其实这是片面的，不符合历史的真实。亚里士多德恰恰把归纳作为其辩证推理的重要内容，而且他认为要靠归纳对事实一一考察，方能获得真理。亚里士多德说："归纳法是从个别到普遍的过程。……归纳法是更有说服力和清楚的：它更易于利用感官来学习，并一般适应大众，尽管推理在反驳自相矛盾的人时更有力量和有效。"①这就是说，归纳以个别事实为基础，而推理又以归纳为前提。这里的推理就是演绎，因此，一个辩证的推理过程（认识真理的过程）是由归纳和演绎构成的。了解这一点，我们就能深刻地认识亚里士多德对自然、伦理以及城邦国家政治法律的研究的思想历程。

黑格尔说："亚里士多德是一个经验论者，然而是一个思维着的经验论者。"②列宁在评析亚里士多德思想时引用了这一论断。亚里士多德重视经验事实的搜集，甚至用事例来检验普遍，这并不是简单枚举，也不是列举全部事例的经验主义归纳法。从本质上看，亚里士多德并没有消极地在经验事实中爬行，"他的归纳虽从事实出发又回到事实，但主要凭借的乃是理性思维的主动活动而不是消极的反映"。③ 因此，黑格尔称他是"有思想的经验论者"。亚里士多德哲学思想的这一重要特点是他在许多门学科中能成为创始人的重要理论保证，由于他尊重事实，方法科学，这就"避免了简单化的独断论，具有较多的辩证法因素和朴素唯物论的观点"。④ 他对自然科学的研究，如在《物

---

① 杨适：《哲学的童年》，中国社会科学出版社1987年版，第728页。
② 《列宁全集》第55卷，人民出版社1990年版，第245页。
③ 杨适：《哲学的童年》，中国社会科学出版社1987年版，第734—735页。
④ 叶秀山主编：《西方著名哲学家评传》第2卷，山东人民出版社1984年版，第55页。

理学》中对运动、无限、空间、时间的研究,都是建立在对经验事实的分析概括
基础上的。他对伦理学以及政治法律的研究,也是以大量经验事实为依据,然
后概括出结论来。我们以为,亚里士多德重视城邦国家法律的作用,并不必然
是因为"受其折中主义哲学思想指导",①恐怕还是历史经验的概括和总结。
亚里士多德曾经广泛地搜集了希腊和希腊殖民地各城邦的政治法律制度及其
历史沿革。古代的书目记载说一共有 158 种之多,可惜都佚失了。1880 年在
埃及沙漠中发现了《雅典政制》的抄本,这是 158 种中最重要的一种。该书记
载了雅典的政治历史变化,从早期的军事执政官开始直到亚里士多德晚年时
期止,还阐述了当时雅典的法律制度,是我们了解和研究雅典政治法律历史的
珍贵资料。如果亚里士多德不占有大量的历史资料,他是不可能有此重要科
学成果的。

亚里士多德对法的思考与研究,正是以他"思想的经验论"为指导,不是
从柏拉图的相论出发,也不是寄希望于幻想的乌托邦式的国家,而是根据历史
与现实的经验事实进行探求、讨论、提问题、作假定和进行检查等等,从而寻找
出真理。所以在亚里士多德的法律思想中,我们自然地感受到一种巨大的历
史感。但是,他的法律思想也包含着矛盾,他无视希腊化大帝国取代希腊城邦
共同体的历史巨变,他"全部的讨论都说的是城邦,他完全没有预见到城邦就要
成为陈迹了"。②可是,思想却停留在原先的城邦世界,这种状况与他经验的实
证的科学研究是完全相反的。认识这种矛盾对于正确了解和评价亚里士多德
的法律思想有着十分重要的意义。

二、法与国家

(一)法律与国家的起源

亚里士多德在《政治学》中提出了国家自然起源的理论。首先,他认为国
家是一种社会团体,"而一切社会团体的建立,其目的总是为了完成某些善
业",那么国家这种最高、最广泛的社会团体,"它所求的善业也一定是最高而

---

① 张宏生:《西方法律思想史》,北京大学出版社 1990 年版,第 14 页。
② [英]罗素:从《西方哲学史》上册,商务印书馆 2003 年版,第 239 页。

最广的"。① 这实际上是说国家的目的是为全体公民的幸福,这种说法虽然抹杀了国家的阶级性,但在当时还是一种进步的国家观。其次,亚里士多德认为,国家的形成是出于人类本性的自然要求,他说:

> 城邦出于自然的演化,而人类自然是趋向于城邦生活的动物
> (人类在本性上,也正是一个政治动物)。凡人由于本性或由于偶然
> 而不归属于任何城邦的,他如果不是一个鄙夫,那就是一位超人,这
> 种"出族、法外、失去坛火(无家无邦)的人",荷马曾鄙视为自然的
> 弃物。②

这就是说,人生来就有合群的天性,而家庭这个社会的细胞是最基本的群居组合方式,它是为了满足日常生活需要(传宗接代和自保)而建立起来的,其成员包括夫妻、子女、奴仆和耕田的牛等。再由家庭所结合而成的社会团体就是村落(部落),由不同的村落(部落)或更多的家庭所组成的政治团体就是国家。城邦国家的组成亦是出于人类生活的需要,人类为了达到"优良生活",自然而然地结合起来。因此,在亚里士多德看来,早期各级社会团体都是自然地生长起来的,一切城邦既然都是这一生长过程的完成,也该是自然的产物。这又是社会团体发展的终点,城邦国家也就成了人类社会最高级而又完备的境界。

再次,亚里士多德又从生物自然本性论说明国家是最高的社会团体。他说,动物的雄雌必须结合以繁殖种类,这不是由于深思熟虑的意图,而是由于天然的冲动,彼此不能不相需而存在,这就是成了自然的结合或配偶,植物亦是如此。从这个意义上说,人也是动物,但人是"政治动物"。因为人与动物还有区别,人有理性、语言(沟通同类的需要)、讲礼法、讲道德,能分辨苦乐、善恶、正义与不正义,正是基于这些行为中的共识才形成了家庭与国家。总之,人必须与他人群居、结合,才能获得各种需要的满足,达到幸福美满的生活,而这也正是国家的目的。

城邦国家建立是出于人类的自然需求,而法律则是这种需求的保障,因此,国家是不能没有法律的。亚里士多德认为,正义是治理国家的最基本原

---

① 亚里士多德:《政治学》,吴寿彭译,商务印书馆 1965 年版,第 3 页。
② 亚里士多德:《政治学》,吴寿彭译,商务印书馆 1965 年版,第 7—8 页。

则,"社会之美德"决定公正或不公正的规范,是政治社会中产生秩序的原则,立法的最高依据。他说,法律并不是"一些临时的合同","法律的实际意义却应该是促成全邦人民都能进于正义和善德的制度"。① 可见,在这里法律的目的与国家目的是同一的,法律是为了维持国家这个人类社会共同体而产生的。国家要实现人类幸福美满的生活,就必须要有秩序,要伸张正义,公民的行为要加以明智的引导和合理的约束,法律就是秩序,良好的法律产生良好的秩序,法律又是正义的保证。

在国家与法的起源问题上,亚里士多德的思想有几点值得注意:第一,国家与法不是从来就有的,它的产生经历了家庭—村落—城邦的过程,而法律是在城邦国家阶段才出现的。第二,法与国家密不可分,法律的目的和作用同城邦国家的目的和作用是一致的。第三,国家产生于人类自然的需要(物质与精神),法律是国家满足人类需要的保证,说明亚里士多德不自觉地触及国家与法律同社会物质利益的关系。第四,国家这个社会共同体分为天生的统治者和天生的被统治者,而法律维护国家秩序当然包括维护这种统治与被统治的秩序,说明亚里士多德一定程度上看到了国家与法同阶级、阶级统治的关系。自然,他的起源论是不科学的,但不科学之中包含了科学的成分。

(二)法律与政体

马克思主义认为,国家由国体和政体构成,国体决定国家的阶级实质,政体是国家政权的组织形式。但是,长期以来,人们重视国体的研究而轻视政体,注意法律同国体的关系,不注意考察政体同法律的关系,不具体分析政体对于法治社会的重大意义。亚里士多德十分重视政体,他把政体当作一个比较独立的系统来仔细研究,强调法律要适应政体,给我们极大的启发。他说:

> 应该懂得并分别最优良的理想法律和适合于每一政体的法律;法律实际是,也应该是根据政体(宪法)来制定的,当然不能叫政体来适应法律。政体可以说是一个城邦的职能组织,由以确定最高统治机构和政权的安排,也由此订立城邦及其全体分子所企求的目的。法律不同于政体,它是规章,执政者凭它来掌握他们的权力,并借以监察和处理一切违法失律的人们。由此可知,凡有志于制订适合各

---

① [古希腊]亚里士多德:《政治学》,吴寿彭译,商务印书馆1965年版,第138页。

种政体的法律(或为不同政体的城邦修改其现行的法律),就必须先行认识政体的各个类型及其总数。①

这说明亚里士多德十分重视法律与政体的关系,同时强调政体中一个十分重要的内容,那就是"主政者"(领袖)问题,并且认为"主政者"是确立何种政体和制定什么法律来治理国家的决定因素,"主政者"的地位同政体形式存在着本质联系。因此,他认为主政者必须具备一些基本条件:品德兼优、经验丰富、充满智慧、忠于宪法、公正清廉等等。他认为,凡关心公共福利的政府是符合严格正义而建立的,是优良的政治体制;凡以主政者私人的利益为前提的政府均为不完善以及是腐败的、专制的政体。

亚里士多德反对一人主政,因为这必然造成个人至上的绝对权威,而一个人统治的国家容易出于私心,他所注意的是自身的利益,容易成为暴君。② 这样的政体当然是不好的,而这不好的政体反过来又强化了个人的专制与独裁。亚里士多德没有说明国体与政体的关系,但他重视"最高治权的执行者"的人数和执政者的品德,他说:"应由多数人来治理国家……似乎是很正确的……,因为多数人必将从各个角度评判、审慎思量,集思广益,仔细斟酌方能窥其貌,必能百密而无一疏了。"③这实际上看到了执政者(领袖)及其地位对政体形式的决定作用,这是深刻的洞见,既是历史经验的总结,又是一种历史的预测,这个思想被后来资产阶级继承与发展。正是基于上述认识,亚里士多德强调处理好法律与政体的关系,主张用法律来制约执政者(领袖),依据城邦的政体,制定相应的法律制度,当然,最根本的标准还是正义。他说:"这里,有一点是可以确定的,法律必然是根据政体(宪法)制定的;既然如此,那么符合于正宗政体所制定的法律就一定合乎正义,而符合于变态或乖戾的政体所制定的法律就不合乎正义。"④

亚里士多德具体分析了三种政体形式,即君主政体(Monarchy)、贤人(贵族)政体(Aristocracy)、共和(宪政)政体(Polityor constiutional government),并

---

① [古希腊]亚里士多德:《政治学》,吴寿彭译,商务印书馆1965年版,第178页。
② [古希腊]亚里士多德:《尼各马科伦理学》,中国社会科学出版社1990年版,第101页。
③ 曾仰如:《亚里士多德》,台北东大图书公司1988年版,第462—463页。
④ [古希腊]亚里士多德:《政治学》,吴寿彭译,商务印书馆1965年版,第148页。

且提出了划分国家政体的两个标志:第一,这个城邦国家的"最高治权的执行者"人数的多少;第二,这些"最高治权的执行者"实行统治的目的,是否"旨在照顾全邦共同的利益"。他说:

> 最高治权的执行者则可以是一人,也可以是少数人,又可以是多数人。这样,我们就可以说,这一人或少数人或多数人的统治要是旨在照顾全邦共同的利益,则由他们或他们所执掌的公务团体就是正宗政体。反之,如果他或他们所执掌的公务团体只照顾自己一人或少数人或平民群众的私利,那就必然是变态政体。①

根据亚里士多德的标准,上述三个政体均是正宗政体,但如果违背了"全邦人民公益",就反常成了变态政体。君主政体的变态政体是僭主(暴君)政体;贵族政体的变态政体是寡头政体;共和政体的变态政体是平民(民主)政体。

从理论上看,亚里士多德似乎比较喜欢德才兼备者主持的君主政体,但又觉得贤人政体胜过君主政体,可是他发现在希腊城邦,贤人政体不过是一种期望,因此,从实际考虑,他又认为共和政体最好。共和政体一方面由多数人统治,与寡头政体相区别;同时,这些执政者不是无私产的贫民或暴民,又不同于民主政体,它是介于寡头政体与民主政体之间、代表中小奴隶主阶级利益的政体。要维护这种正宗政体,亚里士多德认为决定于执政者的品德,而品德之中最重要的是要能以正义、法律治理国家,为人民谋福,这就是法与政体的密切关系。法律要适应国家政体,而政体的性质必须依靠法律来维持。共和政体是法律的依据,而法律是共和政体的保障,它可以限制和制约执政官员企图假公济私。反过来,共和政体不蜕变,则必然使法律的作用实现,法治进一步强化。但是,亚里士多德夸大了政体的作用,他认为政体决定国家的性质,这却是片面的。

智者派企图"拯救现象",苏格拉底、柏拉图走的是"拯救本质"的道路。亚里士多德是古代世界的黑格尔,但他又是一个经验论者,因此,他不简单地否定智者派,也不盲目跟随老师柏拉图,而是从经验事实出发,具体地分析问题。亚里士多德承认每个人对正义和法律都会有自己的意见。他说,比如勇敢和财富通常认为是善的,却往往被人用来做坏事。因此,他认为正义、法律、

---

　　① [古希腊]亚里士多德:《政治学》,吴寿彭译,商务印书馆1965年版,第133页。

道德、规章制度等等确实有主观的一面,但不能只是主观的,它还应该具有客观的标准。所以他又认为柏拉图反对智者派也有一定的道理。

到底什么是正义? 亚里士多德提出了"中庸之道"的标准,也就是取其中。比如怯懦和鲁莽的"中"是勇敢,寡欲和纵欲的"中"是节制,吝啬和浪费的"中"是慷慨,而"真正的公正是一种中间状态",但这种中间状态并不等于数学上的中点,平等并不是在公正和友谊的前提下的等份分配,①它是由历史的、现实的诸多复杂情况决定的。亚里士多德将国家政体主要区分为三种,虽然他再三强调的是理想的贵族政体,但是已如上述,他心目中追求的仍是企图调和贵族政体和平民政体之间的中间状态。这种中间状态也不是空想,而是有历史依据的,比如雅典的民主改革者梭伦和斯巴达的改革家莱库士都属于中产阶级,他们的改革都取得了成功。在他看来,每一个国家都必须以法治国,这样才能避免执政官员假公济私……受任公职都不能获得私利,平民和贵族政体就可以合并。经过这样的安排,贵族阶级和平民群众可以各得其所,各安其宜。他认为这种政体兼具贵族与平民两种政体的原则,"全体公民都可以担任公职",这是民主制原则;但"实际上出任公职的全都是著名(贵族显要)人物",这又是贵族原则。在这种政体下,"官职不能赚钱","穷人因为公职无利可图,便宁愿执管自己的行业而无意从公;富户既不需公款来维持生活,就可以接受名位而为城邦恪尽义务",国家自然繁荣兴盛。当然,这也带有一定的理想色彩。

根据"中庸"标准的正义,亚里士多德提出了一系列的法治原则,并展开他的法治理论,这些原则和思想是对柏拉图后期法治思想的继承和发展。首先,亚里士多德认为法治就是国家"由法律遂行其统治",而不是让"一个人来统治",因为法律具有正确性、公正性、稳定性,它能"免除一切情欲影响",从而使执政的人们保持中庸的公正。如果不是由法律而是由一个人来统治,"这就在政治中混入了兽性的因素",哪怕是靠优秀的人们(贤良),也未免由感情和情欲用事,产生种种弊端。而法律恰正是没有任何感情的,没有爱憎,不会偏私。

其次,法治是"轮番为治"(或"轮番制度")。亚里士多德不仅反对"一人

---

① 〔古希腊〕亚里士多德:《尼各马科伦理学》,中国社会科学出版社 1990 年版,第 94 页。

之治",同时也反对执政者终身制和世袭制,他主张用法律规定统治者的任期,让大多数人轮流执政。他说,根据平等原则,实行轮番为治的制度,确实合符正义而值得称颂。① 统治者永远把持权力,必然产生统治者滥用权力,这是不合理的。为了防止权力的滥用和腐败,就应该让全体公民大家参与政治,安排好执政者轮流退休,并使他在退休以后和其他同等的自由人处于同等的地位。

第三,法治要求执法与守法。他说:"法治应包含两重意义:已成立的法律获得普遍的服从,而大家所服从的法律又应该本身是制定得良好的法律。"②法律是一种社会秩序,人们的行为准则,必须是良法,正当的法,也就是前述的正宗政体的合乎正义的法律。这样的法律在任何方面才会受到尊重而保持至上的权威,这才是法治。乖戾的政体不合正义的法律(恶法),至多是法律的统治,但那无异于暴政。合乎良法的行为才是公平、正义的行为,违犯良法就是不义,因此,无论统治者或被统治者,都必须普遍地服从良好的法律,禁绝一切违法的举动。法官是公正的化身,司法断案要依法,执政者应凭城邦的法度行事;③公民要遵纪守法,不得违犯。要杜绝一切违法行为的发生,特别"应该注意,一个城邦要有适当的法制,使任何人都不至于凭借他的财富或朋从,取得特殊的权力,成为邦国的隐忧"。④ 限制这种超越法律的特殊,并不是不自由,自由不是为所欲为,而是在法律约束下有秩序地生活。"法律不应该被看作(和自由相对立的)奴役,法律毋宁是拯救。"⑤可见,执法、守法是法治的重要内容,亚里士多德总结说:"虽有良法,要是人民不能全部遵循,仍然不能实现法治。"⑥"法律所以能见成效,全靠民众的服从。"⑦

亚里士多德在论述法治思想的过程中,还对法律进行了分类,即法分为自然法和人定法(实在法)、成文法和习惯法、基本法和非基本法。他认为自然

---

① [古希腊]亚里士多德:《政治学》,吴寿彭译,商务印书馆1965年版,第167页。
② [古希腊]亚里士多德:《政治学》,吴寿彭译,商务印书馆1965年版,第199页。
③ [古希腊]亚里士多德:《政治学》,吴寿彭译,商务印书馆1965年版,第199页。
④ [古希腊]亚里士多德:《政治学》,吴寿彭译,商务印书馆1965年版,第268页。
⑤ [古希腊]亚里士多德:《政治学》,吴寿彭译,商务印书馆1965年版,第276页。
⑥ [古希腊]亚里士多德:《政治学》,吴寿彭译,商务印书馆1965年版,第199页。
⑦ 西方法律思想史编写组:《西方法律思想史资料选编》,北京大学出版社1983年版,第46页。

法体现人类理性,反映自然存在的秩序,是社会的普遍原理,是公道、正义。实在法"是规章,执政者凭它来掌握他们的权力,并借以监察和处理一切违法失律的人们"。① 实在法的性质是由政体决定的,又为政体服务。实在法又分为良法与恶法,正宗的政体制定的法律就是良法,变态政体制定的法律就是恶法。可是自然法是一种普遍原则,而实在法(人定法)是具体规章制度,因此,自然法高于实在法,是国家制定法律的基础和理论依据,而实在法则是自然法的具体化。这是对古希腊自然法思想的概括和总结,在西方自然法学历史上有重大的意义。

在成文法与习惯法中,亚里士多德认为"积习所成的不成文法比成文法实际上还更有权威,所涉及的事情也更为重要"。② 在基本法(宪法)与非基本法(刑法、民法、诉讼法等)中,基本法高于非基本法。这种法律分类对后世影响很大,可以说为近代法制体系奠定了理论基础。

亚里士多德还提出了立法的一些原则,比如法律与城邦政体相适应、法律的制定要依据城邦国家自然历史条件、法律要适时修改与补充等等,都是具有法律价值的重要思想。亚里士多德比以前的任何一位思想家都更重视法律的作用,因此,他对法的考察与研究的广泛与深入也是空前的。他不仅深入地思考了法哲学的一系列重大问题,而且在应用法学方面也作了详细研究,反映了他关于行政法、经济法、刑法、民法、婚姻法、诉讼法等方面的思想,比如:行政机关的设立以及行政人员的选任和职责;国家行政调控经济生活;刑罚目的和定罪量刑原则以及犯罪根源、预防犯罪;所有权和财产分配以及买卖、借贷、担保、储金、租赁、雇佣;结婚离婚的条件、计划生育、财产继承;司法中八类法庭和最高法院的设想,改法官陶罐投卵石表决为法板书写,主张法庭判决由法庭执行等等。这些都是他法治理论的重要组成部分,对后世的政治家和法学家均产生了重大影响。

最后,需要指出的有三点:一是亚里士多德和柏拉图法哲学思想的一致性。有人从表面看问题,认为前者反对后者,其实前者对后者的继承性大于否定性。柏拉图从哲学王到后期的法治论,是一个思想不断深入的过程,虽然学

---

① [古希腊]亚里士多德:《政治学》,吴寿彭译,商务印书馆1965年版,第178页。
② [古希腊]亚里士多德:《政治学》,吴寿彭译,商务印书馆1965年版,第169—170页。

术界一般称其前期为"人治论",但其实质强调的仍是理性治国。亚里士多德强调法治,但他的法治也包括着"人治"。他认为完善的法律应该来自智慧和理性。"法律恰恰正是免除一切情欲影响的神祇和理智的体现。"①甚至他也曾幻想诞生一位"哲学王"式的人物,"他既能善德优于他人,而且竞相为善,没有人能胜过他",大家就可"永远追随并一致服从他(不作轮番)而仍然不失其为正义和优美的治国之道"。② 这同他的法治论似乎又发生矛盾了。理性治国、理性产生和决定法律,可以说是古希腊法律思想的一条主线,由此产生正义、公正、平等、自由、法治等思想。当然,我们也不能因此否定他们之间的区别,但又不能夸大区别,而忽视了他们的一致性。

二是从泰勒斯、梭伦、毕达哥拉斯、赫拉克利特、智者派、苏格拉底、柏拉图到亚里士多德从不同的角度,用各自的方法,对正义、平等、自由等法哲学的概念作了各有特色的分析,对其内涵均有自己的把握。但他们都把"正义"作为其法哲学的基本范畴,而且这种正义都是建立在奴隶劳动的基础上,以异族对立、以城邦为本位的,这可以说是古希腊法律思想的又一条主线。希腊公民的自由民主权利正是靠奴隶、外邦人(本城邦国家中的妇女也没有政治权利)、同盟属国的贡款等等来供养的,这就决定了他们的正义并不是绝对的、普遍的、无条件的,而是相对的、有条件的。因此,希腊人的正义必然包含着、充满着、贯穿着许多矛盾冲突,从泰勒斯、梭伦到亚里士多德的法律思想的演变正是这许多矛盾冲突的反映,如果看不到或不承认这一点,也就不可能科学地揭示正义的本质。

三是自然法思想。"自然法"概念是希腊哲学的创造,早在荷马史诗《伊利亚特》和赫西俄德《神谱》中,就有了正义女神(狄凯,dike)和法制女神欧诺弥亚,她们是宙斯的女儿,维护正义与法制,惩罚不义和违法,用神话的形式表述了早期希腊人一种朦胧的自然法思想。到了米利都学派时期已经有了自然正义的思想,其理论依据就是自然哲学。因此,自然法就包含有自然规律、秩序、理性的意思,后经毕达哥拉斯、智者、苏格拉底的发展,加深了人们的思考。城邦国家的法律是否合符理性、自然、正义,是否具有永恒不变的特质,而且自

---

① [古希腊]亚里士多德:《政治学》,吴寿彭译,商务印书馆 1965 年版,第 169 页。

② [美]莫蒂默·艾德勒编:《西方思想宝库》,吉林人民出版社 1988 年版,第 852 页。

然法作为正义永恒的组成部分,与多变的、有时是暴虐而非正义的人定法相对立。亚里士多德继承了智者的观点,总结了他之前古希腊的自然法思想,提出自然正义、法律与习惯正义,认为自然法无处不在,人们可以通过理性来发现它。晚期希腊斯多亚派超越狭隘的城邦观念,把自然法思想推进到新的高度,这直接影响了罗马人。可见,我们必须回到希腊人,才能了解自然法这个最古老、最长久又最新鲜的思想,它本身也是古希腊法律文化的一条重要线索。

但是,"希腊人的思想里有三道他们难于逃越的关卡",第一"是希腊人在心理上把城邦作为国家的最终形式的成见"。柏拉图认为一个完善的城邦的公民人数是一千人到五千零四十人上下,亚里士多德则认为人口过多必然发生司法方面的许多恶果,表现了一种狭隘性、落后性,而罗马人却超越了这个藩篱。钳制希腊人思想的第二个关卡"是家奴制度",没有奴隶希腊人会觉得既不舒服又不尊严。"对于讲求实际的亚里士多德,它的废除是不可想象的,因此他们宣称,世界上有的人是天生的奴隶。"①第三,希腊人的思想还受到缺乏知识的妨碍。"他们的地理知识超不出地中海盆地和波斯边境的范围","他们的天文观念还处在初步推测的状态","雅典的民主制度跟田纳西州的民主制度一样,是不会容忍达尔文的"。希腊人的认识"最多不过有些锐利的猜测"。这些自然的、历史的、阶级的局限性造成古希腊法律文化不可避免的缺陷和法治思想的不彻底性,但是,希腊人"对于我们有真正价值的地方不在于他们取得的成就,而在于他们所作的尝试;不在于他们回答了问题,而在于他们敢于提出问题"。② 这就是西方法律文化开端阶段的巨大的历史意义。

---

① 〔英〕赫·乔·韦尔斯:《世界史纲》,吴文藻等译,人民出版社 1982 年版,第 362 页。
② 〔英〕赫·乔·韦尔斯:《世界史纲》,吴文藻等译,人民出版社 1982 年版,第 361—364 页。

第五章　希腊化时期的法律思想

　　亚里士多德去世并不意味着希腊哲学与法哲学的终结,他与柏拉图并不像黑格尔断言的那样达到了希腊哲学的顶峰,相反,这两位大师都没有完成苏格拉底的哲学任务。在亚里士多德以后不到一代人的时间里,新哲学层出不穷,这就是希腊哲学及其政治法律思想的一个新时代,即希腊化时期。这一时期按照罗素的划分应从公元前4世纪初至罗马帝国建立,这是古代希腊语世界史的第二个时期(马其顿统治),第一个时期是自由城邦时期,第三个时期为罗马帝国时期。[①]

　　希腊化时期的哲学在西方近代以来的研究中一直是"一个无人过问的孤儿",这种状况直到20世纪的罗素才有所改变。但罗素在总体上仍然认为这一时期的哲学是旧的,没有柏拉图和亚里士多德时期那么重要。一些权威性政治、法律、哲学著作对这一时期的思想也是轻描淡写或视而不见。其实,据近30多年国内外学术界的研究,发现这一时期的哲学、政治、法律思想异常丰富,涌现了皮浪的怀疑主义、伊壁鸠鲁的快乐主义和斯多亚主义等新哲学,包含于其中的法律思想也发生了重大转型。新哲学通过批判柏拉图和亚里士多德,矫正了苏格拉底开创的而柏拉图、亚里士多德有所偏离的人文主义方向,特别是斯多亚学派的哲学和自然法思想真正实现了希腊精神新的辉煌。当然,精神的巨变归根到底还是由社会历史的变迁决定的,因为马其顿人开创的希腊化时代是一个超越了狭小城邦观念而把多民族组合到一起的世界性国家

---

　　① 参见[英]罗素:《西方哲学史》上册,何兆武、李约瑟译,商务印书馆2003年版,第279页。

的新时代,并且实现了希腊文化和东方文化的联姻与交流,这种多民族、多元的文化,是此前的柏拉图和亚里士多德政治法律哲学还没有探求过的问题。①学习与研究这一时期的政治法律思想,对于认识希腊罗马乃至整个西方政治法律思想就显得特别重要,我们认为有必要列专章介绍。

希腊化时期的哲学主要有三大派别,即怀疑派、伊壁鸠鲁派和斯多亚派,三派哲学虽然各有特点,但都在思考城邦制度瓦解后该怎么办。马其顿人的统治结束了希腊人的城邦共同体,而这个共同体恰恰是希腊人安身立命的根,从苏格拉底、柏拉图到亚里士多德,他们讨论的健康、安宁、法治、自由、幸福都与这个根有密切关系。现在,这个根被一场席卷世界的大风暴拔掉了,希腊人如同失去了家园,被抛进了一个陌生世界,人成了无家的个人。如杨适先生所说:"在古老的城邦共同体(在希腊)和种族、民族共同体(在犹太等东方各族)不复存在或不复具有自主权之后,生活在这样深不可测的世界中,人的命运岂非正如风暴海洋中的一叶扁舟? 人的家园究竟在哪里,它应当是什么,就成为希腊人和希腊化世界中一切民族和个人共同关心的根本问题,也是人如何认识自己和如何能生存下去的第一重要问题。"②三派哲学在探讨这一根本问题时,哲学理路由城邦时代极强的思辨性问题转向了实践性极强的问题讨论,不仅为人们提供了治愈精神迷惘和痛苦的药方,而且表现出法律思想方面的洞见,怀疑派哲学的彻底批判精神与伊壁鸠鲁和斯多亚派肯定性的人生哲学和知识论、本体论,给我们反思城邦时期和认识希腊化时期的法律思想提供了珍贵的资料和重大的启示。根据罗素的观点,又限于篇幅,我们这里仅研讨伊壁鸠鲁和斯多亚派两大新派的思想。

第一节　伊壁鸠鲁关于人的自然权利与
社会契约的思想

伊壁鸠鲁(约公元前341—前270年)是雅典人,罗素说他生于公元前342

---

①　参见杨适:《古希腊哲学探本》,商务印书馆 2003 年版,第 530—534 页。

②　参见杨适:《古希腊哲学探本》,商务印书馆 2003 年版,第 539 页。

或前341年,究竟是生于萨摩斯还是亚底加,这都不甚清楚,但他幼年确实是在萨摩斯度过的,直到18岁。伊壁鸠鲁的父亲是一位学校校长,他从那里受到较好的初等教育,母亲对他也有良好的影响。他有三位兄弟,他对父母孝顺,对兄弟慷慨,一家人和谐幸福。伊壁鸠鲁14岁开始学哲学,直接的原因是老师讲到赫希俄德《神谱》中关于"混沌创生万物"的诗句时,他发出了"混沌从哪里来"的疑问,老师解答说,这不是他的事而是哲学家的工作,由此伊壁鸠鲁转向哲学,并在一个叫庞费鲁斯的柏拉图学者那里学习了4年。公元前323年他18岁时回到雅典,又服了两年的公民义务兵役,据说这期间他到柏拉图派的学园和亚里士多德的吕克昂听过一些课程。

　　根据国内外学者的研究,如果从他14岁学习与研究哲学开始,伊壁鸠鲁的学术生涯大致可分为四个阶段:(一)初学哲学6年;(二)科罗封独立思考10年;(三)郎卜沙柯筹创学派5年;(四)创办雅典学园36年。杨适先生认为,科罗封10年是伊壁鸠鲁学说基本思想形成的重要阶段,城邦时期哲学特别是德谟克利特原子论对他虽然应该有影响,但他又不满意德谟克利特原子论者瑙西芬尼的哲学教育,可能是因为要强调他的"自学"与独创。离开科罗封后,伊壁鸠鲁又在列斯波斯岛上的米提林城住了一年,这是一座历史名城,亚里士多德曾在这里当过老师,他想在这里实践自己的理论,可是由于学术环境的险恶而不得不离开。之后,他来到小亚西北的希腊城市郎卜沙柯,伊壁鸠鲁在这里5年,宣讲他的学说,结识了一批朋友,聚集了学术力量,为创办雅典学园准备了精神条件与物质基础。公元前306年伊壁鸠鲁回到雅典,购置了房屋和附近的一个小花园,作为他的学派生活和研究的基地,这里也是他的学校,学术界亦因此把这一年作为伊壁鸠鲁派建立的时间,伊壁鸠鲁时年35岁。

　　伊壁鸠鲁建立的学术团体,同城邦时期柏拉图、亚里士多德的学园有所不同,如杨适先生指出,伊壁鸠鲁的学园"与其说是一所学园或研究中心,倒不如说是一个按共同原则在一起生活的人们所组成的非常友爱的小社会。在伊壁鸠鲁的学说和团队里,友爱具有特殊重要的意义和价值,而'花园'就是实现他们友爱的一块乐土。在这里有他的三个兄弟、一些朋友和他们的妻子孩子,其中还有一些原来是奴隶和妓女的人们"。"在这里他向他的朋友们显示他对人的真诚友谊,其中包括了妓女和奴隶。""伊壁鸠鲁的花园学校,是古希腊有史以来第一所也向妇女开放的哲学学校。"①

伊壁鸠鲁和他的学园团体过着非常简朴的生活,罗素说"一部分是由于他们的原则","而一部分也由于没有钱",他们的饮食主要是面包和水,但伊壁鸠鲁觉得很满意了,觉得全身"洋溢着快乐"。公元前 270 年,伊壁鸠鲁由于疾病折磨而去世,但他走得十分自然、安详、宁静。据说,他写下遗嘱,仔细交代后事,嘱咐弟子们要照顾好团队的成员特别是去世的朋友的孩子们,并使奴隶获得自由。然后,他洗了一个澡,要了一杯葡萄酒,叮咛朋友们记住他的教导,就咽了气。在病痛和死亡面前,伊壁鸠鲁"实践了自己的哲学,达到了很高的福乐境界"。② 马克思恩格斯赞扬他是"古代真正激进的启蒙者"。③

据说,伊壁鸠鲁写了约 300 卷作品,如《论自然》、《论生活》、《论原子》、《论原子与虚空》、《论准则》、《论目的》、《论神》以及其他等等,虽然大多遗失了,但学者们认为仅据目前已存的资料并不影响对其思想的研究,其中透射出的法律思想也是深刻而重要的。

一、原子论哲学与法哲学

作为伊壁鸠鲁哲学思想的核心部分的原子论哲学,也是其全部思想包括法律思想在内的坚实的理论基础,它虽然来自城邦时期的德谟克利特,但伊壁鸠鲁已有了自己的创新,并与之有原则的区别。首先,他的原子论是建立在经验的基础上的理性的理论,而不同于德谟克利特否认感觉的理性独断方法。他说"万物是由许多物体和虚空组成的,因为物体的存在是感觉自身通过一切经验而证实的。如果理性试图从已知推出未知,它必须依靠感觉"。④ "永远要以感觉以及感触作根据,因为这样你将会获得可靠的确信的根据",⑤最真实的存在"物体和虚空",因为这是通过感觉证实的进而用理性论证原子,而德谟克利特的"原子和虚空"是靠理性直接推论得知的。第二,伊壁鸠鲁坚

①　杨适:《古希腊哲学探本》,商务印书馆 2003 年版,第 557—558 页。
②　杨适:《古希腊哲学探本》,商务印书馆 2003 年版,第 559 页。
③　《马克思恩格斯全集》第 3 卷,人民出版社 1960 年版,第 147 页。
④　引自苗力田主编:《古希腊哲学》,中国人民大学出版社 1990 年版,第 633 页。
⑤　北京大学哲学系编译:《古希腊罗马哲学》,生活·读书·新知三联书店 1957 年版,第 358 页。

持原子不可分的基本观点,同时又强调原子也有其部分,从而推进了希腊哲学本体论。德谟克利特的"原子"一词的含义就是指"不可分的东西",但又认为原子有形状,可是任何有形状的总有边缘和中心,那这个有形的也是有部分的。伊壁鸠鲁不仅克服了德谟克利特的矛盾,而且其深入的论证还影响了后来西方科学与哲学的发展。第三,原子偏斜运动的假说和自由意志论超越了德谟克利特,从而为失去城邦的人们解除痛苦、寻找安宁与幸福提供了重要的理论根据。伊壁鸠鲁认为,原子在虚空中有三种运动,即由于重量向下运动、偏斜运动、相互碰撞运动,德谟克利特仅承认垂直运动和相互碰撞运动,而偏斜运动是伊壁鸠鲁的新说。罗素说:"伊壁鸠鲁是一个唯物论者,但不是一个决定论者。他追随着德谟克利特相信世界是由原子和虚空构成的;但是他并不像德谟克利特那样相信原子永远是被自然律所完全控制着的。而他的原子具有重量,并且不断向下坠落;但不是朝向地心坠落,而是一种绝对意义的向下坠落。然而,一个原子时时会受到似乎有自由意志的某种东西在作用着,于是就微微地脱离了意志向下的坠落。"①苏联哲学史家亚历山大洛夫认为伊壁鸠鲁主张"原子具有独特的自由意志"是一种"后退"。② 其实这不符合历史真实,即使依据罗素的看法,对自由意志也是肯定的,并且他还指出了德谟克利特只承必然性(决定论者)、否认偶然性的局限,认为伊壁鸠鲁肯定偶然性、反对命定论有合理性,他说"我们仍然有自由意志,并且在某些限度之内我们乃是我们自己命运的主人",这对于深深感受到人类不幸的人却"是一种温和的福音"。③

如果说德谟克利特原子论是对城邦时期希腊民主制的哲学概括,那么伊壁鸠鲁的原子论则是对失去城邦的原子似的个人的一种拯救。生活在城邦民主制社会中的每个自由民,都是一个小"原子",它不仅有自身的独立性,而且也有自由,不过是作为城邦共同体的小"原子"个人的独立与自由。可是当城邦制度瓦解,希腊人在马其顿专制统治下感到了孤苦无助。因此,伊壁鸠鲁强调他的哲学的目的就是获得人生的快乐和幸福,知识并不是我们关心的基本问题。他说,要不是由于人们对天象的异常现象和死亡等等的畏惧和忧虑有

---

① ［英］罗素:《西方哲学史》上卷,商务印书馆 2003 年版,第 312 页。
② ［苏］亚历山大洛夫:《西欧哲学史》,商务印书馆 1989 年版,第 87 页。
③ ［英］罗素:《西方哲学史》上卷,商务印书馆 2003 年版,第 313 页。

待消除,那我们就根本无需自然哲学。我们研究它的目的只是为了得到心灵中纯净的快乐。正如医学知识若不能治疗身体的疾病就毫无用处一样,哲学若不能驱除灵魂的痛苦也是毫无用处的。① 由此可见,伊壁鸠鲁的哲学与法哲学实际上就是抚慰希腊人的一种根本性的心灵治疗术,于是,他论神、论死亡、论痛苦、论快乐、论快乐与善的关联、论正义、论自由与自然权利、论友爱与社会契约等等,都是在身体力行地去实现他的哲学的崇高目标。

二、自由与自然权利

如前所述,伊壁鸠鲁关于原子偏斜运动的新说不仅论证了与必然性相对应的偶然性,反对把一切归于必然性的命定论(天命论),肯定了人和生命的自由意志原则,而且他的快乐主义也是从正面对个人自由的肯定,个人自由成为快乐主义的核心。② 这一重要思想在他遗存的残篇、书信和学生卢克来修的著作中随处可见。

卢克来修是伊壁鸠鲁著名的弟子,他热情洋溢地讴歌并宣扬伊壁鸠鲁哲学的精神,在《物性论》中写道:"当人类在地上到处悲惨地呻吟/人所共见地在宗教的重压下/而她则在天际昂然露出头来/用她凶恶的脸孔怒视人群的时候——是一个希腊人首先敢于抬起凡人的眼睛抗拒那个恐怖/没有什么神灵的威名或雷电的轰击或天空的吓人的雷霆使他畏惧/相反地它更激起他勇敢的心/以愤怒的热情第一个去劈开那古老的自然之门的横木/就这样他的意志和坚定的智慧战胜了。"③"我们正是借着这个自由的意志/向欲望所指引的地方迈进/同样地我们正是借着这个意志/在运动中略为偏离。"④人追求快乐,但这种快乐以人的自由为前提和目的,因此,自由就是不受奴役,即使是过简朴的生活,自己也能"进入一个任何厄运都不能加以剥夺的境界",⑤这就是自由的境界,摆脱了对环境和物质条件的依赖,掌握了自己命运的自由。

---

① 引自杨适:《古希腊哲学探本》,商务印书馆 2003 年版,第 563 页。

② 参见杨适:《古希腊哲学探本》,商务印书馆 2003 年版,第 569、607 页。

③ 转引自[英]罗素:《西方哲学史》上卷,商务印书馆 2003 年版,第 315 页。

④ 卢克来修:《物性论》,转引自杨适:《古希腊哲学探本》,商务印书馆 2003 年版,第 610 页。

⑤ 见塞涅卡《书信集》第 18 封信,转引自《马克思恩格斯全集》第 46 卷,人民出版社 1982 年版,第 151 页。

这种自由不同于城邦时期希腊人的自由,丧失城邦的希腊人已经变成了一种世界性的公民个人,每一个民族、每一个人都普遍和平等地具有自由的本性,都享有自由。这种自由观念是希腊化时期兴起的一种新观念,是伊壁鸠鲁在哲学与法哲学史上的重大贡献,也是他比以往希腊人进步的地方。

伊壁鸠鲁的个人"自由"不是空洞的,实际上是对人的自然权利的主张,所谓"任何厄运都不能加以剥夺"的自由,应该包含了政治、经济、文化及精神等方面的诸种权利,也许是由于伊壁鸠鲁派文献的遗失造成今人无法目睹其详细的论述,但仅从现存的史料中,也可以发现他对人的自然权利的肯定和宣扬。伊壁鸠鲁虽然偏重精神安宁,一生过着十分简朴的生活,反对做外物和物欲的奴隶,因为那就将失去自由和自由意志,但他又认为安全、快乐、自由也需要充分的物质条件做保障,因此,主张对财产个人所有,反对毕达哥拉斯派通财共产的做法,认为否认个人财产搞通财共产,不仅不会有真实的友爱,而且会造成朋友之间彼此不信任。因此,他主张人们之间应相互信任、彼此尊重,既不侵害对方也不受对方侵害,这才是正义和公正。这一思想已反映出人权思想含有的财产权观念,受到了学术界高度的评价,有人认为"包含有后来西方个人人权观念的重要因素","是近代自然法自然权利学说的先声"①。

三、友爱与社会契约

友爱是人类思想史上永恒的话题,无论在东方或西方,都是伦理道德学说中的核心概念和重要原则,也是人们日常生活的重要内容。孔子主张仁爱,所谓"仁者爱人",这里的人是指一切人,当然也包括奴隶。希腊人也讲仁爱,伊壁鸠鲁认为友爱是生活中"最有意义、最有益处、最愉快"②的内容,并将它视为其快乐主义哲学的最高点。但是,孔子的"仁爱"虽也爱一切人,可他是以宗法血缘为基础的,人首先应该爱父母以及兄弟,所谓"孝悌也者,其为仁之

---

① 杨适:《古希腊哲学探本》,商务印书馆 2003 年版,第 570 页。

② 转引自《马克思恩格斯全集》第 40 卷,人民出版社 1982 年版,第 174 页。

本与"，①然后由亲及疏，由近及远，有差等、有区别地去建立一个人人相爱的社会。与之不同，伊壁鸠鲁哲学是以个人为中心的，人是一粒不断运动的具有自由意志的、自主的"原子"，如前所述，人是有个人利益的，并彼此尊重，相互信赖，这是他友爱观的最根本的基础和根源。

伊壁鸠鲁认为，人与人要实现真正的友爱，首先要有一个共同体，这是人与人之间的天然联系，人不能孤独，人不能没有朋友，人要获得友谊才能避开危险从而增强心灵的力量得到快乐。但这种共同体不再是狭隘的城邦，而是超越了性别、贫富和民族的"世界一家人"的更高的共同体。其次，每个人都应有自己的财产，他反对毕达哥拉斯派的共有制，认为那会使友谊变得虚假，也不同意柏拉图"理想国"的"共产"设计，这与亚里士多德的观点相似。伊壁鸠鲁把个人的利益同个人的自由和尊严联系起来，并且认为这恰恰是人与人相互友爱的核心和基础。"一切共有不分彼此，看上去好像没有利害纷争，团结友好，但它并不能保证成员间的平等和相互尊重，大锅饭也无法显示出一个人的慷慨和牺牲精神等高贵品质。因为只有独立的个人把自己的财产和力量贡献给别人时，才表现出自由自愿的无私的真诚。"②

在伊壁鸠鲁看来，真正维护共同体的相互信任以及彼此安全，做到既维护了自己利益，又不伤害别人利益，这就需要一种"约定"（契约），经过这样的"约定"，就实现了"公正"（正义）。"不能相互订立契约以保证彼此不伤害的动物，无所谓公正不公正。既不能够也不愿意订立互利契约的部落也是这样。""没有绝对的公正（正义），公正是人们相互交往中以防止互相伤害的约定。无论什么时间、什么地点，只要人们相约以防止伤害，公正就成立了。""一件事情一旦被法律宣布为是公正，并被证明有利于人们的相互交往，那么，无论它是否对所有人都一样，它都变成公正的事情。"③这就是伊壁鸠鲁的社会契约学说，虽然很粗略，甚至还有片面性，但它已经包含了后来社会契约论的基本因子，而且他从人的物质利益出发，注重生活经验，结合政治与精神的需要，对社会契约产生的必然性与重要性作了分析，具有鲜明的历史主义和

---

① 《论语·学而》。

② 杨适：《古希腊哲学探本》，商务印书馆 2003 年版，第 616 页。

③ 杨适：《古希腊哲学探本》，商务印书馆 2003 年版，第 653—654 页。

唯物主义特点。

第二节　斯多亚派及爱比克泰德的自然法思想

斯多亚派是指最初喜欢在一条有绘画的柱廊里讲演或讨论问题的一批哲学家。罗素说,斯多亚派与伊壁鸠鲁派同时起源,但是它的学说却历史更长、变化更多,大致可分为早期、中期和晚期。早期和中期的斯多亚派流传下来的著作并不多,晚期塞涅卡的《道德论文集》和《道德书信集》、爱比克泰德的《论说集》以及奥勒留的《沉思录》三位代表人物的作品都较完整地流传下来。①

斯多亚派创始人芝诺(公元前333—前261年)是腓尼基人,其家庭可能是从事商业的,据说,当初是商业利益把他引到雅典来的。"然而到了雅典以后,他变得渴望研究哲学了。犬儒学派的观点要比任何其他学派的观点都更投合他的胃口。"②在向著名犬儒学派克内特学习二十年之后,芝诺创立了自己的学派。他提出了斯多亚派的基本思想,创建了自己的哲学体系,他的哲学包括自然哲学与论人和人性的心性之学。

斯多亚派的自然哲学是"把自然学(本体论)、伦理学和逻辑学三者统一的新的哲学形态",③也就是自然、人和理性三位一体,是对苏格拉底提出的怎样使求真求善统一的问题的解答,也是对亚里士多德认为伦理学是实践的学问而低于理论学科的一种批判。当然,他们也"不曾采用柏拉图的理念论",而始终坚守了苏格拉底哲学的方向和路线,"苏格拉底始终是他们主要的圣人"。④

柏拉图和亚里士多德都是伟大的哲学家,但他们确实又有时代的局限,除了狭隘的城邦观念、民族观念和等级观念外,哲学上如何统一求真求善并且在

---

① [英]罗素:《西方哲学史》上卷,何兆武、李约瑟译,商务印书馆2003年版,第319页。
② [英]罗素:《西方哲学史》上卷,何兆武、李约瑟译,商务印书馆2003年版,第320页。
③ 杨适:《古希腊哲学探本》,商务印书馆2003年版,第626—627页。
④ [英]罗素:《西方哲学史》上卷,何兆武、李约瑟译,商务印书馆2003年版,第320页。

实践中如何追求和实现真善的问题,也未获得解决,他们的哲学给苏格拉底的答案是片面的、不完善的。斯多亚学派秉承犬儒派反传统的精神,对城邦时期的哲学进行了大胆的批判,当然也批判了与他们同时代的伊壁鸠鲁派和怀疑派,又坚持身体力行,从而把古希腊哲学推进到了新的阶段,其中的自然法思想不仅超越了智者派以及柏拉图、亚里士多德的法治论,而且也克服了伊壁鸠鲁自然法思想的缺陷,达到了古希腊自然法思想的新高度,一定意义上可以说是古代法律思想的总结和终结。

斯多亚派与伊壁鸠鲁派都存在了几百年,但学术上伊壁鸠鲁派变化不大,而斯多亚派却经历了许多曲折和发展。杨适先生认为,直至爱比克泰德才达到了比较完善的高度,爱比克泰德为斯多亚派注入了新的生命力。因此,本节主要是对爱比克泰德的哲学及自然法思想作一简介与评述。

一、从奴隶到哲学家

爱比克泰德(约55—135年)虽然是斯多亚派和古代哲学家中一颗耀眼的明星,但关于他的生平,我们却知之甚少。罗素说他"是一种类型非常不同的人",①杨适先生认为"这种情况在很大程度上同他本人的苦难命运有关"。② 爱比克泰德是罗马贵族的一名奴隶,"爱比克泰德"是希腊文的音译,词意就是"买来的"、"获得的"意思,也就是说,"这名字不过表示他是他们主人买来的一个奴隶"。③

据说,爱比克泰德出生在罗马帝国东方边缘省份弗吕家的希拉波立。他的父母是谁,他在什么时候出生,为什么会在幼年就卖身为奴,甚至连他本来的名字等情况,我们都无法查明了。杨适先生是中国学者中最先深入研究斯多亚派以及爱比克泰德的,他在台北东大图书公司出版的《爱比克泰德》一书,不仅给我们理出了爱比克泰德哲学的头绪和体系,包括基本原则、主要内容、新创造等等,而且还给我们描绘了一位非常感人的哲学家形象。他说,爱比克泰德是一块石头突然被扔到地上,"他在这个世界上,没有任何亲人,没

---

① ［英］罗素:《西方哲学史》上卷,何兆武、李约瑟译,商务印书馆2003年版,第330页。
② 杨适:《爱比克泰德》,台北东大图书公司2000年版,第1页。
③ 杨适:《爱比克泰德》,台北东大图书公司2000年版,第1页。

有任何爱、关怀和保护,没有任何做人的资格和尊严。他被斩断了人生来就应该有的一切亲情和人伦的联系,其彻底的程度,到了连自己的父母是谁都不知道,并且再也没有可能回到他出生的家乡。这里面有无数的故事,一连串的血和泪。当这一个人终究长大并且逐渐了解世界的时候,会怎样想这些事情,想自己的命运,想这个世界同他的关系? 是的,人人都会从自己的生活来猜想人生之谜;但是我想在爱比克泰德的这个谜里所蕴涵的深度,恐怕是通常人难以测得的。它必定会对这位哲学家的生活和精神追寻发生最深层的作用"。①可能就是这种生命的磨难和磨炼造就了爱比克泰德作为"不同类型"的哲学家及其特别的思想。

爱比克泰德从儿童时期到成人,都在一位罗马权贵埃巴普罗·迪托家当家奴,后来有机会跟从当时在罗马有名的斯多亚派哲学家穆梭留斯·罗夫斯学习。在获得释放成为自由人后,他开始了自己的哲学事业。据罗素说,爱比克泰德 34 岁时,"罗马皇帝多米提安用不着知识分子,就把所有的哲学家驱逐出境了。于是爱比克泰德便退居于伊壁鸠鲁的尼科波利斯,他在这里写作和讲学",他办了一所学校并教导学生,最后"死在此处",②终年八十岁。

据说,爱比克泰德像苏格拉底和犬儒第欧根尼一样讲述哲学,"述而不作",他只关心同人谈话,教人在生活实践中求善。这有点像中国的儒家创始人孔子,教人身体力行而"止于至善"。爱比克泰德有一个名叫阿利安的学生,他忠实地记录了爱比克泰德的教导和谈话,并整理编辑成《爱比克泰德论说集》,以及从中选辑的《手册》,爱比克泰德的思想也因此得以保存和流传。近年中国学者将《论说集》英译本译为中文并已出版,这为中国人学习与研究爱比克泰德的思想提供了重要帮助。

爱比克泰德生活非常简朴,他的跛腿是当奴隶时受严酷惩罚的结果。他长期过独身生活,到晚年为了收养一个弃儿时才娶了妻。他的全部家私就是一个地铺和一张草席,还有一盏铁制的小油灯,后来被人偷了,他就以一盏土

---

① 杨适:《爱比克泰德》,台北东大图书公司 2000 年版,第 2 页。
② [英]罗素:《西方哲学史》上卷,何兆武、李约瑟译,商务印书馆 2003 年版,第 330 页。

灯代替。①

晚期斯多亚派哲学工作的重点虽然在伦理道德学说方面,但并不能因此贬低他们在思辨哲学上的贡献,特别是爱比克泰德非常重视理论,重视对学生进行严格的逻辑训练,但他更重视实践理性和道德理性,强调哲学的价值全在于运用。《谈话集》记载,爱比克泰德经常批评那些自诩为斯多亚派而其实还不是的人,因为他们仅仅是用哲学装潢门面而已。他经常提到苏格拉底和第欧根尼,因为他们的哲学只是为人生活得善和自由服务的。爱比克泰德正是从这个根本点上来展开他的思想,从而对斯多亚派哲学作出了新贡献,也表现出极具特色的法律思想。

二、自然哲学与自然法

如第二章所述,在智者和苏格拉底时代发生过一场关于"自然"与"人为"(法律)的争论,它反映了希腊人生动活泼的政治生活和精神生活,也展示了希腊人法哲学、法思维的重大转折,标志着古希腊自然法观念的深化和自然法思想的形成。当然,这场争论不可能最后解决问题,自然与人为(法律)作为哲学和法哲学的根本问题,也是古今中外思想史上的永恒话题,不同历史条件下的自然观和人观,必然带有时代的局限性,因此,当旧的城邦共同体瓦解、人们陷入巨大的忧虑与痛苦之后,希腊人的目光再一次转向人和自然,新的自然哲学应运而生。

希腊化时代的各种思潮都很重视自然哲学,以犬儒派"回归自然"为标志,经过怀疑派、伊壁鸠鲁派以及各种宗教学说的相互竞争博弈,斯多亚派将自然哲学推到一个新阶段。斯多亚派的自然哲学包括自然学、逻辑学、伦理学三部分,其中自然学是核心和基础,伦理学是目的,而逻辑学则是全部体系正确性的保证。"他们把哲学比作一个动物,把逻辑学比作骨骼和腱,自然学比作有肉的部分,伦理学比作灵魂。他们还把哲学比作鸡蛋,称逻辑学为蛋壳,伦理学为蛋白,自然学为蛋黄。也拿肥沃的田地作比,逻辑学是围绕田地的篱笆,伦理学是果实,自然学则是土壤。他们还把哲学比作有城墙防守的城市,为理性

---

① 参见杨适:《爱比克泰德》,台北东大图书公司2000年版,第3页;爱比克泰德:《哲学谈话录》,吴欲波等译,中国社会科学出版社2004年版,第2卷。

所管理,并且像他们之中一些人所说,任何一部分也不被认为比别一部分优越,它们乃是联结着并且不可分地统一在一起,因此它们把这三部分全都结合起来讨论。"①三个部分各有其作用及价值,但又密不可分,是一个紧密联系的整体。自然作为一切物体的原初质料,是一个活的实体(活体),有感觉、理性、生命、理智,是一种自我运动的力量,一个生生不已的世界。可见他们的主张不同于伊壁鸠鲁派,斯多亚派的自然不是彼此绝对分离的存在(原子),而是一个整体的存在和生命,人不是单个的"原子",人不能孤独存在,他和其他一切事物都是这个有机整体的组成部分,因此自然里也就不存在虚空,"即使是一块石头也是靠它的连续性使其各部分结合来保证其自身的存在的;所以,整体性和连续性之为自然的根本规定性。注重整体性连续性还是注重个体性分离性,是斯多亚派区别于伊壁鸠鲁派的首要标志",②这种整体自然观也是其哲学的根本原则。

斯多亚派不把元素作为世界的本原,他们受到了亚里士多德关于本原的"四因论"影响,把自然本原分为"被动者"和"主动者",认为自然万物真正的本原、根本的"是"(本体)只在主动者,即是神。亚里士多德把形式因视为第一推动者,也就是神。在具体事物中,主动者(形式)和被动者(质料)总是结合在一起的,但是当斯多亚派将最终本原者看做神的时候,这个神不仅是自然的主动者本原,而且也是它的质料,也就是同物质世界结合在一起的整体自然本原。可见,神和自然是同义语,斯多亚派的自然哲学也就是他们的神学,这就比亚里士多德更进了一步。③ 因此,爱比克泰德总是教导说,学哲学第一要学的就是一个神,哲学并不向人承诺使灵魂保持与自然一致的状态,遵循自然就是听神的话,顺其自然是神之所愿。④ 因此,杨适先生指出,自然就是神这"是斯多亚自然哲学和整个哲学体系的中心观点"。

这个神就是理性、逻各斯,是一个理性的神;这个神和它的理性,就是整体

---

① 北京大学哲学系编译:《古希腊罗马哲学》,生活·读书·新知三联书店 1957 年版,第371 页。

② 杨适:《古希腊哲学探本》,商务印书馆 2003 年版,第 628 页。

③ 杨适:《爱比克泰德》,台北东大图书公司 2000 年版,第 78—79 页。

④ 参见爱比克泰德:《哲学谈话录》,吴欲波等译,中国社会科学出版社 2004 年版,第 40、4 页。

的自然,即自然的神或自然理性的神;这个神是有思想和意志的世界主宰,这就统一了自然的必然性和神的自由意志(人格性);这个神不同于先前的宙斯,突出了一个主神的至上地位,是"整体自然"或"逻各斯"的神,一个哲学理性化了的人格神;这一个神作为自然的整体和逻各斯,又贯穿地存在于它的部分之中(泛神论),因此每一部分就分有了神的意志和理性而又受神的意志支配,这就构成了一个统一和谐的整体的世界。① 在这个整体的世界中,神和人都是理性的生物,人又分有神的理性,因而人神相通,人神之间有友爱。这是柏拉图和亚里士多德不曾有的看法,亚里士多德虽也认为人有某些与神的完善相近的东西,但他强调的是人的理论理性,而斯多亚派及爱比克泰德要把理性正确运用于生活,强调的是人的道德理性。一部《论说集》就是教导人从每一件事做起,要努力顺应自然地去学习、生活和工作,神是自然地善的,人必须长期艰苦努力才能达到接近神的高度。爱比克泰德常常批评那些自称斯多亚派或将哲学保留在口头上的人是"伪造自我"和"欺骗别人",虽然能复述和背诵哲学的辩论,但已经远离甚至背离了神和自然,不可能获得自由与幸福。在这里,既高扬了人的本性,又给人的本性一定的限定。

赫拉克利特曾经提到对立统一的自然法则是神,也称为逻各斯,这包含了自然法的重要因素。斯多亚派及爱比克泰德吸收了这一思想成果,但又将这一思想发展和深化。爱比克泰德说,神对地上的事物和人类的事务进行预知,因此我们要虚心学习万事万物按所是地发生、如何发生,是按照它们的指定者所指定的那样发生。神指定了冬夏、盛衰、善恶和诸如此类相反相成事物的存在,为的是整体的和谐,并给我们的身体和它的各个部分,以及财产和同伴。这几乎是赫拉克利特话语的复述,但斯多亚派对神赋予了更多的人格性,神是必然和自由的统一,神是宇宙整体的管理者。因此,一个美好高贵的人,必定使自己的意志追随神、仿效神、服从神,如同一个好的公民在服从于国家法律之前——必定要对所有的情况都作一番调研。这样就可以使自己保持在与自然相一致的境界中。②

---

① 参见杨适:《爱比克泰德》,台北东大图书公司 2000 年版,第 79—81 页。

② 参见[古罗马]爱比克泰德:《哲学谈话录》,吴欲波等译,中国社会科学出版社 2004 年版,第 1 卷;杨适:《爱比克泰德》,台北东大图书公司 2000 年版,第四章"论自然"。

由此可见，自然法是众神之法，是宇宙整体管理者之法，超越了城邦、民族、国家甚至时空，但又是一个不可分割的自然整体的法。自然权利是作为自然整体的人的权利，自由不是疯狂，自由的本性是顺应自然，在这里自然、神、理性、人是统一的。爱比克泰德常常把自然法与国家法对应起来，符合自然法的国家法显然是一个"好公民"要服从遵守的，而违背自然法的专制暴君之法则是"可鄙的法律"。这里的自然法思想同城邦时代的自然法已有了很大的区别，比伊壁鸠鲁也进了一步，因为它是建立在新的自然哲学基础之上的自然法、古代社会转型的自然法，这就为西塞罗的自然法思想提供了直接的理论来源。

三、人性与平等自由

关于人性的问题在中外思想史上都发生过热烈的争论，法律思想家都努力把自己的理论建立在一定的人性论基础上，斯多亚派在这方面也作了相当深入的思考研究，提出了值得我们注意的观点，这无论就西方古代思想史还是整个西方思想史来看，都是重要的贡献，特别是对于自然法思想的发展乃至西方法治理念的形成与演进具有原创文化的意义。

首先，斯多亚派认为人性是"自我保存、趋利避害"。他们将"自我保存"视为"一切动物的第一驱动力"，也就是人性和每一个人的本性的第一个规定。爱比克泰德说："这不仅仅是自爱，这是人这种动物的本性，他所做的每件事情都是为了他自身。""即使太阳做每件事情也是为了它自身的缘故，甚至连宙斯也是如此。"①在这里，人的自保、自爱、自利本性直接是效仿神的。在"应当如何应对专制者"的谈话中，爱比克泰德把追求自由的道德品质的根源归于神和自然所赋予人的自保本性，认为暴君只能锁住我的腿，砍掉我的头，但不能控制我的精神和自由，因为宙斯已经给了我自由，"我只关注我自身"，如果你希望我说我关注你，那"只不过是像关注我的水罐一样地关注你"。②

---

① ［古罗马］爱比克泰德：《哲学谈话录》，吴欲波等译，中国社会科学出版社2004年版，第52页。

② ［古罗马］爱比克泰德：《哲学谈话录》，吴欲波等译，中国社会科学出版社2004年版，第51—52页。

其次,合群和结成共同体也是人的自然本性。斯多亚派继承了亚里士多德"人类自然是趋向于城邦生活的动物"的思想,强调人的亲情以及家国同体的密切联系。"我们是动物,不过是群居性的,我很需要别人,需要友爱,需要城邦。"①当然,这里的"城邦"不再是亚里士多德的"城邦",它已经是一个新的"世界城邦"的概念,而且同伊壁鸠鲁派否认人的社会性的"原子论"也是尖锐对立的。

爱比克泰德批评伊壁鸠鲁学说不承认人的群体性和社会性而又要人追寻幸福快乐的观点是自相矛盾,因为"当他想要毁掉人们相互的自然伙伴关系(Natural fellowship)时,他所运用的(学说)同他所要毁掉的,正是同一个东西"。② 如果人没有互相的自然联系,割去使一个人成为人的一切,包括家庭、公民、朋友,还会过得安全快乐吗? 如果人没有自然的相互联系,你就不必关心和劝导人们了,因为这同你没有任何关系。③ 爱比克泰德强调人的自然联系,就是强调人的社会性,这里包含着重要的国家起源的思想。

再次,斯多亚派认为虽然人和动物都具有自保、自利、自爱的本性,但又不同于动物,人还有特别的人性即理性,这是人高于其他动物的根本特点。爱比克泰德说,满足理性动物的特殊需要的东西,只存在于人类身上。虽然我们所拥有的很多东西同无理性的动物是一样的,但它们并不理解所发生的事情。神需要动物,是因为它们能使用外部表象,而神需要我们,是因为我们对外部表象的使用进行理解。因此,对于动物来说,吃吃喝喝,繁衍生息,各自做做自己范围之内的事情就够了;至于我们,因为神已经将理解能力这样一个额外的天赋赋予了我们,所以仅仅做到这些事情是不够的;除非我们能够行为得当,处事有方,按着自己的本质和构造相一致的方式行事,否则,我们将无法达到我们的目标。④

---

① 转引自杨适:《爱比克泰德》,台北东大图书公司 2000 年版,第 98 页。

② 转引自杨适:《爱比克泰德》,台北东大图书公司 2000 年版,第 101 页。

③ 参见[古罗马]爱比克泰德:《哲学谈话录》,吴欲波等译,中国社会科学出版社 2004 年版,第 2、3 页。

④ [古罗马]爱比克泰德:《哲学谈话录》,吴欲波等译,中国社会科学出版社 2004 年版,第 17 页。

这就是说,"动物有生命又有灵魂,但其灵魂中只有自保欲求、感觉表象和这种水平的驱动力",这还是一种运用本能的能力,它们还没有理性,"唯有人又在此之上加上了理性,这个理性使人能理解他自己的行为,把自己的一切其余的能力都置于其统治之下,有如一个王国有了国君,一个军队有了一个司令部,就能在国君或司令官的治理统率下,有目的去实现人的愿望和目的"。①

理性主义是希腊哲学和法律思想的一条主线,但斯多亚派的理性又不完全同于以往对理性的看法,它已经有了深入的发展,它是沿着苏格拉底和犬儒派这条线索探索的,把道德、权能、自由的根源归结为理性。爱比克泰德认为,在人的各种能力中,唯有理性是能反思它自身,并能反思和支配其他能力的一种特别的能力,"谁来告诉我们金子是美的? 金子本身并不会告诉我们,显然,能告诉我们的乃是那些运用外部表象的能力"。"众神只是将所有能力中那个最好的和统率其他能力的能力,也就是正确运用外部表象的能力,置于我们的控制之下。""如果你能关爱这种能力,并把你所拥有的其他东西放在这里,那你就会永远不受挫折,不受困累,永远不用呻吟,不用抱怨,不用阿谀奉承任何人。"②因为,人的理性是唯一能反思自身并支配其他一切能力的能力,理性使他有权主宰自己的生活和行为,人人都有权有能赢得自己的自由。

爱比克泰德最强调自由,他一生追求自由,高扬自由,这个亲身当过奴隶的哲学家最懂得自由的真谛,在《论说集》和《手册》中"自由"一词竟出现了130 多处。他说,每个人都是神的儿子,是神的一个片段,有最高贵的出生,有自由平等的本性。人就要听神的话,与自然一致地生活,在权势、金钱、名誉、地位、女色甚至死亡面前坚守自我,这就是自由的原义。用"人的权能"、"正确运用表象"和"情感学说"等理论说明人性、理性同自由的必然关系。他用个人自由的概念取代了以往的"城邦自由","这是一个重大的转折","后来的直至如今的西方自由概念,主要是从希腊化时期之后传下来的遗产,它的核心

---

① 杨适:《爱比克泰德》,台北东大图书公司2000 年版,第111 页。
② [古罗马]爱比克泰德:《哲学谈话录》,吴欲波等译,中国社会科学出版社2004 年版,第2,3 页。

是个人自由和人权的概念"。①

四、人伦之道与"世界公民"

斯多亚派及爱比克泰德的人性论确认了人的人伦性,人伦之道是他们学说中的一个重要内容,他们将人伦关系作为人类社会进到"世界城邦"的一个"圈子"或一个阶段,这就为其自然法思想超越自由城邦时代提供了又一条理论根据。表面看其人伦之道与中国传统法律文化的伦理主张相同,但深究下去,二者之间仍然有较大的差异。

爱比克泰德说,要记住你是一个儿子和做儿子的职责与品德。你的一切是属于你父亲的,你要服从他,不可对别人指责他,不可说和做伤害他的事。你是一个兄弟,要尊重你的兄弟,尽到责任,说话和气。除了择善,决不对他宣称你同他在任何争执中你有什么权利,愉快地放弃这些权利。这样,在你的择善能力范围里你得到了更大的一份。②

但是,斯多亚派并没有将人伦血缘关系作为立足点和核心,他们认为中心是自己的心灵,这是人与人关系的第一个圈子,这个圈子包括了自己的身体和为了身体的其他东西,即"个人本身"(个人主义)。第二个圈子是从这个中心推出又包括了第一个圈子,就是自己的父母、血亲、妻子儿女。第三个圈子是叔、婶、舅、姨、祖父母、侄、甥。然后,再就是同一个地方居民的关系,再就是同族的关系,再就是公民关系,再就是临近的城市和同一个国家的圈子,最大的圈子包括了所有其余的人,就是全人类。③ 斯多亚哲学家希洛克勒(Hierocles)解释说:"一旦我们观察到所有这一切,有教养的人就该适当地对待每个这样的圈子,把它们指向中心,并联系起来。我们有责任尊重人,把第三个圈子在看做是第二个圈子的,然后又把其他人看做好像是第三个圈子的。虽然从血缘说距离更远,减少了亲近感,我们仍要努力同样地看待他们。"④在这里有三点值得注意:

---

① 杨适:《爱比克泰德》,台北东大图书公司2000年版,第172页。
② 参见[古罗马]爱比克泰德:《哲学谈话录》第2卷,吴欲波等译,中国社会科学出版社2004年版,第111页。
③ 转引自杨适:《爱比克泰德》,台北东大图书公司2000年版,第105、106页。
④ 转引自杨适:《爱比克泰德》,台北东大图书公司2000年版,第105、106页。

　　第一,在人的自然的社会关系中,"个人本身"是"中心",是"第一","不是人伦决定它,而是由它来支配一个人对人伦关系和社会关系的态度"。① 这是对个人主义的肯定。第二,根据自然,在人与人的关系上,虽然血缘亲情重要,但不能因此区别亲疏远近,相反,一视同仁才是适当的。第三,斯多亚派及爱比克泰德强调凡人皆世界公民,这是一种世界主义的观点,一种全人类的整体观,即最大的圈子。这种世界主义的观点不是依人伦亲疏、由近及远地推出来的,而是来自人是自然整体的部分、来自人人是神的儿女,因此,"他们强调普世的人,不分民族和地域,无论彼此有无人伦关系,无论亲疏远近,都要当做平等的兄弟对待"。这就"突出了人同自然和他人关系中的两极:'个人'自身和整体的'世界城邦'。注意:后者指的决不是罗马帝国这个世界(那只是观念之所以对人成为可以设想的世俗背景),而只是神的意志,也即统一的自然法所管辖的整个自然和全人类"。②

---

① 杨适:《爱比克泰德》,台北东大图书公司 2000 年版,第 107 页。

　② 杨适:《爱比克泰德》,台北东大图书公司 2000 年版,第 108、109 页。

第六章　西塞罗的法律思想

　　罗素说:"文化上,罗马几乎全是派生的。艺术、建筑、文学和哲学方面,罗马人模仿传自希腊的伟大榜样,多少是成功的。不过有一个方面罗马人取得了成功,而希腊人甚至亚历山大都失败了。这就是大规模的政府、法律和管理制度,所以罗马对希腊思想总算还有一些影响。"①其实,政府与法律制度也是文化的重要内容,罗马人在这方面也是富于创造性的,他们的视野比较开阔,跨越了希腊人狭隘的城邦观念。一位罗马皇帝说过:"朕诚为陆地之主,但海法则是海上之王",②表现了罗马人特别重视法律治理的法治精神。他们在建立地跨欧、亚、非三洲的奴隶制帝国及其政府的过程中,慎重而稳步地扩大授予公民权的范围,罗马法也由狭隘的城邦习惯法、市民法,发展为万民法,最后形成具有第一个世界性质的法律制度,对欧洲中世纪封建国家的发展和近代资产阶级法律文化的崛起发挥了极其重要的作用。正因为罗马政治、法律、经济上的成功,为发达的希腊文化找到了良好的基础。"希腊作为一个国家虽然摧毁了,却在文化领域内战胜了罗马征服者。有教养的罗马人讲希腊语,犹如直至不久以前有教养的欧洲人还讲法语一样。雅典的阿卡德美吸引着罗马上层分子的子弟。西塞罗就是那里的学生。"③因此,罗马人法律文化的思想渊源仍存在于希腊人那里。

---

①　[英]罗素:《西方的智慧》,世界知识出版社 1992 年版,第 149 页。

②　由嵘:《外国法制史》,北京大学出版社 1992 年版,第 126 页。

③　[英]罗素:《西方的智慧》,世界知识出版社 1992 年版,第 149 页。

第一节　译述希腊自然法思想的罗马人

　　西塞罗(Cicero,Marcus Tullius,公元前106—前43年)是古罗马共和末期著名的政治家、法学家、雄辩家、修辞学家、哲学家。他出身于骑士家庭,其父亦是著名的政治家。西塞罗从小受到严格的家庭教育。18岁上大学,学习文学、哲学。曾随著名法官斯凯涅拉侍读法律和旁听审案,25岁开始担任律师。27岁去希腊学习哲学,后又攻读法律,深受柏拉图、亚里士多德和斯多亚派思想的影响。两年之后回到罗马,很快就成为名噪一时的政治活动家和雄辩演说家。公元前75年西塞罗出任西西里岛的检察官,因弹劾该地总督威利斯刑案而出了名。他长期出任元老院成员,居元老院首席,是罗马统治集团中极为活跃的人物。公元前63年,西塞罗当选为罗马执政官,并亲自镇压了卡提林领导的民主运动,维护奴隶主贵族的世袭特权,因此,被元老院授予"祖国之父"的称号。"这是他一生事业的顶点。"[①]

　　西塞罗生活在罗马共和制向帝制的过渡时期,这是一个内战的年代,罗马城邦制度面临严重的危机。世袭土地贵族与新兴的商业高利贷贵族(骑士)的矛盾,奴隶主与奴隶两大阶级的对抗,罗马宗主国与附属国、罗马与意大利同盟、罗马统治者与行省被征服者之间的斗争均十分尖锐、激烈。因此,军阀混战,政客角逐,罗马相继形成过两次"三头同盟"的独裁军人政权。由于西塞罗热衷于贵族共和制,维护旧的元老院制度,曾遭到独裁者恺撒的流放。后来由于庞培的政治需要,次年又将西塞罗从流放中召回,因为独裁者要有演说家配合与支持。西塞罗也乘机拉拢庞培,并离间庞培和恺撒的关系,建议撤销恺撒关于分配给老兵和平民土地的法案。恺撒被刺死后,安东尼执政,"后三头"矛盾给元老贵族以可乘之机,西塞罗这个"善于投机的雄辩家"利用屋大维反对安东尼,并且企图去恢复贵族共和制。但是,当"后三头同盟"(安东尼、雷必大、屋大维)建立起来后,西塞罗成了罗马的"第一号公敌",被剥夺公民权,安东尼命令将西塞罗的头和右手割下,因为西塞罗的右手写过攻击

---

　　① 《简明不列颠百科全书》第8卷,中国大百科全书出版社1986年版,第431页。

安东尼的文章,西塞罗的头挂在罗马广场演讲的地方。在这次血腥屠杀中,有 300 个元老、2000 个骑士被杀。

也有人说西塞罗之死是由于复杂的政治斗争,认为他作为"新人",从未被贵族统治集团承认,公元前 63 年以后政治上跌落是由于贵族派对他的嫉妒和漠不关心。① 也有人认为"西塞罗没有得到社会的公正待遇",他的"声名狼藉",是"因为他的思想不适合那个时代盛行的政治风气"。他为反对时代的政治潮流,不得不献出自己的生命。但他为欧洲的政治法律思想铺平了道路,他告知欧洲,统治本质上是一种实践的艺术,这种艺术不是被哲学,而是被法所培育的。②

西塞罗一生的理论研究与写作有两次高潮:第一次是在"前三头"刚刚结盟以后,有几年他都未积极从事政治活动,而集中精力写作,完成了《论演说术》、《论共和国》、《论法律》等。第二次是公元前 48 年庞培失败后,他回到意大利,完成了《布鲁图斯》、《演说家》等著作。另外,西塞罗还留下书信 800 多封、演说词 58 篇、辩护词 17 篇和一些诗稿。其中,《论共和国》、《论法律》、《论责任》是研究其法律思想的重要资料。

恩格斯讽刺西塞罗是"无价之宝","自从世界开创以来,在庸人中间还找不出比这家伙更下贱的无赖"。③ 大概是针对他折中主义的哲学和政治而言,但他毕竟是当时最博学的人之一,马克思也认为那是"西塞罗时代",④把西塞罗作为一个时代的标志。西塞罗学术上最大的贡献是将希腊人的哲学思想、政治法律思想用优美而生动流畅的拉丁文字使其通俗化,并介绍给罗马人,是把斯多亚学派自然法思想同罗马法结合在一起的主要代表人物,也就是说,罗马人了解希腊思想是从西塞罗的著作开始的。西塞罗的著作被看做是拉丁语的典范,文艺复兴时期被列为学校必读课本,影响较大。

---

① 《简明不列颠百科全书》第 8 卷,中国大百科全书出版社 1986 年版,第 432 页。

② [印]阿·库·穆霍帕拉德希亚:《西方政治思想概述》,姚鹏等译,求实出版社 1984 年版,第 54—56 页。

③ 《马克思恩格斯全集》第 48 卷,人民出版社 2007 年版,第 225 页。

④ 《马克思恩格斯全集》第 44 卷,人民出版社 2001 年版,第 470 页。

一、法思想的折中主义哲学基础

罗马人缺乏想象力,"心灵沉滞",①不及希腊人长于思辨。但罗马人注重实用,他们希望在哲学中找到某种可行的治国原则或治国方法,因此,希腊化时期哲学,比如斯多亚、怀疑派的自然哲学,对罗马人产生了直接影响。罗马人并没有建立起自己独立的思想体系,他们总想调和各种哲学思想,从而拾取有利于自己的内容,这就出现了罗马的折中主义哲学,西塞罗就是典型代表。西塞罗从不强调他的著作的独创性,只是想给罗马提供一种哲学百科全书,实际上就是斯多亚派、柏拉图派和怀疑主义思想的拼凑。

西塞罗是中期斯多亚派巴内修的学生。他用斯多亚派的唯心论反对伊壁鸠鲁的唯物论,宣扬灵魂不死的观点,认为神是最高主宰。因此,他歪曲伊壁鸠鲁的快乐论为享乐主义,认为物质利益微不足道,甚至有害。人的美德在于发扬理性控制欲望。这并不是揭露和抨击罗马贵族"满足于宴会、勒索、发财和观看格斗表演"的腐朽生活,而是要平民和奴隶放弃争取物质利益的斗争。

在认识论上,西塞罗把斯多亚派自然哲学同柏拉图相论中的回忆说和怀疑主义杂糅在一起,承认人生而具有"天赋观念",认为"清晰明白"的意念是神赐给的,学习知识就是回忆,但又说,知识是不确定的,一切意见都可以说"是"或者"不是",因此,人们要顺于自然,服从自然安排的命运,"凡是合乎自然之道的全是好的",这就可以节制欲望,不生欲念,达到"心灵的快乐"。这种折中主义的哲学为他的法律思想提供了一定的思维方式和理论根据。当然这种哲学理论并无新意,形式较为粗糙,内容是贫乏的。但由于他企图将柏拉图的哲学、亚里士多德的政治学、斯多亚派的自然法思想综合起来,以达到为罗马政治服务的目的,从法律史角度看,他又继承和发展了古希腊法律思想,提出了一系列有见地的观点,这些思想和观点,一直影响到近现代。

---

① [英]罗素:《西方的智慧》,世界知识出版社1992年版,第155页。

二、自然法思想

在西塞罗法律思想中,最有价值的是他的自然法思想,他是近代自然法学的先驱。当然这些思想并不是西塞罗独创,他只是主要用他自己设计的拉丁词语来译述希腊人特别是希腊化时期的思想,在译述中反映出他的观点和见解。在西方法律文化史上,"西塞罗的真正重要性在于他介绍了斯多亚派的自然法学说,这一学说从他的时代直至 19 世纪便传遍了整个西欧。这一学说由他传给了罗马法学家,同样也传给了教会的教父。最重要的一些章节在整个中世纪不知被人们引用了多少次"。①

1. 自然法定义

西塞罗在说明理性、正义与法的关系中给自然法下了一个定义,他说:

"自然法并不是人心制定出来的东西,并不是各民族制定出来的一种任意的规定,而是那个支配宇宙的永恒理性的印记。……这是亘古不易之法,而不是存在于写下来的那一刹那间的法。它的来源与圣灵一样古老:因为真实、原始、首要的法无非就是伟大的天神用来支配一切的理性。"②

"我们需要的是解释法律的本质,而这个本质需要从人的本性中去探求,……法就是最高的理性,并且它固植于支配应该做的行为和禁止不应该做的行为的自然之中。当这种最高的理性,在人类的理智中稳固地确定和充分地发展了的时候,就是法。……正义的起源就会在法中找到,因为法是一种自然的权力,是理智的人的精神和理性,是衡量正义和非正义的标准。"③

萨拜因的《政治学说史》引用了西塞罗在《论国家》中的又一段论述:

"事实上有一种真正的法律——即正确的理性——与自然相适应,它适用于所有的人并且是不变而永恒的。通过它的命令,这一法律号召人们履行自己的义务;通过它的禁令,它使人们不去做不正当

---

① ［美］乔治·霍兰·萨拜因:《政治学说史》上册,盛葵阳、崔妙因译,商务印书馆 1986 年版,第 204 页。

② 北京大学哲学系编译:《十八世纪法国哲学》,商务印书馆 1978 年版,第 427 页。

③ 西方法律思想史编写组:《西方法律思想史资料选编》,北京大学出版社 1983 年版,第 64 页。

的事情。它的命令和禁令永远在影响着善良的人们，但是对坏人却不起作用。用人类的立法来抵消这一法律的做法在道义上决不是正当的，限制这一法律的作用在任何时候都是不能容许的，而要想完全消灭它则是不可能的。无论元老院还是人民都不能解除我们遵守这一法律的义务，它也无需塞克斯图斯·埃利乌斯来加以阐述和解释。它不会在罗马立一项规则，而在雅典立另一项规则，也不会今天是一种规则，而明天又是另一种规则。有的将是一种法律，永恒不变的法律，任何时期任何民族都必须遵守的法律，而且看来人类也只有一个共同的主人和统治者，这就是上帝，他是这一法律的起草人、解释者和监护人。不服从它的人们就是放弃了他的较好的自我，而由于否定一个人的真正本质，他将因此而受到最严厉的惩罚，尽管他已经逃脱了人们称之处罚的一切后果。

西塞罗关于自然法的定义是明确的，那就是由上帝制定的，符合人的自然本性(理性)，超越国家、民族和时代，适用于善良人们的永恒不变的法，这一定义包含了几点意思：

(1)自然法由上帝制定、解释和监护，它体现上帝的意志；

(2)自然法体现人的理性，依据于人正义的理性，与普遍公平的人类本性相一致、相适应；

(3)自然法具有永恒性、超越时空，任何国家、民族、时代均适用，都必须遵守；

(4)自然法只适用于善良的人们，对坏人不起作用；

(5)人类立法(实在法)不能抵消自然法，它居于自然法之下，自然法不需要实在法制定者的解释。

由此可见，西塞罗的自然法定义直接来自斯多亚派，不过其论述更为集中、完整、深刻，确实表达了西方自然法思想的基本含义，成为西方近代自然法学派的先驱。

2. 自然法与实在法的关系

在给自然法下定义的过程中，西塞罗已经提出并回答了这个问题。他认为自然法高于实在法，国家和国家制定的法律要永远服从上帝的法律，因为上帝制定的法律即自然法超越人的选择和人订立的制度，是全体人类更高一级的正义。

西塞罗认为,自然法高于实在法,集中表现在它是国家制定的法律的基础和检验其好坏的标准,判断法律正当不正当,只能根据自然。他说:

> 倘若正义的原则是建立在人民的法令、君主的旨意或法官的判决的基础之上的话,万一这些行为都是经过平民投票和法令批准的话,那么正义就将鼓励随意抢劫、通奸和伪造。倘若蠢人们的决定和法令拥有那么巨大的话,那就能够凭借投票而改变自然法。①

但是,这是不可能的,因为国家制定的法律有好坏,而"实际上只有根据自然而无其他标准,我们才能够辨认好的法律和坏的法律之间的区别"。② 自然、正义的原则不是建立在实在法基础上,相反,实在法是由自然法决定的,自然法是实在法的基础。因此,他说,"相信凡是按照民族的风俗和法律所做的事情都是正当的",那是"最蠢的看法"。其荒唐程度不亚于一个无知的人把病人致命的毒药而不是治病的药物也称为"药方"。如果这样,"难道连僭主颁布的法律也是正确的吗?"他说:

> 罗马的一个僭主曾经提出一项建议,大意是一个独裁者可以不受惩罚地随心所欲地,甚至不经审判,可以处置任何公民。依照我的观点,不应当再把这种法律认为是正当的。因为正义只有一个,它约束整个人类社会,并且是建立在一个应用于支配和禁止的正当理性的法的基础之上的。③

在西塞罗看来,"国家是个道德的集体,是共同拥有该国家及其法律的人的集团",④因此,国家是"人民的事业"。如果国家不用道德的纽带联系起来,而是功利主义的,那必然是"抢劫"、"暴政",也就失去了正当的法律,失去了国家的真正特征。他继承与发展了亚里士多德"法是良法而恶法非法"的

---

① 西方法律思想史编写组:《西方法律思想史资料选编》,北京大学出版社 1983 年版,第 72 页。

② 西方法律思想史编写组:《西方法律思想史资料选编》,北京大学出版社 1983 年版,第 72 页。

③ 西方法律思想史编写组:《西方法律思想史资料选编》,北京大学出版社 1983 年版,第 71 页。

④ [美]乔治·霍兰·萨拜因:《政治学说史》上册,盛葵阳、崔妙因译,商务印书馆 1986 年版,第 206 页。

思想,对罗马法学家有直接影响。

第二节 "为了得到自由,我们才是法律的臣仆"

西塞罗继承和发展了古希腊人的法治思想,他重视法律的作用,反对人治,抨击罗马独裁者践踏法律的恶行。他说,法律是人民公正生活的原则,法律的基本作用就是"为了促进国家基础的稳固,城市的安全和治愈人民的疾病"。[①] 这里的疾病当然是指人们失去理性的非法行为,法治方能引导人们守法。西塞罗探讨了法律与政体、法律与执政官等方面的关系,阐述了人类自然平等的法律思想,提出了国家权力制衡的观点和罪刑相应、公开审判的原则,特别是他首创的关于法律解释的理论,对于立法司法有重大意义,直接影响了罗马法的解释。

一、人类自然平等的法律观

西塞罗接受了斯多亚派关于"世界城邦"、人类自然平等的思想,主张在"世界城邦"大家庭中,不论其原来的国别、种族、社会地位,即便奴隶也是人,是"与上帝共同享有理性"的公民。他说:

> 人与人之间在种类上是没有差别的,如果有差别的话,那么一个人的定义就不可能适用一切人了。并且,真正的理性,唯独真正的理性,才能使我们超越禽兽的水平,才能使我们进行推理、证明与反证、讨论与解决,直至获得结论。[②]

甚至道德价值观与荣辱观、人的趋生避死与趋乐避苦都是共同的,这显然也是来自斯多亚派主张的人性论,但正是从这一人性论出发,西塞罗认为人类自然平等,共享法与正义:

[①] 西方法律思想史编写组:《西方法律思想史资料选编》,北京大学出版社 1983 年版,第 69 页。

[②] 西方法律思想史编写组:《西方法律思想史资料选编》,北京大学出版社 1983 年版,第 66 页。

　　　　人和上帝的第一份共同的财富就是理性。共同具有理性的人也
　　　必然共同具有正当的理性。因为正当的理性就是法，所以我们必然
　　　认为人与上帝共同具有法。共享法的人也必共享正义。因此，就应
　　　把共享法和正义的人们看作是同一国家的成员。①

这种法律平等观主张不同国家，不同民族的人民，甚至奴隶都应该享有一样的公民权，都是国家的一分子，这就超越了自由城邦时期希腊人"家奴制"与城邦国家的思想局限，把正义、理性同法律平等联系起来。这是罗马隶农制经济出现的一种法律理论准备，也适应了罗马法制由市民法向万民法发展的理论需要，应该承认这是一种进步的法律思想，虽然其本质是维护奴隶制。但有人说西塞罗宣扬的这种抽象的人性论同近代资产阶级的"天赋人权"相反，而与基督教的博爱和人人在神面前平等的思想一致，这似乎有些偏颇。其实，这种看法是只看到了对立而没有看到同一。人类的法律平等观，从智者（斯多亚派、西塞罗）经中世纪神学到近代资产阶级，恰恰是一个否定之否定的过程，其中，"在罗马帝国时期的政治和法理学中赢得了一席之地"的"人类平等的思想"是这一辩证否定链条上的一个重要环节。②

二、法律同政体、执政官的关系

西塞罗继承了柏拉图、亚里士多德，特别是波比亚的混合政体论思想，认为"共和政体"最好。他在《论国家》中说，根据经验来看，觉得王政比别种政体是最可取的，但是王政总比不上以三种最好的政体（指君主、贵族和平民政体）互相联合互相纠正而成的共和政体。

首先，他认为共和政体是依照正义和自然法则而组织起来的，是最完满的形式。虽然他也认为君主政体居先、贵族政体居中、平民政体居后，但是，这三种政体均有蜕变的可能，君主政体转化为暴君政体、贵族政体转化为寡头政体、平民政体转化为暴民政体，而三种政体互相联合、互相纠正，就可以把各自

---

　　①　西方法律思想史编写组：《西方法律思想史资料选编》，北京大学出版社 1983 年版，第 66 页。

　　②　[美]E.博登海默：《法理学——法哲学及其方法》，邓正来译，华夏出版社 1987 年版，第 17 页。

的因素和优点结合起来而又避免了蜕变。

其次,在共和政体中,执政官代表统治者的力量,元老院代表贵族和在野的执政力量,监察官、保民官和平民大会代表平民的力量,上述三者的地位凭借法律确认,按照法律规定行使他们的权利和义务,以达到相互力量的制衡。西塞罗说,为了得到自由,我们才是法律的臣仆。后来美国的亚当斯总统说:"自由与法治携手并进",①是对西塞罗这句名言的注脚。政体中三种势力的相互牵制平衡协调必须凭借法律的力量;因为共和政府是依照正义和自然法则组织起来的。他认为,在这种国家是自由的,因为有严格的法律制度做保障。他说:"这种政府不是要人不服从,而是不应当永远服从同一个人",在这样的国家中无论统治者与被统治者都以服从法律为美德。所以他说:

> 一个执政官的职责就是依照法律对人民进行统治,并给予正当的和有益的指导。因为法律统治执政官,所以执政官统治人民,并且我们真可以说,执政官乃是会说话的法律,而法律乃是不会说话的执政官。此外没有任何东西像政府一样如此完满地符合正义的原则和自然的要求,以致没有政府的存在,家庭、城市、国家、人类、自然界,以及宇宙本身就不可能存在。因为宇宙服从上帝,大海和陆地服从宇宙,而人类生活是受最高法律的命令的管辖。②

也就是说,执政官的权力来自法律,法律高于权力,法律限制权力,如果没有限制,权力就会是一种僭取和对人民的专政。同时,法律也是执政官行使权力的保障。这是西方法律文化史上较为精辟的法治论。

第三,西塞罗还设计了"共和政体"的法律制度,主张民主选举产生最高执政官和各级官吏,元老院为立法机关,但主持元老院的保民官则必须由平民大会选举产生;最高执政官是国家行政首脑,任期一年,不得连任;违法者公民有权控告;监察官据国家法律监督执政官工作;司法机关要严格执法,不允许任何人享有法律之外的特权,全体公民包括执政官在法律面前是平等的。

---

① 岳西宽等译:《美国总统就职演说》,北方文艺出版社 1990 年版,第 75 页。

② 西方法律思想史编写组:《西方法律思想史资料选编》,北京大学出版社 1983 年版,第 79—80 页。

"权力从属于法律",权力不是神授,也不先于法律而存在,它是法律的确认,国家在本质上"乃是一个法人团体",①它的权威来自人民的力量,来自符合正义的法律,因此,要维护其权威,永远获得人民的信赖和支持,就必须要有一套"均衡模式"的共和政府的法律制度。这一思想和原则,对近代资产阶级的分权理论和美国宪法的制衡原则,有很大的影响。

西塞罗设想的这个方案,大部分内容都是罗马共和国时期的现行制度,但其中也有他的创造,比如用法律制约执政官的权力,这是针对罗马独裁统治提出的法律措施,反映了他维护贵族元老院利益的共和主义法制思想,但包含了一定的合理因素,不能看做是有悖于历史潮流。他提出了法律与政体、与最高执政官的关系,这是法治理论及其实践的重要内容。

第三节　惩罚应与犯法行为相符合

基于自然理性、自然正义、自然平等和法律平等的思想,西塞罗主张在司法实践中要做到罪刑相应,并且实行公开审判。他说:

"不应提出个人例外的法律。只有在全体民众大会之前,并且经由监察官已经登记载入公民册的查证核实的情况下,才可以对公民处死和剥夺其公民权。

不论在候选期间或任期内还是任期以后,不准任何人赠送和接受礼物。对于违犯任何法律的惩罚应与犯法行为相符合。"②

"统治者应当是公正的,而公民应当安分守己地服从他们。对于谋反和犯罪的公民,执政官应采取罚金、关押或者鞭挞等强制手段,除非地位相等者,或高一级官吏,或人民才能制止他行使这些权力。在执政官无论宣布死刑或者罚金的判决之后,都必须把这些罚

---

① 　[美]乔治·霍兰·萨拜因:《政治学说史》上册,盛葵阳、崔妙因译,商务印书馆1986年版,第207页。

② 　西方法律思想史编写组:《西方法律思想史资料选编》,北京大学出版社1983年版,第83页。

金或者其他刑罚的最后判决,在人民面前进行公审。"①

奴隶制时代的法律本身就是一种特权,而且刑罚手段极其残酷,西塞罗能提出"法律的惩罚与犯法行为相符合",这不失为一种进步,客观上有利于社会的稳定和发展。至于公开审判则是对秘密审判的否定,有利于监察官和人民对司法审判的监督,有利于公平、平等地适用法律。这两条原则也是法治理论和法治国家实施法律的不可或缺的重要内容,是西塞罗对罗马司法实践经验的总结。当然,西塞罗的罪刑相应与公开审判思想还带有历史的阶级的局限性,虽然超越了希腊人狭隘的城邦国家观念,但不可能摆脱奴隶制时代的束缚,他的法治思想包括司法中的罪刑相应和公开审判原则毕竟只适用于罗马公民,广大的奴隶则在他的视野之外,所以范围还是狭窄的。西塞罗的自然平等思想虽然承认奴隶也是人,奴隶也应成为公民,但同斯多亚派一样,不过是那个时代的一种幻想,也表现出他们法治理论中的矛盾。

---

① 西方法律思想史编写组:《西方法律思想史资料选编》,北京大学出版社 1983 年版,第 80—81 页。

第七章 罗马法学家的法律思想

19 世纪德国著名的法学家耶林说过:"罗马曾经三次征服世界,第一次是用武力,第二次是用宗教,第三次是用法律。"①武力与宗教征服都已成为历史,唯有罗马的法律至今对世界上许多国家还产生着重大的影响。恩格斯称罗马法是前资本主义商品生产的完善的法,私有制社会十分经典性的法律表现,"商品生产者社会的第一个世界性法律",②充分地肯定了罗马法律文化对世界法律文化的巨大贡献。罗马法律文化是罗马人的创造,罗马法学家是开拓者,他们的法律思想是罗马法律文化的精髓。

第一节 "罗马法学家是法官,不是哲学家"

罗马法学家一般是指公元 5 世纪时被罗马皇帝凡伦丁三世钦定的五大法学家,即盖尤斯(Gaius,公元约 130—180 年)、保罗(Julins Panlus,? —222 年)、乌尔比安(Demitius Vlpianus,约 170—228 年)、伯比尼安(Almilins Papinionus,约 150—212 年)、莫迪斯蒂努斯(Modestimus,? —224 年)。他们五人既是政治家,又是法学家。萨拜因说:"法学家是法官,不是哲学家。"③因

---

① [德]鲁道夫·冯·耶林:《罗马法的精神》第 1 卷,转引自江平:《罗马法基础》,中国政法大学出版社 1991 年版,第 47 页。
② 《马克思恩格斯选集》第 4 卷,人民出版社 1995 年版,第 252 页。
③ [美]乔治·霍兰·萨拜因:《政治学说史》上册,商务印书馆 1986 年版,第 208 页。

此,罗马法学家感到哲学思想对他们没有多少用处,所以对于政治法律理论的兴趣是零乱而无系统的。"但这一事实并不意味着他们不得不讲的话是不重要的。罗马法在整个西欧享有的巨大威信,给成为罗马法被承认的部分的任何主张增加了分量。而且,法律中包含的任何一般概念肯定是法律学家和所有受教育的人所知道的,并且最后通过一般的传说又为根本不是学者的人所知道。结果,罗马法就成了欧洲文化史上最伟大的精神力量之一,因为它提供了原则和范畴",①而罗马法学家的思想和工作起了极其重大的作用,在法律思想史上作出了重大贡献。他们的法律思想虽然没有精彩的创见,但他们却代表了法律文化史的一个时代。

有关盖尤斯的名字和他个人的身世无法查考,但他是古罗马时期最有权威的著作家。公元 527—565 年拜占庭皇帝查士丁尼一世统治时,编纂《法学阶梯》的过程中,曾以盖尤斯的同名论著做蓝本,顺序模仿其体例,逐字逐句地照录其全文的格局、内容以及许多章节。另外,他还著有《十二铜表法释义》,这是一本论述罗马地方行政官的法令集。其《法学阶梯》早已失传,直至1816 年在意大利维罗纳才发现一份手抄本,这是流传至今最早的一部关于罗马法的著作。②

保罗是最杰出的古罗马法学家之一,他是法律顾问,充当地方执政官和史记监督的伯比尼安的助手,曾做过帝国元老院成员和地方执政官。他是一位多产的法学著作家,主要著作有:《解答集》、《法学阶梯》、《手册》、《规则》、《判例集》、《问题集》。查士丁尼的《学说汇纂》有 2081 篇选自他的著作,几乎占该书的 1/6。他的名字载入瓦伦提尼安引证法中。③

乌尔比安曾任许多职务,做过档案官、地方执政官和司法大臣。其著述甚丰,著名的有《执政官告示评注》83 卷,《论萨宾民法》51 卷,还有数本关于特别法和法律主题的专门著作,多部简明教程如《规范法学阶梯》7 卷、《单一规则论》,为司法人员写的一般册子《解答》,还有《论辩》和《意见》等。他知识

---

① [美]乔治·霍兰·萨拜因:《政治学说史》上册,商务印书馆 1986 年版,第 208 页。
② 《简明不列颠百科全书》第 4 卷,中国大百科全书出版社 1986 年版,第 380 页。
③ [英]戴维·M.沃克:《牛津法律大辞典》,邓正来、江山等译,光明日报出版社 1988 年版,第 628 页。

渊博,著作条理清晰,比保罗胜过一筹,但在创造性和判断的敏锐性上却比保罗逊色一些。其权威仅次于伯比尼安。他的著作是查士丁尼《学说汇纂》的主要来源,几乎占 1/3 ,2462 篇的摘录出自他的著作。①

伯比尼安原籍不详,有人认为可能是叙利亚或非洲。曾做过地方执政官和司法大臣,在 212 年被卡拉卡拉皇帝处死。他的著作并非综合性的或系统性的专题研究,而是各种各样的集子,其中包括《问题集》37 卷、《解答集》19 卷,这两部书包括了从早期法学家和学说讨论中得到的引证。保罗曾为这两部著作作注,乌尔比安曾为《解答》作注。伯比尼安还著有《定义》和《论通奸》。他的著作受到高度关注,在瓦伦提尼安的《引证法》中不仅规定他的著作是权威性的,而且规定一旦各方意见不相上下时,伯比尼安的观点是决定性的。在查士丁尼的学说汇纂中有 601 篇是摘引他的著作。

莫迪斯蒂努斯是乌尔比安的学生、最后一位古典法学家,著作较多,主要有《法律区别》9 卷、《法学汇编》12 卷、《法律规则》12 卷、《法律疑难解答》19 卷,并对下述问题作了注释:违反义务的遗嘱、遗赠与指定遗赠、释奴、时效等等。②

公元 426 年,罗马皇帝戴鹤图二世和法轮顶三世颁布了"引证法",规定只有上述五位法学家的著作对法律判决具有法律效力。按照罗马皇帝的规定,五大法学家除了充当罗马皇帝的法律顾问、帮助立法之外,还要从事法律解释、法律编纂和指导诉讼活动。

罗马法学家的思想集中体现在罗马皇帝查士丁尼的《国法大全》(又称《民法大全》)之中,主要是《法学阶梯》和《学说汇编》,其中《法学阶梯》已被译成中文,《学说汇编》主要部分也已译成中文,这对于我国罗马法以及罗马法学家思想的研究工作具有十分重要的意义。

---

① 〔英〕戴维·M.沃克:《牛津法律大辞典》,邓正来、江山等译,光明日报出版社 1988 年版,第 902 页。

② 〔英〕戴维·M.沃克:《牛津法律大辞典》,邓正来、江山等译,光明日报出版社 1988 年版,第 616 页。

第二节　自然法是大自然传给一切动物的法则

一、什么是法

罗马法学家继承了斯多亚派和西塞罗的自然法思想,将法与正义联系。乌尔比安说:"对于打算学习罗马法的人来说,必须首先了解'法'(ius)的称谓从何而来。它来自于'正义'(iustitia)。实际上(正如杰尔苏所巧妙定义的那样)法是善良和公正的艺术。"① "所谓善良,即是道德;所谓公正,即是正义"。② 可见,这里对法的解释是和道德混在一起的。乌尔比安自己进一步引申这一思想,他说:"正义就是给每个人以应有权利的稳定而永恒的意志。"③ 正义是公民应享受的权利,这是指法律的规定,但这种法律权利又被赋予永恒的意志,法律权利变成了道德原则。正如有一条"法的准则是:诚实生活,不害他人,各得其人"。④ 把法归结为正义、归结为道德,这是希腊人的自然法思想,这表明罗马法学家的自然法思想同希腊人的自然法思想既有区别又有联系,区别在于罗马人更加强调法律的权利,他们认为"法律所以确定权利、保护权利,而权利为法律所确定所保护的利益",直至把国家都看成是一个法人团体,但他们又并未否定政治生活的道德特性,与希腊人一样,仍然承认法与道德的关系。伯比尼安说:"法律是所有人的共同规范;是智者们的决定,是对有意或因无知而实施的犯罪的惩罚,是整个共和国民众间的共同协议。"⑤ 这反映了人类早期法律文化的一个特点,而且一直影响到近现代。

---

① 〔意〕桑德罗·斯奇巴尼选编:《民法大全选译·正义和法》,中国政法大学出版社 1992 年版,第 34 页。

② 由嵘:《外国法制史》,北京大学出版社 1992 年版,第 69 页。

③ 〔意〕桑德罗·斯奇巴尼选编:《民法大全选译·正义和法》,中国政法大学出版社 1992 年版,第 39 页。

④ 〔意〕桑德罗·斯奇巴尼选编:《民法大全选译·正义和法》,中国政法大学出版社 1992 年版,第 39 页。

⑤ 〔意〕桑德罗·斯奇巴尼选编:《民法大全选译·正义和法》,中国政法大学出版社 1992 年版,第 54 页。

二、法与正义

《学说汇纂》说："人们有理由称我们为法的司铎,因为我们是在培植正义,并传播善良和公正的知识;区分公正与不公正,区别合法与非法。"又说:"自然法是大自然传授给一切动物的法则,也就是说,这个法不是人类所特有的,而是生活在陆地和海洋的动物包括飞禽所共有的。由此而产生我们称之为'婚姻'的男女结合及其子女的生育与繁衍。我们可以见到其他动物包括野兽也都精通这门法。"①"根据自然法,一切人生来平等","平等和公正即法律,例如自然法"。自然的规则、自然法构成了人定法的基础,它是判定公正与不公正、合法与非法、罪与非罪的标准。但是,不同的是,斯多亚只是在哲学上探索这些思想,因为"他们是在一个不幸的时代提出他们的极有创见的思想,当时他们的社会在政治上臣属于异族统治者罗马人,他们自然不可能实行他们宣讲的原则以指导他们的政治社会"。② 而罗马法学家则努力把这些原则运用于法律实践之中,并取得了辉煌的成绩,比如罗马法规定自由人内部的平等的私法范围的平等,契约自由和私有财产不可侵犯的原则等等。

罗马法学家从自然法思想出发,不仅给法下了定义,而且还提出了法学的定义,认为"法学是关于神和人的事物的知识,是关于正义与非正义的科学"。③ 这里虽然有含混不清之处,宗教与法律、道德与法律混杂,但毕竟是对他们法的定义的引申和深化,况且罗马法学家的解释重法律精神不重文字,因此这一具体思想在现实与历史的法理学中都具有一定的意义。

第三节 市民法、万民法和自然法

罗马法学家的出现标志着法律史上独立的法学职业家阶层的形成,这是

---

① ［意］桑德罗·斯奇巴尼选编:《民法大全选译·正义和法》,中国政法大学出版社1992年版,第54页。

② ［印］阿·库·穆霍帕德西亚:《西方政治思想概述》,姚鹏等译,求实出版社1984年版,第48页。

③ ［古罗马］查士丁尼:《法学阶梯》,张企泰译,商务印书馆1989年版,第5页。

人类历史的巨大进步。希腊人的法律思想主要表现在法哲学上,他们以哲学为生命,哲学日历上的殉难者苏格拉底则是一位典型。而罗马法学家以法律工作为职业,法律的实践、诉讼的经验必然造成他们的思考比希腊人精细和深入,如果希腊人给我们描绘了一幅法与正义的图画,那这幅画仅仅是总的画面和一些轮廓而缺乏细节。罗马人却为这幅画增添了细节,他们立法(私法)的完善是资本主义以前反映商品经济的法无可比拟的,一定程度展现了他们法律思想的创造性。下面试以罗马法学家关于法律分类的思想作一粗浅分析。

古希腊已有了自然法与人定法之说,但还没有形成一套法律分类理论,罗马人则不同,这方面已达到相当成熟的阶段,不仅有系统的理论,而且形成了内容丰富的原则和规范的法律体系。

一、自然法与实体法

自然法指来自理性、正义,"正当理性的体现",自然的真理,存在于人们头脑中非现实的纯粹的法律观念,或者说是"大自然传给一切动物的规则",但它是国家立法的基础。这个思想来自斯多亚派和西塞罗。实体法是指人定法、现实的法律制度,比如万民法和市民法。但是,关于自然法和万民法、市民法的关系,在罗马法学家中却存在着意见分歧,主要是"二分法"与"三分法"之争。乌尔比安主张"三分法",即认为罗马法由市民法、万民法和自然法三部分组成。他认为奴隶制度是从万民法来的,因为自然法承认一切人类是生而自由的,所以奴隶的解放要从万民法解放开始,他在《法学阶梯》中说:

"解放奴隶(manumissinoes)也属于万民法。解放奴隶就是使奴隶从拘束(manus)中解放出来,即给予自由;因为,一个人在整个受奴役期间都被控制在主人的手下和支配权(potestas)下,解放奴隶就是使他摆脱这种支配权。这起源于万民法,而根据自然法,所有的人都是生来自由的,于是在没有奴役时,当然也无所谓解放奴隶。然而,在奴隶制度根据万民法被引进后,也带来了解放奴隶的待遇。根据一个自然名称,我们都被认为是人(homines),而根据万民法,人则被分为三类:自的对立面——奴隶,以及第三类人——被解放者,后一类是那些不再是奴隶的人。"①

"市民法是那种不完全背离自然法或万民法的法；它也不完全
隶属于它们。当我们对共同法进行增补或删除时，我们在造就自己
的法：市民法。"②

这种法律划分，强调人类最初的自由平等，主张奴隶解放，认为奴隶制度是反
人性、反自然的，应该说是进步的，适应了罗马社会商品经济和私有制发展的
需要。但是，实际上，比如《民法大全》中的很多条款仍然把奴隶等同于牲畜
或物，说明罗马法学家跳不出奴隶制度的窠臼。

盖尤斯主张"二分法"，他认为法律种类的划分只有市民法和万民法。
他说：

每一个民族都为自己创立法，一个城邦的法就是这种法，它被称
为"市民法"，可以说它是该城邦自己的法。自然理性在所有人中创立
的那个法，由所有人平等遵守，它被称为"万民法"，可以说它是对所有
民族都适用的法。③

这里的"万民法"和"自然法"两个概念是相同的，这样法律的划分就是两类，即
市民法与万民法(自然法)。保罗也属于二分法观点，认为"一种是人们把任何
时候都公正善良的事物称为""自然法"；另一种"是指某个城邦的所有人或多
数人有利的事物"即"市民法"。因此，有人认为这一观点含有功利主义因素；而
与斯多亚派和罗马法学家传统观点不尽相同。④ 他们对奴隶的批判、主张奴隶
解放的思想虽然有阶级的历史的局限性，但仍掩盖不了在西方法律文化史上
的重大价值，它是关于人的价值、人的解放的法的精神历程的一个阶段。

二、公法与私法

关于公法与私法的划分，希腊人已有了这一思想，但不系统，罗马法学家

---

① ［意］桑德罗·斯奇巴尼选编：《民法大全选译·正义和法》，中国政法大学出版社1992
年版，第37页。
② ［意］桑德罗·斯奇巴尼选编：《民法大全选译·正义和法》，中国政法大学出版社1992
年版，第37页。
③ ［意］桑德罗·斯奇巴尼选编：《民法大全选译·正义和法》，中国政法大学出版社1992
年版，第40页。
④ 张宏生：《西方法律思想史》，北京大学出版社1990年版，第75页。

明确地论述了这个问题。乌尔比安说：

> 公法是有关罗马国家稳定的法,私法是涉及个人利益的法。事
> 实上,它们造福于私人。公法见之于宗教事务、宗教机构之中。私法
> 则分为三部分,实际上,它是自然法、万民法和市民法的总和。①

可见,罗马人将涉及国家政府职权范围的法律称为公法,如行政官法、宗教法、僧侣法;涉及私人利益的法律称为私法,如有关所有权、债权、婚姻家庭与继承方面的法律。罗马法将私法分为三大篇:人法、物法、诉讼法,而且人法与物法(主法)排在前面,而诉讼法(助法)排在其后,这较十二铜表法的排列是一大发展,主法先于助法,反映了商品经济的发展引起人们权利意识的强化。这里有一个特点,就是宗教与法律混同一起。这种划分同近代西方法律分类不同,按西方法理观点,凡规定国家机构的地位及其相互关系,以及规定国家与人民之权利、义务关系的法律为公法,包括国家法、行政法、刑法、诉讼法等。凡规定公民相互间权利义务的法律为私法,包括民法、商法及其他相近的法律。公法体现共同的公共的国家利益,私法体现私人的利益。从法律制度角度讲,近代将诉讼法视为公法,而罗马人则视为私法。近代的刑法为公法,但罗马人并未规定为公法。随着商品经济的发展,公法的影响已不大,私法却逐渐发达起来,不仅推动了罗马社会,而且对西欧大陆各国的法律制度发生了很大的影响。

三、成文法与习惯法

成文法是指以文字形式所表达的法律,包括法律、平民决议、元老院决议、皇帝谕令、长官告示、法学家的解答等。习惯法是指一些习惯、惯例和通行的做法被人们公认并被视为具有法律约束力。乌尔比安说:"在无成文法可循的情况下,那些长久的习惯常常被当作法律来遵守。"②塞维鲁皇帝曾经有一个批复:

---

① [意]桑德罗·斯奇巴尼选编:《民法大全选译·正义和法》,中国政法大学出版社1992年版,第35页。
② [意]桑德罗·斯奇巴尼选编:《民法大全选译·正义和法》,中国政法大学出版社1992年版,第63页。

对于产生于法律的疑问，习惯或长期以同样方式确定的有效判决应当拥有法律的效力。①

莫德斯汀说：

所有的法或者由合意设定，或者由必要性创立，或者由习惯确认。②

卡里斯特拉斯说：

实际上，习惯也是法律最早的解释者。③

尤里安说：

在不采用成文法的情况下，必须遵守由习俗和习惯确定的那些规范。……没有理由不把根深蒂固的习惯作为法律来遵守（人们称它是由习俗形成的法）。事实上，我们遵守它们仅仅是因为人民接受它们。那些在无成文法的情况下人民所接受的东西，也有理由为所有人所遵守。④

归纳起来有几点：第一，"习惯"成为"法"必须得到人民同意，要有恒久的历史，约定俗成；第二，习惯法适用的前提是无成文法可循；第三，习惯法的作用是对成文法的补充，而且它本身就是一种"法律的解释"，有利于成文法的实施。从法的起源看，成文法是由习惯法演变而来的。

习惯法至今在世界上还广泛存在，比如非洲的大部分地区尚服从习惯法，而西方式的法律在一些地方仅仅是装饰。在印尼、非洲，在我国少数民族聚居的地区，习惯法仍在起着作用。罗马法学家关于习惯法的思想对于我们认识与研究现存的习惯法无疑是一种借鉴。当然，随着罗马社会和罗马法的发展，罗马的习惯大多被成文法取代，这也是法律史进展之必然。

---

① ［意］桑德罗·斯奇巴尼选编：《民法大全选译·正义和法》，中国政法大学出版社1992年版，第64页。

② ［意］桑德罗·斯奇巴尼选编：《民法大全选译·正义和法》，中国政法大学出版社1992年版，第65页。

③ ［意］桑德罗·斯奇巴尼选编：《民法大全选译·正义和法》，中国政法大学出版社1992年版，第64页。

④ ［意］桑德罗·斯奇巴尼选编：《民法大全选译·正义和法》，中国政法大学出版社1992年版，第62—63页。

第四节　权利需要程序保障

美国著名的人类学家拉尔夫·林顿说过,罗马文化对后世欧洲文明影响的深度,"掩盖了一个事实:直到罗马成为一个世界性的大帝国后的很长一段时间里,罗马人自己依然是野蛮人。甚至连伊庇鲁斯国王皮洛士在亚历山大大帝之后一百年与罗马人接触时,都把罗马人当作野蛮人"。① 皮洛士是希腊西北部一个非常落后的国家伊庇鲁斯的国王,希罗多德称伊庇鲁斯人为"野蛮人",皮洛士称罗马人为"野蛮人",说明罗马长期处在极其落后的状态。在司法方面也是如此,法律知识掌握在僧侣集团手里,法律的解释与补充、立法司法是祭司和贵族的特权。祭司将法律记载藏于密室,这就是所谓"市民法深藏于祭司的神龛之中"。②

这种落后状况直到公元前 304 年才有了些改变。这一年克涅斯·弗拉维尤斯被选为政务官,他公布了以前由大祭司秘密保存起来的民事诉讼规则,并且在广场周围设置白色板子,在板上书写案件开庭的时间,使司法审判公开化,后来的西塞罗肯定了公开审判的必要性和重要性。公元前 254 年,第一任平民出身的大祭司科伦加尼斯将所有法律资料全部披露,而且公开解答法律问题,传授法律知识,这就打破了祭司垄断法律知识、控制司法审判的局面。从公元前 2 世纪开始,罗马法学家的出现及后来职业法学家阶层的形成,使罗马的司法制度获得了空前的发展与完善,在这一过程中也反映出罗马法及其法学家的司法思想。

一、诉权及诉讼之划分

诉权(Actio)一词,原意指某人诉诸官厅,不论他处于原告或被告的地位。罗马法的诉权"是指有权在审判员面前追诉取得人们所应得的东西"。③

---

① ［美］拉尔夫·林顿:《文化树》,重庆出版社 1989 年版,第 186—187 页。
② 严存生:《西方法律思想史新编》,陕西人民教育出版社 1989 年版,第 47 页。
③ ［古罗马］查士丁尼:《法学总论》,商务印书馆 1989 年版,第 205 页。

一切诉讼由审判员或仲裁员受理,可分为两种:对物的诉讼和对人的诉讼。对物的诉讼称回复原物之诉,对人的诉讼是以请求给予某物或做某事为标的的诉讼。这种划分法是与物权和债权之分相适应的。"关于对物的诉讼,公式中请求标的部分表述如下:'如果根据市民法看来奴隶是属于原告的'。其中只表出权利主体某人和权利客体某物。关于对人的诉讼,在公式中尚需表出特定债务人,措辞如下:'如果看来被告某某应为原告某某的利益给予某物,做某事,提供一定给付'。"①

依当事人所适用之属人主义法律,提起诉讼的形式,有市民法诉讼和大法官诉讼,这与市民法和大法官法相联系。"市民法诉讼目的在实现市民法承认的权利,永远可以提起,不受时间限制。大法官诉讼则不然,原告往往不享有市民法上权利,因此他在公式中无从提出法律问题,而只叙述经过事实;一般说来,应于一年内提起之,因为大法官告示的有效期间原则上是一年。"②

与公法、私法相适应,诉讼又分为公诉与私诉。公诉亦称公共诉讼,主要是指对损害国家利益案件的审查,"所以称做公诉,是因为一般说来任何一个公民都可以提起"。③ 公共诉讼的法律包括"有关叛逆罪的尤里亚法,有关通奸罪的尤里亚法,有关谋杀罪和投毒罪的考奈利法,有关弑亲罪的庞培法,有关贪污罪的尤里亚法,有关遗嘱的考奈利法,有关侵害公众或私人的暴力行为的尤里亚法,有关选举舞弊的尤里亚法,有关索贿的尤里亚法和有关口粮配给的尤里亚法"。④

私诉是指据个人申诉对有关个人案件的审查,罗马国家在私诉方面形成了一整套系统的、复杂的诉讼制度和程序。从罗马私诉程序发展历史来看,可分为法定诉讼、程式诉讼、特别诉讼。

法定诉讼亦称旧式诉讼,盛行于共和国初期。是指当事人之间按照法定言词和手续进行诉讼,分为两阶段,即法律审理(确认权利人的诉权、性质和运用法律的情节)和事实审理(审查证据,由承审员依据裁判官意见判决)。

---

① [古罗马]查士丁尼:《法学总论》,商务印书馆1989年版,第205页。
② [古罗马]查士丁尼:《法学总论》,商务印书馆1989年版,第240页。
③ [古罗马]查士丁尼:《法学总论》,商务印书馆1989年版,第240页。
④ [意]桑德罗·斯奇巴尼选编:《民法大全选译·司法管辖权、审判、诉讼》,中国政法大学出版社1992年版,第91页。

程式诉讼流行于帝国初期,是一种较为简化的诉讼程序,适应了罗马与国外商业发展的需要,其内容有:指定承审官、请求的内容、原告请求的原因,还要求有记录、但书、抗辩、反辩。因为允许平民参与司法事务,打破了贵族、僧侣垄断诉讼的局面。

特别诉讼亦称非常诉讼,是罗马帝国后期镇压政治犯罪所设制的一种特殊刑事法庭的审判程序,鲜明地表现了罗马奴隶制法的阶级本质。

另外,对诉讼时效也有规定,罗马法学家亦有论述,特别是到公元 5 世纪,罗马国家创制了完善的诉讼时效制度。

二、司法管辖及审判

管辖权是司法审判机关对提交给它的案件作出裁决的权力和权限。罗马法对司法管辖权有明确的规定,乌尔比安说:"司法者的职权是极其广泛的,因为他可以允许实行遗产占有,并准予某人占有他人财物,可以为无监护人的未成人设立监护人,为诉讼人指定审判员。"①也就是说,被授予司法管辖权的人拥有惩处权(单一的权力)、实行财产占有(混合的权力)、选派审判员、否定诉权等权力。但是,这些权力并不能任意使用,罗马法律规定了一些限制。

第一,行省执政官只在为其指定的行省中行使司法管辖权。乌尔比安说:"行省执政官在进入罗马城门后,就收起他的权力。"②而且行省执政官的管辖权不适用于争讼,只适用于自选管辖,比如解放子女和奴隶以及实行收养。而城市执法官不能行使超过司法管辖权以外的权力,比如,不能审理恢复原状之诉,也不能为维护物、嫁资或遗嘱而决定对财物实行占有。

第二,司法管辖权不能转让。乌尔比安说:"任何人不得将授予自己的惩处权或其他强制权转让给他人。"

第三,乌尔比安说:"执法的人不应当对自己行使司法权,也不应当对自

① 〔意〕桑德罗·斯奇巴尼选编:《民法大全选译·司法管辖权、审判、诉讼》,中国政法大学出版社1992年版,第17页。

② 〔意〕桑德罗·斯奇巴尼选编:《民法大全选译·司法管辖权、审判、诉讼》,中国政法大学出版社1992年版,第16页。

己的妻子、儿女、解放自由人或其他属于自己的人行使司法权。"①

第四，如果诉讼人同意接受某一司法管辖权，那么，任何主持法庭或者有其他司法管辖权的审判员均对同意接受其管辖权的人拥有司法权，但是，"诉讼人的错误不导致同意"。也就是说，误以为处于某一审判员司法管辖权之下，则不产生这一司法管辖。裁判官威严的强制，也不能产生司法管辖权。

第五，法官回避制度。查士丁尼说："一切诉讼应在不受怀疑的条件下进行，允许那些对审判员抱有疑虑的人在争讼开始之前要求回避，以便在提出要求回避的书状后另换他人。"

另外，关于起诉和被诉的地点、诉讼和抗辩及其因时效而产生的消灭、处于他人权力之下者的诉权和被诉、令状与诉讼的等同、民众之诉、传唤受审、宣告诉讼请求、和解、诉讼中的合作人、审判次序、程序开始的效力、宣誓、证据和提交证据、认过、已决案抗辩、执行判决、上诉等罗马法均有明确规定，法学家们亦有精辟论述。罗马法学家依据自然法，还提出被解放的奴隶也有获得裁判官职位及其司法管辖权的权利。巴尔巴里·菲利浦是个逃跑的奴隶，他在罗马申请执政官的职位，并被任命为裁判官。乌尔比安认为，不能因菲利浦是奴隶就否认其告示和判决，并且说："较为人道的是：罗马人民也可以把这样的权力授予奴隶，不过如果他们知道他是奴隶，可以使他成为自由人，这一法则对于皇帝更应当加以遵守。"②当然，这在奴隶制社会只能是一种幻想，奴隶主阶级不可能去解放奴隶，但这个思想是有价值的。

总的来看，司法诉讼方面虽不及人法、物法那样发达完备，但它所及的内容广泛，许多方面的规定较为详尽明确，提出的一些诉讼原则具有独到之处，对罗马法律的实施、保证司法审判活动的顺利进行起了不少作用，对后世的诉讼制度产生了一定的影响，对于法治社会的建设提供了具体而重要的借鉴。罗马法是维护私有制、维护私有权利的法，与之相适应，罗马的诉讼法律制度则是私有权利法的程序保障，它决不是权宜之计，也不是空洞的形式，而是

①　［意］桑德罗·斯奇巴尼选编：《民法大全选译·司法管辖权、审判、诉讼》，中国政法大学出版社1992年版，第20页。
②　［意］桑德罗·斯奇巴尼选编：《民法大全选译·司法管辖权、审判、诉讼》，中国政法大学出版社1992年版，第16—17页。

实现公平、正义、平等的要件和前提,法学家把司法管辖、诉讼审判考虑得如此精细而周全,正是他们关于权利的思想和自然平等思想在司法方面的表现,反映了人类为建立法治社会而艰难的探索与追求,是人类法律文化的重大成果。

第 二 编

中世纪欧洲法律思想

第八章 概 述

公元5世纪末,西罗马帝国灭亡,它是在奴隶、隶农和各族被压迫人民的不断起义和日耳曼蛮族入侵的联合力量打击下灭亡的。欧洲的历史从此进入了封建主义时代,直到公元1640年英国爆发资产阶级革命止,欧洲封建社会延续了千余年,这就是欧洲历史的中世纪。

第一节 中世纪欧洲法律思想的几个阶段和特征

中世纪及其法律文化大体可分为三个阶段:

一、公元5—11世纪,封建制形成和确立时期

日耳曼各部落在西罗马帝国废墟上建立起一批封建化王国,其中以法兰克王国持续时间最长。它们大多是从原始氏族社会直接进入封建社会,适用的法律是部落联盟时代的习惯法。后来在基督教士和罗马法学家协助下,编纂了一批成文法典,这些法典中以《撒利克法典》最为有名,是日耳曼法形成的标志。但是,罗马法仍然存在,这种法律体系上的"双轨制"反映了日耳曼王国适应当地罗马居民社会经济生活的需要。这个时期由于封建割据,法律不统一,普遍存在的是极端分散的地方法。

二、公元11—15世纪,封建制巩固发展并逐步走向衰落的时期

该时期法律文化的特点是几种法律文化并存。一是两大法系的对峙,英

国法律走的道路与欧洲大陆各国不同,在特殊的历史条件下形成了普通法法系传统。而欧洲大陆各国则继承和发扬了罗马法成文法典的传统,编纂了一系列的法典。二是宗教法律的产生并凌驾于国家法律之上,但它并没有完全排斥罗马法,相反,基督教宗教法从罗马法中吸收了许多原则、概念及术语,特别是民事案件,一律适用罗马法规。与此同时,教会法与日耳曼法亦长期并存,相辅为用。三是适应资本主义萌芽和自治性的工商业城市的需要,出现了罗马法复兴运动,产生了商法这个特殊的法律部门。

三、公元 16—17 世纪初,封建制解体,资本主义生产关系形成时期

继罗马法复兴之后,这个时期出现了资产阶级的文艺复兴和宗教改革运动,人文主义思潮冲击神权主义,王权不断加强,教权和贵族特权受到一定限制,各国司法制度纷纷改革,为资产阶级法律制度的建立打下了基础。

但是,从法律文化总体上考察,中世纪占统治地位的是神学世界观,法的意识形态被神学支配。恩格斯说:"教会信条自然成了任何思想的出发点和基础。法学、自然科学、哲学都由其内容是否符合教会的教义来决定。"①

中世纪是从粗野的原始状态发展而来的。日耳曼人在征服罗马帝国的漫长过程中,古代的商业、手工业,各种政治、法律、哲学以及作为政治、经济、文化中心的城市,都被破坏以至消灭了,唯一保存下来的古代遗物几乎就是基督教。社会动荡不安,人民生活困苦,一片黑暗,这种历史条件又正是宗教产生发展的温床。马克思说过:"宗教里的苦难既是现实的苦难的表现,又是对这种现实的苦难的抗议。"②世俗统治者大多愚昧无知,不少国王是文盲,连自己的名字都不会写,签字只能画十字,而人民又处于蒙昧状态,这就给宗教意识形态提供了一定的客观基础。同时,日耳曼人为了维持在罗马领土上的统治,也需要利用教会和僧侣。因此,基督教就成了唯一占统治地位的意识形态,而且被改造成为与封建社会相适应的封建教阶制的宗教。

教会不仅仅是宗教组织,而且是一个在政治、经济、文化上自成体系的国际性的巨大封建政治组织,经济上教会在每个国家大约占有三分之一到二分

---

① 《马克思恩格斯全集》第 21 卷,人民出版社 1965 年版,第 545 页。
② 《马克思恩格斯全集》第 3 卷,人民出版社 2002 年版,第 200 页。

106

之一的土地,什一税更加增长了它惊人的财富。政治上教皇是最高统治者,
"由一群相互变化的关系中发展起来的民族组成的西欧世界,则是通过天主
教联合起来的。"这"首先体现在按封建和等级制原则组织起来的教会中",
"教会利用宗教把世俗的封建国家制度神圣化"。在文化、教育方面,教会是
垄断者,僧侣又是唯一的受过教育的阶级,因此,哲学、政治和法律以及自然科
学等部门都掌握在教会僧侣手中,并且都成了神学的科目。教会的教条就是
政治信条,圣经词句享有法律效力,恩格斯说:"甚至在法学家已经形成一种
阶层的时候,法学还久久处于神学控制之下。"①黑格尔在《法哲学原理》中也
说过,中世纪的很多法律都可以在旧约中找到根据、判例。

　　中世纪的阶级斗争和各种矛盾异常复杂而尖锐,除地主阶级和农民阶级
这一基本矛盾外,还有教徒和非教徒、拉丁语系和条顿语、君主和教皇、贵族僧
侣和平民等等之间的矛盾。但是矛盾与斗争的焦点是天主教会,农民、平民和
市民反封建斗争的矛头直指教会,可是这种斗争又要在宗教的外衣下进行,群
众的感情深受宗教影响,因为那是一个"把一切甜蜜的可爱的东西当作妖魔
来加以咒骂的时代"。② 封建统治阶级和天主教会对人民的镇压亦是披着反
"异端"、"异教"的宗教外衣,这说明在那个时代,各个阶级的利益和要求都是
以宗教形式表现出来,正如恩格斯在《德国农民战争》一文中指出的:"一切针
对封建制度发出的全面攻击必然首先就是对教会的攻击,而一切革命的、社会
和政治的理论大体上必然同时就是神学异端。"③

　　与这种社会矛盾和复杂的情况相适应,中世纪的全部意识形态都采取了
神学的特殊形式,因此,恩格斯说,中世纪只知道一种意识形态,即宗教和神
学。哲学斗争不是以纯粹哲学理论争论的形式,而是在神学基地上,以正统神
学和神学异端的争论形式进行。在法学领域,神学政治法律思想占统治地位,
古希腊罗马的自然法思想被披上了一件神学的外衣,自然法成了上帝的代名
词。神学家们还企图将自然法同上帝的法律协调起来,把自然法等同于《圣

---

　　① 《马克思恩格斯全集》第 10 卷,人民出版社 1998 年版,第 482 页。
　　② [德]海涅:《论德国宗教和哲学的历史》,载《海涅选集》,人民文学出版社 1983 年版,第
214 页。
　　③ 《马克思恩格斯全集》第 10 卷,人民出版社 1998 年版,第 483 页。

经》中的戒律。正如博登海默指出的:"在中世纪,所有的基督教徒都用一个观念看世界,那就是《新约全书》中和早期基督教著作家的教义中所确定的观念。像其他科学和思想的分支一样,法哲学也受教会及其教义的支配。"①"上帝法、理性法、自然法,这三种观念几乎无法辨别",甚至法学家和神学家,"为包括国内法和国际法在内的法律制度找到了宗教依据"。②

黑格尔在《历史哲学》中分析了蛮族入侵罗马世界而导致西方历史的巨变,但认为在文化上日耳曼人并未抛弃罗马,而是"采取了已经完备的罗马文化和宗教",③因此表现出与希腊罗马发展过程的不同。他说:"希腊人和罗马人都是内部成熟以后,才用全力向外发展。日耳曼人刚好相反,他们从自身涌出来,弥漫泛滥于世界上,在前进途中使各文明的民族那些内部已经腐朽和空虚的政治构造屈服。然后他们的发展方才开始,被一种外族的文化、一种外族的宗教、政治和立法煽动起来。他们所经历的文化过程,乃是采取了外族的东西,归并到他们自己的民族生活里面来。"④黑格尔把日耳曼世界的发展解释为精神的运动过程,虽然是唯心主义的,但在一定程度上也揭示了中世纪政治法律文化的客观面貌和特征。

条顿入侵者的政治、社会和经济生活都与罗马人完全不同。罗马人的政治统治是在一种为成文法所巩固的集权制基础上实施的,而蛮族人不知道法的权威,他们以往的生活,在很大程度上维系在亲属关系上,不理解中央集权借助一种编纂的法把所有人约束住。这是由他们游牧的生活方式决定的,习惯就是法,各个氏族习惯又千差万别,但他们并没有感到需要一个唯一能立法和执法的权威。他们的经济也是远远落后于罗马法保护下繁荣的罗马经济,他们不知道商业和贸易,没有所有权观念,对财产观念的理解是根据财产的实际使用和享用,而不是它的所有权。⑤ 日耳曼人就是在这样落后的历史条件下逐步封建化的,因此,其封建文化又必然是一个吸收和采取罗马文化与宗教

---

① [美]E.博登海默:《法理学——法哲学及其方法》,华夏出版社1987年版,第22页。
② [英]戴维·M.沃克:《牛津法律大辞典》,光明日报出版社1988年版,第522页。
③ [德]黑格尔:《历史哲学》,商务印书馆1956年版,第388页。
④ [德]黑格尔:《历史哲学》,商务印书馆1956年版,第587页。
⑤ [印]阿·库·穆霍帕德希亚:《西方政治思想概述》,求实出版社1984年版,第58—59页。

的过程。

第二节　封建法的罗马化和基督教的法律化

日耳曼法就是恩格斯指出的"古代的马尔克法律"。马尔克是日耳曼人原始氏族制度解体时期以地域关系为基础形成的农村公社组织,存在于公元5至9世纪。马尔克法是日耳曼人消灭西罗马帝国、建立封建国家的过程中,由原有的习惯法汇编而成。"日耳曼法的性质是西欧封建制度形成时期的法律,一方面表现出封建性法律的特征,另一方面又保留着原始公社制习惯的残余,同时日耳曼法繁衍的土壤是在基督教为国教的罗马地区,所以又接受了罗马法和教会法潜移默化的影响。"①因为蛮族人征服罗马人以后,面临社会经济生活的重大变化和法律矛盾,要统治被征服的罗马居民,就必须协调原部落联盟习惯法与罗马法、教会法之间的冲突。同时,为了显示君威,巩固封建政权,需要模仿罗马皇帝钦定法典。而且日耳曼人正是借助了罗马法学者和僧侣的知识,才促成了日耳曼法的成文化,产生了像《撒利克法典》这样具有广泛适用性和权威性的日耳曼法典。

日耳曼法的罗马化经历了"成文化"、"双轨制"(或"两重结构")、"普通法"等几个阶段,其实质是"西欧封建制法律罗马化"和西欧封建制法律的统一。② 日耳曼法的成文化和罗马法并存的"双轨制"均不能满足和适应社会生活的需要,法律冲突问题始终存在,正如法国里昂主教亚哥巴所指出的:"往往五人同行或同居一处,其中未曾见一人与他人间有共同的法律者,实所常见。"③法系之复杂可见一斑。又如,意大利北部民族尤为复杂,有生活于罗马法之下者,有生活于伦巴法之下者,有生活于法兰克法之下者,有生活于亚伦曼尼法之下者,还有生活于其他日耳曼部落法之下者,各支各族之人集居杂处,不一而足。这必然造成法律适用中的抵触。因此,日耳曼法与罗马法的融

---

① 由嵘:《外国法制史》,北京大学出版社1992年版,第90页。
② 由嵘:《外国法制史》,北京大学出版社1992年版,第97页。
③ [美]孟罗斯密:《欧陆法律发达史》,姚梅镇译,商务印书馆1947年版,第101—102页。

合、法律的统一成为历史发展的必然趋势,"中世纪的主要特征就是这种分裂,这种两面、两个民族、两种语言……在这个历史里呈现给我们的,不是一个民族单纯从自身向前发展,而是从对立出发,为对立所纠缠,并且保持在对立中,把对立吸收在自身内,并予以克服"。① 比如西哥特王国《利塞斯韦特法典》就是参考《国法大全》和《阿拉利克罗马法辑要》,在大量吸收罗马法和教会法原则与内容的基础上制定的,他们力求制定一种普通法,既适用于西哥特人又适用于罗马人。而且,事实上当时已形成了为各国共同确认的普通法的一些基本原则。②

"帝国中求法律统一之最强力量,乃法兰克人之力量,此盖法兰克人居于统治地位之关系。"③公元 9 世纪法兰克帝国查理大帝提出实现继承罗马法和推动法律统一的任务,使西欧封建法罗马化进入了一个新的时期。这种历史状况表明:"一方面是封建王国为了缓和民族矛盾,对罗马人的后裔让步;另一方面是受罗马法律文化陶冶的结果,愈是接近文明,愈益感到罗马法较其自身粗陋的习惯法更能适合其社会经济生活。"④因此,西欧封建法罗马化思潮及其实际运动的进程,不仅对社会起了促进作用,而且一定意义上也可说为中世纪末期的罗马法复兴运动作了准备,为注释法学派、人文主义法学派提供了思想资料。

中世纪是神学的世纪,但是宗教与法律的结合、宗教的法律化也经历了一个漫长而复杂的过程。最初,宗教与哲学、宗教与法律都是融合在一起的。"在古希腊的早期,法律和宗教没有多大区别","宗教形式渗透在立法和司法的形式中,祭司在司法中也起着重要的作用。人们认为国王作为最高法官,其职责及权力是宙斯亲自赐予的"。⑤ 哲学思维的发展导致了哲学同宗教的脱离与分裂,法律也开始摆脱宗教,古代智者派们对制定法的批判就是显著标志。而古罗马的法律从原始宗教的束缚中挣脱出来,万民法的形成和实施则

---

① [德]黑格尔:《哲学史讲演录》第 3 卷,商务印书馆 1981 年版,第 269 页。
② [美]孟罗斯密:《欧陆法律发达史》,姚梅镇译,商务印书馆 1947 年版,第 102—104 页。
③ [美]孟罗斯密:《欧陆法律发达史》,姚梅镇译,商务印书馆 1947 年版,第 104 页。
④ 由嵘:《外国法制史》,北京大学出版社 1992 年版,第 97 页。
⑤ [美]E.博登海默:《法理学——法哲学及其方法》,邓正来、姬敬武译,华夏出版社 1987 年版,第 2 页。

是其开端,自然、理性、权利取代了神权和神的意志,法学家阶层的出现,将法律的独立发展推向了空前繁荣的新阶段。公元前 1 世纪至公元 4 世纪初,罗马法的理论根据主要是自然法思想。

但是,宗教并未停止自己的生长,因为滋生宗教的土壤还很丰厚,它度过了原始期后,借着各种主客观条件,又进一步发展起来,直至成为世界宗教。公元 1 世纪,罗马帝国的东部行省巴勒斯坦和小亚细亚一带的犹太下层群众中萌发了原始基督教,这是犹太民族反对罗马帝国统治、争取独立解放高潮中派生出来的一个犹太教新宗派,因此,恩格斯说"基督教是犹太教的私生子"。① 原始基督教是"奴隶和被释放的奴隶、穷人和无权者、被罗马征服或驱散的人们的宗教",②因为他们找不到别的出路,"出路只能在宗教领域内"。同时,斯多亚派哲学宣扬的"世界城邦"、"人是神的儿女"、"人人生而平等自由"等思想对基督教的兴起又准备了思想条件,例如塞涅卡认为法律与政府都是上帝对人类生活的引导,他关于自然状态的思想也受到后来的基督教神学家们的高度赞扬。因此,虽经罗马帝国统治者的残酷镇压,也不能禁止基督教的传播,甚至连竭力迫害基督徒的戴克里先皇帝的妻子也变成了基督徒。

基督教自公元 1 世纪产生,经过三百多年的演变,发生了巨大的变化。它首先冲破犹太教的狭隘民族主义界限,宣布耶稣基督是全人类的救世主,从而与犹太教分裂。其次,由于罗马帝国的上层分子大量入教,引起了基督教思想上组织上的蜕变。安分守己、忍耐顺从的奴隶意识代替了原始基督教的阶级憎恨和复仇反抗情绪,教会的领导权也逐渐被有钱有势的社会上层分子所控制,并且日益向罗马帝国政府靠拢。帝国政府也感觉到蜕变后的基督教是符合他们需要的,可以成为奴隶主阶级压迫人民的政治工具,这就必然产生公元313 年君士坦丁皇帝《米兰敕令》的颁布,从此,基督教获得了合法地位,而且还享受种种特权。政府归还了戴克里先迫害时期没收的教会财产,又捐赠给教会大片土地,国家资助在各主要城市修建大教堂,皇帝还把罗马的拉特兰宫赠给罗马主教做官邸,免除教会神职人员的捐税和劳役,从法律上确认教会享有私人遗产的权利。罗马帝国政策的重大改变,导致受洗入教者倍增,教会得

---

① 《马克思恩格斯全集》第 38 卷,人民出版社 1972 年版,第 27 页。
② 《马克思恩格斯全集》第 22 卷,人民出版社 1965 年版,第 525 页。

到更大发展。在思想体系上,教会已形成"三位一体"论的教义学说,教会内部如有反对这种观点者则被视为"异端"而遭到迫害。公元 325 年,君士坦丁皇帝在小亚细亚的尼西亚召开全帝国的主教会,统一信条,制裁"异端",这种政教结合说明罗马政府在政治上、思想上和组织上已经全面控制了基督教,基督教又凭借政府行政权力广泛深入地传播。公元 392 年,狄奥多西皇帝颁布法令,废除一切旧有宗教,只有基督教才是唯一合法的宗教,于是基督教成为罗马国教,从法律上确认了它在宗教意识形态领域的统治地位,从而为基督教在中世纪独霸思想界打下了基础,而罗马人的法律意识及其法律制度就必然受到影响。

被称为西方拉丁教会第一个伟大神学家和坚强的教父的德尔图良,他在世时,基督教的合法地位还未确认,但他不断地向罗马皇帝申诉,申诉中使用的武器就是自然法思想,不过是被他进一步改造并带有浓厚宗教色彩的自然法。他认为罗马法缺乏公正的条款,既不保证基督徒信仰自由,又不给他们申辩的权利。入教有理,信仰无罪,自然法是上帝制定的,它是神圣不可侵犯的。法律不公正,就是暴虐,因为它违背了上帝的自然法,他说:"法律不仅自身应当公正,而且还希望大家遵守。如果人们期待的法律不支持公道,它就是残酷。"①他甚至把一些宗教信条也等同于法律,这实际上是塞涅卡含有神秘主义色彩的自然法思想的继续和发展,反映了古希腊以来传统的自然法观念的动摇和重大变化,理性的自然法变成了神性的自然法。在格拉提安《教令集》中,自然法被看做是神法的一部分,托马斯·阿奎那则认为自然法源于神法,人的权利也变成了神的意志。同时也说明基督教对法律文化领域的影响和渗透,各种教令教规的汇编又加强和扩展了这种影响,特别是教会法的形成,把基督教的法律化推进了一大步,而《查士丁尼法典》对教会法的承认,是基督教在罗马法体系中占有不可动摇的位置的标志。世俗政权对教会和教会法的支持,又强化了基督教对政府的依附和作为统治阶级精神支柱的职能。

当然,世俗政权及其法律制度同教会和教会法也有矛盾,它们之间始终存在斗争,"不同命运的教皇和皇帝之间不断进行拉锯战"。② 但由于共同的利

---

① 叶秀山主编:《西方著名哲学家评传》第 2 卷,山东人民出版社 1984 年版,第 257 页。
② [英]罗素:《西方的智慧》,世界知识出版社 1992 年版,第 183 页。

112

益,它们常常是互相利用,互相勾结,"以不祥的互相依存而搞得难解难分"。①
教会经过 11 世纪格里高利、12 世纪亚历山大三世,特别是 13 世纪英诺森三
世的整顿,"使教廷的权威达到了后无来者的水平"。② 英诺森三世说:"教皇
的政权是太阳,君主的政权是月亮。像月亮要从太阳那里借光一样,君王要从
教皇那里获得自己的政权。"教权凌驾于王权之上,天主教会掌握着西欧各国
的立法和司法机关的大部分职能。英诺森三世重新修订的《教会法》通行于
西欧各国,其法律效力高于世俗法。教会法庭亦凌驾于国家法庭之上,并且形
成了独立的司法审判系统,镇压"异端"的宗教裁判所是教会特别法庭,而教
皇法庭成为天主教世界的最高审判机关,受理来自西欧各国的上诉案件。高
级教士在世俗封建主的纷争中往往充当仲裁者,教皇则握有最高的立法司法
权。经院哲学运动达到了最高峰,神权法思想构成了法律思想的主流。

但是,基督教的法律化本身与人类法的精神相悖,是对人类法律精神的歪
曲和颠倒,这是人类法律文化史上的曲折和倒退,是造成中世纪黑暗的一个重
要原因。因此,它是不可能长久的。随着商品经济的发展,特别是城市市民阶
层的壮大,民族主义、国家主义、人文主义等思潮的兴起,"科学与哲学的复
苏,新的力量喷薄欲出"。③ 教会与教会法必然衰落无疑,发生于 16 世纪的宗
教改革就是这种衰落的重大标志。

基督教的法律化虽已成为历史,但它在西方法律文化史上产生的影响却
是深远的。《牛律法律大辞典》概括了五点:对自然法理论的影响;直接提供
经过整理、但已付诸实施的行为规则;强化伦理原则和提出一些基本依据,以
支持国家制定法或普通法的规则;人道主义、人的价值等方面影响法律;强调
维持道德标准、公正及其他方面的维持。在一些具体的法规方面比如婚姻、财
产、继承、犯罪与刑罚、证言及证据等对后世也有较大的影响,教会法作出了自
己的贡献。哈佛大学教授伯尔曼甚至认为西方法律传统形成于中世纪的 11
世纪末到 13 世纪末这二百年中,他把"教皇革命"及其所引发的教会与世俗
两方面的一系列重大改革作为西方法律传统产生的基本法因素,强调西方法

---

① [英]罗素:《西方的智慧》,世界知识出版社 1992 年版,第 183 页。
② [英]罗素:《西方的智慧》,世界知识出版社 1992 年版,第 196 页。
③ [英]罗素:《西方的智慧》,世界知识出版社 1992 年版,第 195 页。

律传统从理念、原则到一系列基本制度与教会法和教会学家的密切关系,这对我们认识中世纪法律史具有重要的启发,当然也有片面性。①

传统的看法认为中世纪是欧洲历史上的黑暗时期、一个野蛮的时代,科学被扼杀,追求真理要被送上火刑架,神性统治人性,神权代替了人权,这是对古希腊罗马法律文化的否定。但是,"单把中世纪叫做野蛮的时代,那对于我们是没有什么帮助的。那是一种独特形态的野蛮,不是纯朴、粗野的野蛮,而是把最高理念和最高的文化野蛮化了"。② 古代的文化、学术并没有泯灭,"过去的一些古典传统在某种程度上继续存在,虽然它们持续的影响有些不确定和受到限制"。③ 罗马法与日耳曼法和教会法的并存,表明了罗马法及其传统的巨大而深刻的影响,而近代自然法思想是"新教改革引起的改造欧洲的力量的副产品",说明,"古典自然法与中世纪的经院主义法学"并未彻底决裂,而是"有着千丝万缕的联系"。④ 中世纪的学校是由神职人员创办的,这是他们这个在当时唯一"能读能写、得天独厚的集团"在西方文化教育史上留下的业迹。而且学校不仅设有教会法课程,也设有罗马法课程,同时,还有专门研究罗马法理论的学校。商品经济的存在和发展,必须求助于罗马法来调整,因为罗马法中存在商品经济发展的"强大的助力",在"罗马法中,凡是中世纪后期的市民阶级还在不自觉地追求的东西,都已经现成地存在了"。⑤ 因此,中世纪神权法律思想虽然否定了古希腊罗马的自然法精神,但它本身又包含了被否定的因素,在神权法统治的"死寂的荒野"中,自然法精神并未泯灭,罗马人的法治观念犹存,人类科学的法律意识的幼苗仍在顽强地生长,而且终于发展为参天大树,实现了对经院哲学和神权法思想的否定,迎来了西方法律文化史上的一个光辉的时代,这个时代的开启人物就是"鼎鼎大名"的马基雅弗利和博学的布丹。

---

① 参见[美]伯尔曼:《法律与革命》,贺卫方等译,中国大百科全书出版社1993年版;[美]泰格、利维:《法律与资本主义的兴起》,纪琨译,1996年版;彭小瑜:《教会法研究》,商务印书馆2003年版。

② [德]黑格尔:《哲学史讲演录》第3卷,商务印书馆1981年版,第323页。

③ [英]罗素:《西方的智慧》,世界知识出版社1992年版,第180页。

④ [英]罗素:《西方的智慧》,世界知识出版社1992年版,第181页。

⑤ 《马克思恩格斯文集》第4卷,人民出版社2009年版,第221页。

第九章　奥古斯丁的法律思想

奥古斯丁(Auielius Augustinus,公元 354—430 年)是早期基督教最杰出的教父、教父学的主要代表,也是西方哲学史上著名的哲学家,他为基督教创立了一个哲学体系,开中世纪神权法思想之端,被教会尊称为"上帝的圣者",与托马斯·阿奎那(Thomas Aquinas)同为基督教神学的两位大师。

第一节　"上帝的圣者"

公元 354 年 11 月 13 日,奥古斯丁出生在罗马帝国统治下的北非塔加斯特城(今阿尔及利亚苏克阿赫腊斯城)一个普通市民家庭。奥古斯丁出生之前,基督教就得到了官方的承认和支持,并且在北非一带传播和发展很快。因此,奥古斯丁是在罗马文化与基督教文化笼罩下成长起来的。母亲莫尼卡出身于贵族,是一个虔诚的基督徒,温柔善良,但是父亲巴特里齐却脾气暴躁,且是个异教徒。奥古斯丁出世以后,按当时习俗,服从父亲,未接受基督教的洗礼。

奥古斯丁按照父亲的意图,完成了当时罗马教育制度的三级学习,即 7—12 岁入小学,学习识字和算术;12—16 岁入文法学校,学习文法、诗歌和历史;16—20 岁入雄辩学校,学习修辞和哲学。据奥古斯丁在《忏悔录》中说,他从小不喜欢读书,调皮捣蛋,逃学游荡。12 岁到邻近的马道拉(今阿尔及利亚的末达乌路赫城)学习文法,他喜欢本国语拉丁文,讨厌希腊文,特别爱好诗歌。"我 16 岁这一年,由于家中经济拮据而辍学,闲在家中,和父母一起生活,情欲的荆棘便长得高出我头顶,没有一人来拔掉它。"①这一年的浪荡生活在奥古斯丁的心灵上刻下了很深的伤痕,对此他"追悔莫及",但是,这又"成为他研究罪恶的起因和最后信仰上帝的契机"。

公元371年,奥古斯丁的父亲去世,家庭经济虽然困难,但母亲在亲友们资助下,还是把儿子送到本地区最大的城市迦太基城攻读修辞和哲学,这里是西方拉丁教会第一个伟大神学家和坚强的教父德尔图良的诞生地。当时罗马帝国已十分腐败,世风日下,"迦太基整个城市几乎沉醉在寻欢作乐之中"。②这不能不使本来就放荡的青年奥古斯丁受到影响,他沉醉在爱情之中,与一个迦太基女子私下同居了。后来,他把这种行为称作是"从肉体中长起来的""罪恶"。③ 当然,青年奥古斯丁也受到罗马帝国学术研究和社会思潮的熏陶,他研读了古希腊的哲学著作,主要是柏拉图、亚里士多德和斯多亚派的书,特别是当时新柏拉图主义和斯多亚学派的流行,他深受影响,这为他后来创建基督教的哲学理论准备了一定的思想条件。他崇拜西塞罗,把西塞罗的著作同《圣经》对照研究,开始探讨罪恶的性质和根源。这期间他参加了摩尼教,不相信基督教,并且结束学业,返回故乡塔加斯特,开始其教师生涯。

奥古斯丁从22岁开始教书,起初三年讲文法课,之后讲修辞学(雄辩术)8年,共计11年。这11年是他思想深刻变化的时期,他从信仰摩尼教到皈依基督教,前后判若两人,心中经过了剧烈的斗争,从一个沉湎于情欲生活的浪荡青年,变成了一个清心寡欲的基督教忠实而狂热的信徒和护教士。从此,他决心摆脱物质世界的束缚,过内心的精神生活。"首先,他决定从生活上断绝一切不正当的往来,乃至不惜与未婚妻解除婚约,以求根除一切情欲。其次,辞去教书职务,表示摈弃任何荣华富贵。公元386年秋,他会同一些朋友,带着母亲和儿子,来到米兰郊区一所别墅里进行反省,革故鼎新,准备接受基督教的洗礼。"④

他通过学习和研究柏拉图哲学和《圣经》,认识到人并不具有善和恶两种对立的本性,也不存在两个对立的灵魂,人只有一个灵魂,一个本性,那就是

---

① 〔古罗马〕奥古斯丁:《忏悔录》,商务印书馆1991年版,第27页。
② 〔古罗马〕奥古斯丁:《忏悔录》,商务印书馆1991年版,第289页。
③ 〔古罗马〕奥古斯丁:《忏悔录》,商务印书馆1991年版,第29页。
④ 叶秀山主编:《西方著名哲学家评传》第2卷,山东人民出版社1984年版,第296页。

善。善是本体,而上帝则是至善。摩尼教宣扬善恶二元论违背《圣经》,亵渎上帝。为此,他痛哭流涕,立志改变自己,远离淫荡、名利等邪恶,崇奉至善:"不可荒宴醉酒,不可好色邪荡,不可竞争嫉妒,应当爱戴主耶稣基督,勿纵肉体私欲。"①上帝的启示,使他"顿觉有一道恬静的光射到心中,溃散了阴霾笼罩的疑阵"。② 几个月之间他完成了《驳学园派》、《论幸福生活》、《论秩序》和《独语录》等作品,批判他曾经信仰过的摩尼教和怀疑派学说,在神权政治法律思想方面也打下了基础。

公元 387 年复活节,"登记领受洗礼的日子终于到了",33 岁的奥古斯丁"离开乡村回到米兰",阿利比乌斯、奥古斯丁以及奥古斯丁"孽海中来的儿子阿得奥达多斯"等三人一起接受了教父学著名代表安布罗西主教的洗礼。③这是奥古斯丁一生的重大转折,也是他的思想历程上的一块界碑。

公元 388 年秋天,奥古斯丁从罗马返回故里。"他遵照《圣经》上把东西分给穷人的教导,将家中仅有的一些财产全部施舍给穷人,自己却聚集一些志同道合的朋友过清贫的修道生活。后来出现的修道院就是以它为滥觞。"④这种修道隐居生活,他过了三年。

公元 391 年初,奥古斯丁前往希波(今阿尔及利亚安纳巴)传教,由于他的卓越才能和流利的口才,很快就被晋升为神父,并破格授予讲道资格。从此,他更加卖力地宣讲教义,同时又勤奋地写作,宣扬《圣经》。

奥古斯丁坚决地站在正统的基督教立场上,运用柏拉图主义学说,竭力论证基督教神学,树立基督教的绝对权威,他的影响不断扩大,追随者也与日俱增,公元 395 年晋升为主教助理。第二年主教去世,奥古斯丁继任希波主教,时年 42 岁。

奥古斯丁任希波主教长达 35 年,直到 76 岁逝世。他几十年如一日致力于教会事业,理论上最大的贡献是他成功地运用柏拉图主义的学说,系统地讨论当时各种神学问题,为教会建立了一个完整的宗教哲学体系,为其神权政治

①　[古罗马]奥古斯丁:《忏悔录》,商务印书馆 1991 年版,第 158 页。
②　[古罗马]奥古斯丁:《忏悔录》,商务印书馆 1991 年版,第 158 页。
③　[古罗马]奥古斯丁:《忏悔录》,商务印书馆 1991 年版,第 169 页。
④　叶秀山主编:《西方著名哲学家评传》第 2 卷,山东人民出版社 1984 年版,第 298 页。

法律思想提供了哲学理论依据,这就改变了神权法思想幼稚、原始的状况,而成为一个理论体系。奥古斯丁去世后,一直受到基督教会的尊崇,被称为圣·奥古斯丁,他的遗骸现在还安葬在罗马圣彼得大教堂里。

奥古斯丁一生留下了大量的著作,卷帙浩瀚,总共有 93 种、232 部,计上千万字,这在教父中名列前茅,在西方法律思想史上也是罕见的。目前世界上出版的几部比较权威的教父学丛书,奥古斯丁的著作基本上都收进去了。他的文风富有特色,文字优美,可读性强,不仅是哲学家和神学家,而且堪称是基督教的杰出文学家。他主要的著作有《教义手册》、《论三位一体》、《忏悔录》、《上帝之城》(又译为《上帝之国》),其中《忏悔录》和《上帝之城》是其著名代表作。《忏悔录》主要是一部哲学书,也是他的自传,而《上帝之城》是他耗时最长,论述其神学思想最成熟、最系统的一部著作,反映出他的政治法律哲学和历史哲学思想,是我们研究其法律思想最重要的资料。

第二节 神学法律观

一、神学法律观的哲学基础

早在迦太基求学时期,奥古斯丁对柏拉图哲学就产生了兴趣,他说:"我读了柏拉图学者的著作后,懂得在物质世界外找寻真理。"①可以说,他的政治法律思想是以柏拉图的相论(即理念论)为哲学理论根据的,不过,他对柏拉图哲学已经进行了改造。他按照《圣经》把"相"的世界加以神化,"相"的世界就是上帝,而上帝是至真、至善、至美,是最终的实在,这就把柏拉图的唯心主义发展成了一种神学体系。

柏拉图认为人们感官感知的事物是变动不居的,因此是不真实的,而由感官感知的具体事物所构成的世界就是一个不真实的虚幻世界(幻影世界)。同时,他认为"相"(理念)才是真实的存在,人们不能感知它,它却独立存在于事物和人心之外。因此,所有的"相"(理念)就构成了一个最真实的客观独立存在的世界,并且是唯一真实的存在(真实世界)。他说:

---

　　①　[古罗马]奥古斯丁:《忏悔录》,商务印书馆 1991 年版,第 133 页。

一方面我们说有多个的东西存在,并且说这些东西是美的,是善的等等。……另一方面,我们又说有一个美本身,善本身等等,相应于每一组这些多个的东西,我们都假定一个单一的相(即理念——引者注),假定它是一个统一体而称它为真正的实在。①

因此,在柏拉图看来,具体事物构成的"幻影世界"是不真实的,它们有生有灭,只是"相"(理念)的"影子"或"摹本",它们的暂时存在是因为分有了"相"(理念),与"幻影世界";相反,"真实世界"(相或理念)却是永恒不变的、绝对的,它永存在不息,是具体事物的原型、本原。

罗马帝国时期,古希腊以来的各种哲学思想均被神秘主义化了,如新斯多亚主义、新怀疑主义、新毕达哥拉斯主义、新柏拉图主义,其中新柏拉图主义实际上是一种在糅合希腊各派哲学基础上的宗教唯心主义。正如马克思指出的:"新柏拉图派的哲学不过是斯多亚派、伊壁鸠鲁派和怀疑论派的学说跟柏拉图和亚里士多德的哲学内容的荒唐的结合。"②新柏拉图主义把柏拉图的"相"(理念)变为"一",这个"一"是超越一切存在物、一切对立和差别之上的世界本原,实际上就是神,而宇宙是从神的无限威力中漫溢或流溢出来,像水从过满的容器中漫溢出来一样。因此,人们无论是凭感官(经验)或是理性(思维),都无法认识神,人只有摆脱肉体和理性思维,从而达到人神合一,方可发现真理。因为肉体是罪恶的根源,禁绝一切肉体欲望,才能进入人神合一的最高境界,可是,人在今生今世又不可能做到,那只有等来世了。显然,这是在宣扬禁欲主义、悲观主义和信仰主义。

奥古斯丁接受了这一理论,认为那个最真实的存在就是上帝,它的永恒性、绝对性,就是上帝的神性,上帝是最圆满的、至善的。但他不同意柏拉图关于造物主以"相"为指导,运用原始混沌的物质而创造世界的宇宙生成论,认为那样就是对全智全能的上帝的限制。上帝是绝对自由的,它从"虚无"中创造了世界,创造了时间,不需要借助于什么原则。奥古斯丁接受了新柏拉图主义关于永恒不变的真理不能在物质世界之中,而应到物质世界之外去寻找的

① 北京大学哲学系编译:《古希腊罗马哲学》,生活·读书·新知三联书店 1957 年版,第 178—179 页。

② 《马克思恩格斯全集》第 3 卷,人民出版社 1960 年版,第 149 页。

思想,但他又不同意新柏拉图主义的流溢说,认为那会导致泛神论。他说,有限的人的心灵是不可能认识和领悟上帝的,上帝至善至真,天然不朽,是最高的本质和实体,只能信仰,"除非你信仰,否则无法理解"。① "如果你不理解,信仰会使你理解。信仰在先,理解在后","信仰是理解的途径,理解是信仰的一种报酬",②"信仰为了理解"。③ 在这里,奥古斯丁用基督教的上帝创世说改造了柏拉图的哲学,用彻底的信仰主义取消了理性。作为早期教父哲学代表人物的德尔图良和奥利金的思想都不系统,而奥古斯丁则完成了系统化的工作,并将教父哲学推到了顶峰。于是,他的三位一体说、原罪说、善恶论、两个世界说,甚至司法思想中的动机论、刑讯论都获得了比较系统的哲学理论依据。哲学是神学的科目,神学及其法律观又需要哲学的支撑。

二、原罪说

梅因在《古代法》一书中考察了古代社会犯罪法律学形成的理由和历史,并多次指出,古代社会犯罪概念的内涵是指"对国家或社会集体所加损害",④"国家自以为是受到损害了",即犯罪是"侵权行为"的"罪过",⑤这也是传统的罗马法学思想。在《民法大全》关于司法审判的条款中,规定了"犯罪案件的诉讼限定为两年",并且认为"钱款诉讼是最常见的",因为,"它们常引起犯罪",⑥这说明犯罪是个人对国家和社会的一种侵害行为。但是,基督教改变了古希腊罗马以来传统的犯罪观念,提出"原罪说",认为人类始祖亚当和夏娃被创造出来之后偷吃智慧果而犯了罪,从此其子孙都带有"原罪",这是上帝给予人类的惩罚,而且这种惩罚是永远解脱不了的。⑦ 因此,教父们认为,对人来说,最可怕的问题不是死,而是罪。早期教父德尔图良亦主张人类本身

---

① 《新旧约全书·以赛亚书》,中国基督教三自爱国委员会印发上海1981年版,第767页。

② 叶秀山主编:《西方著名哲学家评传》第2卷,山东人民出版社1984年版,第336页。

③ 叶秀山主编:《西方著名哲学家评传》第2卷,山东人民出版社1984年版,第336页。

④ [英]梅因:《古代法》,商务印书馆1959年版,第215页。

⑤ [英]梅因:《古代法》,商务印书馆1959年版,第217页。

⑥ [意]桑德罗·斯奇巴尼选编:《民法大全选译·司法管辖权审判诉讼》,中国政法大学出版社1992年版,第63页。

⑦ 《新旧约全书·创世记》第二、三章,中国基督教三自爱国委员会印发上海1981年版,第2页。

的罪恶。

奥古斯丁继承和发展了早期教父们的观点和《圣经》的传说,认为人类的原罪是由于人类祖先亚当犯罪而产生的。他说:

> 如果你们把"世界"二字看做人的世界,而把人通常称为世界的天、地和天地间的万物都除开,那么这个世界已经被首先犯罪的亚当变为邪恶的了。整个的人群都从根本上败坏了。然而上帝造人原是良善的。……但是我们已经随流失去,已经灭亡了:我们都是生来有罪的,我们又加上自己的罪恶生活,所以全世界都变为邪恶的了。①

在奥古斯丁看来,"原罪"构成了人的本性,人的意志就必然"反常地不正当地企求着一个低劣的事物"。②"败坏了的意志叛离了最高的本体,即是叛离了天主,而自趋于下流",③因此,人就只顾追求金钱、荣誉和女色,沉溺在感官享受之中,人就陷入了罪恶和灾难的深渊,从而背离了至善,背离了最高的本体(即上帝),而法律、长官的权力正是人类罪行造成的必然后果。奥古斯丁把犯罪同社会物质生活条件割裂开来,把犯罪归咎于人的先天及其自由意志,把世俗的法律和权力归咎于"原罪",显然这是一种唯心论的先验论犯罪观和法律观,一种神学先验论。其实,犯罪是"孤立的个人反对统治关系的斗争",④它同社会物质生活条件有密切关系。恩格斯说:"在每一个人的身体上和精神上的需求都得到满足的地方,在没有什么社会隔阂和社会差别的地方,侵犯财产的犯罪行为自然而然地就不会再发生了。刑法会自行消失,民法也会不再存在。"⑤奥古斯丁超越社会历史,把犯罪永恒化、绝对化,目的是要证明教会的绝对权威,要人们俯首帖耳服从教会和罗马帝国的统治。

在原罪说基础上,奥古斯丁进一步指出,人由于先天的"原罪"和后天的罪恶,造成了一个"施行迫害的""旧世界",这是"被上帝定了罪的'世界'"。⑥他认为,人不应该在这个旧世界中过罪恶的生活,人应该获得拯救。但他又认

---

① 《教父及中世纪证道集》,1973 年香港版,第 85 页。
② 《西方伦理学名著选辑》上卷,商务印书馆 1964 年版,第 352—353 页。
③ [古罗马]奥古斯丁:《忏悔录》,商务印书馆 1991 年版,第 130 页。
④ 《马克思恩格斯全集》第 3 卷,人民出版社 1960 年版,第 379 页。
⑤ 《马克思恩格斯全集》第 2 卷,人民出版社 1957 年版,第 608 页。
⑥ 《教父及中世纪证道集》,1973 年香港版,第 85—86 页。

为,这种拯救是将来的事情,而且能否被拯救,还要看人在现实生活中能否听从教会,能否坚定、忍受一切苦难:

> 应当在各自的岗位上,"跟从基督";你们应当"舍己",那就是说,他们应当不自大;他们应当"背起他们的十字架来",那就是说,为基督的缘故,应当在世界上忍受世人所加于他们身上的任何痛苦。……你们应当坚定,忍耐,等候,这样,你们就背起十字架了。①

人类造成的"旧世界"同美丽、完全无缺的"上帝之国"相对立,而教会却是"与上帝和好了的'世界'",它是上帝在人世的代表,因此,忍受苦难、背负十字架就是顺从教会而生活。在生活过程中,人要不断进行自我忏悔,弃恶从善,方可能最后皈依上帝而达到善。这样,方可能在世界末日到来之时,免去末日的审判而获得拯救和永生。这一思想对后来的经院主义法学家产生了很大的影响,为教会和教会法的绝对权威的树立作了理论准备。

三、两个世界的理论

这一理论是在《上帝之城》一书中提出来的。为了写作本书,奥古斯丁花了 14 年时间才完成。该书分为二部分,第一部分驳斥异教者对基督教的指责,同对又批驳那些不符合基督教思想的其他一些学说的观点。第二部分重点论述两个世界的理论,即"上帝之城"和"人间之城"的起源、发展、终结。

"上帝之城"和"人间之城"不等于教会和国家这两种社会组织。《圣经》已有了"上帝之城"的概念,指天上王国,基督教称为天国或天堂,实际上就是上帝精神世界,因此,"上帝之城"又可译为"天上之城"。奥古斯丁根据《圣经》发挥两个世界的思想,他把基督教会说成是上帝之城的象征和在世的表现,教会"是与上帝和好了的世界"。他提出了"人间之城"的概念,并且认为"人间之城"与"上帝之城"相对立,而"人间之城"只有接受教会指引,方能最后归入"上帝之城"。"显然,他力图把人类社会发展史纳入基督教的发展史,以上帝精神为最终归宿。"②

奥古斯丁依据《圣经》及其原罪说,认为"上帝之城""按照精神生活",向

---

① 《教父及中世纪证道集》,1973 年香港版,第 87 页。
② 叶秀山主编:《西方著名哲学家评传》第 2 卷,山东人民出版社 1984 年版,第 324 页。

往善,追求永生,而"人间之城""按照肉体生活",犯罪作恶,贪图"现世享受"。因此,"上帝之城"的天国中只有公平和正义,不存在不公平和不正义,永远处在绝对的和平状态。而尘世的"人间之城"则充满邪恶,没有天国的绝对和平状态,但它也需要一定的秩序。他说,"人间之城"必须以"上帝之城"作为社会组织的典范,并接受基督教会的神圣领导,这样才可能出现秩序和和平,因为教会本质上高于世俗国家,教会法高于世俗国家的法,神制定的自然法高于人制定的法。奥古斯丁说:

> 在整个生物界都有一种有节制的健全的自然习惯。生命有限的人与永恒的上帝之间的和平是一种有秩序地服从上帝的丝毫无误的被忠实执行的永恒的法律。人与人之间的和平是一种相互协调;一个家庭的和平是在各成员间有一种有秩序的统治和服从。一个城市的和平是在公民之间有一种秩序的命令和遵守。①

他在这里强调自然习惯、自然秩序以及统治与服从、命令与遵守,就是要求与自然法密切相关的普遍和平,或者说就是执行永恒的法律,这一思想为后来的托马斯·阿奎那所继承。在奥古斯丁看来,"人间之城"虽是恶的,但善与和平还是人们追求的对象,当然它是一种相对的和平与秩序,但维持这种和平与秩序,还是需要法律,而这些法律又是从属于永恒的法律即神的自然法的。

奥古斯丁认为神制定的自然法刻画在人类的心中,这是被基督教改铸了的神学自然法思想。刻在人心中的律令,实际上就是道德戒律,人们自觉遵守这些戒律,社会才可能有秩序、和平。比如,欠债还钱、犯罪必须受到法律制裁等。他说:

> 如果任何人不遵守并违反这种公正的和平,他要受到灾祸或者其他恰当的惩罚去改正他的错误,这样他便可以改好,回到和平的家族之中。由于他的不遵守规诫而曾经被排斥于外。……人人有责任不让愚昧无知的人去伤害任何人,还要尽他的力量去约束邪恶,尽力改正别人的邪恶。……每个家庭成为国家的一部分,……家庭的和平依赖国家的和平,这就是在家庭中有秩序的指挥和服从,是和一国

---

① 西方法律思想史编写组编:《西方法律思想史资料选编》,北京大学出版社 1983 年版,第 91 页。

的有秩序的指挥和服从有确实的关系。①

这就是说,只要人们自觉地遵守"规诫",遵守而不违反"公正的和平",就可以避免犯罪和由犯罪导致的灾祸或惩罚,因为和平是天上和人间的共同基础,自然法是刻在人类心坎上的法,它并且高于制定法。在这里,他还提出了家庭的和平与国家和平的依存关系,它们都需要有秩序的指挥和服从,需要对公民发生效力的各种规定,也就是要有法律的调整。

奥古斯丁两个世界的理论的实质在于调和天国和地国的矛盾,在教会与世俗权力的斗争中维护教会和教会法的利益。他假借"上帝之城"证明神权至上、《圣经》至上、教权至上、教会法至上,用神性抹杀人性、神权取代人权,把神法、自然法摆在高于"人法"的位置上,这是奥古斯丁在基督教和教会法的历史上的首创,对后来影响深远,罗马教会一直把它作为其推行神权政治法律思想的理论根据,中世纪的教会法学家常常引证这一理论。奥古斯丁虽然继承了古希腊罗马的自然法思想,但他把自然法神化了,自然法、正义论披上了神学的外衣,因此,又表现出一种倒退。

第三节　司法是"审判别人的良心"

根据奥古斯丁在《上帝之城》中有关司法方面的论述,主要有两个观点值得我们注意:

一、动机论

他认为司法审判是"审判别人的良心",强调追究犯人的思想动机。他虽然也承认审理案件要有证据,但他更重视犯罪者的主观动机,他把法律与道德等同起来,这同柏拉图"以心治心"的思想是一致的。这种唯心主义的审判制度必然造成司法实践的混乱和案件的冤滥。奥古斯丁说:"国家不得已而任命的那些官吏,即使他们最冷静地去判决他人的案情,他们的审判是何等可悲

---

① 西方法律思想史编写组编:《西方法律思想史资料选编》,北京大学出版社 1983 年版,第
95 页。

与不幸！他们要审判别人的良心，但他们看不见它，为逼取实情而折磨人说出无辜的证言。"①这既是他对当时的司法审判制度发出的无可奈何的哀鸣，客观上又揭示了"以心治心"审判制度的弊端。

二、刑讯论

关于刑讯，奥古斯丁有一段专论，兹摘录如下：

当一个人为自己的案件而受拷打，受折磨，哪怕是一个他是否有罪的问题，你对这种做法有什么看法呢？尽管他是无辜的，法庭不能证实他有不法行为，可是他却遭受到确实的痛苦，这种情况经常是由于法官的愚昧无知而给犯人造成的灾难。不仅如此，法官的原意是用拷打来避免杀掉一个无辜者，他折磨被告人，生怕被告是无辜的而被判处了死刑，但常常由于他对真情可怜的无知，却把无辜者折磨至死。（这是更糟糕的，要用大海那样多的泪水才能把它冲洗干净。）因为，根据法官他们的理论，假如一个人宁愿放弃生命而不愿承受那些灾难，那他就会说出他干了那些他清清楚楚的事情。即使这样，犯人被判死罪并执行了，直到此时，法官也说不清他是否有罪，法官拷打他，是怕他无罪而被判处死刑，可是，采用了这种拷打办法，法官在知道被告有罪之前却已经杀死了他。在这种不易看清是非的人类社会里，法官应否开庭审判？他必须开庭，他所处的地位使他有责任这样做，不能因为他对真情的可怜而免去这种责任，此外，这是国家的命令，他必须服从。但是，他绝对不可以为了另一个人的原因而对无辜者施加折磨。如果用刑超过无辜者所能忍受的程度，以致他们成为自己的控告人而把自己作为罪犯判死刑（法官对被告的折磨并非出于恐吓），他们应该视为无罪；如果他们未被刽子手绞死，就不能让他们死在"拉肢刑架"上，或者这一类的刑具上。此外，有些人为了国家的利益，提出一项公正的控诉控告某人，被告经受了种种折磨拷打而始终不承认有罪，这时原告也无法证实他们控诉的

---

①　西方法律思想史编写组编：《西方法律思想史资料选编》，北京大学出版社1983年版，第88—89页。

理由,如果由于法官对真情的无知而判被告有罪并加以刑罚,你如何看待呢?现在这种情况很多,法官并不抱有恶意,因为他并不是有意赞同那些原告的理由,只是他为国家工作的责任驱使他这样做。由于他不懂得什么叫伤害而使他作这样的决定,并非有意去伤害被告。①

这一段论述大致有几层意思:第一,刑讯是必要的,这是他刑讯论的主要之点。在他看来,由于"审判别人的良心"难度大,不用刑讯不足以取得可靠的罪证。他一再为使用刑讯手段逼供的法官开脱,认为法官的拷打,是怕被告无罪而被判处死刑,还说什么拷打是"国家的命令",法官"必须服从",甚至法官错判错杀了人,法官也应被"视为无罪",因为法官不是恶意,而是出于为国家工作的负责。第二,奥古斯丁似乎又不是十分赞成残酷的刑讯制度,认为"为逼取实情而折磨人","一个人为自己的案件而受拷打"是一种灾难,这种灾难是由于"法官的愚昧无知"造成的。这同他的刑讯论又发生了矛盾。但是,他找不到解决矛盾的方法,只能求助于上帝:"主啊!请把我从困境中解救出来。"②这种思想虽然"含有一定的人道主义精神",③但又为中世纪的刑讯逼供制度准备了理论。第三,其刑讯论对"基督教的创立者甚至也把基督教徒尊重合法当局的义务深深地置于基督教的教义之中"④的历史是一例证。圣保罗在他的《罗马书》中说:"在上有权柄的,人人当顺服他,因为没有权柄不是出于上帝的。凡掌权的都是上帝所命的,所以抗拒掌权的,就是抗拒上帝的命令,抗拒的必自取刑罚。"⑤萨拜因教授认为这是《新约全书》的"政治宣言"。奥古斯丁强调的法官服从国家法令,而被告要忍受法官的刑讯,实质上与圣保罗宣扬的"服从是上帝赋予的一项义务"⑥的思想是

---

① 西方法律思想史编写组编:《西方法律思想史资料选编》,北京大学出版社 1983 年版,第 89 页。

② 西方法律思想史编写组编:《西方法律思想史资料选编》,北京大学出版社 1983 年版,第 90 页。

③ 张宏生:《西方法律思想史》,北京大学出版社 1983 年版,第 88 页。

④ [美]乔治·霍兰·萨拜因:《政治学说史》上册,商务印书馆 1986 年版,第 223 页。

⑤ 《新旧约全书·罗马人书》第 13 章,中国基督教三自爱国委员会印发 1981 年上海版,第 193 页。

⑥ [美]乔治·霍兰·萨拜因:《政治学说史》上册,商务印书馆 1986 年版,第 224 页。

一致的,这也说明了基督教是罗马帝国的政治法律统治的得力助手,为教会同世俗法权的联盟统治准备了思想基础,当然,又为二者之间长期的纷争与冲突播下了种子。

第十章 托马斯·阿奎那的法律思想

托马斯·阿奎那(Thomas Aquinas,约 1224—1274 年)在基督教史上与奥古斯丁齐名,被教会尊崇为"伟大的圣师"。他是西欧中世纪最有权威的神学家、经院主义哲学和法学的最大代表。近代罗马教会以教会法令的形式把托马斯主义定为官方哲学,至今仍然是天主教哲学的指南。

第一节 "西西里哑牛"

托马斯·阿奎那出生在意大利一个大封建贵族家庭,其父郎杜尔夫·阿奎那伯爵是西西里王国皇帝弗里德里希二世的姻亲。托马斯的诞生地洛卡塞卡堡属弗里德希二世所管辖。这个皇帝本人就是位学者,且"具有浓厚的自由思想和自由主义思想,信奉阿威罗伊学说,[1]力图使西西里王国成为东西文化融合的中心"。[2] 因此,在弗里德里希二世管辖范围内,科学研究受到重视,学术空气比较活跃,思想较为自由。虽然,托马斯出生时正是罗马教会最强盛的年代,其父母都是基督教的信徒,但他还是受到了自由思想的教育和影响。

托马斯 5 岁便被父亲送进了蒙特·卡西诺隐修院,这是当时西欧颇有名

---

[1] 阿威罗伊(Averroes,1126—1198 年)是阿拉伯哲学里的亚里士多德派中最典型、最彻底的一个学者,他的主要著作都是以各种形式对亚里士多德著作的注释,他以保护亚里士多德学说不受任何歪曲为己任,其唯物主义倾向超过了亚里士多德,并且成为经院哲学内反对派的理论根据,被教会视为异端。

[2] 叶秀山主编:《西方著名哲学家评传》第 2 卷,山东人民出版社 1984 年版,第 428 页。

气的一座修道院,托马斯在这里学习了 10 年。1239 年,托马斯已满 15 岁,由于弗里德里希二世信奉阿威罗伊学派的异端邪说而被教皇开除教籍,这座修道院也因此被解散,托马斯只得离开,并被其父送进那不勒斯大学继续学习深造。这所大学是弗里德里希二世创办的,有幸未被停办,托马斯在这里学习了 6 年,深受弗里德里希二世自由思想的影响。

1244 年,托马斯 20 岁,他不顾母亲的反对,加入多米尼克僧团,成为修道士,同坚持奥古斯丁主义的弗兰西斯修会相对立,就在他加入僧团的前一年,他父亲去世了。母亲坚决反对儿子出家做僧侣,对他软硬兼施,希望他改变志向,但他却矢志不渝。母亲无奈,只得依了他。1244 年底,托马斯赴巴黎大学求学,受业于当时著名的经院主义哲学家、神学家、亚里士多德专家阿尔贝特·马革努斯(Albertus Magnus),阿尔贝特亦是多米尼克僧侣。

据说,因为托马斯魁梧的身材和勤奋的顽强的学习精神(听阿尔贝特课时一声不吭),在巴黎大学被称为"西西里哑牛"。阿尔贝特十分赏识他,并预言"这个哑牛将来会吼得全世界对他瞩目的"。① 阿尔贝特让他跟在身边参加注释亚里士多德著作、汇编百科全书和编写大学教材等工作,这对后来托马斯利用亚里士多德学说建造经院哲学和神学法律思想体系准备了条件。1250 年托马斯升为神父。1252 年,经阿尔贝特推荐任巴黎大学助教。

在基督教神学中,托马斯主张改革,他承袭了老师阿尔贝特放弃长期以来沿用的柏拉图先验论而改以亚里士多德主义为神学作论证的思路,重视实验,承认感性经验,肯定理性认识。但是,由于教会中奥古斯丁主义保守势力的强大,亚里士多德主义亦被视为阿威罗伊主义一样的异端,于是,托马斯不得不离开巴黎大学。但是,由阿拉伯哲学家介绍,在西欧得到广泛传播的亚里士多德主义已成为一种强大的社会思潮,号称"哲学家之城"的巴黎大学是传播这一思潮的中心,而奥古斯丁的经院哲学则成了批判的对象。面对这种危机,罗马统治者不能不重新考虑对策,从而对亚里士多德主义采取一种较为宽容的态度,因此,又让托马斯重返巴黎大学,并由教皇委任托马斯为巴黎大学教授,而且在神学硕士学位基础上,托马斯又获得了神学博士的荣誉资格。

托马斯充分利用了这种形势,继续沿着阿尔贝特的哲学路线前进,他撇开

---

① ［美］A. 弗里曼特勒:《信仰的时代》,光明日报出版社 1989 年版,第 147 页。

柏拉图的先验论哲学,用亚里士多德的学说改造经院哲学及其法学思想体系,目的仍然是维护基督教和教会的绝对权威。但是,这在客观上适应了基督教在新的历史条件下的需要,因为城市经济的发展,东西方文化的交流,以柏拉图先验论为理论基础的早期中世纪经院哲学(即奥古斯丁主义)出现了深刻的危机,在信仰与理性之间,人们更倾向于亚里士多德的理性解释自然,亚里士多德主义成为不可遏阻的新思潮。加之托马斯长期对亚里士多德著作的整理、注释和研究积累起来的渊博学识,在同教外的阿威罗伊学派和教内各修会的保守派激烈的斗争与论辩中,他的工作卓有成效,他竭力调和信仰与理性的矛盾,使经院哲学及其神学法律思想转危为安,为此,托马斯赢得了巨大的声誉。1259年教皇亚历山大四世将他召回意大利,委任他为罗马教廷神学顾问。之后托马斯还做过乌尔班四世、克莱门四世等教皇的顾问,直到1268年止。"顾问"是当时最高的学术和理论权威头衔,是罗马教皇的重要决策者和教廷神学理论的发布者。

1270年罗马教廷宣布阿威罗伊主义为异端,标志着托马斯的改革派取得了绝对优势。1272年,托马斯离开巴黎大学,返回意大利,赴那不勒斯建立多米尼克修会的大修道院。这已是他生命的最后年代了,托马斯仍精神抖擞,著书立说和四处讲演,深受罗马教廷赞赏。1274年3月,托马斯在被教皇委托赴法国里昂出席宗教会议的途中病逝,终年49岁。

托马斯的一生是捍卫基督教神学、维护罗马教廷和世俗封建政权统治的一生。因此,他的著述亦是围绕这一中心展开的。他的著作生涯不及奥古斯丁的一半,但其著述之丰则可以同奥古斯丁媲美。托马斯花了10年时间整理、校订、注释亚里士多德的《形而上学》、《物理学》、《尼科马可伦理学》和《政治学》等著名作品。同时,又运用亚里士多德的理论撰写了《彼德·伦巴德"箴言四书"注疏》、《论自然的本质》、《论真理》、《论君主政治》、《反异教大全》等专著,而《神学大全》则是托马斯一生的著名巨著。他从1265年就开始写作《神学大全》这部作品,共完成三部分,直到1274年去世全书仍未能脱稿,但所完成部分已充分体现了他的思想体系,"在基督教史上,这是一部空前绝后的巨著",[①]是研究托马斯政治法律思想最重要的资料,被称为"基督教

---

　　① 叶秀山主编:《西方著名哲学家评传》第2卷,山东人民出版社1984年版,第444页。

第一百科全书"。

第二节 经院主义哲学法律观

一、法的哲学理论

奥古斯丁以柏拉图的先验论为武器,极力从物质世界外寻找真理。但是,随着生产力和科学的发展,特别是当先进的阿拉伯科学文化和亚里士多德的哲学、法学、伦理学思想传入欧洲,奥古斯丁主义更加显出它的陈旧和保守,经院哲学内部亦兴起了反对派思潮,有的神父甚至比阿威罗依还激进,反对把理性和信仰、哲学和神学混在一起,赞成"双重真理"说,主张理智一元论,强调理性认识能力,认为理性高于信仰。这种新思潮令罗马教廷惊恐万状,对基督教神学理论体系不啻是一次巨大的冲击和打击。面对这种形势,罗马教廷一方面宣布反对派思潮为异端,一方面又组织力量进行反驳。当然,"教会明智地对它进行改造而不是查禁⋯⋯亚里士多德的著作不仅迅速地被接受,而且迅速地被变为罗马天主教哲学的一块基石。在不到一个世纪的时间里,人们担心会成为反基督教革命的源泉的东西被变成一种新的并希望是永远的基督教化的哲学体系。这个工作是由托钵修道会的教师们来完成的,特别是两位多明我会的教士:伟大的阿尔贝特和他的学生,更加伟大的托马斯·阿奎那"。[①] 托马斯就是奉教廷之命,同时他又适应基督教历史需要,对基督教神学进行了大胆的改造,把神学法律思想的理论基础由柏拉图的先验论改变为亚里士多德的实在论,从而完成了更新经院哲学及其法的哲学理论的任务。

亚里士多德批判了柏拉图的相论(即理念论),认为一般或共相只能存在于个别事物之中,具体的个别事物是不依赖于其他东西而独立存在的"第一实体",而哲学的任务就是要说明个别的具体的事物存在或产生的原因,为此,亚里士多德提出了"四因论",即认为具体事物的产生有四种原因。一是质料因(物质),如造房需要有砖瓦木材等物质材料;二是形式因(形式),如造房需要设计图样;三是动力因,如造房需要工匠和工匠的技艺;四是目的因,如

---

① [美]乔治·霍兰·萨拜因:《政治学说史》上册,商务印书馆 1986 年版,第 296 页。

造房的用途。但是,亚里士多德在解释自然事物的产生时,又把动力因和目的因归结为形式因的作用,这实际上把"四因论"归结为"二因"了,即一切具体事物的构成都归结为"形式"和"质料",其"形式"同时又是事物的目的因和动力因。显然,在这里,"形式"成了积极、能动的因素,而"质料"(物质)则是消极、被动的因素。亚里士多德批判柏拉图的相论,肯定具体事物是"实体",这是唯物论。但他把"四因"归结为"二因",这却是折中论。在他看来,质料仅仅是事物的潜能,只有当它获得"形式"之后,才能变成"现实"。这实际上是主张"形式"决定"质料"(物质)。由此出发,他把整个宇宙万物看成是一个从质料到形式、从潜能到现实的统一过程,并构成了一个从低级到高级的阶梯式的体系。其中,最低层的是"纯质料"(绝对的潜能),最高层即阶梯的顶端是"纯形式"(绝对的现实)。因为形式既是目的因又是动力因,所以"纯形式"就成了万物追求的最高目的,同时又是推动整个宇宙的最高原动力。这个原动力本身是不动的,也不受其他东西推动,它是"不动的推动者",或"第一推动者",即"上帝"或"神"。这说明,亚里士多德最终完全陷入了唯心论。

托马斯在构造其法的哲学理论中主要利用了亚里士多德关于质料和形式的学说,来论证他的神学世界观和法律思想。托马斯认为,一切有形体的事物都是由形式和质料(物质)结合而成的。形式就是现实,是能动的和起作用的,是事物的原则和规定性,而物质则是潜能,是消极、被动的,一种未规定的可能性。他不赞成阿威罗伊关于形式亦是物质本身具有的、是物质性东西的说法,并认为这种解释不符合亚里士多德思想。他把形式从物质中割裂出来,结果,形式变成了一种精神性的东西,认为存在于物质中的形式是从无物质的形式中产生的,也就是说,"无物质的形式"(上帝或神)是产生万物的根本原因。但托马斯并不是简单地用信仰来证明,而是从经验事实和现实事物出发,认为单纯的物质(质料)还不能变成现实,必须与精神性的形式结合,这才能够把消极被动而没有规定性的可能性转变为现实,这就是事物的产生。如果事物同物质相分离,它就会导致自身的消灭。但是,上帝是永恒的,因为它是不包含任何物质的"纯形式"(最高形式),它"是绝对的主动,是绝对的完善,是绝对的智慧,因而是世界的最初的和最终的原因"。① 托马斯说:"太初上帝

---

　　① 陈修斋:《欧洲哲学史稿》,湖北人民出版社1983年版,第131页。

创造了天地。创造就是不需要任何先有的材料来加工而使一个事物产生出来。"①上帝是从无中创造世界,世界并不是上帝创造的永恒的存在,世界有时间的开端,时间从世界的创造开始,因此,时间和世界的创造与存在都必须依靠上帝这个"自在"的实体。这与奥古斯丁主义又走到一起来了,虽然具体道路不同。

　　正如列宁指出的,托马斯虽然自称是亚里士多德的忠实信徒,但他歪曲了亚里士多德的原意,"抓住了亚里士多德学说中僵死的东西",②即唯心主义和形而上学的糟粕,并加以渲染、扩大,阉割了亚里士多德哲学中的唯物主义与辩证法因素。其《神学大全》就是通过这种唯心主义与形而上学的论证,肯定上帝,从而把上帝作为一切存在的起源。他说,最后追溯到一个非受动的第一推动者,这是必然的,它就是大家所说的上帝。同时,他从上帝至美至善,是人类追求幸福的真正对象出发,认为国家的法律也是为了人类的幸福和安全,而要达此目的,就必须依靠上帝和上帝的永恒法,从而肯定了永恒法作为法的最高原则的地位。托马斯利用亚里士多德的哲学思想成功地改造了教父学和早期经院哲学,使经院哲学及其神学法律观面貌焕然一新,并重新在西欧牢固地占领了统治地位。

二、法的产生、性质及其作用

　　托马斯继承了亚里士多德关于国家与法的自然起源的思想,赞成人是社会的动物的观点,认为人必然过合群的共同生活,但人又都是自私的,为了把人们团结在一起,维护共同的幸福,就需要共同的秩序,而维持这种共同生活秩序,就需要共同的治理原则,公共的控制机构,也就是国家的法律和国家权力机构。他说:

　　　　人天然是个社会的和政治的动物,注定比其他一切动物要过更
　　多的合群生活。……

　　　　既然朋辈共处对人来说是十分自然的和必需的,那么同样必然
　　可以推断的是,在社会之中必须要有某种治理的原则。因为,如果很

---

① 陈修斋:《欧洲哲学史稿》,湖北人民出版社1983年版,第133页。
② 《列宁全集》第55卷,人民出版社1990年版,第313页。

多人都想生存,而各人都一心一意专顾自己的利益,那么,除非其中有一个人愿意尊重公共幸福,这种社会就非解体不可;正如一个人或任何其他动物的身体,如果本身缺乏单一的控制力量来支持各部分的一般活力,就会解体一样。……所以,除掉每一个人所特有的利益的动机以外,还必须要有某种能够产生多数人的幸福的要素。由于这个缘故,每逢存在着从多种多样的成分中产生出来的安排好了的统一体时,就总可以发现诸如此类的控制力量。①

托马斯把国家与法的产生解释为人类生活自然的需要,即人的自然社会性,认为法律作为一种约束和控制力量,它是为调整个人利益和社会利益而制定的,国家也就是"那些服从同样法律并受单一政府的指导以求生活充盈的人"②组成的社会,而不是原罪的结果。这就否定了奥古斯丁把世俗权力和法律归咎于"原罪"的观点,"恢复了亚里士多德的国家观,抛弃了教父们的武断的理论"。③ 这是托马斯在中世纪法律思想史上的重要贡献。

但是,托马斯关于国家与法的起源思想在本质上还是属于神学性质的,他虽然从人的自然本性着手,可又把它归结为上帝的赋予,因此,上帝自然成了国家的最高主宰,神法成为最高的法。他说:

治理其人民的国王则是上帝的一个仆人,正如使徒保罗告诉我们的,"没有权柄不是出于神的",还有"他是神的用人,是伸冤的,刑罚那些作恶的"。……

……通向真正幸福的道路和沿途可能遇到的障碍是通过神的律法来了解的,而教导神的律法则是神父们的责任,像我们在《玛拉基书》(第二章第七节)中所谈到的:"祭司的嘴里常存知识,人也当由他口中寻求律法。"所以神命令道(《申命记》,第十七章第十八节):"他登了国位,就应将利未人的祭司面前的这部律法书,为自己抄录一本,存在他那里,要终生诵读,好学习敬畏耶和华他的神,谨守遵行这

---

① 西方法律思想史编写组:《西方法律思想史资料选编》,北京大学出版社1983年版,第97—98页。
② [意]阿奎那:《阿奎那政治著作选》,马清槐译,商务印书馆1963年版,第84页。
③ 王哲:《西方政治法律学说史》,北京大学出版社1988年版,第68页。

部律法书上的一切言语和这些律例。"因此,一个君主既然从神的律法
方面受到教诲,就必须特别专心致志地领导他所支配的社会走向幸福
生活。①

托马斯认为要贯彻神的意志及其律法,从而使社会走向幸福,还需要三个条件:一是社会安宁;二是维护这种安宁不受破坏;三是扩大幸福生活不可缺少的物质福利。当然,这只是他的一种幻想,不用说人民对封建统治的反抗,就是在经院哲学内部也一直存在反对派的思潮,全盛时期的西欧封建社会已走到了尽头,神学法律观包含着深刻的矛盾,潜伏着新的危机。正如萨拜因教授指出的:"确实,胜利的充分性和持久性被估计得过高了。除了托马斯的基督教化的亚里士多德之外,从13世纪起又出现了阿威罗伊主义传统的反基督教的亚里士多德。而甚至在正统的经院哲学的范围之内,方济各会的思想家诸如邓斯·司各脱和奥卡姆的威廉,也一直在怀疑托马斯把信仰和理性紧密结合起来是否可能。"②

除了法的起源,托马斯还对法的性质和作用作了分析,他首先探讨了法的概念,认为:

> 法是人们赖以导致某些行为和不做其他一些行为的行动准则或
> 尺度。"法"这个名词(在语源上)由"拘束"一词而来,因为人们受
> 法的拘束而不得采取某种行径。③

他又说:"在社会之中必须要有某种治理的原则。"④而这种原则是由理性指导的,因此,政治秩序"是由理性的统治所产生的秩序;只要我们的一切行动和经验都与理性的指导相符合,这种秩序就能产生"。⑤

因此,托马斯得出了法的定义:

> 根据上文,我们可以得出正确的法律定义。它不外乎是对于种

---

① ［意］阿奎那:《阿奎那政治著作选》,马清槐译,商务印书馆1963年版,第65、84、85页。
② ［美］乔治·霍兰·萨拜因:《政治学说史》上册,盛葵阳、崔妙因译,商务印书馆1986年版,第296页。
③ ［意］阿奎那:《阿奎那政治著作选》,冯清槐译,商务印书馆1986年版,第104页。
④ ［意］阿奎那:《阿奎那政治著作选》,冯清槐译,商务印书馆1986年版,第104页。
⑤ 西方法律思想史编写组编:《西方法律思想史资料选编》,北京大学出版社1983年版,第100页。

种有关公共幸福的事项的合理安排,由任何负有管理社会之责的人予以公布。①

在托马斯看来,法是"管理社会者为了公共幸福而制定、颁布的理性规则",②即"理性的命令"。因为"人类行动的准则和尺度是理性",而"理性是人类行动的第一原理"。③ 法作为一种命令性原则、规则,是人类行为及其相互关系的尺度,这不仅与希腊罗马的思想家相近,而且与中国古代的法家认为法是尺寸、绳墨、规矩、衡石、斗斛、角量、权衡的思想有一定相似之处,④突出了法的客观性、普遍性、公正性、强制性。他说:"法律有两个基本特点:第一个是指导人类行动的规则的特点;第二个是强制力量的特点。"⑤但是,托马斯认为原则、规则和尺度必须接受理性的指导,因为"理性有从意志发展到行为的能力","在各个人的身上,控制着身体的是灵魂,而在灵魂本身以内,则是理性控制着情欲和欲望的能力。"理性不仅主导人的言论和行为,而且也是法律的指导,法律不过是理性的命令、正义的表现。

同时,托马斯还认为法律是意志的体现,所谓"体现为法的意志"。但是,意志要有理性的限制,他说:

> 如果意志要想具有法的权能,它就必须在理性发号施令时受理性的节制。正是在这个意义上,我们应当理解所谓君主的意志具有法的力量这句话的真实含义。在其他的意义上,君主的意志成为一种祸害而不是法。⑥

这里的"意志"不是指任何个人的意志而是指世俗统治权力的代表君主的意志。《罗马法典》说:"君主的意志具有法的力量",托马斯释为君主的意志只

---

① 西方法律思想史编写组编:《西方法律思想史资料选编》,北京大学出版社1983年版,第102页。

② [英]沃克:《牛津法律大辞典》,邓正来、江山等译,光明日报出版社1988年版,第518页。

③ 西方法律思想史编写组编:《西方法律思想史资料选编》,北京大学出版社1983年版,第101页。

④ 参见《管子·七法》和《商君书·修权》。

⑤ 西方法律思想史编写组编:《西方法律思想史资料选编》,北京大学出版社1983年版,第107页。

⑥ 西方法律思想史编写组编:《西方法律思想史资料选编》,北京大学出版社1983年版,第101页。

有受到人类理性限制时才具有法律的效力,这样的国家主权才可能表现为一种正义和自然秩序。托马斯的法律观在本质上与奥古斯丁一样是神学的,其理性、自然人性归根到底来自上帝,受理性限制的君主意志,实质上就是上帝的意志。但是,他却提出了一个重要的思想,就是权力应该受到限制,权力只能依照法律加以行使,这种限制包括道德的法律的,"按照上帝的判断,一个君王不能不受法律的指导力量的约束,应当自愿地、毫不勉强地满足法律的要求"。他还引用罗马皇帝狄奥多西和瓦仑蒂尼安的话"权力服从法律的支配,乃是政治管理上最重要的事情"而强调这一思想。当然最高的限制是上帝,因此,他主张"反暴君论",这"预示了现代的有限国家论和有限的、有条件的政治责任论",①并且在一定程度上揭示了法律的性质和特点。

托马斯对法的论述基本上沿袭亚里士多德观点和使用亚里士多德用语,当然又"注入了基督教的传统"②和"中世纪狂热性"③。关于法的目的和作用,他多次引述亚里士多德在《伦理学》和《政治学》中的原话,认为法"必须以整个社会的福利为其真正的目标","法律的首要和主要的目的是公共幸福的安排",④因为部分和整体、个人和社会是紧密联系而不可分的,整体包含部分,社会包含个人,维护社会公共福利的法也就是正义,正如亚里士多德说的:"任何力量,只要它能通过共同的政治行动以促进和维护社会福利,我们就说它是合法的和合乎正义的。"⑤代表正义的法必须具备权威性、强制性,甚至是一种"强迫的力量",⑥因为法律是整个社会意志的体现,公共福利的保障,代表社会整体的利益。所以,正义的法律的制定和行使应该属于社会或受社会委托的人,因此,他说:

---

① [印]阿·库·穆霍帕德希亚:《西方政治思想概述》,姚鹏等译,求实出版社1984年版,第71页。

② [美]乔治·霍兰·萨拜因:《政治学说史》上册,盛葵阳、崔妙因译,商务印书馆1986年版,第303页。

③ [印]阿·库·穆霍帕德希亚:《西方政治思想概述》,姚鹏等译,求实出版社1984年版,第71页。

④ 西方法律思想史编写组编:《西方法律思想史资料选编》,北京大学出版社1983年版,第101页。

⑤ 西方法律思想史编写组编:《西方法律思想史资料选编》,北京大学出版社1983年版,第101页。

⑥ [意]阿奎那:《阿奎那政治著作选》,马清槐译,商务印书馆1963年版,第105页。

安排有利于公共幸福的事物,乃是整个社会或代表整个社会的某一个人的任务。因此,法律的公布乃是整个社会或负有保护公共幸福之责的政治人的事情。

法律的制定和颁布被托马斯当作"是法律的一个主要特点",①因此,他十分重视立法和法的实施过程这两个环节。"某一个个人"或"政治人"在他看来,就是指的君主,因为他肯定"君主制是最好的政体"、"有道的政权形式",认为君主是上帝在人间的代表、社会利益和公共幸福的代表,甚至"负有惩罚之责的官吏"亦是"代表社会"的,君主和他们"才有制定法律的权力",也就是当然的立法者和法的颁布者。托马斯的目的在于从调和信仰与理性的矛盾到调和教权与政权的矛盾,从而维护整个封建统治的法律制度和根本利益。

第三节　永恒法、自然法、人法和神法

不少学者认为法的分类是托马斯政治法律思想"最具特色的部分之一",②这种分类虽然不科学,但还是包含有合理的成分,对近代资产阶级的法律分类理论产生了重要的影响。托马斯把法律分为神法和自然法,实际上为古典自然法学完成和强化法与神学的分离,就已经奠定了基础。③

托马斯将法分为四种类型:

一、永恒法

托马斯认为永恒法就是神智,即神的理性、智慧的体现,适用于整个宇宙,是"指导一切行动和动作的神的智慧所抱有的理想",④一切法律的渊源,"一

---

① [美]乔治·霍兰·萨拜因:《政治学说史》上册,盛葵阳、崔妙因译,商务印书馆 1986 年版,第 303 页。

② [美]乔治·霍兰·萨拜因:《政治学说史》上册,盛葵阳、崔妙因译,商务印书馆 1986 年版,第 300 页。

③ [美]E.博登海默:《法理学——法哲学及其方法》,邓正来、姬敬武译,华夏出版社 1987 年版,第 35 页。

④ 西方法律思想史编写组编:《西方法律思想史资料选编》,北京大学出版社 1983 年版,第 104 页。

切法律毕竟是从永恒法产生的"。因此,永恒法高于一切法律,它是上帝统治宇宙,支配宇宙的根本大法。托马斯说:

> 法律不外乎是由那统治一个完整社会的"君王所体现的"实践理性的某项命令。然而,显然可以看出,如果世界是像我们在第一篇中所论证的那样由神治理的话,宇宙的整个社会就是由神的理性支配的。所以上帝对于创造物的合理领导,就像宇宙的君王那样具有法律的性质,……这种法律我们称之为永恒法。①

二、自然法

自然法是上帝统治人类的法,适用于全人类,它是上帝的理性在人类理性中的体现,"是神的荣光在我们身上留下的痕迹",是"辨别善恶的自然理性之光,即自然法"。② 或者说是"神圣的理性在造物中的反映"。③ 托马斯认为,人类作为理性动物以一种非常特殊的方式受神意的支配,是神意本身的参与者,因此能在某种程度上分享神的智慧,并由此产生一种自然的倾向以从事适当的行动和目的,比如寻善避恶、保存自己、繁衍和教育后代等等,以造福人类,这是自然法的赐予,亦是"理性动物之参与永恒法,就叫做自然法"。④ 可见,自然法不是成文法,它存在于人的心中,人只能凭理性去体会,是使人类受永恒法的一种特别管辖,永恒法的一部分,它反映了"永恒法对理性动物的关系",⑤因此,它具有普遍性、永久性、不变性,其原则是永恒的。

三、人法

人法是人类根据自然法制定的法律,这也是人法的基本特点。"人法是

---

① 西方法律思想史编写组编:《西方法律思想史资料选编》,北京大学出版社 1983 年版,第102 页。

② 西方法律思想史编写组编:《西方法律思想史资料选编》,北京大学出版社 1983 年版,第103 页。

③ [美]乔治·霍兰·萨拜因:《政治学说史》上册,盛葵阳、崔妙因译,商务印书馆 1986 年版,第301 页。

④ 西方法律思想史编写组编:《西方法律思想史资料选编》,北京大学出版社 1983 年版,第102 页。

⑤ 西方法律思想史编写组编:《西方法律思想史资料选编》,北京大学出版社 1983 年版,第103 页。

为了广大的群众制订的","借以调节人类行动的理性的某种命令",①它适用于人类社会。托马斯说:"人类的推理也必须从自然法的箴规出发,仿佛从某些普通的、不言自明的原理出发似的,达到其他比较特殊的安排。这种靠推理的力量得出的特殊的安排就叫做人法。"②也就是说,人法源于自然法,"一切由人所制定的法律只要来自自然法,就都和理性一致。如果一种人法在任何一点与自然法相矛盾,它就不再是合法的,而宁可说是法律的一种污损了"。③但它又是一种特殊的法律,或者说是自然法的特殊运用,因为它只调节单独一类生物(人类)的生活,因此,它必须特别应用于这类生物(人类)的主要特点。自然法只规定了行为的一般原则,而人法给人提供了行为的具体尺度和准则,人按照准则去做或者被禁止去做某种事情,因此,人法"按照其不同的对象"还可以"分类",④当时的人法主要包括万民法和市民法。

四、神法

神法亦称神祇法,或指上帝的法律,比如《圣经》。托马斯说:"除自然法和人法以外,还必须有一项神法来指导人类的生活。"⑤并列举四层理由:第一,因为人的行动是受法律支配的,而人追求幸福的目的却超越了人的自然目标,所以人为了达到目的,就必须不但接受自然法和人法的指导,而且还要接受神法的指导。第二,由于人类判断的不可靠,而为了使人确凿无疑地知道他应该做什么和不应该做什么,就有必要让他的行动受神法的指导。第三,人的判断达不到隐蔽的内心活动,它只能涉及显而易见的外表活动。可见,人间的法律不足以指导和规定内心的活动,因而就有必要加上一种神的法律。第四,像奥古斯丁所说的,人类的法律既不能惩罚甚至又不能禁止一切恶行,所以,

① 西方法律思想史编写组编:《西方法律思想史资料选编》,北京大学出版社1983年版,第108页。

② 西方法律思想史编写组编:《西方法律思想史资料选编》,北京大学出版社1983年版,第103页。

③ 西方法律思想史编写组编:《西方法律思想史资料选编》,北京大学出版社1983年版,第105页。

④ 西方法律思想史编写组编:《西方法律思想史资料选编》,北京大学出版社1983年版,第105页。

⑤ 西方法律思想史编写组编:《西方法律思想史资料选编》,北京大学出版社1983年版,第103页。

为了不让任何罪恶不遭禁止和不受惩罚,就必须有一种可以防止各式各样罪恶的神法。① 由此可见,"所谓神圣的法律,它实质上指的就是启示"。② 比如"上帝通过圣经或教会给予作为选民的犹太人的一部特殊的法典,或通过圣经或由教会提出的有关基督教道德或立法的种种特殊规定"。因此,"神圣的法律是上帝恩赐的一份礼物,而不是天生的理性的新发现"。③ 但是,他又非常注意不要使启示过于脱离理性,"启示促进理性,但不破坏理性",因此神法与自然法并不矛盾。

托马斯的法律分类思想同他的宇宙秩序和社会秩序的理论密切相关,他把整个宇宙看成是一个有机的整体,而这个整体又分为若干层次,宇宙的三种秩序即神的秩序、自然秩序和政治秩序分属于不同层次,但这三种秩序又集中体现在人的身上,他说:"在人身上可以发现一个三重性的秩序。"④在三重性秩序中,最高的是神的秩序,其次是自然秩序和政治秩序。根据神的安排,政治秩序服从于神的秩序和自然秩序,而自然秩序服从于神的秩序,"服从是神法和自然法的一条箴规"。⑤ 因此,托马斯认为:

> 在人类的事物中,地位较高的人必须依靠上帝所规定的权能来
> 向地位较低的人贯彻自己的主张。可是,贯彻自己的主张跟命令是
> 同一回事。所以,像在上帝所建立的自然秩序中,低级的东西必须始
> 终服从高级的东西的指示一样,在人类事务中,低级的人也必须按照
> 自然法和神法所建立的秩序,服从地位比他们高的人。⑥

由此可见,托马斯的法律分类和三种秩序说归根到底是在论证封建等级

---

① 西方法律思想史编写组编:《西方法律思想史资料选编》,北京大学出版社 1983 年版,第104 页。

② [美]乔治·霍兰·萨拜因:《政治学说史》上册,盛葵阳、崔妙因译,商务印书馆 1986 年版,第 301 页。

③ [美]乔治·霍兰·萨拜因:《政治学说史》上册,盛葵阳、崔妙因译,商务印书馆 1986 年版,第 301 页。

④ 西方法律思想史编写组编:《西方法律思想史资料选编》,北京大学出版社 1983 年版,第100 页。

⑤ 西方法律思想史编写组编:《西方法律思想史资料选编》,北京大学出版社 1983 年版,第109 页。

⑥ 西方法律思想史编写组编:《西方法律思想史资料选编》,北京大学出版社 1983 年版,第109—110 页。

制度的合理性、合法性,表现了他从法的理论上竭力调和13世纪日益尖锐的各种社会矛盾,特别是调和封建领主和农奴的矛盾、政权和教权的矛盾以及理性和信仰的矛盾。因此,他关于自然法和人法的论述虽然不乏合理因素,而且对近代资产阶级法律思想确实产生了重大影响,但从法律思想史的发展进程来考察,这种神学法律观较之古希腊罗马又是一种倒退。正如已故的政治法律思想史学界前辈吴恩裕先生所指出的:"古希腊的思想家曾经把自然法视为一种'较高的法',有的希腊思想家用它来批判现行法律。近代资产阶级在反封建的革命中,也这样做过。可是,在阿奎那手里,自然法的地位降低了:在它上面还有神的法律。这样,人的法律,亦即各个国家的成文法的权威也就更为低下了。人的法律尽管是由国家公布的法律,然而推其源,它最后仍是导源于神的法律。"①我们认为,这个评价还是比较客观的,也是中肯的。

第四节 法与道德

法与道德的关系是人类法律史上的一个基本问题,中国传统法律文化将这个问题概称为法与礼、刑与德(德与力)的关系。每一代中国人,特别是在时代的变革时期,对这个问题都进行过深入的探讨和激烈的争辩,而且正是在这个问题的探讨与争辩中,显现出中国法律文化的鲜明特色。西方法律文化较之中国法律文化虽然有着质的区别,但是,在不少方面亦存在着同一性,法与道德的关系问题就是一个有力的例证。

希腊哲学家把目光从自然转向人事,这是西方法文化对道德关注的最早的标志。苏格拉底可以说是他那个时代的道德化身,苏格拉底之死的悲剧,是他信守个人同国家"默示的契约"的必然结果,"默示的契约"实际上构成了道德的命令。柏拉图的哲学王不过是为奴隶制时代塑造了智慧与道德的形象。被马克思称为"古代最伟大的思想家"②的亚里士多德对这个问题作了概括和总结,他认为法律正义,亦道德正义,正义本身就是一种道德情态,一切德行的

① 吴恩裕:《西方政治思想史论集》,天津人民出版社1981年版,第92—93页。
② 《马克思恩格斯全集》第23卷,人民出版社1972年版,第447页。

总体,"所有德行的综合",它涵盖了每一种德行。因此,法律的规定是依据道德的全体,正义和不正义的标准就在于守法或违法。他说:"我们发现不守法的人是不正义,而守法的人是正义,因此,凡是遵守法律的都是正义。"①在这里,法律成了道德的标准,甚至是重要的道德行为规范。亚里士多德把正义(公正)区分为广义和狭义,广义的正义就是善,"以公共利益为依归",②这种正义不仅要符合城邦的法律,而且要符合社会上公认的一切道德标准。狭义的正义又称特殊的正义,它包括分配的正义和纠正的正义,分配的正义强调社会应据人的才能进行政治职务和财富的分配,纠正(或交易)的正义则是指个人之间私人利益的法律调节。因此,法律就要惩罚不义的恶行。而且他强调法律的惩罚主要是通过对于被惩罚者的恐惧心理而发生作用的,这只有作为神法制定者的上帝才能判断人的意志的内在活动,从而驾驭人的意识和行为,可见,法律正义完全被纳入了他的伦理学体系。这说明在西方古代法律文化史上,法与道德的界限还不是很明确,但他们认识到二者的密切关系却具有重大的价值,当然也反映了古代思想家们把政治法律理想同道德标准的结合。

托马斯继承了古希腊思想家这方面的观点,特别是借用了亚里士多德的说法,从他自己的理论体系出发,提出了法律与道德关系问题上的一些新的思想:

(一)神法构成了人类社会的绝对伦理原则。托马斯根据亚里士多德的伦理思想,提出"四枢德"说,即认为"审慎、正义、节制、刚毅"是四种最基本的德性,它属于人的本性领域,可以端正人的意志,是人类行为的典范。但"四枢德"不是最高的德性,人类还必需一种最高的、超本性的、天赋的德性,即神学的德性(Virtus tueologicae),人们归向神学的德性,才能够达到绝对的真善美而获得真正的幸福。托马斯同所有的经院哲学家一样,根据教义,提出神学的德性有三:信仰、希望、爱,其中爱是最伟大的,爱是人类生活的基础,是其他一切德行的源泉,爱的具体对象是上帝和人,特别是"爱上帝是最高的神学德性"。因此,一切法律都必须体现爱上帝和爱所有的人,否则就是不义之法、不法之法。在这里,托马斯实现了道德与法的统一,爱上帝、上帝之法不仅成

---

① 彼得斯英译本:《亚里士多德的尼各马可伦理学》,第 138 页。
② 亚里士多德:《政治学》,吴寿彭译,商务印书馆 1965 年版,第 148 页。

为人类行为的最高道德要求,而且也是人法的标准,这与他人法接受神法指导的思想是一致的。

（二）正义是法律的根本原则。托马斯接受了亚里士多德关于正义作为德行总体成为法律依据的论点,强调正义在立法中的作用。他说:"人们所制定的法律不是正义便是非正义的。如果法律是合乎正义的,它们就从作为其根源的永恒法汲取使人内心感到满意的力量。"①怎样用正义去衡量国家的法律制度呢? 托马斯提出:一是看法律的目的是否以公共福利为目标;二是就法的制定者来说,所制定的法律是否超出他们的权力;三是就形式说,法律规定公民承担的义务是否按促进公共幸福的程度实行分配,其分配比例是否适当。与此相反,"法律也可以由于两种缘故而成为非正义的"。② 首先,法律违反确定的标准并与人类幸福不利,无补于公共利益却助长统治者的贪婪和虚荣;或者"立法者所制定的法律竟然超过他受权的范围";或者规定的负担分配不均,"这种法律与暴力无异,而与合法性并无共同之处;因为,像奥古斯丁在《论自由意志》(第一篇第五章)中所说的:'不公道的法律不能称之为法律。'"③

其次,法律如果违背"神的善性"亦"成为非正义的"。"善性"即德性,就是正义,比如"横暴的法律强迫人们崇拜偶像或做其他任何违反神法的行动"。托马斯说,这种不义的法律在任何情况下也不可服从,因为它是违背《圣经》教导的。④

（三）法律的适用范围比道德要小,法律只关心以公共福利为目标的行动,并不是一切德行的每一种行动都是由法律安排的。托马斯认为,人法是为了广大的群众制定的,而其中大多数人的德行离完美的程度尚远。由于这个缘故,人法并不禁止有德之士所戒绝的每一种恶习,而只是禁止大多数人所能

---

① 西方法律思想史编写组编:《西方法律思想史资料选编》,北京大学出版社1983年版,第106页。

② 西方法律思想史编写组编:《西方法律思想史资料选编》,北京大学出版社1983年版,第107页。

③ 西方法律思想史编写组编:《西方法律思想史资料选编》,北京大学出版社1983年版,第105页。

④ 西方法律思想史编写组编:《西方法律思想史资料选编》,北京大学出版社1983年版,第106页。

慎戒不犯的较为严重的恶行,特别是那些损害别人的不道德的行为,因为,如果这些行为不加禁止的话,就会使人类社会不能继续存在。比如,谋杀、盗窃等就是人法所禁止的。① 在这里,托马斯对法与道德又作了一定的限定和区分,这对上面两点是一个补充。据此,他将法与道德的关系概括为三种情况:一是道德既受人法又受神法的支配;二是道德不受人法而只受神法的支配;三是道德既不受神法又不受人法的影响。这样的归纳与概括实质上是神学的,其目的也是为宗教和神学辩护,但他毕竟在法与道德的统一性前提下,承认了法与道德的区别和界限,这是对古希腊罗马法律思想的继承与发展,对近代资产阶级法律观也产生了一定的影响。

---

① 　西方法律思想史编写组编:《西方法律思想史资料选编》,北京大学出版社1983年版,第106页。

第十一章　马基雅弗利和布丹的法律思想

第一节　马基雅弗利和布丹的时代

　　15、16 世纪是欧洲封建制度解体时期,封建的经济和政治法律制度及其宗教统治意识形态处于崩溃之中,资本主义生产关系以及反映这种关系的新的意识形态,正在封建关系内部孕育、发展和壮大。这个时期是从意大利开始的,史称文艺复兴时代。关于这个时代的精神特征,黑格尔作过一次深刻的分析,他说:

　　　　以前,比较深刻的兴趣沉溺于那无生气的内容之中,思考迷失于无穷的细微末节之中,精神现在摆脱了这种状况,振作了起来,挺身要求在超感性的世界和直接的自然界发现和认识自己,成为现实的自我意识。精神的这种自然觉醒,就带来了古代艺术和科学的复苏,——表面看来这好像是一种返老还童的现象,但其实却是一种向理念的上升,一种从出自本身的自发运动,(而在这以前)表明世界对于精神毋宁说只是一个外在的现成世界而已。从这里面就产生出了所有的努力和发明,引起了美洲的发现和在印度航线的发现,特别是对于所谓异教的科学的爱好又复苏了:人们转而面向古人的作品。这些作品变成了研究对象。这些作品被当作人文科学(Studia humaniora),在其中人的兴趣和行为都受到了认许,而与神圣的东西对立起来;但是它们却是神圣的东西在精神的现实性中。因为人本身就是有意义的东西,这一点就使得人们对于人,也就是对于作为有意义的东西的人,发生了兴趣。①

这一番评析虽然是从唯心主义出发的,但确实抓住了文艺复兴时期意识形态的要害,那就是对于人的兴趣和关注,集中地表现了人类精神的觉醒,揭示了整个文化风气的革命性变化。

文艺复兴时期欧洲出现了四项伟大的运动,一是罗马法的复兴,二是人文主义运动,三是宗教改革,四是实验科学的复活。罗素说:"四项伟大的运动标志着从中世纪的衰退到 17 世纪的伟大跃进之间的一个过渡时期。"②不过,罗素说的四项伟大运动不包括罗马法的复兴,他把文艺复兴拆成两项,即意大利文艺复兴和人文主义运动,这种区分其实没有实质上的意义,但他把实验科学的复活看做是一项伟大运动却是客观而深刻的,可是把罗马法复兴排除在他视线之外又显得有些偏颇。事实上,罗马法复兴在欧洲文化史上有极为重大的意义,它与文艺复兴和宗教改革并称"三 R 运动",因英语"Reformation"是复兴、改革的意思,故此而得名。③

罗马法之复兴,"乃指最初发端于意大利各大学中对于优帝法律积极的扩大的研究风气,尔后传播于西欧大陆各国乃至英国各重要大学中之情形而言,尝考此种风气影响之所及,不仅使各国继受罗马法之一般原则,作为权威之法律原则,且在西欧大陆各国法院中,大多数复将其所继受之罗马法原则,更付诸实际上之应用"。④ 公元 12—16 世纪,西欧各国和自治城市兴起了研究和运用罗马法的学术运动,中心是意大利的波仑亚大学,这"是在该地自然涌现出来的一个专门研究查士丁尼法典的独立大学"。⑤ 据说是由于 1135 年《国法大全》这"一部法典"的"偶然发现"⑥引发了法学家的兴趣和关注,波仑亚大学亦因此"蜚声四海,外国留学生负笈来此者,纷纷不绝于途"。"留学生中多数系从德国、荷兰、北法及英吉利诸国而来",目的就是研究罗马法。为

---

① ［德］黑格尔:《哲学史讲演录》第 3 卷,商务印书馆 1981 年版,第 336 页。
② ［英］罗素:《西方的智慧》,世界知识出版社 1992 年版,第 220 页。
③ 由嵘:《外国法制史》,北京大学出版社 1992 年版,第 133 页。
④ ［美］孟罗斯密:《欧陆法律发达史》,姚梅镇译,商务印书馆 1947 年版,第 209 页。
⑤ ［英］汤因比:《历史研究》下册,上海人民出版社 1986 年版,第 299 页。
⑥ ［德］黑格尔:《哲学史讲演录》第 3 卷,商务印书馆 1981 年版,第 337 页。

了适应这种需要,"十二世纪中有其他 12 个意大利城市,亦群起效颦,各创立法律学校"。① 据卡莱尔认为,由于人们对罗马法的研究,13 世纪出现了就早期中世纪传统而论是一个全新的概念,即法律有赖于国王的批准。② 把法律同王权联系起来,这无异于对宗教权力作为法律权力是一种否定。罗马法的复兴从注释法学派时期经过评论法学派到人文主义法学派,人文精神进一步加强,利用罗马法宣扬人文主义,无疑是这种否定过程的重要内容。他们用新兴的资产阶级人性反对神性;提倡人权以反对神权;用发财致富的要求,反对禁欲主义;以罗马法的财产权和契约自由原则,为资产阶级私有财产神圣不可侵犯的权利辩护。虽然"就十三世纪的帝国而言,把罗马法归之于皇帝的权力却是个时代的错误",因为"世俗的和法治的权力的概念的形成需要很多时间,它的完成是近代史而不是中世纪国家的历史所能做到的事情"。③ 但是,罗马法的复兴对中世纪以来占统治地位的神学法律观和教会宗教法律统治毕竟是一次巨大的冲击,"一个复活的罗马法毕竟不适合于支撑一个复活的罗马帝国的目的,然而却大大适合于另一目的,即在西方土地上帮助早期希腊政治制度——独立自主的区域性国家的复兴。由波仑亚及其派生的大学培养出来的民法学家,没有成为流产的西方'神圣罗马帝国'的行政官,却成为有效的西方区域性独立国家的行政官"。④ "无论是国王或市民,都从成长着的法学家等级中找到强大的支持",⑤这不仅对于扫清资本主义制度确立的障碍起了重大的作用,而且也是"未来资本主义法律制度的预演或前奏曲",⑥为即将出现的新时代提供了现成的法律制度。

人文主义是文艺复兴时期最广泛流行的一种思潮,这是一场资产阶级反封建的新文化运动。"人文主义"最初的含义是指人文学,即受过世俗教育或世俗学问的意思。但这里也不是指狭义的一种哲学理论体系,而是涉及文学、艺术、科学、哲学、政治、法律等各个文化领域,它表示一种具有共同倾向、一种

---

① [德]孟罗斯密:《欧陆法律发达史》,姚梅镇译,商务印书馆 1947 年版,第 215 页。
② [英]卡莱尔:《中世纪政治学说史》英文版第 5 卷,第 1 部分第 6 章。
③ [美]乔治·霍兰·萨拜因:《政治学说史》上册,商务印书馆 1986 年版,第 329 页。
④ [英]汤因比:《历史研究》下册,上海人民出版社 1986 年版,第 299 页。
⑤ 马克思:《资本论》第 1 卷,人民出版社 1972 年版,第 907 页。
⑥ 由嵘:《外国法制史》,北京大学出版社 1992 年版,第 139 页。

共同的基本精神的世俗文化。这种世俗文化以人和自然为对象,特别是标榜以专心研究人类本身为己任,强调个人利益和权利,他们的共同倾向、基本精神,集中表现在人文主义者的一个主要口号:"我是人,人所具有的我都具有。"马克思很欣赏这句拉丁格言,曾经三次在他的著作中引用。人文主义者注重人,主张"一切为了人"以反对天主教会宣扬的"一切为了神"。他们勇敢地揭露教会、僧侣的虚伪、残忍,批判宗教神秘主义、蒙昧主义、禁欲主义,鼓吹个性自由、个性解放、自由平等,强调追求个人现实生活的幸福,反对宗教桎梏。人文主义批判的矛头直指教会、神权,以公开的世俗立场与教会对立,要求以世俗的权威代替神学权威,充分反映了资产阶级摆脱封建制度及教会的束缚,建立民族统一国家,发展资本主义商品经济的强烈要求和愿望,为行将到来的资产阶级革命起了思想启蒙和思想解放的作用,为建立资本主义的政治法律制度做了意识形态的准备工作。

在反封建的思想洪流中,还有宗教改革的思潮,因为"资产阶级逐渐认识到用宗教反对宗教完全会大大促进自己的利益。从 16 世纪初以来的许多年中,资产阶级站在基督教世界的分裂运动一边,这个分裂运动在历史上以宗教改革运动而著称",①而这场改革运动首先在德国开始。神父马丁·路德《九十五条论纲》对"赎罪券"效力的否定,终于使维登堡和整个德国出现了风暴,随后在德国产生了同罗马教会断绝一切关系的路德教会,影响很快波及英格兰、苏格兰、瑞士和斯堪的纳维亚诸国并且发展成一场革命运动。尽管路德最终背叛了人民,世俗的权威代替了罗马教会的权威,对农民起义的暴力镇压代替了教会的暴政,但他对基督教世界的摒弃,每个人是与上帝直接接触的、基督不需要教皇的观念的传播,曾经宣扬过的激进的平等主义,以及由此掀起的欧洲宗教改革浪潮,影响却是深远的。黑格尔称德国的宗教改革是一场"伟大的革命","精神解放出来了"。② 当然,宗教改革还不能说是直接的政治革命,但它毕竟是一种实际的反封建的革命行动。恩格斯把宗教改革同 17 世纪

---

① ［印］阿·库·穆霍帕德希亚:《西方政治思想概述》,姚鹏等译,求实出版社 1984 年版,第 97 页。

② ［德］黑格尔:《哲学史讲演录》第 3 卷,贺麟、王太庆译,商务印书馆 1960 年版,第 376 页。

英国资产阶级革命、18 世纪法国资产阶级革命并称为资产阶级反封建斗争的三大决战或三大起义,而宗教改革是其中的第一次决战,可见它的重大意义。

"此外,随着中等阶级的兴起,科学也大大振兴了;天文学、力学、物理学、解剖学和生理学的研究又活跃起来。"①自然科学的独立好像是重演路德焚烧教谕的革命行为,标志就是哥白尼向教会迷信挑战的那本不朽著作的出版,"从此以后,自然科学基本上从宗教下面解放出来了,尽管各式各样的细节问题的争论一直迟延到今天,而且在许多人的头脑中远没有解决。但是,科学的发展从此便大踏步地前进"。② 实验科学的复活和科学传统的重新发扬,除带来物质利益之外,本身就是独立思考的巨大推动者,把人的眼光由神转移到人和自然,对于打开神学的思想枷锁起了很大的作用。

文艺复兴就是这样一个伟大的时代,"这是人类以往从来没有经历过的一次最伟大的、进步的变革,是一个需要巨人而且产生了巨人——在思维能力、激情和性格方面,在多才多艺和学识渊博方面的巨人的时代。给资产阶级的现代统治打下基础的人物,决不是囿于小市民习气的人。相反地,成为时代特征的冒险精神,或多或少地感染了这些人物。那时,差不多没有一个著名人物不曾作过长途的旅行,不会说四五种语言,不在好几个专业上放射出光芒"。③ 意大利的马基雅弗利和法国的布丹就是这样的人物。他们的法律思想是人类法的精神觉醒的标志。他们埋葬了中世纪的法思维方式,开辟了政治法律世俗化的新道路和新时代。

第二节　人类法精神的觉醒

尼柯罗·马基雅弗利(Niccolo Machiavelli,1469—1527 年),出生在意大利佛罗伦萨一个世代贵族家庭。罗素说:"文艺复兴的旗手是佛罗伦萨。除

---

① 《马克思恩格斯文集》第 3 卷,人民出版社 2009 年版,第 510 页。
② 《马克思恩格斯全集》第 20 卷,人民出版社 1971 年版,第 534 页。
③ 《马克思恩格斯选集》第 4 卷,人民出版社 1995 年版,第 261—262 页。

雅典之外,没有一个城市诞生过这样一大批艺术家和思想家。"①中世纪末,意大利资产阶级经济活动比其他国家更为先进,导致欧洲变革的商业和贸易活动首先在意大利繁荣起来。它的优越的地理条件、方便的水上交通,造成它早在公元 10 世纪,就成了欧洲与东方进行贸易的重要门户,并且逐渐产生了许多重要的商业城市,如佛罗伦萨、威尼斯、热那亚、那不勒斯和米兰等,其中的佛罗伦萨更为活跃,这是意大利成为文艺复兴策源地、而佛罗伦萨又是文艺复兴旗手的根本原因,也是马基雅弗利作为文艺复兴运动的产儿的客观依据。

马基雅弗利家庭虽是佛罗伦萨的富豪,但到他父亲一代,家境已败落,"除四壁图书外已一无所有"。因此,他始终没有机会学习希腊文,没有受过系统的教育,而攻读拉丁文也以自学为主,他是自学成才的。② 其父是法学博士、一位很有名的律师。马基雅弗利深受人文主义思潮影响,自幼就喜欢古代希腊罗马文化,特别是罗马的历史。马基雅弗利 20 岁前后,佛罗伦萨处在大银行资本家美第奇家族的统治之下。1494 年,法国入侵佛罗伦萨,美第奇家族不加抵抗,就向法国投降,因此,遭到人民的反抗。马基雅弗利参加了佛罗伦萨人民推翻美第奇家族统治的起义斗争,在起义胜利中诞生了共和政府。1498 年,马基雅弗利出任共和国第二国务厅长官,后兼任共和国执政委员会秘书,负责外交和国防,经常衔命出入意大利以及外国的宫廷,会见过罗马教皇和欧洲许多君主。1512 年美第奇家族在教皇支持下复辟,马基雅弗利被撤职。1513 年因被控告参与反对美第奇家族统治的阴谋活动而被关进监狱,次年获释。这时他一贫如洗,藏身在佛罗伦萨附近一个祖遗的小庄园中,从事著述。不久,他的两部名著《君主论》和《论提图斯・李维著(罗马史)前十卷》(即《李维史论》)问世。他本来希望把《君主论》献给美第奇家族的统治者洛伦佐,希望用书中的观点来统一意大利,并盼望因此能获得一官半职,结果却完全落空。1527 年美第奇家族统治再次被推翻,马基雅弗利希望恢复他在共和国的职位。但共和国却因他曾讨好美第奇家族而弃他如敝屣。他忧郁成疾,快快死去,年仅 58 岁。③

---

①　[英]罗素:《西方的智慧》,世界知识出版社 1992 年版,第 225 页。
②　《简明不列颠百科全书》第 5 卷,中国大百科全书出版社 1986 年版,第 584 页。
③　《简明不列颠百科全书》第 5 卷,中国大百科全书出版社 1986 年版,第 584 页。

"马基雅弗利是一位伟大的思想家。"①恩格斯称他"是政治家、历史学家、诗人,同时又是第一个值得一提的军事著作家"。② 在他所有的著作中,包括历史、政论、军事、小说和喜剧,都表现出杰出的天才。《君主论》和《李维史论》是充满欧洲文艺复兴精神的两部巨著,为研究他的政治法律思想提供了十分重要的资料。其《佛罗伦萨史》是一部杰作。③ 而《兵法七卷》则表现了他出色的军事思想和对戎马生活体验的总结。

一、法思想的新思维方式

1842 年马克思评析科伦日报社论的反理性的哲学倾向时,曾经深刻地指出:"马基雅弗利、康帕内拉和其后的霍布斯、斯宾诺莎、格老秀斯,以及卢梭、费希特、黑格尔等都已经用人的眼光来观察国家了,他们是从理性和经验出发,而不是从神学出发来阐明国家的自然规律。他们都效法哥白尼的榜样,哥白尼丝毫没有因为约书亚使太阳停止在基遍并使月亮停止在亚雅仑谷④而感到惶惑不安。"⑤马基雅弗利正是采取了文艺复兴时代产生的新的思维方式,即用历史的、理性和经验的方法来研究法律和一切社会问题,从而摆脱了中世纪以来神学的束缚,用人的眼光来观察世事。一部《君主论》,我们既看不到任何神祇的威力,也见不到"华丽冗长的词句"以装饰自己,乃是"从现代事变的长期经验中以及对过去事变的不断研究中,所得来的有关伟大人物的那些知识"。⑥

在中世纪神学统治下,哲学、法学以及一切科学都成了神学的婢女,精神沉溺于无生气的内容之中,思考迷失在细枝末节之中。经院哲学家不休地争论马的牙齿的颗数,却不愿意撬开马嘴亲自观察。人们虽然看到了太阳上的黑子,但因为亚里士多德的书本上没有指出过,所以也不可承认这个事实。托马斯·阿奎那虽然抛弃了柏拉图的相论,但他却是用神学唯心主义改造了亚

---

① 《简明不列颠百科全书》第 5 卷,中国大百科全书出版社 1986 年版,第 584 页。
② [德]格·伊尔尼茨:《马克思恩格斯论哲学史》,陕西人民出版社 1988 年版,第 273 页。
③ 《马克思恩格斯全集》第 29 卷,人民出版社 1972 年版,第 184 页。
④ 《圣经·旧约全书》,中国基督教三自爱国委员会印发上海 1981 年版,第 10 章第 12 节。
⑤ 《马克思恩格斯全集》第 1 卷,人民出版社 1979 年版,第 128 页。
⑥ [意]马基雅弗利:《君主论》,惠泉译,湖南人民出版社 1987 年版,第 1 页。

里士多德哲学,关于上帝存在的五个证明是他繁琐的经院哲学思维方式的典范。马基雅弗利一反传统的思维方式,用一种崭新的思维考虑这个世界的事情,这种思维把人置于历史舞台的中心,对人的力量和独创性具有巨大信心。马基雅弗利忠实于文艺复兴的风格,他在自己的思想中没有提出任何先验的东西。他确立自己的论点,既不借助于哲学先验论,也不以神学拜物教为基础。他的主张是严格从人的事实中产生的,这些事实来自历史经验和他个人的经历。也就是说他从过去和现存的人那里,而不是从应该存在的人那里汲取思想资料。①

马基雅弗利是中世纪最早从人的事实中观察国家与法的问题的学者,法思维的开创性使他"大名鼎鼎"。② 他认为,研究与对待国家和法,必须要分清什么是现实的,什么是应该的,并且指出了它们之间的巨大差别。"如果说后人对法律的研究能够逐步区分什么是实有的法律和什么是应该有的法律,其中便有马基雅弗利的一份功劳。"③这种研究方法不仅直接同中世纪神学世界观根本对立,而且和古希腊罗马的思想家也不完全相同。

正是凭借经验主义的政治观察,马基雅弗利关心的是"治国之道,兴邦之术,增强国势之策和导致国家衰亡之虞"。④ 特别是意大利的和平与统一成为他关于国家与法的思想的现实目的。他认为意大利的灾难与混乱是由于分裂、割据,而分裂割据的罪魁祸首是教会。他认为,分裂必然使"任何一个国家""永远不能得到统一和幸福"。要实现统一和幸福,就需"全国服从一个政府,一个共和国是如此,一个王国也是如此,法国和西班牙就是这种情况"。与此相反,意大利却一直处于众多的王公贵族分治之下,内讧频仍,国运衰微,不堪强邻蛮夷的凌辱,不能实现统一,"教会一直是造成这种局面的原因"。⑤恩格斯说:"日益明显日益自觉地建立民族国家[national Staaten]的趋向,成

① ［印］阿·库·穆霍帕德希亚:《西方政治思想概述》,姚鹏等译,求实出版社1984年版,第87—88页。

② ［英］赫·乔·韦尔斯:《世界史纲》,吴文藻等译,人民出版社1982年版,第850页。

③ 张宏生:《西方法律思想史》,北京大学出版社1983年版,第118页。

④ ［美］乔治·霍兰·萨拜因:《政治学说史》下册,商务印书馆1986年版,第394页。

⑤ ［美］乔治·霍兰·萨拜因:《政治学说史》下册,商务印书馆1986年版,第392页。

为中世纪进步的最重要杠杆之一。"①这说明马基雅弗利经验主义的敏锐洞察力给人们打开了宽阔的视野,建立统一的民族国家的要求代表了欧洲演变的总趋势。这种现实主义的思维特点可以说渗透在他的整个政治法律思想之中。

二、国家与法的起源

马基雅弗利关于国家与法的起源思想的理论基础是他的人性论和理性主义。他认为,人类的本性是恶的、自私自利的,"一般说来,人都是忘恩负义的,易变的,奸诈懦弱的,趋吉避凶的,贪得无厌的"。② 这种贪得无厌的欲望是人们一切行动的动力,可是欲望又总是大于获得的能力,于是他们对已获得的总觉得不够,这就引起他们财产的变化;因为有些人想要更多一些,而另外一些人则害怕失去他们现有的东西,随之而来的即是敌对和战争。这就是说,人类社会的矛盾和冲突,乃至于互相残杀的争夺与战争,归根到底是由于人性的自私和对财富贪得无厌的追求造成的,他说,人们可以"轻易忘记他们父亲之死,却难忘记他们的遗产丧失"。③ 因为夺取和保护自己的财产乃是人类普遍的本性。

马基雅弗利在人性恶基础上提出社会共同福利说。他认为,人的本性既然是自私的、贪得无厌的,而满足自私本性的财富又是有限的,人性需要和需要不能完全满足的矛盾必然造成社会纷争,如果任凭人性的自然发展而不加限制,人类就将永远处于混乱、痛苦状态。他说,远古之初,人们过着分散的动物般的生活。但随着人口的增加,为了摆脱敌对状态,为了更好地保卫自己而联合起来,并推举最勇敢的人担任领袖,国家就产生了,法律确定了,人的自然本性受到了限制,人类的安全与和平有了保障。马基雅弗利特别重视建立一个强有力的政府,用严明的法律调整社会关系和维护社会秩序,把人的欲望限制在一定的范围内,这就可以实现冲突的平衡和社会的稳定。用抽象的人性论和共同福利说来说明国家与法的起源,当然是不科学的,但是它对神学法律

---

① 《马克思恩格斯文集》第4卷,人民出版社2009年版,第219页。
② [意]马基雅弗利:《君主论》,惠泉译,湖南人民出版社1987年版,第71页。
③ [意]马基雅弗利:《君主论》,惠泉译,湖南人民出版社1987年版,第72页。

观却是致命打击,而且与亚里士多德的"人是天生的政治动物"的思想也很不同。国家与法并不是上帝创立的,而是人创立的,它们的目的不是因为人类的"原罪",也不是由于生性是政治动物,而是人类共同福利的需要,生命和财产安全的需要,这"是从理性和经验出发,而不是从神学出发来阐明国家的自然规律"。① 而且他这一思想还包含了霍布斯自然法思想的开端,正如萨拜因指出的:"如果人的本性从根本上说是自私自利的,那么只有国家和法律背后的力量才能使社会保持一体。道德义务最终必须由法律和国家来规定。马基雅弗利提出的这种想法也是由霍布斯作出系统的论述。"②

三、法律的实质和作用

马基雅弗利承认法律对于建立和维持一个统一的民族国家的重要作用,但他没有给法律下什么定义,也没有对法律进行分类,他是从经验和历史事实中来说明法的实质和作用的,以便为君主提供统治方略。在《李维史论》中他强调意大利统一的重要性,并提出建立统一的民族国家,即中央集权的君主专制制度。他的理想的政体是共和制,并且列举了若干优点论证这一理论,共和制思想得到了恩格斯的充分肯定。但是,他依据意大利的国情,特别是法律状况,认为实现统一是当务之急,而要达此目的则需要一个具有铁腕的开明君主,他拥有无限的权力,敢于用战争手段推翻西班牙等外族对意大利的统治,消灭封建贵族和罗马教会的势力。因为人民的道德如此彻底败坏,以至法律无力约束他们,这就需要建立一种完全的和绝对的最高权力,人民才能接受法律的约束而过有秩序的生活。这表明马基雅弗利的政体论离不开法律的作用,或者一定意义上是否可以说,法治状况是他政体论的前提。

事实上,马基雅弗利是把法律作为国家基础看的,他也赞成自古希腊以来的观点,认为法律是人类社会特有的现象,法律与国家不可分割,法律是治理国家的准则和工具,但是,他又不同于传统的观念,他提出法律要与武力结合,否则就不会有好的法律和遵守法律的良好状况。在他看来,"一切国家,不管

① 《马克思恩格斯全集》第1卷,人民出版社1995年版,第227页。
② [美]乔治·霍兰·萨拜因:《政治学说史》下册,商务印书馆1986年版,第400—401页。

是新的、旧的或者是混合式的国家，其主要基础是好的法律与好的武力。只因没有好的武力便不能有好的法律"。① 这里既有继承，又有他的创造，概而言之，有以下几点：

第一，法律与武力都是国家的基础，统治者的工具。君主治国，方法有二，一是法律，一是武力。"二者缺一便不能持久有用。"②马基雅弗利说，法律得当的约束可以使一个人民变成坚定、精明、文雅，甚至比一个君主表现得更好。因为，问题的关键是人民需要法律，并依照法律来生活。国家的生存取决于法律及其完善，完善的法律是产生公民全部爱国美德的源泉，因此马基雅弗利认为法律与武力也是实现意大利统一的两件大事。在《君主论》里，他还列举了意大利的历史教训，说明多次革命和运动未成功就在于规章制度不良，他说："对于一个新崛起的人来说，再没有比创建新法制能给他带来更大的荣誉了。这些新法律，如果有健全的基础与伟大的实质，一定能使创建者受到尊敬与赞美的；而在今天的意大利，正有的是机会，让人去进行各式各样的改革。"③萨拜因说："尽管马基雅弗利的政治论断含有玩世不恭的味道，然而他推崇开明的、遵守法律的政府，这一点是明确无误的。这就可以说明为什么像哈林顿那样的立宪主义者也赞赏马基雅弗利。"④但是，由于人性的卑劣和忘恩负义，单有法律这种人的方法又是不够的，还必须使用武力，运用兽类通行的武力手段，才能使人畏惧而守法，因此，"为君的人一定要懂得如何善自利用兽，又善自利用人"。⑤

第二，良好的军队决定良好的法律。武力与法律虽同为治国之方，但武力比法律更为重要，把法律的优劣归结为武力，因此一个国家的秩序与混乱、兴盛与衰落，归根到底还是军队。马基雅弗利说：

> 一个王国没有它自己的军队，永远都不可能安全，相反，它将完全为命运所摆布，因为到了拂逆来临的时候，它既没有人民的勇武也

---

① [意]马基雅弗利:《君主论》,湖南人民出版社1987年版,第51页。
② [意]马基雅弗利:《君主论》,湖南人民出版社1987年版,第74页。
③ [意]马基雅弗利:《君主论》,湖南人民出版社1987年版,第112页。
④ [美]乔治·霍兰·萨拜因:《政治学说史》下册,盛葵阳、崔妙因译,商务印书馆1986年版,第403页。
⑤ [意]马基雅弗利:《君主论》,惠泉译,湖南人民出版社1987年版,第74页。

没有人民的忠贞足资防卫了。聪明人永远相信下面这句古老话:

> Quod nihil sit infirmum au tinstabile puam fama potentiae non sna
> vi nisae(不建立在自己兵力上的权力之名,乃是最脆弱与最不稳
> 定的。)①

他在这里显然夸大了军队的作用。但是,他从历史经验中看到了法律不能离开武力(暴力),武力(暴力)是法律的后盾,离开了武力(暴力)法律就不能维持,这却是客观的,一定程度上触及了法律的实质。而且他十分强调和突出力的作用,反映了新兴资产阶级发展资本主义、反封建的勇气。这种观点同中国先秦时代的法家有惊人的相似之处,法家主张耕战,强调"以力服人"、"以杀去杀"、"以战去战"、"以刑去刑",片面夸大暴力的作用而漠视道德,而且都是建立在人性恶基础上的,至于统治者的权术,似乎更是如出一辙。如果说韩非"没有捞到圣人的牌位,主要的原因恐怕是太忠于事实了"。② 而马基雅弗利由于指出了统治者迷信武力,"为了达到目的巧妙地使用不道德手段的好处",从而"败坏了他的名声"。③

第三,非道德倾向。

这样概括不一定准确,但马基雅弗利确实轻视道德的作用,他仍然是从经验主义而不是历史主义出发来考察道德问题的。他指责基督教这种来世的道德,憎恶基督教宣扬的谦卑、顺从、屈服和禁欲的价值准则,认为基督教提倡的美德使人的性格缺乏独立性,不仅削弱了人们战胜自己命运所需要的信心,而且给恶人开了方便之门。他说:

> 在我看来,这些原则使人变得软弱,使他们更易落人恶人之手。
> 恶人知道人们为了要进入天堂,他们宁愿忍受伤害而不进行报复,于
> 是恶人便可以更加牢牢地控制他们了。④

这种指责是尖锐而深刻的,揭露了宗教道德的虚伪性和社会恶果。已如前述,

---

① [意]马基雅弗利:《君主论》,惠泉译,湖南人民出版社1987年版,第60—61页。

② 刘泽华:《中国古代政治思想史》,南开大学出版社1992年版,第154页。

③ [美]乔治·霍兰·萨拜因:《政治学说史》下册,盛葵阳、崔妙因译,商务印书馆1986年版,第394页。

④ [美]乔治·霍兰·萨拜因:《政治学说史》下册,盛葵阳、崔妙因译,商务印书馆1986年版,第395页。

马基雅弗利认为治国凭借武力和法律,而道德并不是根本。他说,成功的君主并不在于他的"正义"、"善行"、"仁慈宽厚"和"深恶残暴",而在于善于扮演既是狮子又是狐狸的两种角色。因为狮子难保它不落入陷阱,而狐狸则不能抵御豺狼,因此,君主必须是一个狐狸,以便认出哪些是陷阱,同时又是狮子,以便使豺狼恐惧。这就是说,统治者为了目的可以不择手段,这就是一种非道德倾向了,或如萨拜因指出的是一种"道德上的冷漠"。① 这种冷漠也许同他个人的经历还有关系。据说,他年轻时,故乡一位叫萨沃那罗的多米尼克修道士做了一个长达 4 年的独特实验,试图严格按照道德标准来搞政治,但是最终失败了。"从这个没有武装的先知者的失败中,马基雅弗利得出了具体的教训:把道德同政治混合在一起是没有好结果的。"②

马基雅弗利引用了不少历史的例子,比如亚历山大皇帝是一个谦卑、正义、深恶残暴的大好人,在位 14 年,"不会有过一个人是未经审判而处了死刑的",但是,"因他被视作好人之仁,且会让他的母亲控制着他,于是受了人家的轻视,军队发动了反对他的阴谋,杀死了他"。③ 而迦太基统帅汉尼拔干过许多了不起的事业,但"那只能归因于他的非人性的残暴,这种残暴,和他数不清的其他德性结合起来,使他在自己兵士们的眼光中,老觉得是可敬而可畏的,如果没有这种残暴,那么他的其他种种德性便不足以造成这种效果"。④ 这里的结论就与传统的认识相反了:"善有恶报,恶有善报。"

马基雅弗利认为君主不能心慈手软,不能依托仁爱的道德去感化人民,"因为爱是靠一条由责任组成的锁链来保持的,这条锁链,由于人性的卑劣,故只要有利于他们时,随时都会断裂;可是惧却是由于对惩罚的害怕而维持的,它永远不会失去功效"。⑤ 主张用暴力刑杀的威吓使人民臣服,这又与中国古代的法家走到一起来了。因此,马基雅弗利说:

---

① [美]乔治·霍兰·萨拜因:《政治学说史》下册,盛葵阳、崔妙因译,商务印书馆1986年版,第395页。
② [印]阿·库·穆霍帕德希亚:《西方政治思想概述》,姚鹏等译,求实出版社1984年版,第89—90页。
③ [意]马基雅弗利:《君主论》,惠泉译,湖南人民出版社1987年版,第82—83页。
④ [意]马基雅弗利:《君主论》,惠泉译,湖南人民出版社1987年版,第72页。
⑤ [意]马基雅弗利:《君主论》,惠泉译,湖南人民出版社1987年版,第71—72页。

　　为了要使他的子民统一与效忠，一个君王不应该考虑到残暴的谴责；因为以严刑峻法来对付少数几个人，比那些君王由于过分优柔之故，让扰乱发生，结果因而造成了流血和抢劫，却是更为仁慈的；因为这些流血与抢劫照例会加害于整个社会，可是君王处决人犯却只加害于几个人。在所有的君王中，尤其是那种新登大宝者不可能逃避残暴的名声，新成立的国家总是充满了危险的。①

用中国古代法律文化的语言说，就是"刑新国，用重典"。当然，这种非道德倾向同中国古代法家还是有质的区别，法家代表新兴地主阶级，而马基雅弗利反映了资产阶级为迎接一个新时代到来的要求。在当时四分五裂的意大利，马基雅弗利认为要实现统一，只有凭借统治者至高无上的权力，这种权力不应该理睬任何约束，不论是道德的还是宗教的，正义、仁慈或残暴、荣誉和名声，都不必挂虑。统治者要揭开不堪一击的道德面纱，制定各种法律以驯化人民。在这种经验主义、太重实际的观点中包含着把政治、法律同道德区分开来的思想，这又是一种历史的进步。亚里士多德虽著有《政治学》和《伦理学》，但他在实际研究中并未将法律与道德区别开，希腊人的正义论既是法律正义，又是道德正义，他们始终信守城邦国家的责任准则。罗马法虽然突出个人意志、个人权利，用"个人责任"代替了希腊人的"团体责任"，但正义、公道仍然是它的灵魂，②法被当作"代表了善良的愿望"。③ 马基雅弗利从人们的利益需要说明法律的产生及其作用，宣扬一种普遍的利己主义。他从意大利的现实情况出发，把国家的治理归结为君主的最高权力，认为法律不过是君主的命令、令人生畏的统治手段，而道德是一种爱，一种伦理感情，与法律无关。因此，统治者不必顾虑道德，而只需要残暴、权术、严酷的刑罚和铁的手腕。这种区分对近代资产阶级法学家产生了重大的影响，但在一定程度上又确实反映了马基雅弗利所代表的阶级的残忍性。

---

① ［意］马基雅弗利：《君主论》，惠泉译，湖南人民出版社1987年版，第70页。
② ［美］查尔斯·博哲斯：《美国思想渊源》，山西人民出版社1988年版，第20页。
③ ［英］戴维·M.沃克：《牛津法律大辞典》，邓正来、江山等译，光明日报出版社1988年版，第629页。

第三节　国家主权的法律理论

让·布丹(Jean Bodin,1530—1596 年),16 世纪法国早期资产阶级政治思想家、法学家,资产阶级国家主权学说的创始人。他出身于法国安吉尔一个贵族家庭。曾在土鲁木大学学习法学,毕业后留校任法学讲师,后来又做过律师,并从事著述活动。1576 年出任宫廷辩护官,还当选过全国三级会议的议员。因此,他作为一位学者,具有深厚的政治法律理论知识;作为一个政治活动家,又有丰富的实际政治司法经验。

布丹是一个博学的人,西方学术界称他是一位政治哲学家。其实他研究的范围比较广泛,涉及许多学科,除了哲学、政治、法律外,他还对天文学、物理学、地理学、医学等领域有一定的研究,他精通几门语言,这对他的研究和宣传他的思想起了很大的作用。

布丹一生著述颇丰,其代表作是《国家论》六集,这是我们研究他法律思想的主要资料,该书最大的价值在于提出了国家最高权力的思想,布丹因此"赢得了很高的声誉"。有人说,布丹在该书中为近代政治学给自己提出的任务,其雄心并不亚于亚里士多德的古代政治学。在西方学术界出版的政治思想史著作中,所有的学者几乎都肯定了它的重要地位,并因为对主权的分析而纳入了宪制论范畴。

一、国家论

首先,布丹对国家下了一个定义:国家是拥有最高权力的由若干户人家及其共同财产组成的合法政府。① 也就是说,一个国家是由许多家庭(家族)及其共同财富组成的,并且具有一个最高主权的政府。这里有两点:第一,"合法"这个词据说是指正义,或指遵循自然法,这就否定了中世纪占统治地位的

---

① ［美］乔治·霍兰·萨拜因:《政治学说史》下册,盛葵阳、崔妙因译,商务印书馆1986 年版,第459 页。

神创论(君权神授)。① 第二，布丹把"最高权力"视为国家的本质特征，它不同于家庭，它作为政治实体拥有最高治权即国家主权，这就从理论上排除了罗马教皇的干预，并防止封建势力的反抗，以强化法国的世俗政府力量。

其次，布丹对国家的起源、目的作了论述。他说，"家族是一切国家的真正由来和起源"，②国家从家庭开始，家庭是一个自然社会，它由父亲、母亲、子女、仆人及其共有财产组成，其他一切社会包括国家和团体皆由家庭产生，家庭构成了国家的基础。根据罗马法关于国家管辖权不得进入一户的门槛的规定，布丹主张在法国恢复家长对其家属极其绝对的权力，包括人身、财产甚至子女的生命权。布丹认为，私有权与家庭同时产生，家庭这个自然单位形成，私有财产的权利亦与之俱生，国家及其他社团也由此而形成。

在国家形成过程中，布丹"往往把国家的起源说成是由于征服"，③即强调武力，也就是把国家产生归于强力统治。布丹说：家庭有家长，家长一走出家庭，并和其他家长共同行动，便形成公民。许多家庭的联合组织(村庄、城市和各式各样的团体)为着自然的需要以及共同防卫和追求相互的利益而产生了，但这些组织又往往相互攻战，战败者为奴隶，战胜者又必须服从自己领袖的最高权力，于是国家就出现了。这显然是接受了亚里士多德和马基雅弗利的观点。萨拜因说布丹在国家怎样具体形成的问题上是含糊其辞的，但有一点却非常明确：除非在最高权力得到承认及组成这一权力的单位是家庭时，一个良好秩序的国家才能存在。④

布丹强调保护私有财产权，抨击柏拉图和莫尔的财产共有理论。他认为财产是家庭的特征，属于私有范畴，拥有财产是自然的权利，财产权植根于自然法，这一思想为后来的洛克所继承发展。同时，他认为国家则属于公有或共有的范畴，因此，国家主权不同于所有权，君主不是公共财产的所有者，他也就无权转让财产所有权。布丹关于父权(家长制)的观点并不新鲜，他不过沿袭

---

① [美]乔治·霍兰·萨拜因：《政治学说史》下册，盛葵阳、崔妙因译，商务印书馆1986年版，第459页。

② 刘绍贤：《欧美政治思想史》，浙江人民出版社1987年版，第163页。

③ [美]乔治·霍兰·萨拜因：《政治学说史》下册，盛葵阳、崔妙因译，商务印书馆1986年版，第461页。

④ [美]乔治·霍兰·萨拜因：《政治学说史》下册，盛葵阳、崔妙因译，商务印书馆1986年版，第461页。

亚里士多德的说法和罗马法的一些规定,甚至还援引了圣经。

二、主权论

布丹法律思想中最精彩的部分还是他的主权学说,这也是他《国家论》的中心论题。已如上述,布丹把最高权力的出现视为国家同包括家庭在内的一切其他群体区别开来的标志,亦是国家的本质特征,没有主权便不成其为国家。什么是主权呢?他说:"主权是在一个国家中进行指挥的……绝对的和永恒的权力。"①又说:主权是"不受法律约束的,对公民和臣民进行统治的最高权力"。② 具体地说,其主权论大致有以下几点:

1. 主权有绝对性,是至高无上的。主权作为最高权力,一是对内不受任何权力的限制和约束,它派生其他权力;二是对外它是独立的权力,代表国家成为国家关系的主体。

2. 主权具有永久性、永恒性,它不受时间的限制,有别于在特定时间所授予的任何有限的权力。

3. 主权是非授予的权力,或者是无限制的或无条件的授权,除主权者外它不受任何外来权力的限制。

4. 主权是绝对的、不可分割的、不可转让的权力。如果主权转让,实际上就是主权的终结和被消灭。

5. 主权不受法律的约束。因为国家的法律只能是主权者的命令,主权者是法律的来源。

总之,主权是最高的、永久的、绝对的,国家的其他一切权力都是由主权派生的,都必须绝对地无条件地服从主权权力。布丹认为,如同家庭靠家长的至上权威才能正常活动,而国家凭借绝对的主权才能运行不殆。并且国家与家庭权威性质不同,它体现的是一种制定法律,命令国家成员服从这些法律的至上权力。国家与政府也不同,政府的形式可以变化,统治职能的实施能够从一个政府转移到另一个政府,但主权属于国家,它是国家永恒的属性,不可转移。

---

① [法]马里旦:《人和国家》,商务印书馆1964年版,第32页。
② [美]乔治·霍兰·萨拜因:《政治学说史》下册,盛葵阳、崔妙因译,商务印书馆1986年版,第462页。

国家法律所体现的主权,保证了社会的秩序和统一,从而使国家合法化。

布丹把主权的内容列为八个方面:

1. 立法权。主权者是一切法律的唯一渊源,法律为主权者的命令,"主权者就是立法者"。

2. 宣战、缔结和约的权力。

3. 任命官吏权。

4. 最高裁判权。

5. 赦免权。

6. 对臣民提出有关忠节、服从的权力。

7. 铸造货币权。

8. 课税权。

除了八方面内容,布丹认为主权还有一个主要的重要的特性就是立法权,即主权者君主制定和颁布法律,也就是说,法律来源于君主的意志,可以不经上帝、同级或下级的同意,集体地或分别地有为公民制定法律的权力。[①] 这就否定了法律的神创说,像马基雅弗利一样,用人的眼光来观察国家主权和法律。

在肯定国家主权的绝对性至上性的同时,布丹又认为绝对、至上的主权并不是不受限制的,因此,他提出了对主权限制的理论。首先,主权必须接受神法和自然法的约束,因为神法和自然法先于国家存在,也就高于国家和国家主权。国家受理性支配,而自然法植根于人类理性之中,因此,君主亦应受自然法限制。布丹在论述国家与家庭的区别时,认为国家不得侵犯公民的私有财产和自由,根据仍然是自然法,因为在他看来,私有财产和自由都是神法和自然法的体现。其次,君主应该受到社会契约的限制,布丹认为君主若以私人资格与人民订立的契约,必须遵守,即使是前任君主所订立的契约也要遵守。再次,君主还要受到国家基本法的限制,因为主权和基本法不可分,如果废止或改变基本法,必然动摇国家的基础,所以君主必须遵守。布丹把法国王位继承的程序和国家领土范围的规定、女子不能继位大法、私有财产不可侵犯等等都

---

① 〔美〕乔治·霍兰·萨拜因:《政治学说史》下册,盛葵阳、崔妙因译,商务印书馆1986年版,第463页。

视为基本法。

综上所述,布丹在阐述他的国家和国家主权思想的过程中,比较系统地回答了法的起源、法的定义、法制原则、法律监督等一系列有关法治社会的重大问题,他承认神法、自然法,又承认人为法和习惯法,并认为神法来自上帝的意志,而自然法是人们理性的体现,包括君主在内的所有的人都不能违反它。布丹虽然否定神创论,但他不可能完全挣脱宗教神学的束缚,这也是他们那个时代的特点。从本质上说,他是用人的眼光,使用"主权"概念从法律上来解释国家的权威,这较之亚里士多德用"好的生活"这种道德概念来论证国家权威是一个很大的进步,而且他在世俗化基础上完成了马基雅弗利开创的任务,这并不在于他个人的才智,而是历史条件、时代需要造成的。布丹生活的 16 世纪的法国已经建立的民族国家尽管有种种限制,但各种立法、行政、司法机构已经出现,人们已经看到民族国家的组织机构。这时的国家主权已不单纯是一种抽象的概念,通过国家制定的法律,人们可以充分感觉它的存在以及它产生的效力。可是,旷日持久的侵略战争和国内混战(三十年胡格诺宗教战争),法国的经济不仅遭到严重破坏,而且君主专制统治陷入了危机,封建贵族和天主教会在法国仍占统治地位,资产阶级同他们的矛盾和斗争日益尖锐,因此,资产阶级迫切需要一个强大的民族国家,既要加强中央集权的君主专制制度,反对封建割据势力,抑制封建贵族和教会,又要维护资产阶级利益。布丹的思想正是适应这种历史需要而产生的,他的思想深深地影响了近代古典自然法学派。

第 三 编

近代西方法律思想

第十二章　概　　述

通常所说的西方近代史以英国资产阶级革命为开端,即从 17 世纪至 19 世纪。这是欧洲资产阶级革命和资产阶级统治确立的时期,也是自由资本主义发展阶段,法律文化呈现繁荣景象,人类法律文化出现了一次前所未有的飞跃,资产阶级法学的形成和资产阶级法律制度的创立把人类的法律思维水平推进到了一个新的更高的阶段,西方法理学发生了革命性的变化。

第一节　理性和启蒙的时代

中世纪后期,强大的商人阶级的崛起,动摇了社会封建结构。经济胜利必然导致政治要求,新兴的商人阶级串通君主制伏了难以驾驭的贵族,最后又推翻了君主而构筑了自己的政治统治。同中世纪比较,这种经济与政治的特点决定了时代精神及其文化的世俗性。正如罗素指出的,近代"人的思想见解和中古时期的思想见解有许多不同。其中有两点最重要,即教会的威信衰落下去,科学的威信逐步上升。旁的分歧和这两点全有连带关系。近代的文化宁可说是一种世俗文化而不是僧侣文化"。① 因此,可以说这是一个理性的时代、科学的时代。

欧洲最早的资产阶级经济活动兴起是在地中海沿岸的意大利,但由于新航路的发现、远洋航运事业和海外贸易的迅速发展等原因,大西洋沿岸的荷兰、英国等国的资本主义经济迅速发展起来,到了 17 世纪,英国就取代意大利

---

① 　[英]罗素:《西方哲学史》下册,何兆武、李约瑟译,商务印书馆 1982 年版,第 3 页。

成为资本主义发展特别是资产阶级革命的中心。

从 15 世纪开始的圈地运动,导致了英国农民的纷纷破产,但又造成了英国生产方式的转换,农村经济的勃兴使工商业获得了长足的进步。羊毛生产、羊毛加工和呢绒织造业迅速发展,其他如造纸、制肥皂、玻璃制造、采矿、造船、军械制造等生产部门也出现了大工场企业,仅克斯维克城的炼铜厂工人就达 4000 名之多,煤年产量 300 万吨,居世界之首。国内市场的形成又促进了对外贸易的发展,东方公司、非洲公司、东印度公司等相继成立,17 世纪 30 年代英国的外贸总额比世纪初增加了一倍,关税总额增加了两倍以上。商品和市场经济活动的日益扩展,新兴的资产阶级也逐步成长并壮大起来,他们"已经是时代的儿子,在他们看来,货币是一切权力的权力",社会的价值观念也经历着巨大的变革。旧贵族虽然仍把子弟送到牛津大学去读书,目的是将来成为高级神职人员或王宫的官员,但新贵族则一般将子弟送到伦敦等大商业公司去学生意,希望将来赚更多的钱,因为财富就是荣誉,财富就是地位。特别是宗教改革对人的观念变化起了催化的作用,这时的天主教已不显得那么神秘莫测了,知识文化不再被有文化的僧侣所垄断,一般人都可以手持圣经自由祈祷。在新教徒看来,人人在上帝面前都是平等的,人人可以面对天主,不需要任何中间环节。人人可以成为上帝的"选民"并得到拯救,而不管你的具体职业。一个商人,如果生意兴隆,赚钱越多,就越有资格做上帝的"选民"。

早期的资产阶级曾经从君主集权制获益不小,马基雅弗利、布丹、霍布斯鼓吹强化君主权力,就是资产阶级愿望的反映。但是,随着资本主义经济的发展和资产阶级的壮大,他们强烈要求自己来管理国家,对王权不仅要限制,而且必须根本否定。在法制方面,罗马法的复兴已不能适应社会的需要,全面创立资本主义法制的要求产生了。英国资产阶级革命就是在这样广阔的经济、政治、文化背景下爆发的。

17 世纪英国资产阶级革命是一场资产阶级与新贵族联合反封建专制制度的斗争,由于历史条件的局限,这场革命斗争是不彻底的,并且还披着宗教的外衣,但是,它毕竟是世界历史上划时代的重大事件,马克思曾把它同法国大革命相提并论。马克思说,这两次革命"并不是英国的革命和法国的革命;这是欧洲范围的革命。它们不是社会中某一阶级对旧政治制度的胜利;它们宣告了欧洲新社会的政治制度。资产阶级在这两次革命中获得了胜利;然而,当时资产阶级的胜利意味着新社会制度的胜利,资产阶级所有制对封建所有制的胜利,民族对地方主义的胜利,竞争对行会制度的胜利,财产分配制对长子继承制的胜利,土地所有者支配土地制对土地所有者隶属于土地制的胜利,启蒙运动对迷信的胜利,家庭对宗教的胜利,进取精神对游侠怠惰的胜利,资产阶级权利对中世纪特权的胜利。1648 年的革命是 17 世纪对 16 世纪的胜利,1789 年的革命是 18 世纪对 17 世纪的胜利。这两次革命不仅反映了它们发生的地区即英法两国的要求,而且在更大的程度上反映了当时整个世界的要求"。① 马克思的分析和总结很深刻,全面地高度地概括了欧洲资产阶级革命的丰硕成果,指出了这场革命的重大意义,准确地把握了这个革命时代的历史特征。正是由于这种特殊的历史条件,使英国成了现代唯物主义的发祥地,②出现了反神权的法律思潮。

17 世纪的法国资本主义虽然有了一定程度的发展,但同英国、荷兰比还是比较落后的,力量软弱的资产阶级害怕人民革命,宁愿依靠专制王权的保护来发展资本主义,并与封建贵族相妥协,这就决定了资产阶级思想的二元性、两重性。到了 18 世纪,法国在经济上仍然不如英国和荷兰,但由于复杂尖锐的社会矛盾和阶级斗争,资产阶级终于成为包括第三等级的广大人民群众反封建制度斗争的领导者,而法国则成了革命的中心。自然科学特别是数学和物理学方面划时代的新成就又给资产阶级世界观提供了一种基础,而自古以来人类优秀的思想传统,特别是文艺复兴以来早期资产阶级的哲学和政治法律思想则为他们的观点提供了直接的思想渊源,这就决定了 18 世纪法国资产阶级思想家、哲学家,同 17 世纪的思想家既有共同之处,也就是具有新兴资产阶级反封建革命思想的一般特征,又有 18 世纪的独有特点。

法国资产阶级把文艺复兴以来资产阶级宣扬的人性、人权、理性、正义、自由、平等归纳为法国大革命的纲领性口号:自由、平等、博爱。政治法律观方面继承了自然法、自然权利、自然状态、社会契约乃至三权分立等观点。但 18 世纪法国革命是最彻底的资产阶级革命,因此,其意识形态较之文艺复兴以来的资产阶级思想,反封建、反教权就更坚决、更强烈、更彻底。正如恩格斯指出

---

① 《马克思恩格斯选集》第 1 卷,人民出版社 1995 年版,第 318 页。
② 参见《马克思恩格斯选集》第 3 卷,人民出版社 1995 年版,第 698 页。

的:"在法国为行将到来的革命启发过人们头脑的那些伟大人物,本身都是非常革命的。他们不承认任何外界的权威,不管这种权威是什么样的。宗教、自然观、社会、国家制度,一切都受到了最无情的批判;一切都必须在理性的法庭面前为自己的存在作辩护或者放弃存在的权利。思维着的知性成了衡量一切的唯一尺度。那时,如黑格尔所说的,是世界用头立地的时代。最初,这句话的意思是:人的头脑以及通过头脑的思维发现的原理,要求成为人类的一切活动和社会结合的基础;后来这句话又有了更广泛的含义:同这些原理相矛盾的现实,实际上从上到下都被颠倒了。以往的一切社会形式和国家形式、一切传统观念,都被当作不合理的东西扔到垃圾堆里去了;到现在为止,世界所遵循的只是一些成见;过去的一切只值得怜悯和鄙视。只是现在阳光才照射出来。从今以后,迷信、非正义、特权和压迫,必将为永恒的真理,为永恒的正义,为基于自然的平等和不可剥夺的人权所取代。"①这就是18世纪法国资产阶级意识形态的特点,也是18世纪时代的精神。

作为革命风暴中心的法国的比邻德国,直到18世纪末,却还是一个严重封建割据状态下的农业国。恩格斯说:"这是一堆正在腐朽和解体的讨厌的东西。没有一个人感到舒服。……一切都很糟糕,不满情绪笼罩了全国。……一切都烂透了,动摇了,眼看就要坍塌了,简直没有一线好转的希望,因为这个民族连清除已经死亡了的制度的腐烂尸骸的力量都没有。"②软弱无力的德国资产阶级不可能也不敢在德国进行一场反封建的资产阶级革命运动,但是,法国革命对它毕竟产生了重大而深刻的影响,为了自身的利益,他们也有必要和可能从思想上、理论上、哲学上来"考虑"法国革命及其意识形态,何况德国是宗教改革这场革命运动的故乡,德国民族又有擅长理论思维的传统。因此,18世纪末,德国也出现了批判封建主义旧思想、提倡理性和科学的启蒙运动,产生了一批著名的启蒙思想家。当然,这是不彻底的,但"它终究是一次具有深刻历史意义的资产阶级反封建的思想革命运动。并且,正是在这个运动的基础上,发生了德国的哲学革命,产生了从康德到黑格尔的德国古

---

① 《马克思恩格斯选集》第3卷,人民出版社1995年版,第355—356页。
② 《马克思恩格斯全集》第2卷,人民出版社1957年版,第633—634页。

典唯心主义哲学"。① 这个革命由康德开始,经过费希特和谢林的工作,黑格尔完成了新的体系,成为法国革命的德国理论,对这个理性和启蒙的时代作了哲学的总结。

第二节 自然法学的辉煌及其演变

随着中世纪封建专制制度的埋葬,资产阶级法律制度逐步建立起来了,一种新的法治原则、法律观取代了神学的、特权的法律观,近代西方资产阶级法律思想就是这种新的法律观的价值尺度。按照时间的顺序,17、18 世纪是自然法学的世纪,自然法学派占主导地位,它成了资产阶级革命时期法律思想和法律制度的理论依据,"18 世纪的法典编纂运动普遍是以自然法作为理论依据的,都体现了自然法,自然法的思想渗透到了具体规则之中"。② "19 世纪是自然法理论黯然失色的世纪。"③随着资产阶级统治的确立,资产阶级立法广泛发展——自然法学派开始衰落,接着兴起的主要是三种法律思潮,即历史法学派、哲理法学派和分析法学派。19 世纪末至 20 世纪初,"实证方法动摇了一切含糊的、不可证明的先验前提的地位,针对法国大革命的'理性'的反对思潮,导致了反对将理性作为法的基础的倾向出现"。功利主义强调法应建立在实证调查的基础上。但是,20 世纪国家权力和实在法的衰落,又刺激了人们复兴自然法。④ 因此,这个时期又出现了一些新的法学流派,比如早期的社会法学、社会哲理法学、功利主义法学、自由主义法学以及自然法思想的开始复兴等。

自然法学说亦称古典自然法学,它是西方哲学以及法理学史上最古老、最长久的内容之一,其思想绵延不绝,表现了西方法理学思想史的一个重大特征。自然法思想的渊源可以追溯到公元前 6 世纪米利都学派的自然哲学,从此以后,由于时代不同,自然法思想的内容也有了区别。古希腊罗马的自然法

---

① 陈修斋:《欧洲哲学史稿》,湖北人民出版社 1983 年版,第 393 页。
② 〔英〕戴维·M.沃克:《牛津法律大辞典》,光明日报出版社 1989 年版,第 630 页。
③ 〔英〕戴维·M.沃克:《牛津法律大辞典》,光明日报出版社 1989 年版,第 630 页。
④ 〔英〕戴维·M.沃克:《牛津法律大辞典》,光明日报出版社 1989 年版,第 630 页。

思想是从自然哲学来论证自然法高于制定法,并把自然法作为自然界的普遍法则和人类社会法律的原则。中世纪的自然法成了上帝意志的体现,神法是自然法的来源。近代自然法学说是资产阶级性质的,是资产阶级反封建专制、建立自己法律制度的理论武器,它从"普遍的人性"、"永恒的理性"出发,否定自然法与神学的关系,把自然法作为实在法的理论依据。

近代自然法学一般认为是以荷兰的格老秀斯为创始人,但实际上"在格老秀斯以前,对某些与加尔文派有密切关系的作家来说,自然法对神学的关系已开始日趋淡漠",①这种"淡漠"倾向表示自然法学近代形式的开端,比如耶哈勒·阿尔修斯强调主权必须寓于作为法人团体的人民,把契约的神圣性视为自然法原则。甚至也"有首倡自然法学说的人",如"16 世纪反抗暴君的一派"。② 但是,格老秀斯能把这个学说建立于哲学的基础之上,比较前人的议论,算是前进了一步,③他还提出了自然法学的新原则,奠定了近代自然法学的理论基础,其思想具有开创性,因此,近代自然法学以他为创始人还是有根据的。

近代自然法学的形成与发展,大致经历了三个阶段:

第一个阶段可从文艺复兴、宗教改革到 17 世纪中期。如果把范围缩小点,严格说应从格老秀斯《战争与和平法》(1625 年)问世起到霍布斯《利维坦》(1651 年)发表止,因为格老秀斯是近代自然法学的开创者,而霍布斯则建立起自然法理论体系,因此,这一阶段应属于自然法创立时期。但是,从自然法脱离神学走上独立发展道路,同文艺复兴和宗教改革存在着时间、空间上的自然联系,文艺复兴和宗教改革作为反封建的革命运动,为近代自然法学的形成排除了思想障碍,准备了精神条件,而"雨果·格老秀斯从严厉的加尔文主义中解放了出来,从而使他坚信伊拉斯谟④的人文主义传统",⑤正是这两大

---

① [美]乔治·霍兰·萨拜因:《政治学说史》下册,盛葵阳、崔妙因译,商务印书馆 1986 年版,第 473 页。

② 李达:《法理学大纲》,法律出版社 1983 年版,第 39—40 页。

③ 李达:《法理学大纲》,法律出版社 1983 年版,第 40 页。

④ 伊拉斯谟(1469—1536 年),文艺复兴时期荷兰人文主义者。

⑤ [美]乔治·霍兰·萨拜因:《政治学说史》下册,盛葵阳、崔妙因译,商务印书馆 1986 年版,第 473 页。

运动的必然结果。所以,从这个意义上,亦可以将自然法学创立时期的开端回溯到文艺复兴和宗教改革运动。

这一阶段的主要代表人物是格老秀斯、斯宾诺莎、普芬道夫和霍布斯。这一阶段的自然法的基本理论虽然已经形成,但是还不完善。伴随民族国家的出现与发展,主权学说崛起,但人民主权理论、法律公意说尚未产生,因此,这时的自然法思想同封建的君主制度甚至神学自然法思想仍有一定的联系,当然这也是创立阶段不可避免的缺陷。

第二个阶段是英国资产阶级革命前后,即 17 世纪末到 18 世纪中叶。这是古典自然法学传播与发展时期,这一阶段的自然法理论得到了丰富和发展,出现了一系列新的理论,如天赋人权理论、分权制衡理论、社会契约论、人民主权论等。资产阶级以自然法思想作为反封建、夺取政权的武器,同时,又利用它巩固政权和防止封建专制复辟,这就为自然法的丰富与发展提供了客观需要和可能。

这一阶段的主要代表人物是洛克、孟德斯鸠。

第三个阶段是自然法理论应用时期,即美国独立战争和法国大革命前后。这一阶段的自然法学不仅用于美国和法国的资产阶级革命斗争,而且还被应用于创立部门法学。自然法学强烈要求实行人民主权,建立资产阶级共和制度和捍卫人民的民主自由权利。主要代表人物有卢梭、罗伯斯比尔和华盛顿、杰佛逊等。

我国著名的哲学家、法学家李达曾经指出:"近代自然法学说是自然主义的,与古代自然法学之目的观,或中世纪自然法学说之超自然主义不同。古代或中世纪之自然法学说,是国家主义的、道德主义的;近代自然法学说,是个人主义的、利己主义的。"①近代自然法学正是从普遍的人性与个人主义出发,强调主权在君,如格老秀斯、霍布斯、普芬道夫;或强调主权在民,如洛克、卢梭、潘恩;或强调有限君权而实行三权分立,如孟德斯鸠。他们的共同性反映了近代自然法学的实质,而他们之间的区别则是由于各自所处的历史条件决定了的。

19 世纪是自由资本主义的世纪,资产阶级革命已经完成,因此,它们需要

---

① 李达:《法理学大纲》,法律出版社 1983 年版,第 39 页。

的是发展资本主义经济,巩固资产阶级统治,为适应这种需要,产生了自由主义法学、分析法学、功利主义法学等。而这种客观需要是自然法学衰落的根本原因。这些新出现的学派的共同之处就是鼓吹个人主义、放任主义,为资产阶级自由贸易、自由竞争、民主政治提供法律思想依据。其代表人物有法国的孔斯坦、孔德,英国的边沁、密尔、奥斯丁等。

19 世纪的德国产生了哲理法学派和历史法学派,传统的观点认为,哲理法学派代表新生的资产阶级,主要代表人物是康德、费希特和黑格尔。历史法学则代表没落的封建地主阶级,代表人物有萨维尼、普赫塔等。传统的观点认为,哲理法学派用唯心主义的形式反映了现实的内容,而历史法学派则以现实的内容表现了对过去的法律的回归,本质上却是"以昨天的卑鄙行为来为今天的卑鄙行为进行辩护"。① 其实,历史法学派强调传统习俗和民族精神具有极大的合理性,它的产生有深刻的历史文化背景,而且事实证明,他们的研究成果为后来德国民法典奠定了基础。

19 世纪 40 年代人类法律文化史上出现了一场新的空前的革命变革,科学社会主义的法律思想即马克思主义法学诞生了,从此,人们对法的认识与探索有了一个光辉的指针。马克思主义法学是法学产生以来唯一的科学的法学理论,研究它当然不是本书的任务,但它是我们考察西方法律思想的理论武器。笔者力求自觉地坚持和运用这一武器,以期客观地认识西方人的法思想,揭示其发展线索,总结经验教训,为建设中国特色的社会主义法律文化服务。

---

　　① 《马克思恩格斯全集》第 1 卷,人民出版社 1956 年版,第 454 页。

第十三章　格老秀斯的法律思想

雨果·格老秀斯(Hugo Grotius,1583—1645年)是17世纪荷兰著名的政治家、法学家,近代自然法理论创始人之一,资产阶级国际法理论的鼻祖。他的"研究工作对以后国际法以及自然法的发展产生了巨大的影响"。①

第一节　"国际法之父"

格老秀斯生于荷兰代尔夫特镇一个富裕律师和议员的家庭。其父学识渊博,曾任该镇镇长和莱顿大学学监。格老秀斯从小就受到良好的教育,最初在代尔夫特求学,后来其父把他托付给海牙的神学家约翰·于滕伯格。格老秀斯天资独厚,8岁便能用拉丁文写诗,11岁入莱顿大学文学院学习哲学和法学。15岁随著名政治家约翰·范·奥登巴内费尔特去法国,并在奥尔良学习法学,两年后获法学博士学位。

格老秀斯从青年时代起就投身于政界,一生担任过许多官职,并从事多种职业。1599年从法国返荷兰,定居海牙,做律师。1607年任荷兰省检察长。1613年被派往出使英格兰詹姆斯一世的宫廷,目的在于解决荷英两国之间的贸易纠纷。同时,他与詹姆斯一世还讨论了所有基督教会重新联合的问题。1615年又参加在伦敦举行的荷英关于东印度贸易问题的谈判。1618年在荷兰的宗教政治内讧中,他支持温和派,反对奥兰治派,因此,在温和派被镇压之

---

① ［英］戴维·M.沃克:《牛津法律大辞典》,光明日报出版社1989年版,第388页。

后,格老秀斯亦被判处终身监禁,关押于卢文斯坦城堡。1621 年在妻子协助下藏匿在书箱中越狱逃亡法国。在巴黎他受到路易十三和许多政治家的盛情款待和资助,并从事著述活动。他的法学名著《战争与和平法》就是这一期间完成的。莫里斯亲王死去后,他于 1631 年返回荷兰。1632 年又前往汉堡。由于格老秀斯在国际上享有极高的威望,瑞典的奥森提耳那伯爵于 1634 年提议请他去担任瑞典驻巴黎大使,于是他重返巴黎。1644 年瑞典女王克里斯蒂娜邀请他去瑞典,他在那里受到极为热情的接待,但拒绝担任瑞典参政会委员。格老秀斯在返回巴黎途中,因航船遇难而死于罗斯托克,享年 62 岁。①

格老秀斯的主要著作除《战争与和平法》外,还有《捕获法》、《论海上自由》等,其中《战争与和平法》是我们研究他的法律思想的最重要的资料。该书分三卷,加绪论和结束语共 5 部分,主要论述了权利与法律的起源、战争性质、国家主权与公民权利义务、私产公物及所有权、战争的合法违法、和平的种类及战争条约等。这部书使他获得了很高的声誉,据说用拉丁文发行过 55 版,并被译成英、法、俄、日、中近十种文字。《捕获法》实际上是《战争与和平法》的纲要;而《论海上自由》名义上讨论西班牙、葡萄牙两国关于东印度航线的争论,实际上是为荷兰争夺海上霸权服务。另外,格老秀斯还出版过诗集和剧本,奉命编写荷兰反对西班牙的斗争的历史著作《编年和历史》,因此,可以说他又是一位出色的诗人、剧作家和历史学家。

格老秀斯生活在"17 世纪标准的资本主义国家"②荷兰。马克思说:"1789 年革命仅仅以 1648 年革命作为自己的榜样(至少就欧洲来说是如此),而 1648 年革命则仅仅以尼德兰人反对西班牙的起义作为自己的榜样。"这两次革命都比自己的榜样前进了一个世纪;不仅在时间上是如此,而且在内容上也是如此。"③荷兰曾经是欧洲最强大的海上国家和殖民国家,荷兰资产阶级革命诞生了欧洲历史上第一个资产阶级共和国,虽然革命极不彻底,其影响也远不及 17 世纪英国革命,但它毕竟推翻了西班牙的封建统治,促进了商业资本主义的发展,政治、思想上也摆脱了天主教宗教裁判所的控制与迫害,有较

---

① 《简明不列颠百科全书》第 3 卷,中国大百科全书出版社 1985 年版,第 361 页。
② 《马克思恩格斯全集》第 44 卷,人民出版社 2001 年版,第 861 页。
③ 《马克思恩格斯选集》第 1 卷,人民出版社 1995 年版,第 317 页。

多的自由。在这样的经济、政治条件下,当时荷兰的文化达到了空前繁荣的时期,涌现了一大批著名的政治家、思想家、科学家和文学艺术家,比如物理学家惠更斯,生物学家斯瓦默丹、雷汶胡克,艺术家伦勃朗。由于较自由的政治条件,欧洲其他国家的一些文化名人也被吸引到荷兰定居或从事科学文化活动,解析几何创始人笛卡尔就是其中最著名的一位。但是,1618—1648 年发生的欧洲第一次大规模的国际战争,即"三十年战争"又给格老秀斯的思想以强烈的震撼,虽然战争是在德国土地上进行的,可是也影响到荷兰,特别是战争的残酷和不仁道,激起他对普遍理性的追求,企图找出实现和平的永恒原则。三十年战争是当时欧洲大陆政治斗争的焦点,这必然要对他产生重大影响。格老秀斯生活在这样一个时代,其政治法律思想就自然带有时代的特征。

第二节　国家起源于人类的契约

一、国家起源论

格老秀斯在 17 世纪自然法学派中首创社会契约说(Social Contract Theory),这种社会契约说是建立在自然法基础上的,他以此说明国家的起源。格老秀斯认为,国家起源于人类的契约,而不是上帝的创造。国家产生以前,人类处在一种自然状态下,受自然法的支配。那时没有阶级,也没有国家和法律,人们过着自由平等的生活,享受着天赋的自然权利。但是,人们在"自然状态"中生活"不方便"和"不安全",也就是安全得不到保障,比如经常受到异族或其他动物的干扰和侵袭。人们为了防止外来侵袭和获得安全的生活,于是自发地联合起来,并且通过人们之间订立的契约,"彼此同意"建立国家,有了国家,也就有了法律。这种用人的眼光来考察国家与法的起源的理论,显然对宗教神学的"君权神授"论是一种有力的打击和批判。但是,我们必须注意几点:

第一,格老秀斯继承了亚里士多德关于人是政治动物的观点。他说:

人的确是一种动物,然而是一种高等动物,比其他动物彼此之间的差别有许多更大的差别;这种差别从人类的许多独特的行为的迹象显露出来。人类独特的象征之一是要求社会交往的愿望。……人

类要过与他们理智的特性一致的一种生活方式,他们不是稀里糊涂
地度日而是安宁地度日的。这种愿望,斯多亚派称之为"家族的本
性,或血缘的情感"。①

这就是说,人类虽然是动物,但他是高等动物,他同动物的差别比动物彼此间
差别更大,因此,人类还有特有的需要。人类由于自己的本性需要交往和过和
平安宁的生活,所以就结合成了群体,由社会群体而建立国家。

第二,人们联合的方式是通过契约的形式,"缔结同盟以合群,订立契约
以定份"。② 因为人的本性要坚持一种秩序井然的社会,那就必须有实现这种
社会的最低限度的条件或价值,如保障财产的安全、公平待人以及在人的行为
后果及其应得的赏罚之间取得普遍的协议契约。但是,订立契约的当事人不
是人民和君主,而是人民与人民,在人民之间订立契约,然后通过每个人放弃
他所享有的自然权利,并把它交给少数人或某个人,由他(他们)来管理社会
事务,这就是国家。这显然是伊壁鸠鲁"社会契约"思想的继承与发展。

第三,"国家是一群自由人为着享受公共的权力和利益而结合起来的完
善的团体",因此,国家的主要任务就是保护私有财产。格老秀斯说:

> 如卡尼尔德和霍拉斯等人所说过的:"功利是正义和法律之
> 母",诚然是错误的。因为自然法之母就是人性,社会交往的感情就
> 产生于此,并非由于其他的缘故,遵守契约即为民法之母,而自然法
> 又是从契约的约束力所生,因此可以说自然法是民法之祖。有人性
> 然后有自然法,有自然法然后有民法。但是,自然法是依靠功利得以
> 加强的,因为造物主的意志务使世人脆弱而多欲,非合群不足以图安
> 乐,所以法律的制定无不是由于功利的缘故。③

国家与法律的目的都在于功利,执政者、立法者就不可不关注人们的财产和利
益,因为人们订立契约有一个重要的目的,"是为了运用公众的力量,并征得

---

① 西方法律思想史编写组编:《西方法律思想史资料选编》,北京大学出版社1983年版,第138页。
② 西方法律思想史编写组编:《西方法律思想史资料选编》,北京大学出版社1983年版,第139页。
③ 西方法律思想史编写组编:《西方法律思想史资料选编》,北京大学出版社1983年版,第193页。

公众的同意,保证每个人使用自己的财产"。① 人的本性需要合群与联合,但
合群的目的、联合的动机是为了利益与安乐。这反映了资产阶级发展资本主
义并要求得到国家和法律的保护的强烈愿望,也表现了近代资产阶级法律思
想的一般特点。

二、主权说

关于国家主权学说,格老秀斯基本上继承了布丹的观点,他说:

> 所谓主权,就是说它的行为不受另外一个权力的限制,所以它的
> 行为不是其他任何人类的意志可以任意视为无效的。②

也就是说,作为主权它不受任何人的意志的约束,也不受法律的限制,因此,主权
是至高无上的权力,它包括颁布法律、司法,任命公职人员,征收捐税,决定战争
与和平问题,缔结国际条约等。这些思想不过是重述和发挥布丹的观点,并不
是格老秀斯主权说的特点。

格老秀斯在主权问题上的贡献是将主权的归属区分为对内、对外,这是他
比前人高明之处。他说:

> 比方视力,就广义言,属于身体;就狭义言,属于眼睛。主权的所
> 有人亦有广狭之分,从广义看,主权属于社会全体,亦即属于国家;从
> 狭义看,则要看各国的法律和习惯,主权或者属于一个人,或者属于
> 多数人。③

在格老秀斯看来,主权属于国家就是对外主权,主权属于一个人或多数人就是
对内主权。但是,他更强调作为对外主权的独立性质,他认为主权不受另一个
权力支配就主要是从主权的对外属性或国际法角度来说的,而这正是格老秀
斯主权学说的特色,也是他与布丹主权说的区别。

另外,格老秀斯主权说排斥人民主权,他不同意"最高权力永无例外地属
于人民",④认为君主与人民之间的相互依赖关系,并不意味着人民有强迫或

---

① [苏]莫基切夫:《政治学说史》上册,中国社会科学出版社 1979 年版,第 164 页。
② [英]汉默顿编:《西方名著提要》,中国青年出版社 1957 年版,第 113 页。
③ 西方法律思想史编写组编:《西方法律思想史资料选编》,北京大学出版社 1983 年版,第
145 页。
④ 徐大同:《西方政治思想史》,天津人民出版社 1985 年版,第 177 页。

命令君主的权力。首先,他认为人民服从君主是通过契约肯定了的,天经地义,不能改变。人们出于本性、根据自己的意志,把统治自己的权力用契约形式转让给了一个人或多数人,这如同希伯来法和罗马法,规定个人可根据自己意志出卖自己为奴隶一样。国家主权的至上性决定了它凌驾于个人以及个人的权力之上,因此,它不允许人民反抗君主,不允许人们滥用天赋的自然权利。他说:"有些人认为,最高权力永无例外地属于人民,所以只要他们的君主滥用权力,人民便可以起来限制他,惩罚他。我们却不能不反对这种意见。"①当然,有一种例外,那就是在君主违反法律和国家利益,把国家转让给他国,或使国家变成另一国的附属国时,他认为人民可以反抗君主。但是,这里的实质是为尼德兰反对西班牙王国统治作辩护。从根本上说,他认为人民反对君主不是良好办法。其次,认为人民不能任意改变政府形式,人民可以选择合理的政府形式,但政府一经选定,便不可任意改变,人民只能服从。再次,主权是主权者的私权,如同拥有一块土地的所有权,主权者对主权拥有所有权和使用权,它可以购买或赠送,这种转让并不转让臣民本身,只是转让统治的权利。基于上述认识,他认为君主并不单纯是为人民的福利而存在,拥有完全主权的君主治理国家亦完全以自己的利益为目的。这表明格老秀斯同布丹一样,都是典型的君主主权论者,反映了荷兰资产阶级的两重性,他们既要反对西班牙的封建统治,争取民族独立,又害怕人民力量,企图防止人民的反抗斗争。既具有历史进步性,又包含着比较浓厚的保守性、落后性。

第三节　作为理性法则的自然法

　　格老秀斯继承了古代的自然法思想,因袭了道德正义的传统,但他又提出了人的天赋权利,同时,把自然法看做与神的命令不相干,而强调自然法以人性、人的理性为基础,这种思想在自然法历史上具有开创性意义。

---

　　① 西方法律思想史编写组编:《西方法律思想史资料选编》,北京大学出版社1983年版,第

145 页。

一、自然法概念

格老秀斯在《战争与和平法》一书中,比较系统地论述了他的自然法思想,关于自然法概念,他作了一个说明和分析:

> 自然法是正当的理性准则,它指示任何与我们理性和社会性相一致的行为就是道义上公正的行为;反之,就是道义上罪恶的行为。由此可知,这种行为如果不是创造人类理性的上帝所赞许的,就必然是他所禁止的。行为的是非一经理性准则断定,如果不是合法的就必然是非法的。因而我们必须把它看做是上帝所准许的或禁止的。由于这种性质的自然法不仅与人类法而且与成文的神法也不相同。因为后两种法本身及其性质不能禁止或支配人们去做必须履行的或者非法的行为;但是,自然法能禁止人们去做非法的行为,支配人们去做必须履行的行为。自然法不但尊重那些由自然本身产生的东西,而且也尊重那些由人类的行为产生的东西。例如,现实存在的"财产",就是根据人类意志而产生的东西,一经承认,自然法就指示我们违反任何一个人的意志而拿走他人的东西就是非法的。自然法是如此的不可变易,就连上帝也不能加以变更。因为上帝的权力虽然无限,但是有一些事情即使有无限的权力也是不能动摇的。①

上述分析主要包含三层意思:

第一,自然法来源于"自然"和人的"理性",它是一种正当的理性法则。人虽然是政治动物,但人不仅有自然的本性,而且还有社会性,具有理性,人们在"理性"支配下,能按照"自然"的规定,来指导自己的行动。格老秀斯说:"人性""是自然法的源泉","法是道理的产物","人性"或"理性"是法的第一源泉。因此,凡是符合理性法则要求的就是道义上正当的行为,反之,就是道义上罪恶的行为。

第二,自然法作为正当的理性法则是由上帝创造的。格老秀斯并不否认神的存在,他把神视为万物的创造者,认为神是法的第二源泉。② "上帝的自

---

① 西方法律思想史编写组编:《西方法律思想史资料选编》,北京大学出版社 1983 年版,第143 页;[荷]格老秀斯:《战争与和平法》,何勤华等译,上海人民出版社 2005 年版,第31 页。

② 刘绍贤:《欧美政治思想史》,浙江人民出版社 1987 年版,第187 页。

由意志也是产生自然法的渊源,由于我们人类的理性来自上帝的启示,所以不能不服从上帝的命令。所谓自然法,不论是用以维系社会或家族,抑或是用以规定职责,都应归因于上帝的意志,因为生于我们内心的信念,实际也就是上帝的意志所在。"①但是,他又说自然法作为理性命令和行为善恶标准是绝对不变的,就是有无限权力的上帝也不能动摇它、变更它,并且还要服从它。"上帝本身不能使二乘二不等于四,他也不能颠倒是非,把本质是恶的说成是善的。"②也就是说,人类的理性的命令,至高无上,连上帝也要受它所支配了。在这里,他把上帝又放到了理性之次,自然法高于神法,改变了中世纪神法高于自然法的传统观念,表现出同希腊化时期斯多亚派及爱比克泰德的思想的渊源关系。

第三,格老秀斯强调自然法规定不占有另一个人的东西,把任何属于另一人而可能为我们所占有的东西归还给他。在他看来,财产是据人的意志产生的,属于人所有,自然法将违背人的意志取走财产视为非法和不正当。这说明格老秀斯自然法学说的目的是保护资产阶级私有财产,从而维护剥削制度的社会秩序,保障资本主义社会的和平与安宁。因此,他提出了自然法的两条根本原则:各有其所有和各偿其所负。其具体内容是"他人之物,不得妄取;误取他人之物者,应该以原物和原物所生之收益归还物主,有约必践,有害必偿,有罪必罚"等等。③

二、自然法和意定法

格老秀斯认为,自然法基于人性,自然法是一切法律的基础和依据,因此,他将法律分为自然法和意定法。

格老秀斯提出"自然法之母就是人性",认为社会交往的感情产生于此,并非由于其他原因。他说,遵守契约即民法之母,而自然法是民法之祖,因为

---

① 西方法律思想史编写组编:《西方法律思想史资料选编》,北京大学出版社1983年版,第138页。

② 西方法律思想史编写组编:《西方法律思想史资料选编》,北京大学出版社1983年版,第143页。

③ 西方法律思想史编写组编:《西方法律思想史资料选编》,北京大学出版社1983年版,第138页。

"自然法又是从契约的约束力所生"。① 在自然法源于人性基础上,格老秀斯提出了互相冲突的两种自然法:一是纯粹自然法,一是有限自然法。② 所谓纯粹自然法是人类尚在原始自然状态时期实行的,有限自然法是在人类社会比较开化的时期实行的。他认为造成两种自然法是因为人的感知能力,感官是否健全敏锐决定了对自然法领会的差异。但是"不侵犯别人的财产,归还属于别人的东西并偿还由它得到的利益",却是自然法的规定。他力图用自然法为资产阶级私有财产神圣不可侵犯的信条作论证。

意定法(亦译为意志法)又分为神意法和人为法。③ 人为法(实在法)又分为国内法和国际法两种,国内法又分为成文的和不成文的。国内法是由国家立法机关制定和颁布的法律,国际法是国际间共同制定的法律或达成的协议。他认为自然法的特征是人类的理性,意定法(人为法)是人的意志。国内法是由于人的意志,由于社会的契约而发生义务,即契约的产物,但是,契约的效力渊源于自然法,而国际法亦是从国与国之间共同契约发生的,是自然法在国际关系上的应用。因此,国内法和国际法都根源于自然法。不仅如此,他认为在所有这些法律中,自然法都是最基本的、起决定作用的。

在此基础上,格老秀斯把国内人为法(实在法)又分为政治法、民法和刑法。政治法相当于现代意义上的宪法,指由国家制定的对全体人民或大多数人有约束力的法律。民法是调整财产关系、保护私有关系的法律,而刑法则是对犯罪进行惩罚的法律。格老秀斯认为惩罚是犯罪的报应,亦是自然法的要求,但量刑要做到罪刑相应。

综上所述,格老秀斯法律分类思想显然是继承和发展了罗马法学家的思想,分类思想对于法律制定和适用有重要的意义,也影响了后来的法学家的观点。

---

① 西方法律思想史编写组编:《西方法律思想史资料选编》,北京大学出版社1983年版,第138页。

② 张宏生:《西方法律思想史》,北京大学出版社1983年版,第145页。

③ 刘绍贤:《欧洲政治思想史》,浙江人民出版社1987年版,第187页。

第四节 国际法理论原则

国际法理论是格老秀斯在法学理论上最重要的贡献之一。萨拜因说："格老秀斯在法学史上的重要地位并非建立在国家论或任何他要论及的宪法问题上,而是建立在他对调整主权国家之间关系的观念上。"①调整主权国家之间的关系,是17世纪西欧世界一个实际而紧迫的问题。教会及其权力的衰落,国家之间的关系陷于混乱状态,而君主专制政权对马基雅弗利思想的接受,使得武力在国与国的交往中成为仲裁者,特别是残酷而野蛮的宗教战争给国际关系带来了根深蒂固的宗教仇恨,这就必然造成并加深国与国之间的矛盾与冲突,严重地阻碍了各国资本主义的发展,因此,客观上就需要一种调整国家关系及其利益的法律,这就是国际法。格老秀斯的国际法思想正是适应17世纪的客观需要而产生的,正如他自己指出的:

> 由于在当今跟以往的时代里一样,对这一门法律抱蔑视态度,就好像徒具空名之外毫无实际意义可言,这样的人大有人在,进行这样一项工作尤其必要。②

这就是说,面对国家之间的纷争特别是残酷的战争,不是不必要,而是急需制定调整国家之间关系、维护各个国家共同利益的国际法。而且,人类对于共同生活的自然要求,在以国家为单位的共同社会里,也需要共同遵守的法律。

一、国际法概念

格老秀斯关于国际法概念,在《战争与和平法》中有两段很重要的话:

> "一国的法律,目的在于谋取一国的利益,所以国与国之间,也必然有其法律,其所谋取的非任何国家的利益,而是各国共同的利益。这种法,我们称之为国际法。以示区别于自然法。卡尼尔德斯

---

① [美]乔治·霍兰·萨拜因:《政治学说史》下册,商务印书馆1986年版,第478页。
② 西方法律思想史编写组:《西方法律思想史资料选编》,北京大学出版社1983年版,第137页。

曾经把法律划分为自然法和国内法,唯独忽略了国际法。"

"正如每个国家的法律的目的在于实现国家的善和国家之间的善。它们之间,法律是依据契约而发展的,法律并不是为某一国家的利益而发展,而为了所有国家的利益,这种法叫做国际法,以示区别于自然法。""广义上的国内法(国内范围之外的成文法)就是国际法,法律的效力来自所有或许多国家的意志。"①

这两段话都反复强调一个思想,即国际法不是基于一国的利益,而是体现各国共同的利益,是各国之间"某种共同的法律","支配国与国相互间交际的法律",或者说是管理国家间关系的法律,这就是国际法概念的内涵。

格老秀斯认为国际法是根据各国共同的意志而制定,"因为国际法不像以一定的途径产生于一定的理性的自然法,而是采纳各国的意愿作为它的尺度"。② 共同的意志是共同利益的集中体现,因此,国际法必须得到各国公认,"众人的共同允许,或者至低限度得自许多民族的共同允许",这构成了国际法的权力来源。国际法的共同允许导致共同遵守,这样,才可能保障人类社会公众的和平、安全和幸福,国际法既然如此重要,那就是不能忽略的。

二、国际法与自然法

格老秀斯给国际法下定义,常常是同自然法相比较而言的,这说明他注意到了国际法与自然法的密切关系。格老秀斯认为,自然法是从理性发生的,由人类理性自然推论出来。国际法是从共同的契约发生的,根据各国共同的意志所制定,是自然法在国际交往中的应用和体现。由此可见,国内法和国际法都根源于自然法,一切法律的渊源都是理性了。

格老秀斯把自然法视为国际法的基础与根据。在他看来,国际法的来源,虽然是出于各国的利益需要,体现各国共同的意志和共同利益,但是,他认为国际法的产生更重要的是由于人类对于共同生活的自然要求。一国必有一国

①　西方法律思想史编写组编:《西方法律思想史资料选编》,北京大学出版社1983年版,第139页。

②　西方法律思想史编写组编:《西方法律思想史资料选编》,北京大学出版社1983年版,第156页。

的法律,而以国家为单位的共同社会,自然也应该有共同遵守的法律。因为为了各国共同的利益,必须要有一种法律来调整各国之间的关系。人类自然地要求社会交往,也包括国与国之间的交往,这是一种自然本性的需要,为了满足这种需要,就要做到不能"因一国利益而害及国际的利益",①这就需要因自然法而产生的国际法。"违反了自然法和国际法,也属于自绝于天,永无安宁之保障。"②基于这样的认识,他提出了自卫权、保护财产权、战争赔偿、罪犯惩罚、条约的签订与效力、大使馆设置等等具体的法则,这些观点都极富有创见。

格老秀斯这样解释国际法当然是不科学的,但他也不可能认识到国际法的产生由于近代资本主义的发展和民族国家的出现,可是,他把自然法原则运用于国与国之间,却适应了历史的需要,不仅扩大了自然法的理论体系,而且在国际法历史上具有开创性意义。

三、国际法的地位和作用

首先,格老秀斯认为,国际法作为各国共同签订和公认的行为规范,它对各国的行为具有约束力。他斥责三十年宗教战争的残暴,强调各国之间存在着"某种共同的法律",这种法律不仅来自自然法,而且是由各国共同签订和承认而产生的,这就决定了各个国家和政府必须共同遵守,这样才能保证人类社会的和平、安全和幸福,维护世界各国之间正常的国际秩序。

其次,国际法是解决国际争端的准则。格老秀斯反对凭借暴力即战争处理国际关系,主张用和平手段,即按国际法准则,通过国际会议、仲裁、抽签等方式,达到国际争端解决的目的。当然,他也不反对在特殊情况下使用暴力,但在战争状态下也必须遵守国际法和国际习惯,要坚持正义、公正。他批驳战时无法律的观点,认为在战争时期,"只有那些民法、刑法以及和平时期适用的法律才失去效力,而那些有永久遵守义务、适用于任何时间的法律仍然应该

---

① 西方法律思想史编写组编:《西方法律思想史资料选编》,北京大学出版社1983年版,第139页。
② 西方法律思想史编写组编:《西方法律思想史资料选编》,北京大学出版社1983年版,第140页。

是有效的"。① 格老秀斯确信各国在备战和战时都具有一些共同的法律,并且这些法律仍然是有效的,为此,他还提出一系列调整战争状态中国家关系的进步主张。

再次,格老秀斯提出海上自由的思想。他著有专论《海上自由论》,强调和坚持公海自由、海洋不得为任何国家所有的理论,认为海洋是各国共同的财富,不管是整个海洋或者是海洋的重要分支,都是各国公用的,任何人或任何国家都不能把它窃为私有。

总之,格老秀斯的国际法思想把过去的万民法发展成了近代的国际法,也改变了古罗马以个人为主体的万民法概念,开创了以主权国家为主体的近代国际法。

第十四章　霍布斯的法律思想

托马斯·霍布斯(Thomas Hobbes,1588—1679 年)是英国 17 世纪伟大的哲学家和政治法律思想家。在哲学史上,他是继培根之后出现的又一位杰出的唯物主义哲学家,恩格斯称他为"第一个现代唯物主义者(18 世纪意义上的)"。① 他在欧洲法律思想史上,被誉为"名副其实的现代资产阶级政治科学之父",②近代自然法理论的创始人之一。

第一节　资产阶级政治法律科学之父

霍布斯出生于英国南部维特夏的维斯堡镇一个乡村牧师家庭,自幼家境贫寒。他早年的抚养和教育都靠其叔父资助,4 岁便被送到教会小学读书,15 岁以优异的成绩进入牛津大学麦克多伦学院学文科。当时的牛津大学还是在经院哲学统治之下,科学没有地位,数学被当作魔术而加以禁止,学生接受的是烦琐枯燥的三段论公式,青年霍布斯非常厌恶这些课程,经常跑去书店阅读游记和浏览地图。

1608 年,霍布斯大学毕业,不久他受聘于大贵族卡文迪什男爵家庭,为其儿子做家庭教师,由此跻身于上层社会,并终生同这个贵族家庭相联系,这对

---

① 《马克思恩格斯选集》第 4 卷,人民出版社 1995 年版,第 703 页。
② ［印］阿·库·穆霍帕德希亚:《西方政治思想概述》,姚鹏等译,求实出版社 1984 年版,第 117 页。

他一生的事业和学术研究有着举足轻重的意义。卡文迪什家庭事实上成了他可靠的保护人和事业上的赞助者,霍布斯可以出入第一流图书馆,还有出国旅行的考察机会,也有了接触社会名流和学者的便利条件。

霍布斯曾陪同学生三次出游欧洲大陆,这大大开阔了他的眼界,他第一次知道了大陆上还存在一门以实验为基础的科学,开卜勒、伽利略的新发现给他的思想以很大影响,欧氏几何学使他感到振奋,为创建他的哲学思想体系提供了新的方法。

1621—1625 年期间,霍布斯给政治上受贬而退隐乡间的培根做过秘书。他们俩经常在花园散步,霍布斯总是拿着纸和笔,随时记录下培根不时迸发出来的思想火花,而培根也特别喜欢霍布斯记录他的思想,因为霍布斯善于领会他的思想,比别人更能明白理解他的思想,可见,这位"英国唯物主义和整个现代实验科学的真正始祖"①、英格兰的大法官的思想对霍布斯产生了深刻的影响。

1637 年,苏格兰爆发了大规模的人民起义,并且得到了英格兰人民的同情和支持。资产阶级和新贵族结成了反对国王的同盟,国王下令解散了短期国会,王党和国会之间的矛盾达到了异常尖锐的程度。就在这一年年底,霍布斯返回英国,并且写作了《法律要旨》一书。在这本著作中,他极力表明他的政治法律观点,认为国王应拥有绝对权力,国家权力不可分割地属于统治者。但这却遭致来自王党和国会派两方面的反对,他的社会契约论激怒了君权神授论的王党信徒,而对君主专制的辩护又引起了国会派们的斥责。因此,在1642 年国会派和王党内战爆发前夕,霍布斯随卡文迪什家族逃到了法国避难,在巴黎过了 11 年的流亡生活。

霍布斯流亡巴黎期间,受到了以著名数学家梅桑纳为首的学者团体的热烈欢迎和热忱相待,巴黎当时是欧洲著名学者云集之处,霍布斯和他们都有交往。流亡巴黎 11 年,这也是他一生中最富有成果的创作时期。霍布斯坚持英国经验论传统,在同二元论者笛卡尔的论辩中同伽桑狄结成了好友。1642年,霍布斯把《法律要旨》一书后一部分《论公民》作了扩充,并且增加了论宗教的章节,更详尽地论述了教会与国家之间的关系,强调教会与国家的一致

---

① 《马克思恩格斯文集》第 1 卷,人民出版社 2009 年版,第 331 页。

性,而且认为解释圣经、解决宗教争端、决定民众的礼拜仪式等权力应属于国王。该书用拉丁文在荷兰匿名发表,并在社会上引起了很大的反响,霍布斯亦因此获得声誉。《论公民》可以说是霍布斯政治法律思想的大纲,其后的政治法律著作不过是这个大纲的展开和阐述。

1647 年,霍布斯修订《论公民》,以《公民哲学要旨》书名在荷兰出版。

1651 年底,霍布斯回到克伦威尔统治下的英国。英国的保王党失败了,查理一世国王被送上了断头台,废除了君主制,建立了共和国,这种形势十分有利于霍布斯,他的名著《利维坦》很快便在伦敦出版了。"利维坦"是圣经中记载的一种巨大的海兽,力大无比。霍布斯以此来命名他的著作,用意是认为国家无比强大。全书分四部分:(一)《论人类》阐述他的唯物主义观点,和对人的自然本性;(二)《论国家》是全书主体,描述人们在自然状态下的自然权利以及"利维坦"的诞生、主权者的权力、人民的义务等;(三)《论基督教国家》强调世俗政权高于教会;(四)《论黑暗的王国》抨击罗马教会。这部著作可看做是英国资产阶级革命斗争的概括与总结,它批判以僧侣为代表的封建势力,同时又反对平民的革命民主倾向,因此,在实际上是为确立大资产阶级和上层新贵族的专政作理论上的论证。《利维坦》发表,霍布斯因此声名大振。回国后在新政权庇护下,霍布斯一直平静地从事著述活动。

1658 年,克伦威尔病死。1660 年,查理二世即位,史称王政复辟时代。霍布斯曾经是流亡巴黎的查理二世的数学老师,因此,他又得到了新国王的厚待和礼遇。但是,王宫大臣和教会人士是不可能容忍霍布斯这样的无神论者的,加之他和牛津大学教授们以及英国皇家学会的论战,使他陷于严重的政治危机,以致受到各方面的攻击和迫害。1665 年大瘟疫和 1666 年伦敦大火之后,教会宣称大瘟疫和大火均是由无神论和自由思想泛滥造成的,下议院通过了查禁渎神作品的法案,霍布斯的《利维坦》也自然成了攻击和查禁的对象,他的思想亦因此变得保守。

霍布斯终身未婚,1679 年冬天,他随卡文迪什家迁居,同年 12 月 4 日这位老哲学家悄然去世了,享年 91 岁。霍布斯一生勤奋著述,84 岁高龄还用拉丁文写了一部《自传》,87 岁时还把荷马的诗译成英文。《利维坦》是霍布斯政治法律思想的代表作,其历史地位"可以同古代亚里士多德《政治学》遥相匹比"。此外,还有《论物体》、《论人》等。

第二节　《利维坦》与机械唯物论

当霍布斯第三次访问欧洲大陆时,他就在心中构筑着自己宏伟的哲学体系,经过二十多年的努力,1658 年《论人》一书出版了,这是其哲学体系完成的标志。霍布斯并不是法学家,而是一个哲学家,但他"具有广博的英格兰法律文献和法律的知识",①他的法律思想包容在其哲学体系之中,因此,了解和分析这个哲学体系,是我们认识与研究其法思想的基础工作。

霍布斯的哲学体系以"物体"范畴为核心,由自然哲学、伦理学和政治学三部分组成。霍布斯认为,哲学以物体为对象,而物体又分为两类,一类是自然物体,一类是人工物体即国家。自然物体是自然的,人工物体则由人的意志和契约创造出来的。因此便产生出两种哲学,即自然哲学和公民哲学。他说,人一方面属于自然的物体,另一方面人又是人工物体(国家)的创造者和组成材料,所以人是自然物体和人工物体之间的中介物。为了认识国家这个人工物体,就必须了解它的创造者和组成材料即人的气质、爱好和行为。这样,公民哲学又可分为两部分:一是伦理学,研究人的气质和行为;二是政治学,研究人的公民责任。其法律思想自然就包含在他的公民哲学之中。

霍布斯概括了 17 世纪自然科学特别是数学、力学发展的最新成果,认为"物体是不依赖于我们思想的东西,与空间的某个部分组合或具有同样的广袤",并且"它的产生或特性我们是能够认识的"。② 他还说:"世界(我说的不只是指地球,⋯⋯而是指宇宙,即一切存在物的整体)是有形体的,就是说是物体。它具有长、宽、高的度量,因此,宇宙的每一部分,都是物体,不是物体的,就不是宇宙的一部分。因为宇宙是全体,不是宇宙一部分的东西,就是虚无,因此就不存在。"③这既肯定了物体的客观实在性,又提出了宇宙是物体总

①　[英]戴维·M.沃克:《牛津法律大辞典》,邓正来、江山等译,光明日报出版社 1989 年版,第 413—414 页。

②　北京大学哲学系编译:《十六—十八世纪西欧各国哲学》,商务印书馆 1975 年版,第 83、64 页。

③　[英]霍布斯:《利维坦》,黎思复、黎廷弼译,商务印书馆 1985 年版,第 524 页。

和的思想,从机械唯物主义立场论证了世界的物质统一性,排除了经院哲学家"隐蔽的质""无形的实体"即上帝存在的有神论。霍布斯说,既然上帝是没有形体的,那就是不可知的,也就是根本不存在的。由此可见,所谓神与灵魂的观念都只是一种虚构。

霍布斯还分析了宗教产生的根源,认为一是人对自然界事物终极原因的追求,二是人们对不可见力量的心理恐惧,三是宗教教育导致人们的信仰,而更为重要的原因是统治者利用人们心中宗教迷信的自然种子,制定成法律,作为统治人们的工具。他说:

> 许多人都看到了这种宗教的种子。其中有些人看到了之后便把它加以培植和装饰使之成为法律,同时还根据自己认为怎样最能统治别人并能最大限度地使用他们的权力的方式,对未来事件的自然原因任便加上自己编造的说法。①

统治者把自己打扮成神在人间的代表,宣扬"原罪说"和渎神罪,甚至贩卖"赎罪符",借以欺骗人民,使人民安于统治。霍布斯指出,圣经不过是不同时期的不同的人作品汇集,并不是上帝的教谕,也不是上帝的语言,更不存在什么上帝的启示。他说,"赎罪符"是教会搞的欺骗买卖,如果罪孽可以用金钱来补赎,那就等于说可以用金钱购买犯罪的自由。他甚至尖锐地指出,教皇和僧侣"是骗子的集团,为了操纵人间,用黑暗荒谬的教义来扑灭人们心中自然的和神赋的光明","教皇势力达到极盛,人间的黑暗也就达到了极点"。② 霍布斯用理性批判信仰,用哲学排斥神学,用世俗世界否定"天上之城",这就为他的法律思想提供了无神论基础,剥开了中世纪以来传统的自然法思想的神学外衣,既"消除了培根唯物主义中的有神论的偏见",③创立了欧洲近代的第一个无神论体系,又为 17、18 世纪无神论和自然法思想的传播与发展开辟了道路。

但是,霍布斯的唯物主义毕竟是机械的形而上学的唯物主义,他把人看做是机器,人也要服从机械力学的原则。他说:"生命不过是由内部关键部件发

---

① [英]霍布斯:《利维坦》,黎思复、黎廷弼译,商务印书馆 1985 年版,第 78 页。
② [英]霍布斯:《利维坦》,黎思复、黎廷弼译,商务印书馆 1985 年版,第 472、479 页。
③ 《马克思恩格斯文集》第 1 卷,人民出版社 2009 年版,第 332 页。

动起来的胶体运动","心脏不过是发条,神经不过是一些游丝,关节不过是一些齿轮"。① 因此,"人类的共同欲望就是无休止地追求权力,至死为止",②这是由机械力学原理决定的,也可以用数学力学原理来加以证明。霍布斯在此基础上,又把国家视为一个人造的机器人,是人这部小机器的放大,也可以用数学力学原理来进行研究。他说一国的主权,如灵魂;官吏,如骨骼;财富,如体力;赏罚,如神经;民和,如健康;民怨,如疾病;内乱,如死亡。并且认为,国家这个机器人的组织和力量无穷,它是自然人的保护者。这虽然否定了君权神授、神创论,是用人的眼光观察国家,但他又没有看到国家政权作为上层建筑的核心归根到底是由经济基础决定的,而且主权、官吏、财富、赏罚之间并不简单地如同身体各部分之间的关系,这就使得他在理论上的不彻底和牵强附会。"格老秀斯把自然法从神学结成古老联盟的情况下解放出来,认为甚至可以假定不要上帝,但他却从未想到自然界机械化的问题。"③霍布斯是反封建神学的勇猛斗士,他的体系"是第一次把政治哲学作为科学知识的机械实体一部分加以对待的真诚尝试",④但却是形而上学和历史唯心主义的,以至于他不能将自己许多积极的思想贯彻到底。

第三节　主权在君的自然法

　　霍布斯是一位唯物论的经验论哲学家。萨拜因说,如果霍布斯像从经验出发的后继者休谟和边沁那样完全摒弃自然法,他的事情就会好得多。如果他径直从人性这一事实出发,他就会通过观察来论证其理想的价值目标。但是,这条路线会与17世纪认为好的科学方法即几何学的演绎方法背道而驰。

---

　　① ［英］霍布斯:《利维坦》,黎思复、黎廷弼译,商务印书馆1985年版,第8页。

　　② ［英］霍布斯:《利维坦》,黎思复、黎廷弼译,商务印书馆1985年版,第75页。

　　③ ［美］乔治·霍兰·萨拜因:《政治学说史》下册,盛葵阳、崔妙因译,商务印书馆1986年版,第518页。

　　④ ［美］乔治·霍兰·萨拜因:《政治学说史》下册,盛葵阳、崔妙因译,商务印书馆1986年版,第518页。

因此,"霍布斯不但保留了自然法,而且在他的政治理论中还赋予自然法以重要地位"。① 从法哲学思维看,说明霍布斯又受到了大陆唯理论的深刻影响。为了回答人类基本的政治法律问题,他"既没有乞灵于神学,也没有求助于历史。相反,他决定凭借关于自然状态的假设,他认为,只有这种假设才能够解释文明社会、政府及其活动的基础"。② 当然,这种假设并不是先验的"天赋观念",而是经验的总结。

一、人性论

已如前述,霍布斯把人与国家都视为机器,用机械唯物论原理去分析人,这构成了他整个政治法律思想的理论基础。他认为人与动物都是自然的产物,都有一种不由自主的生理运动,比如血液循环、呼吸和消化等。但是,人又与动物不同,那就是人具有一种由想象力(情感)引起的自主运动,这种自主运动使人追求或逃避某种事物。霍布斯把人心灵中这种能力称为爱力或情感,这种情感(爱欲或憎恶)是因外物作用而产生的,并且成为人类道德的出发点。这正如马克思恩格斯指出的,霍布斯把人的情欲看做是机械运动,追求的对象是我们谓之为幸福的东西,而"人和自然都服从于同样的"③机械力学原则。

在此基础上,霍布斯进而把人所欲求的称为善、憎恨的称为恶。他认为,对人是善的事物,都能够帮助人的生命运动,引起感官快乐,使人保持生存;对人是恶的事物,则引起人的不快和厌恶,令人痛苦,不利于人的生存。显然这是一种机械论观点,把人的善恶观念归结为外物作用于人而引起的感官苦乐。正因为如此,霍布斯提出人的本性就是追求感官快乐,躲避感官痛苦,认为人都是只追求于己有利的事物,因而人的本性是极端利己的,人生就是一个不断追求个人欲望满足的过程。但是,人本来又是平等的,"由这种能力上的平等出发,就产生达到目的的希望的平等"。可是,"任何两个人如果想取得同一

---

① [美]乔治·霍兰·萨拜因:《政治学说史》下册,盛葵阳、崔妙因译,商务印书馆1986年版,第520页。

② [印]阿·库·穆霍帕德希亚:《西方政治思想概述》,姚鹏等译,求实出版社1984年版,第119页。

③ 《马克思恩格斯文集》第1卷,人民出版社2009年版,第332页。

东西而又不能同时享用时,彼此就会成为仇敌。""他们的目的主要是自我保全,有时则只是为了自己的欢乐;在达到这一目的过程中,彼此都力图摧毁或征服对方。"①这就是说,人们由于能力上相同,也就希望有同等机会去占有和享用相同的事物。但由于人的利己天性,一旦追求的事物不能共同享用时,人与人之间为了求得自己的利益和安全,就必然互相压制,互相摧残,人和人成了敌人,彼此如同豺狼。这就是霍布斯的"性恶论",在霍布斯看来,他的性恶论并不是由人类本性的"平等性"推导出来的,而是源于人极端的利己天性。②

二、社会契约论

霍布斯据"性恶论"提出了自然状态说。他认为人的自然状态是一种一切人反对一切人的战争状态,这种战争状态是由人的天性造成的。他说,人有三种品性,即竞争、猜疑、荣誉。竞争使人为了求利,猜疑使人为了求安全,荣誉使人进行侵犯。"根据这一切,我们就可以显然看出:在没有一个共同权力使大家慑服的时候,人们便处在所谓的战争状态之下。"③

在这种人人相互为敌的战争状态下,"产业是无法存在的","土地的栽培、航海、外洋进口商品的运用、舒适的建筑、移动与卸除须费巨大力量的物体的工具、地貌的知识、时间的记载、文艺、文学、社会等等都将不存在。最糟糕的是人们处于暴力死亡的恐惧和危险中,人的生活孤独、贫困、卑污、残忍而短寿"。④ 同时,这种战争状态还会产生另一种结果,那就是"不可能有任何事情是不公道的","是和非以及公正与不公正的观念在这儿都不存在。"⑤霍布斯认为,没有共同权力的地方就没有法律,而没有法律的地方就无所谓公正,暴力与欺诈成为主要的美德,而且也没有财产,没有统治权,没有"你的"和"我的"之分。

霍布斯认为,生活在这种状况中的人类由于"对死亡的恐惧,对舒适生活所必需的事物的欲望",还有"理智"的"提示",使人类有可能摆脱这种自然状

---

① ［英］霍布斯:《利维坦》,黎思复、黎廷弼译,商务印书馆1985年版,第93页。
② 张宏生:《西方法律思想史》,北京大学出版社1990年版,第106页。
③ ［英］霍布斯:《利维坦》,黎思复、黎廷弼译,商务印书馆1985年版,第94页。
④ ［英］霍布斯:《利维坦》,黎思复、黎廷弼译,商务印书馆1985年版,第95页。
⑤ ［英］霍布斯:《利维坦》,黎思复、黎廷弼译,商务印书馆1985年版,第96页。

态。霍布斯把能使人类走出自然状态的条件称为"和平条件",即"自然律",也就是自然法。自然律是建立在理性之上的普遍法则,他说:

> 自然律是理性所发现的戒条或一般法则。这种戒条或一般法则禁止人们去做损毁自己的生命或剥夺自己生活的手段的事情,并禁止人们不去做自己认为最有利于生命保全的事情。①

这就是说,自然法不是保护自然状态中每个人基于本性本能的自然权利,而是限制这种权利,以便维护和平与秩序。

但是,自然法的调整还必须有人们足以遵从的公共权力的权威,有了这种权威,人类才可能摆脱敌对状态而进入和平。怎样才能建立这种公共权力呢?霍布斯说,只有通过订立契约,因为公共权力来自每个人所转让的自然权利,而"权利的相互转让就是人们所谓的契约",②通过契约的订立才能完成权利的转让。可见,订立社会契约是人类摆脱自然状态的必经之路。他说:

> 如果要建立这样一种能抵御外来侵略和制止相互侵害的共同权力,以便保障大家能通过自己的辛劳和土地的丰产为生并生活得很满意,那就只有一条路——把大家所有的权力和力量托付给某一个人或一个能通过多数的意见把大家的意志化为一个意志的多人组成的集体。这就等于是说,指定一个人或一个由多数人组成的集体来代表他们的人格,每一个人都承认授权于如此承当本身人格的人在有关公共和平或安全方面所采取的任何行为或命令他人作出的行为,在这种行为中,大家都把自己的意志服从于他的意志,把自己的判断服从于他的判断。这就不仅是同意或协调,而是全体真正统一于唯一人格之中;这一人格是大家人人相互订立信约而形成的,其方式就好像是人人都向其他的人说:我承认这个人或这个集体,并放弃我管理自己的权利,把它授予这人或这个集体,但条件是你也把自己的权利拿出来授予他,并以同样的方式承认他的一切行为。这一点办到之后,像这样统一在一个人格之中的一群人就称为国家,在拉丁

---

① [英]霍布斯:《利维坦》,黎思复、黎廷弼译,商务印书馆1985年版,第97页。
② [英]霍布斯:《利维坦》,黎思复、黎廷弼译,商务印书馆1985年版,第100页。

文中称为城邦。"这就是伟大的利维坦(Leviathan)的诞生。"①
在霍布斯看来,通过自然状态下的人们自行缔结的契约,自己在自然状态中享有的一切自由和权利托付给某一个人或多人组成的集体,所有人的人格即统一在一个人格之中,这样的一群人就是国家,国家产生,和平与安全就有了保障。霍布斯的国家起源论同他的社会契约论一样显然是唯心主义的,但他否认了君权神授,如马克思指出的是"用人的眼光来观察国家"②,凭借理性和经验而不是神学来分析国家形成过程,把国家作为人造的物体,这却是一种进步。他诉诸一种假设的自然状态作为现存的人类社会和国家的原因,这"给西方政治学带来革命",③因为摆脱了神权理论,把运动的科学定律引入政治法律思维领域,并且宣布了理性的胜利,国家的产生是人类服从理性指引的结果。

当然,我们还必须看到霍布斯的社会契约论旨在为其君主专制理论服务。他认为人们既然将权利转让,通过按约建立的国家的主权者的权力就是绝对的、至高无上的、不可分割和不可转让的。最高权威虽然是契约的产物,却不遵从契约,因为"契约一经缔结,永世不得翻悔。第三者(主权者)并不是缔结者的一方,所以不受契约的拘束。只要国家主权者能够保障人民的生命,防止外来的侵略,其权力是无限的。一切立法、司法、行政、军队,都由主权者独揽,人民的言论都不能有自由"。④　相反,如果分权,如果人民另与他人签约而不服从主权者,甚至反对、处死主权者,那就是不义。印度学者穆霍帕德希亚认为这正是霍布斯政治法律论点的纲要。⑤　李达生前说过,霍布斯与格老秀斯均属于"拥护君权的自然法学派",特别是"霍布斯是绝对君主专制的拥护者",⑥我们认为这些论断还是比较客观的、中肯的。霍布斯的思想是对布丹主权论的极端发展。

①　[英]霍布斯:《利维坦》,黎思复、黎廷弼译,商务印书馆1985年版,第131—132页。
②　《马克思恩格斯全集》第1卷,人民出版社1995年版,第227页。
③　[印]阿·库·穆霍帕德希亚:《西方政治思想概述》,求实出版社1984年版,第122页。
④　李达:《法理学大纲》,法律出版社1983年版,第43页。
⑤　[印]阿·库·穆霍帕德希亚:《西方政治思想概述》,求实出版社1984年版,第120页。
⑥　李达:《法理学大纲》,法律出版社1983年版,第38、43页。

三、自然法

霍布斯在论述国家起源过程中,提出了自然法思想,其自然法思想归纳起来有以下内容:

1. 自然法的定义。在上述"社会契约论"中我们已引述自然法的定义,霍布斯认为自然律是一种戒条、箴言、普遍的规则,它"是永恒不变的",①根本含义是自爱自保,"不义、忘恩、骄傲、不公道、偏袒等等都决不可能成为合乎自然法的"。② 因此,自然法的一般法则是:每一个人只要有获得和平的希望时,就应当力求和平;在不能得和平时,他就可以寻求并利用战争的一切有利条件和助力。③

2. 由自然法的一般原则产生出两部分:第一,"寻求和平、信守和平";第二,利用一切可能的办法来保卫我们自己。霍布斯把第一部分称为"基本的自然律"。④

3. 第二个自然律就是大家放弃为所欲为地占有物的权利,我对别人享有的自由,以他人对自己享有的自由为标准:

> 当一个人为了和平与自卫的目的认为必要时,会自愿放弃这种对一切事物的权利,而以对他人的自由权方面满足相当于自己让他人对自己所具有的自由权利。因为只要每个人都保有凭自己想好做任何事情的权利,所有的人就永远处在战争状态之中。但是如果别人都不像他那样放弃自己的权利,那么任何人就都没有理由剥夺自己的权利,因为那就等于自取灭亡(没有人必须如此),而不是选取和平。这就是福音书上那条戒律"你们愿意别人怎样待你们,你们也要怎样待别人",也就是那一条一切人的准则,"己所不欲,勿施于人"。⑤

这里的"己所不欲,勿施于人"是其自然法思想的总括,也是"总则"。因为自然法的目的是"寻求和平、信守和平",而人们为了满足自己的欲望就需要和

---

① [英]霍布斯:《利维坦》,黎思复、黎廷弼译,商务印书馆1985年版,第212页。
② [英]霍布斯:《利维坦》,黎思复、黎廷弼译,商务印书馆1985年版,第212页。
③ [英]霍布斯:《利维坦》,黎思复、黎廷弼译,商务印书馆1985年版,第98页。
④ [英]霍布斯:《利维坦》,黎思复、黎廷弼译,商务印书馆1985年版,第98页。
⑤ [英]霍布斯:《利维坦》,黎思复、黎廷弼译,商务印书馆1985年版,第98页。

平,因此,霍布斯认为人们能够遵守自然法的原则和内容。在这里,"己所不欲,勿施于人",又是道德的最高原则,这不仅表明道德归根到底取决于自然法,而且自然法的实质也在于道德。他说:"关于这些自然法的科学,乃是真正而仅有的道德哲学。因为道德哲学不外是人类社会和生存中关于善与恶的意义的科学。"①又说:"自然法就是公道、正义、感恩以及根据它们所产生的其他道德。"②明确地将自然法归结为道德,这在欧洲法律思想史上具有开创的意义。

4."所定信约必须履行"。霍布斯认为这是根据人们有义务将那些保留起来就会妨碍人类和平的权利转让给其他人的自然法而产生的"第三自然法"。③ 如果没有这一条,"信约就会无用,徒具虚文",人们就会仍然处在战争状态中。信守契约合符正义、理性,不履行信约则是不义和违反理性,因此,自然法不允许不履行信约的例外,一切人都必须遵守。

5.在自然状态下,"所有的人都是平等的,根本没有谁比较好的问题存在"。④ 霍布斯认为亚里士多德据人的天性就把人区分为"治人"和"役于人"两类是违反理性和经验的。他说,主仆之分是由于人们同意而不是因为智力差别。因此,"进入和平状态时,任何人都应当承认他人与自己生而平等,违反这一准则的就是自傲"。⑤ 但是,这种生而平等的自然状态并不能使人幸福,人要幸福,人的私利要得到保证,就须通过契约而进入社会状态。

霍布斯的自然法除了上述原则之外,还有一些其他原则和内容,他继格老秀斯之后完成了近代自然法理论体系,其进步意义在于反神权、反封建,而且,如此详尽系统地论述自然法,在西方法律文化史上,霍布斯当是第一人。当然,其阶级实质是维护英国大资产阶级和新贵族的统治,用自然法平等的形式反对旧的不平等而又掩盖了新的不平等。

---

① 周辅成编:《西方伦理学名著选辑》,商务印书馆 1964 年版,第 671 页。
② [英]霍布斯:《利维坦》,黎思复、黎廷弼译,商务印书馆 1985 年版,第 207 页。
③ [英]霍布斯:《利维坦》,黎思复、黎廷弼译,商务印书馆 1985 年版,第 108 页。
④ [英]霍布斯:《利维坦》,黎思复、黎廷弼译,商务印书馆 1985 年版,第 117 页。
⑤ [英]霍布斯:《利维坦》,黎思复、黎廷弼译,商务印书馆 1985 年版,第 117 页。

第四节　实在法思想

霍布斯认为实在法是由社会契约而产生的,所以叫民约法,它对所有的人都有约束力,它"不是建议而是命令,也不是任便一个人对任便另个人的命令,而是专对原先有义务服从的人发布的那种人的命令",①他说:

> 考虑了以上的情形之后,我便对约法提出以下的定义:约法对于
> 每一个臣民说来就是国家以语言、文字或其他充分的意志表示命令
> 他用来区别是非的法规;也就是用来区别哪些事情与法规相合,哪些
> 事情与法规相违的法规。②

霍布斯不像以往的思想家将神法、自然法、习惯法、人定法并列,从而引申出法律的定义。霍布斯依据他的国家起源论提出了自己的法律定义,并且从这个定义推导出实在法的一系列特征。

一、"唯有主权者能充当立法者"

立法者就是制定法律的人,如在君主国家那就是一个人,而在民主和贵族国家中就是多数人组成的会议,因为"唯有国家才能规定并命令遵守我们称为法律的法规"。同时,主权者还拥有变更或废除法律的权力,而且主权者不受法律的约束,"国家的主权者不论是个人还是会议,都不服从国法"。③ 因此,所有的成文法与不成文法,其权威与效力都是从国家的意志中得来的,也就是从代表者的意志中得来的。否则,就是无效的。在君主国里,这代表者就是君主,在其他国家中则是主权会议。当然主权者的意志性单是以明文规定并加以公布还不够,还必须要有明显的证据,即要有授权者和权力的充分证明,比如,所有的法律要通过公共典籍、公众辩护人、公众代理人和公家印鉴的证明才具有效力。

---

① ［英］霍布斯:《利维坦》,黎思复、黎廷弼译,商务印书馆1985年版,第205—206页。
② ［英］霍布斯:《利维坦》,黎思复、黎廷弼译,商务印书馆1985年版,第206页。
③ ［英］霍布斯:《利维坦》,黎思复、黎廷弼译,商务印书馆1985年版,第207页。

二、实在法与自然法相辅相成,互相渗透,其范围也相同

霍布斯说:"自然法与民约法是互相包容而范围相同的。"①自然法是一系列道德要求,在自然状态下它不是法律,而只是使人们倾向于和平与服从的品质。国家一旦成立,它就变成了实际的法律,成了国家的命令。因为要使公道、正义、道德具有约束力,就必须是主权者的命令,并规定对违反者施加什么惩罚,这种法令因之便是国法的构成部分。反过来,民约法也是自然法指令的一个组成部分,因为正义作为自然法的指令也是服从国法的信约要求。因此,"民约法和自然法并不是不同种类的法律,而是法律的不同部分,其中以文字载明的部分称为民约法,而没有载明的部分则称为自然法"。② 二者的区别在于"自然法自宇宙洪荒以来一直是法律,不但称为自然法,而且也称为道德法规,是由信义、公道等品德以及一切有益于和平与仁爱的思想习惯组成的"。③而民约法不是自然和永久存在的,"是根据具有主权管辖他人的人的意志制定的法律"。④ 另外,自然法不以成文的形式表现,而民约法一定表现为语言、文字等成文法的充分表达形式。

三、法律就是正义,是国家理性的体现

霍布斯沿袭了古代以来的自然法思想,把法律同正义、理性联系在一起,他认为正义根源于第三条自然法的原则,即信守契约,这又与历史上的正义论有了区别。霍布斯说,在自然法"所订信约必须履行"中包含了正义的泉源,"正义就是将每人自己所有的东西给予自己的恒定意志",⑤因此,"没有所有(即没有所有权)的地方就没有不义存在;而强制权力没有建立的地方(也就是没有国家的地方)就没有所有权存在"。⑥ 也就是说,只有在有了国家和法律,明确了所有权的社会里才可能有正义。把正义视为不是永恒的,而是同商品经济、同国家与法律紧密联系在一起,这反映了资产阶级维护财产私有权的要求。

---

① [英]霍布斯:《利维坦》,黎思复、黎廷弼译,商务印书馆1985年版,第207页。
② [英]霍布斯:《利维坦》,黎思复、黎廷弼译,商务印书馆1985年版,第208页。
③ [英]霍布斯:《利维坦》,黎思复、黎廷弼译,商务印书馆1985年版,第221页。
④ [英]霍布斯:《利维坦》,黎思复、黎廷弼译,商务印书馆1985年版,第221页。
⑤ [英]霍布斯:《利维坦》,黎思复、黎廷弼译,商务印书馆1985年版,第109页。
⑥ [英]霍布斯:《利维坦》,黎思复、黎廷弼译,商务印书馆1985年版,第109页。

在霍布斯看来,所有权正是由国家法律规定和明确的,因此,只有在有法律的社会里才会有正义,"法律就是关于正义与不义问题的法规,被认为不义的事情没有一种不是和某些法律相冲突的"。① 在这里,法律成了正义的准则。他认为,任何法律都不可能是不公正的,"国家的法律正像游戏的规则一样,参加的人全都同意的事情对他们每一个人说来都不是不公正的。良法就是为人民的利益所需而又清晰明确的法律"。②

同时,"法律不能违反理性"。法律之所以成为法律,不仅看法律的条文,还要看立法者的意图,即主权者的理性,因为不是任何平民的理性都可以被接受为法律的,甚至"法官的慎虑或低级法官的智慧"也不能构成法律,法律只能是"人造的人——国家的理性和命令",③这样在霍布斯那里,法律、正义、理性就统一在一起了。

四、法律作为主权者的命令,必须通过语言、文字等形式颁布,使人们了解和理解

霍布斯说:"法律是一种命令,而命令则是通过语言、文字或其他同样充分的论据发布命令的人之意志的宣布或表达。根据这一点,我们就可以认识到,国家的命令,仅仅对于能了解的人说来才是法律。对于天生的白痴、儿童或疯人说来,就像对于禽兽一样,法律是不存在的。"当然,由于他们不了解法律而不遵守法律,"是不加追究的"。如果法律"没有用明文或其他方式在人们可以看到的地方加以公布",那就不是实在法,而是自然法了。公布的目的在于人们了解而遵守,因此,霍布斯又主张法律"条文本身要尽量简洁,用字要尽量恰当而又意义明确"。④

五、法律分类

霍布斯用比较的方法研究法律分类问题,他主要是把罗马各种法律同英

---

① [英]霍布斯:《利维坦》,黎思复、黎廷弼译,商务印书馆1985年版,第206页。
② [英]霍布斯:《利维坦》,黎思复、黎廷弼译,商务印书馆1985年版,第270页。
③ [英]霍布斯:《利维坦》,黎思复、黎廷弼译,商务印书馆1985年版,第210页。
④ [英]霍布斯:《利维坦》,黎思复、黎廷弼译,商务印书馆1985年版,第271页。

国各种法律进行对比,并仿照罗马法的分类,从而提出自己的见解。

1.罗马皇帝的谕旨、敕书、律令,英格兰国王的告谕与此相类。

2.罗马全体人民的命令,英格兰议会法案与此类相似。

3.罗马平民的命令(平民投票),英格兰议会下院的命令与此相似。

4.元老院法令,英国枢密院(议会谘询)法案与此相同。

5.执政官布告(批示),英格兰首席法官(大法官)批示与此同类。

6.罗马法学家解释,英国大法官的判例与此相同。

7.还有不成文的习惯,为罗马皇帝默认而又不违背自然法,就是真正的法律了。①

上述分类在霍布斯看来并不是固定不变的,而是同时代以及著述家们的眼界与方法密切相关,他认为按传统方法,仍可以把法律分为自然法和成文法两大类。成文法又分为人法和神法两种。神法是上帝的谕令,是通过上帝授权宣布的人向某一个人或某一些人宣布的法律。这表明霍布斯思想的矛盾,反神学的不彻底性。人法中又分为分配法和刑法,分配法是决定臣民权利的法律,即土地或财物的私有权以及行动自由等,刑律则是宣布对违法者应施加什么惩罚的法律。② 另外,霍布斯根据法律与国家的关系把法律分为基本法和非基本法。基本法就是取消了以后,国家将像屋基被毁的房屋一样而无法成立并彻底解体的法律,可见是国家的根本法,即宪法,非基本法则是废除之后不会使国家解体的法律,即国家的普通法。③

霍布斯还从法律与人权的关系中引申出资产阶级的自由,并在《利维坦》中列专章论述了法与自由的关系,提出畏惧与自由相容、自由与必然相容、自由不是免除法律、自由是在法律限制的范围内等思想,这在欧洲近代政治法律思想史上有开创意义。此外,他对法律的制定和实施、对法官的品质和条件等问题也作了较为细致的分析,提出了一些有价值的观点,对后来的思想家产生了一定的影响。

---

① ［英］霍布斯:《利维坦》,黎思复、黎廷弼译,商务印书馆1985年版,第220—221页。
② ［英］霍布斯:《利维坦》,黎思复、黎廷弼译,商务印书馆1985年版,第221页。
③ ［英］霍布斯:《利维坦》,黎思复、黎廷弼译,商务印书馆1985年版,第224—225页。

第十五章 洛克的法律思想

约翰·洛克(John Locke,1632—1704 年),英国著名的哲学家,"光荣革命"时期资产阶级民主派主要的政治法律思想家,近代古典自然法学派的杰出代表之一。梯利认为,历史上"没有一个哲学家比洛克的思想更加深刻地影响了人类的精神和制度",①他"是一切形式的新兴资产阶级的代表"。②

洛克出身于英格兰西南部萨莫塞特郡林格通城一个严格的清教徒家庭,他的祖父是一位中等资产者,父亲当过律师,而且是个小地主。内战爆发后,其父站在议会一边,参加了克伦威尔的革命军队,在战争中负伤致残。这样的家庭环境自然对他的思想形成产生了一定的影响。

1646 年,洛克被其父送到伦敦威斯敏斯特中学读书,这是一所由国会管理的学校,在这里他打下了传统古典文学方面的基础。1652 年,洛克进入牛津大学基督教会学院读书。洛克在牛津度过了 16 个年头,毕业后又充任希腊文和哲学教员。当时牛津大学还盛行着经院哲学,这使他感到厌恶,但对笛卡尔和培根等人的哲学思想却兴趣盎然,并且开始从事医学和实验科学的研究,还结交了近代化学和物理学奠基人之一的波义耳、著名的医学家希顿汉姆和大科学家牛顿。实验科学特别是笛卡尔哲学,对他从经院哲学的思维谈话方式中拯救出来起了思想解放的作用。

1667 年是洛克一生中又一个新的起点,这一年他医好了当时最著名的政治家阿希莱勋爵久治不愈的疾病,挽救了他的生命。因此,阿希莱勋爵特聘请

---

① [美]梯利:《西方哲学史》下卷,商务印书馆 1979 年版,第 95 页。
② 《马克思恩格斯全集》第 31 卷,人民出版社 1998 年版,第 472 页。

洛克去伦敦做家庭医生和秘书,从此,洛克一生同阿希莱家族的联系如同霍布斯与卡文迪什家族的关系,随着英国的政治漩涡而沉浮。阿希莱先后担任过大法官、贸易和殖民委员会主席、贵族院议长等重要职务,是英国资产阶级和新贵族的政治代表,他领导辉格党与代表王家势力的托利党进行了长期的党派斗争。洛克作为阿希莱的政治顾问,在这个家庭里生活了15年之久,他们经常一起讨论政治问题,这无疑对洛克深刻认识英国社会的政治法律状况和获得丰富的政治经验具有重大的意义。

1682年,阿希莱因政治失败逃往荷兰,洛克因避难也于1683年逃亡荷兰,直到1688年"光荣革命"辉格党政变成功才返回伦敦。在荷兰的5年流亡生活,洛克与大陆学界名流有了广泛接触,大大开阔了他的眼界和思路,并且也有了时间从事著述活动。这期间他完成了《教育漫谈》、《论宗教宽容的书信》、哲学巨著《人类理智论》等。

1689年洛克回国后,作为辉格党的理论家一跃而为政界和学术界的风云人物,但他主要的活动仍然是从事学术研究。1690年出版《政府论》上下篇,这是一部适应英国资产阶级建立政治机构需要的著作,洛克的目的也是为了帮助威廉确立王位,即为通过1688年妥协奠定的立宪君主制及其法律制度辩护。

1704年10月28日,这位"1688年的阶级妥协的产儿"、①17世纪杰出的哲学家洛克逝世,享年73岁。他的遗体安葬在奥提斯教堂。洛克的著作大多是在1688年政变之后出版的,其中《政府论》两篇是反映他的法律思想的代表作。

第一节　提倡民权的自然法学

一、对神权法思想的批判

洛克同霍布斯一样是唯物论的经验论者,霍布斯的唯物主义成为他政治法律思想的出发点。洛克提出了著名的"白板说",认为心灵自身不能形成观

---

① 《马克思恩格斯选集》第4卷,人民出版社1995年版,第703页。

念或具有知识。他说,知识来自感觉经验,人们的认识只能通过观察和反省,也就是通过经验,才能获得知识。因此,洛克与霍布斯非常相似,强调只有从抽象的神学和形而上学中解放出来,才能认识政治和法律。

神权法思想是西欧封建社会君主专制的理论基础之一,因此它是建立资产阶级政治法律制度的严重障碍。17世纪英国神学政治法律思想的代表人物是菲尔麦,他以圣经为根据,宣扬"君权神授"和"王位世袭",这虽然是一种陈腐的理论,但经过漫长的中世纪,人们的思想被其严重地束缚,在当时的英国也相当有市场,甚至很多议员虽然反对国王的专制与暴虐,但仍信奉国王是上帝在人间的代表。洛克的《政府论》上篇就是以菲尔麦为靶子,逐一批驳这种观点,他认为国家并不是上帝创造的,权力与法也不是神授的,王位亦不能世袭,因为这"既无自然法也没有上帝的明文法"。① 洛克对神权法思想的否定为其自然法思想奠定了基础,也是"他的经验哲学在政治领域中的应用"。②

二、社会契约论

洛克批判菲尔麦的神权法思想,主要目的仍在于创建一种合乎资产阶级需要的新理论。他说:"必须在罗伯特·菲尔麦爵士的说法之外,寻求另一种关于政府的产生、关于政治权力的起源和关于用来安排和明确谁享有这种权力的方法的说法。"③这一任务是洛克在《政府论》下篇完成的。为此,他提出了社会契约论。

同霍布斯一样,洛克的自然法思想也是通过社会契约论来表现的。不过,霍布斯是为绝对集权政治辩护的,这不符合英国资产阶级胜利后的需要,因此,洛克重新对自然法和社会契约论作了解释。首先,洛克认为"自然状态","是一种完备无缺的自由状态","平等的状态",是一个人间乐园,人与人的关系并不是豺狼关系,它与战争状态有"明显区别",认为自然状态与战争状态之间的区别,"正像和平、善意、互助和安全的状态同敌对、恶意、暴力和互相

---

① 刘绍贤:《欧美政治思想史》,浙江人民出版社1987年版,第223页。
② 李达:《法理学大纲》,法律出版社1983年版,第44页。
③ [英]洛克:《政府论》下篇,瞿菊农、叶启芳译,商务印书馆1964年版,第4页。

残杀的状态之间的区别那样迥然不同"。① 在自然状态下,人们可以用自己认为合适的办法来决定自己的行动,自由处理自己的人身及财产,而一切权力和管辖权都是相对的,没有一个人享有多于别人的权力。他说:"在这种状态中,虽然人具有处理他的人身或财产的无限自由,但是他并没有毁灭自身或他所占有的任何生物的自由。"②因为人人都有生命、自由和财产等自然权。

其次,自然状态是自由平等的,虽无政府和法律,但却不是放任状态,因为大家都受理性的自然法的支配。他说:

> 理性,也就是自然法,教导着有意遵从理性的全人类:人们既然是平等和独立的,任何人就不得侵害他人的生命、健康、自由或财产。③

因为在自然状态下的人是完全有理性的人,而不是如霍布斯认为的那种龌龊、残忍、暴躁的人。自然法的目的既是为了人们的自我保存,又是为了保护全人类。如果有人违反自然法,那么每个人都有权去惩罚违反自然法的人,这是由于"自然法便在那种状态下交给每一个人去执行"惩罚权。④ 这才能保护无辜和约束罪犯。

再次,自然状态虽然是一种完备无缺的自然状态,但同政治社会比,它又存在着自身的缺陷,因此,自然权利就有遭受侵犯的危险。比如缺少一种明文规定的法律和依法裁判争执的公共法官,还缺少一种保证判决执行的权力,这就必然造成人类在自然状态中拥有的自然权力不安全、不稳妥。因为,每个人都会把自己视为自然法的解释者,根据个人的判断惩罚别人,从而使自然状态几乎处于不稳定、混乱的地步,这时,人们感觉到了自然状态的"不便"。为了摆脱这种不便,就促使人们互相协议缔结了契约,自愿放弃了他们在自然状态下享有的解释和执行自然法的权利,也就是放弃了保护自己和别人可以做他认为合适的任何事情的权力,以及单独处罚违反自然法的罪行的权力。而霍布斯认为人们从自然状态进入文明社会,人们就放弃了在自然状态中享有的东西,这显然是为他的绝对君主专制理论服务的。洛克主张人们达成协议,让

---

① ［英］洛克:《政府论》下篇,瞿菊农、叶启芳译,商务印书馆1964年版,第14页。
② ［英］洛克:《政府论》下篇,瞿菊农、叶启芳译,商务印书馆1964年版,第6页。
③ ［英］洛克:《政府论》下篇,瞿菊农、叶启芳译,商务印书馆1964年版,第6页。
④ ［英］洛克:《政府论》下篇,瞿菊农、叶启芳译,商务印书馆1964年版,第7页。

渡的是部分权力,而不是所有权力。人们把这部分权力交给社会,也就是把立法、司法、执法的一切权力授予拥有最高权力的政府,政府按社会全体成员或他们的代表所共同同意的规定来行使。因此,人们在"社会契约"的基础上,摆脱了尽管自由却充满恐惧和经常危险的自然状态,而进入了政治社会,于是,国家就产生了。洛克说:"这就是立法和行政权力的原始权利和这两者之所以产生的缘由,政府和社会本身的起源也在于此。"①政府和法律的产生,虽然人们放弃了部分权力,但人们的生命、自由和财产却获得了一个公共机构及其明确的规定的保护,而"社会和政府都是保护生命、自由和财产的机关"。②

三、自然法

诚如上述,洛克认为自然法的本质是理性或理智,是所有的人,立法者以及其他人的一种永恒的规则,自然法所体现和保护的是全人类的和平、安全与自由,他说:

> 自然法"教导着有意遵从理性的每一个人在保存自己不成问题时,他就应该尽其所能保存其余的人类,而除非为了惩罚一个罪犯,不应该夺去或损害另一个人的生命以及有助保存另一个人的生命、自由、健康、肢体或物品的事物"。③

这就是说,自然法人人应当遵守,自然法支配着自然状态,要求人们自我保存,同时又维护全人类。

洛克通过论述自然状态、社会契约论,将自然法内容概括为人们保护自己的生命、健康、自由、平等和财产不可侵犯的权利,谁被侵犯,谁就有报复和惩罚之权。人们的这些权利是由自然法规定的、天赋的"自然权利",合乎理性与人性。这在欧洲法律史上是第一次从理论上对"天赋人权"原则的论证,也是洛克社会契约论自然法思想的核心内容。弥尔顿最早提出"天赋人权",但他没有理论证明,霍布斯的社会契约论却否定了人民的权利,洛克在前人成果

---

① [英]洛克:《政府论》,瞿菊农、叶启芳译,商务印书馆 1964 年版,第 78 页。

② [美]乔治·霍兰·萨拜因:《政治学说史》下册,盛葵阳、崔妙因译,商务印书馆 1986 年版,第 597 页。

③ [英]洛克:《政府论》下篇,瞿菊农、叶启芳译,商务印书馆 1964 年版,第 6—7 页。

基础上,明确提出了并系统地证明了人的自然权利,使自然法理论成为完整的资产阶级理论,并且被后来的美国《独立宣言》、法国《人权宣言》和1793年宪法以法律的形式确定下来,构成了资产阶级的法律原则。洛克认为,自然法规定的自然权利有:

1. 平等权。人人生而平等,没有任何人具有高出他人的权利,不存在从属或受制关系。

2. 自由权。人人可自由处置自己的人身、财产和以自己的意志去做不损害他人的任何事情。

3. 生存权。指生命权,每个人都有不可剥夺的保护自己生命的权利。

4. 财产权。这是自然权利的核心内容。《政府论》中有专章论述财产权的自然合理性。洛克说人们联合成为国家和置身于政府之下的“重大和主要的目的,便是保护他们的所有权”。甚至认为财产权比生存权和自由权还重要,这反映了17世纪资产阶级积累财富、重视和崇拜钱财的强烈要求愿望,这也是那个时代的精神。这是资本主义精神,或称新教伦理精神,它同传统的法律观和伦理感情是背道而驰的。“圣·托马斯将追求财富的欲望斥为卑鄙无耻”,[1]社会也不给这种精神以积极的伦理认可,但是,随着资本主义商品经济的发展,市民阶层的壮大,文艺复兴、宗教改革的推动,新教伦理精神终于成为强大的时代思潮。这种精神作为理性主义整体发展的一部分,[2]构成了近代资本主义及其法律文化发展的一种重要动力。

洛克的自然状态、自然权利、自然法思想是代表资产阶级利益的,直接为反封建专制服务。“反映了资产阶级渴望建立一个有利于工商业发展的和平安定环境,要求建立一个能维护其自由、平等和财产安全的新的社会制度和新秩序的普遍心理。”[3]因此,他认为自然法不仅存在“自然状态”下约束自然权利,而且有了国家与政府后仍然继续存在,自然法是实在法的依据,人们行动的规范。自然法存在于人们的意识中,是理性法。这与霍布斯的自然法就有

---

① ［德］马克斯·韦伯:《新教伦理与资本主义精神》,生活·读书·新知三联书店1987年版,第53页。

② ［德］马克斯·韦伯:《新教伦理与资本主义精神》,生活·读书·新知三联书店1987年版,第56页。

③ 刘绍贤:《欧美政治思想史》,浙江人民出版社1987年版,第227页。

了较大区别,特别是洛克自然法中已经包含了"主权在民"的思想,认为通过社会契约被授予权力的人(政府)也是契约的参加者,必须受契约内容的限制,必须按照社会全体成员的委托行使他们的权力,国家即政府权力的性质,"不是,并且也不能是专制的",①而是保护人民的,这本身就是契约的内容和规定。正是在这个意义上,李达称洛克为"成熟了的自然法学派的巨子","提倡民权的自然法学派"的代表人物。

第二节 自由主义的法律观

"古典自然法学发展的第二个阶段是以试图确立预防政府违反自然法的有效措施为其标志的。在这一阶段,法律主要被认为是一种防止独裁的专制的工具。专制统治者在欧洲各国的出现,明确表明迫切需要防止政府侵犯个人自由的武器。因此,自然法学的重点便转向了法律中那些能够使法律制度起到保护个人权利作用的因素。这一阶段,法学理论的主要侧重点是自由,而第一阶段则更倾向于安全。"②洛克就是这种侧重于自由的法学理论的开创者,正如马克思、恩格斯指出的,"自由思想……正是从英国输入法国的。洛克是这种自由思想之父"。③

一、法与民权

洛克是提倡民权的自然法学派代表人物,因此,他的自由主义色彩的法律观在一定意义上也可以说是"主权在民的法律观"。④ 首先,洛克认为,在法治社会,法律不是人们的异己力量,法律最终也是唯一目的是保护人民的权利,为人民谋福利,比如,维护生命、健康、自由、地产、财物方面的权利,因为"人民的福利是最高的法律"。他批判旧的法律制度,认为那种法律是对人民实

---

① [英]洛克:《政府论》下篇,瞿菊农、叶启芳译,商务印书馆1964年版,第83页。
② [美]E.博登海默:《法理学——法哲学及其方法》,邓正来译,华夏出版社1987年版,第50—51页。
③ 《马克思恩格斯全集》第10卷,人民出版社1998年版,第263页。
④ 严存生:《新编西方法律思想史》,陕西人民出版社1989年版,第114页。

行专制统治的工具,因此,旧的法律总是同人民对立的。

其次,洛克认为,法律是社会全体成员"共同批准的规则",也就是说,法律的形成是由人民意志决定的,法律的执行和效力最终也是取决于人民的意志,即法律要得到人民的支持和同意。君主政体凭其个人意志实行专制统治,受一个人的意志的支配,是一切人痛苦的原因。他说,立法权是"最高的能力,社会的任何成员或社会的任何部分所有的一切权力,都是从它获得和隶属它的"。① 立法权既然如此重要,因此,立法机关就必须由公众选择或选派的人员组成,因为它是"来自人民的一种委托权",②并且认为,"公众的普遍信赖"是立法权存在的基本条件。如果失去人民的信赖,不经人民同意,"任何人的任何命令,无论采取什么样的形式或以什么样的权力作为后盾,都不能具有法律的效力和强制性"。③

为了保障立法权和法律的民主性质,洛克还提出人民可以举行起义,以反抗违背公众意志、以法律营私的政府,而根据自己的意志成立一个新的立法机关和严明的政府,否则,虽有立法代表及其政府机关,可是"民众就成了奴隶"。洛克认为人民的反抗也是一种自然的权利,这不是叛乱,只有施行暴政、违法乱纪的政府才是罪加一级的真正叛乱者。他提出人民是最高的裁判官,如果政府与人民发生争执,人民便是理所当然的裁判者,因为政府不过是接受人民委托的受托人,受托人行为是否合于委托人对他的委托,当然只有委托人才能裁判。

洛克在法与民权关系上强调主权在民,法律必须以人民的意志、人民的权利为依归,"人民是最高的裁判者",这是 17 世纪非常进步的法律观,而且富于反封建的战斗性。当然,"人民"在洛克眼中主要是资产阶级,而不可能是流落伦敦街头的劳动者,而且他主张的人民反抗权、革命权也是不彻底的,因为他认为人民不能直接行使权力,必须把权力交给议会,人民主权实际上是议会主权。当然,这也是他无法超越的历史与阶级的局限性。但是,他在"光荣革命"之后还继续宣扬主权在民的法律观,这不仅表现了理论的原则性,而且

---

① ［英］洛克:《政府论》下篇,瞿菊农、叶启芳译,商务印书馆 1966 年版,第 92 页。
② ［英］洛克:《政府论》下篇,瞿菊农、叶启芳译,商务印书馆 1966 年版,第 88 页。
③ ［英］洛克:《政府论》下篇,瞿菊农、叶启芳译,商务印书馆 1966 年版,第 82 页。

也反映了一个思想家的政治勇气。

二、法与自由

资产阶级自由学说萌发于欧洲封建社会后期,但丁"自由的第一原则就是意志的自由"向人类宣告了自由在人间而不是在天堂,伟大的文艺复兴运动造成了人文主义自由观的兴起。实验科学的始祖培根提出服从自然规律才有行动自由,一定程度上认识到了自由同必然的关系。第一个近代唯物主义者霍布斯明确主张"自由与必然相容",在近代法理学史上首次提出"自由是法律所允许或不干涉之事这一命题",①认为真正的自由离不开法律。洛克总结了前人的思想成果,提出了系统的自由学说,并阐述了他对法律与自由关系的观点。

首先,他认为自由的内涵不是放纵而是理性的约束。他说,理性"能统治我们的情感,正是助进自由的正当途径"。② 人类追求真正的幸福是一种理性的必然性,它"正是一切自由的基础"。③ "我们如果受了必然性的支配,来恒常地追求这种幸福,则这种必然性愈大,那我们便愈为自由。"④用理性分析自由与必然的统一,从而揭示自由的内涵,这是洛克的创见和贡献。

其次,法律与自由互相联结,自由离不开法律,自由要受到法律的约束。洛克认为,在自然状态下,人们处于一种"完备无缺的自由状态"。这是一种"自然自由",在这种状态下,人人都是自由的,人人都可以用自己认为合适的方法,决定自己的行动。同时,人人又是平等的,任何人都不享有多于他人的权力,既不受上级权力约束,又不处在他人意志与立法权的支配下。这种"自然自由"是与自然法联系在一起的,如果没有自然法的调节和保护,人类就会处在放任状态,那就是混乱而不是自由。人类进入政治社会,有了立法机关及其制定的法律,但自然法仍然存在,而且自然法还是国家立法的根据。洛克称国家制定和颁布的法律为"明文法",而政治社会的自由离不开明文法,自由

---

① 严存生:《新编西方法律思想史》,陕西人民出版社 1987 年版,第 108 页。
② [英]洛克:《人类理解论》,关文运译,商务印书馆 1959 年版,第 237 页。
③ [英]洛克:《人类理解论》,关文运译,商务印书馆 1959 年版,第 236 页。
④ [英]洛克:《人类理解论》,关文运译,商务印书馆 1959 年版,第 236 页。

要受到法律的约束,法律是经过立法机关制定的,因此,自由实际上受立法权的支配。他说,自由"并非人人爱怎样就可以怎样的自由",而是在"法律许可范围内"的自由,①可见,这种自由并不是无政府主义的为所欲为,而是在法律约束下的自由。

第三,"法律的目的不是废除或限制自由,而是保护和扩大自由"。② 在洛克看来,法律对自由的约束,并不是对自由的废除或限制,相反,是为了更好地保护人的自由,扩大人的自由,使人们的自由权利获得保障。洛克说:"法律按其真正的含义而言与其说是限制还不如说是指导一个自由而有智慧的人去追求他的正当利益。"③因为自由不仅是理想追求,而且重要的是人们的社会权利。作为具体的社会权利,如果没有法律的明文规定和切实的保护,那就是空洞和抽象的。在君主专横统治下,由于君主是用心血来潮或毫无拘束的意志代替法律,而没有任何准绳和规定约束君主的行为,因此,人们的处境很糟。在自然状态下,人们尚有权力保护自己的生命和财产的自由,但在专制君主统治下,人们如果受到君主的侵害,不仅没有申诉权,而且还丧失了上述的自由。为此,洛克坚决反对君主专制政体,不仅反对暴君的专制,也反对"贤君"的专制。他认为,不管在什么情况下,君主政体都"不可能是公民政府的一种形式",相反,是人民的祸害。④ 洛克对君主专制的揭露,指出了君主政体同自由的根本对立,这个思想是深刻的,他的法与自由的观点是建立在广阔的历史文化背景基础上的,因此,才可能产生如此尖锐的深刻的洞见。他大声疾呼:

在一切能够接受法律支配的人类的状态中,哪里没有法律,哪里就没有自由。这是因为自由意味着不受他人的束缚和强暴,而哪里没有法律,哪里就不能有自由。⑤

已如前述,洛克的自由当然是指资产阶级的自由,特别是资产阶级私有财产权的自由,他明确地指出:"人们联合成为国家和置身于政府之下的重大的和主

①　[英]洛克:《人类理解论》,关文运译,商务印书馆 1959 年版,第 36 页。
②　[英]洛克:《政府论》下篇,瞿菊农、叶启芳译,商务印书馆 1964 年版,第 36 页。
③　[英]洛克:《政府论》下篇,瞿菊农、叶启芳译,商务印书馆 1964 年版,第 36 页。
④　[英]洛克:《政府论》下篇,瞿菊农、叶启芳译,商务印书馆 1964 年版,第 56 页。
⑤　[英]洛克:《政府论》下篇,瞿菊农、叶启芳译,商务印书馆 1964 年版,第 36 页。

要的目的,是保护他们的财产。"①这就把财产、自由、法律三者统一起来了,鲜明地表现了洛克主权在民的法律观的阶级实质。

三、法与分权

洛克是近代资产阶级法治原则的主要倡导者之一,主张国家必须按照法律来进行统治,统治者不能靠临时性命令甚至个人意志去行使专制的权力。他认为,不执行法律的政府是专横的政府,因此,"统治者应该以正式公布的和被接受的法律,而不是以临时的命令和未定的决议来进行统治"。"不应该是专断和凭一时高兴的,而是应该根据既定的和公布的法律来行使。"②为了实行法律的统治,防止滥用权力和专横,洛克提出了分权理论。分权与法治有密切关系,法律的制定和法律的执行均与分权直接相关。

洛克将国家的权力分为立法权、行政权和对外权。立法权是指制定和公布法律的权力;行政权是执行法律的权力,亦称司法权;对外权是进行外交的权力,比如宣战、媾和与订立条约等。

"根据英国的经验,洛克认定立法权是政府的最高权力,虽然他也承认行政机关有分享制定法令的可能性。"③立法权作为国家最高权力,在于"它有权为社会的一切部分和每个成员制定法律,制定他们的行动准则,并在法律被违反时授权加以执行",而且,"社会的任何成员或社会的任何部分所有的其他一切权力,都是从它获得和隶属于它的"。④ 但立法权要受到限制与约束,它并不是专断的,因为立法机构的权力属于受托性质,如果它的行为有负于对它的信任,人民便拥有最高的权力加以更换。

洛克认为,为了保障自由,立法和行政权不能置于同一机构手中是十分重要的,三种权力都应由不同机关分别掌握,不能集中在君主或政府手中。否则,就会产生为谋私而滥用权力。因此,洛克认为,行政权由国王行使,但要根据议会的决定;立法权应由民选的议会来行使,行政权和对外权是联合在一起的,都由武力做后盾,而武力的指挥权力又是不能分的,因此,洛克认为对外权

---

① [英]洛克:《政府论》下篇,瞿菊农、叶启芳译,商务印书馆1964年版,第77页。
② [英]洛克:《政府论》下篇,商务印书馆1964年版,第86页。
③ [美]乔治·霍兰·萨拜因:《政治学说史》下册,商务印书馆1986年版,第599页。
④ [英]洛克:《政府论》下篇,瞿菊农、叶启芳译,商务印书馆1964年版,第92页。

也应由国王行使。这样,"三权"实际上是"两权分立",因为国王行使了两个权。洛克赋予国王这么大的权力,反映了资产阶级的软弱性、妥协性,而且,"这种分权只不过是为了简化和监督国家机构而实行的日常事务上的分工罢了"。[①] 但是,他的分权理论毕竟是为资产阶级的法治及其利益服务的,对于限制专制主义还是起了重大作用的,对于后来的法国革命和美国法律制度也产生了深远影响。

---

① 《马克思恩格斯全集》第 5 卷,人民出版社 1958 年版,第 224—225 页。

第十六章　孟德斯鸠的法律思想

孟德斯鸠(Montesquieu,1689—1755 年)不仅是"18 世纪法国政治哲学家",①古典自然法学的主要代表人物,而且集文学家、思想家、法学家、政治学家、社会学家、历史学家于一身,他的思想对于法国人民批判宗教神学、推翻封建专制王朝和建立资产阶级政治法律制度起了重大作用。他对中国古代政治法律制度的评析,反映了中西法律文化的冲突,深刻地影响了中国近代最早向西方寻找真理的先进知识分子。

第一节　佩剑贵族的叛逆者

孟德斯鸠出身于贵族家庭,祖上几代都是佩剑贵族。封建时代的法国贵族往往以庄园名字为姓,孟德斯鸠就是其太曾祖父购置了孟德斯鸠庄园后才添上的姓氏。孟德斯鸠早年就读于汝里学校和波尔多大学,他的父亲希望他将来当一名法官。在波尔多大学他获得了法学学士学位,不仅取得律师资格,并受聘于波尔多法院。之后,孟德斯鸠到巴黎学习法律四年,同时,又涉猎了其他学科的知识,并结识了一些著名的学者。从他留下的笔记看,他当时对哲学和文学产生了浓厚的兴趣。1713 年底,其父去世,他以长子身份继承了大部分遗产,本来他还可以继承祖传的波尔多法院庭长职务,但因未达规定年龄(年满 40 岁才能担任庭长),这个职务仍由其伯父担任。1715 年孟德斯鸠与

---

　　① 《简明不列颠百科全书》第 5 卷,中国大百科全书出版社 1985 年版,第 839 页。

一富有的贵族小姐让娜·拉蒂格结婚,他因此获得了一笔巨大的财富,而且从此有了一位贤淑能干的内助。

1716 年孟德斯鸠的伯父去世,由于膝下无子,根据其遗嘱,孟德斯鸠继承了他的全部家产和波尔多法院庭长职务,并成了孟德斯鸠庄园的主人。从此,孟德斯鸠的名字全称才变成了"夏尔-路易·德·色贡达·孟德斯鸠"。

但是,由于年龄和资历的限制,孟德斯鸠不能完全地履行庭长的职责,加之他不喜欢单调而刻板的法官生活,吸引他的是哲学、文学和法学,因此,他终于卖掉了祖传四代的波尔多法院庭长职务和儿子不愿干的捐买来的法院参事职务。在当时的法国,守住和延续祖传下来的产业和官职,这是贵族家庭的奋斗目标和荣耀,但孟德斯鸠经过长期考虑,毅然放弃了传统的追求,而把精力与时间投入更能显示他才华的领域。

1721 年《波斯人信札》一书在荷兰匿名出版,但人们很快就知道了作者是孟德斯鸠,为此,孟德斯鸠在巴黎一鸣惊人,并很快跻身于名流社会。孟德斯鸠常年逗留于巴黎,结识了许多上层人物,开阔了眼界,可是又沾染上了上流社会的放荡习气,据说,他对金钱很计较,虽然他富有,而且个人生活亦放荡不羁。但是,他又曾救济过灾民和穷人。

1728 年孟德斯鸠当选为法兰西学士院院士,接着他用了三年时间周游和考察欧洲各国,并因此成为驰名欧洲的学者。在维也纳,他看见了奥地利皇帝,在匈牙利考察了矿山。在意大利,他游历了米兰、都灵、热那亚、比萨、佛罗伦萨和罗马。他还考察了德意志和荷兰并渡海到了英国。在英国滞留了一年半,因为这是《波斯人信札》中具有自由的国度。他广泛接触学术界朋友,还旁听过英国议会的辩论,这为他研究英国政治法律制度提供了切实的资料。1730 年孟德斯鸠当选为英国皇家学会会员。1731 年回到法国。

1734 年孟德斯鸠《罗马盛衰原因论》一书出版,这部书是他周游和考察欧洲各国的思想总结,而且预示了《论法的精神》这一名著的诞生,虽然受到法国文人的轻视,但在国外学术界却引起了强烈反响。1748 年《论法的精神》在日内瓦出版,这部巨著是孟德斯鸠一生呕心沥血之作。《波斯人信札》是书信体小说,《罗马盛衰原因论》基本上是一史学著作,而《论法的精神》是孟德斯鸠全部才智和思想的结晶,"堪与亚里士多德的《政治学》媲美,成为政治理论史和法学史上一巨著",①伏尔泰认为它是"理论与自由的法典",②因此,它的出版震动了欧洲人。英国议会认为该书是权威性著作,撒丁国王令其儿子研读,但是,该书却遭到法国教会的攻击,孟德斯鸠为此同教会进行了针锋相对的斗争。黑暗的中世纪毕竟一去不复返了,孟德斯鸠赢得了巨大的荣誉,1753年当选为法兰西学士院院长。

1755 年 2 月 10 日,孟德斯鸠因病医治无效而安详地与世长辞,终年66 岁。

第二节　18 世纪法的精神

西方学术界有人认为孟德斯鸠的著作既表现了时代良好的科学愿望,又表现出思想的混乱,特别是对自由的基本原则的分析是草草拼凑和肤浅的。③这个论断似乎有些偏颇,撇开孟德斯鸠著作的内容,仅就他阐述问题的方法而言就具有划时代的性质,这也是他法律思想的显著特点。

方法论问题是一个重要问题,历来伟大的思想家都十分重视方法。普列汉诺夫说过,只有受过严肃的哲学教育,达到相当的理论思维的民族,才会严肃地对待方法论问题。重视方法是西方法律文化的一个优良传统,从苏格拉底的"助产术"、亚里士多德的逻辑学到培根的《工具论》、笛卡尔的《方法谈》,从黑格尔把辩证方法作为哲学体系的灵魂到当代的分析与综合,从自然法与法律实证主义的对峙到"超越实证主义和自然法",④每一次方法的转换与革新,归根到底不过是时代变革的表现,而方法的变革又自然伴随着哲学与法学的繁荣。欧洲中世纪科学的沉寂与那种烦琐枯燥的方法紧密相连,中世纪后期出现的用人的眼光观察自然、观察国家与法律,这既是人类世界观的根

---

①　《简明不列颠百科全书》第 5 卷,中国大百科全书出版社 1985 年版,第 839 页。

②　转引自张宏生:《西方法律思想史》,北京大学出版社 1983 年版,第 212 页。

③　[美]乔治·霍兰·萨拜因:《政治学说史》下册,商务印书馆 1986 年版,第 618—619 页。

④　[英]麦考密克、[奥]魏因贝格尔:《制度法论》,中国政法大学出版社 1994 年版,第 133 页。

本转变,又是方法论的重大突破,并由此开始了科学的大踏步前进,预示了法律文化的春天。

孟德斯鸠在他的著作中展示的一系列方法应该属于怎样用人的眼光来观察国家与法的过程中一个重要内容,而且一定意义上可以说,其方法论的历史价值并不亚于他的法治论。孟德斯鸠关于从法律与自然地理环境以及其他社会现象的普遍联系中研究法律的方法,从客观事物以及其产生和发展的历史实际情况出发的实证分析方法,"用法律去阐明历史,用历史去阐明法律"①的历史的方法,法本身历史的比较和不同国家和地区法律的比较的方法,这不仅对他的法律思想起到了"助产术"的作用,而且对当时和后来欧洲人的法思维产生了重大影响。这是我们研究孟德斯鸠的法律思想必须始终注意的问题。

一、自然法思想

同其他的古典自然法学家一样,孟德斯鸠也认为人类最初生活在自然状态下,那时没有国家和法律,但存在着自然法,自然法支配着人们的行为。他说:

> 在所有这些规律之先存在着的,就是自然法。所以称为自然法,是因为它们是单纯渊源于我们生命的本质。如果要很好地认识自然法,就应该考察社会建立以前的人类。自然法就是人类在这样一种状态之下所接受的规律。②

在这里,孟德斯鸠首先认为自然法是一种规律,人类在自然状态下接受的规律。他认为,"从广泛的意义来说,法是由事物的性质产生出来的必然关系。在这个意义上,一切存在物都有它们的法。上帝有它们的法;物质世界有它们的法;高于人类的'智灵们'有他们的法;兽类有它们的法;人类有他们的法"。③ 因为任何事物都处在一种必然关系之中,即客观规律性之中,他认为那种把一切东西看做是盲目命运所产生出来的说法是极端荒谬的。这同罗马法学家视自然法为"大自然传授给一切动物的法则",而且这个法则"不是人

---

① [法]孟德斯鸠:《论法的精神》下册,张雁深译,商务印书馆 1978 年版,第 363 页。
② [英]孟德斯鸠:《论法的精神》上册,张雁深译,商务印书馆 1978 年版,第 4 页。
③ [法]孟德斯鸠:《论法的精神》上册,张雁深译,商务印书馆 1978 年版,第 1 页。

类所特有的,而是生活在陆地和海洋的动物包括飞禽所共有的"①思想是一致的。不过与罗马人不同的是,孟德斯鸠使用的是自然神论这一理论武器。他认为世界是运动、变化的,而运动变化又是有规律的,虽然"上帝随兴所致,支配造物",②但"造物主没有这些规律"就不能管理世界,因为世界没有这些规律就不能存在,③而且人类既作为"物理的存在物",但更重要的是作为"理智的存在物",这就与动物有了本质区别。

其次,自然法既"单纯渊源于我们生命的本质",又同世界上存在一个"根本理性"密切相关。所谓"生命的本质",就是指人类本能地想保存自己的生命,需要维持生命的食物以及有利于生命存在的和平环境。所谓"理性",就是"我们知觉中最完全、最高尚、最精致的知觉"。④ 但是,孟德斯鸠在批判了"盲目命运"说之后又结论说:"由此可见,是有一个根本理性存在着的。法就是这个根本理性和各种存在物之间的关系,同时也是存在物彼此之间的关系"。⑤ 可见,理性与"盲目命运"是相对立的,在这里,理性又变成了一种必然性,即客观规律,而这个客观规律在人类社会建立以前就存在了。这样理解是否符合孟德斯鸠的原意,还是一个值得讨论的问题。有人认为孟德斯鸠的自然法是"人类在不具备理性知识的情况下,纯粹由'物理的存在物'这一自然本性决定而接受的自然法则",可是又说自然法是"根本理性的体现之一",⑥但这岂不构成一种矛盾。我们认为,孟德斯鸠的人的自然本性与根本理性并无先后之分,这与亚里士多德以来人类自然需要、天性使然的主张如出一辙,同格老秀斯的自然法源于"自然"和"理性"亦是一致的,在哲学本质上属于超时空、超阶级的人性论和一种先验的原则,这也是近代自然法思想的共同之点。

再次,孟德斯鸠认为自然法作为人类自然状态下的一种规律,上帝亦不能改变,甚至上帝还要受自然规律的制约。他说:"上帝是宇宙的创造者和保养

---

① ［意］桑德罗·斯奇巴尼选编:《民法大全选译·正义与法》,中国政法大学出版社1992年版,第54页。

② ［法］孟德斯鸠:《波斯人信札》,商务印书馆1978年版,第124页。

③ ［法］孟德斯鸠:《论法的精神》上册,张雁深译,商务印书馆1978年版,第1页。

④ ［法］孟德斯鸠:《论法的精神》下册,张雁深译,商务印书馆1978年版,第14页。

⑤ ［法］孟德斯鸠:《论法的精神》上册,张雁深译,商务印书馆1978年版,第1页。

⑥ 张乃根:《西方法哲学史纲》,中国政法大学出版社1993年版,第110页。

者,这便是上帝和宇宙的关系。上帝创造宇宙时所依据的规律,就是他保养时所依据的规律。他依照这些规律行动,因为他了解这些规律。他了解这些规律,因为他曾制定了这些规律。他制定这些规律,因为这些规律和他的智慧与权力之间存在着关系。"①在孟德斯鸠看来,上帝虽然是宇宙的始因,即"宇宙的创造者和保养者",但上帝并不干涉自然界的事务,相反,上帝还要受到自然规律的限制和约束。这一观点同格老秀斯关于拥有无限权力的上帝并不能动摇、变更自然法作为理性命令和善恶标准的思想是完全相同的,自然法高于神法,上帝降为理性之次。他甚至认为"应该由人为法规定的东西就不应该由神为法规定;应该由神为法规定的东西也不应该由人为法规定",②这就大大缩小了上帝的地盘。普列汉诺夫认为孟德斯鸠描述的是"天上的议会制度",③在这里,神权与神权法都受到了制约,其反封建意义是显而易见的。恩格斯认为这种自然神论的自然法思想虽然由英国保皇党孕育出来,但却"成了法国共和党人和恐怖党人的理论旗帜,并且提供了人权宣言的底本"。④ 这说明孟德斯鸠的自然法思想在法国资产阶级革命运动中起了重大的积极的作用。

据上述分析,孟德斯鸠提出了自然法的四条内容:

"和平应当是自然法的第一条"。⑤ 因为人在自然状态首先感觉到自己是软弱的,甚至是极端怯懦的,"每个人都有自卑感,几乎没有平等的感觉。因此,他们并不想互相攻打"。而霍布斯断言,"人类最初的愿望是互相征服,这是不合理的。权力和统治的思想是由许多其他的思想所组成,并且是依赖于许多其他思想的,因此,不会是人类最初的思想"。"他最初的思想绝不会是推理的思想,他应当是先想如何保存自己的生命,然后才能再去推究他的生命的起源",⑥这也就没有必要去签订"社会契约"了,因此,"人类的互相攻打和自卫",那是建立了社会以后的事情了。

---

① [法]孟德斯鸠:《论法的精神》上册,张雁深译,商务印书馆1978年版,第1页。
② [法]孟德斯鸠:《论法的精神》下册,张雁深译,商务印书馆1978年版,第173页。
③ 转引自侯鸿勋:《孟德斯鸠及其启蒙思想》,人民出版社1992年版,第61页。
④ 恩格斯:《社会主义从空想到科学的发展》,人民出版社1956年版,第23页。
⑤ [法]孟德斯鸠:《论法的精神》上册,张雁深译,商务印书馆1978年版,第4页。
⑥ [法]孟德斯鸠:《论法的精神》上册,张雁深译,商务印书馆1978年版,第4页。

自然法的第二条"就是促使他去寻找食物"。① 因为"人类感觉到软弱，又感觉需要"，就产生了寻找食物的意图，这样人的生命才可能保存。

第三条是"相互之间经常存在着自然的爱慕"。② 因为"畏惧使人逃跑，但相互畏惧的表现却使人互相亲近起来"。③

第四条是人类"愿望过社会生活"。④ 因为人类除了最初的感情而外，又逐渐得到了知识，于是产生了动物所没有的过社会生活的愿望，而要实现这种愿望，人类就必须结合起来。

上述四条自然法都是植根于人的理性之中的，而人类正是根据这四条自然法组成了社会，"人类一有了社会，更立即失掉自身软弱的感觉；存在于他们之间的平等消失了，于是战争的状态开始"。⑤ 而战争状态有两种，一是国与国之间的战争状态，一是个人之间的战争状态，两种战争状态就是人为法产生的根源。孟德斯鸠说：

> 这两种战争状态使人与人之间的法律建立了起来。这么大的一个行星，必须有不同的人民。作为这个大行星上的居民，人类在不同人民之间的关系上是有法律的，这就是国际法。社会是应该加以维持的；作为社会的生活者，人类在治者与被治者的关系上是有法律的，这就是政治法。此外，人类在一切公民间的关系上也有法律，这就是民法。⑥

这就是说，人类进入社会和建立国家之后，开始感到自己的力量，"他们企图将这个社会的主要利益掠夺来自己享受"，这就产生了人与人之间、国与国之间的矛盾和冲突，为了调整这种矛盾与冲突，处理好人与人之间、治者与被治者之间以及国与国之间的关系，就需要人为法，即要制定政治法、刑法、民法、诉讼法和国际法，并把研究这些法律的法学统称为应用法学，其中政治法是国家的基本法，是制定其他部门法的依据。

---

① ［法］孟德斯鸠：《论法的精神》上册，张雁深译，商务印书馆1978年版，第5页。
② ［法］孟德斯鸠：《论法的精神》上册，张雁深译，商务印书馆1978年版，第5页。
③ ［法］孟德斯鸠：《论法的精神》上册，张雁深译，商务印书馆1978年版，第5页。
④ ［法］孟德斯鸠：《论法的精神》上册，张雁深译，商务印书馆1978年版，第5页。
⑤ ［法］孟德斯鸠：《论法的精神》上册，张雁深译，商务印书馆1978年版，第5页。
⑥ ［法］孟德斯鸠：《论法的精神》上册，张雁深译，商务印书馆1978年版，第5页。

孟德斯鸠的自然法思想虽然与格老秀斯、霍布斯有些差异，特别是他强调人类无须缔结社会契约，而是因自然天性、自然法进入社会与国家，因此，他成了近代自然法学派中唯一否认社会契约论的思想家。但是，他的思想在实质上同近代自然法学派是一致的，这就是用自然法理论武器批判宗教与神权。他把自然法置于神法之上，指责宗教的某些教规与自然法相抵触，认为不应该以宗教的箴规训条来裁决属于自然法的问题。比如，阿比西尼亚人的斋期是50天，极为艰苦，身体大受削弱，以致斋后长期不能做事。土耳其人就选择他们斋后的机会攻击他们。孟德斯鸠说："宗教应该维护大自然所赋予的自卫权利，对这类习惯加以限制"，因为"大自然所赋予的自卫权利是高于一切箴规训条的。"①同时，孟德斯鸠又强调人为法，他拒绝和指责宗教和教会对世俗生活的干预，认为"应依民法的原则规定的东西就不应依寺院法的原则规定"、"应依民法的原则规定的东西常常不能依宗教的原则加以规定"，因为"宗教的法律富于崇高性；国家的法律富于普遍性"，②宗教关心的是个人道德的完善，而民法关心的是一般人道德的完善，其原则是社会的一般利益。在此基础上，他进而指出，基督教僧侣们按照"忏悔法庭"的思想组织的宗教法庭即异端裁判所是任何政府都不能容忍的祸害，这种法庭"在君主政体之下，它只能制造告密者和卖国贼。在共和政体之下，它只能培养不诚实的人；在专制政体之下，它和这种政体一样，具有破坏性"。③ 其"弊害之一是：当两个人因同罪名被控，一个人否认犯罪，就处以死刑，另一个人承认犯罪，就能免除刑罚。这种做法，渊源自寺院的思想，否认就好像是不知悔改，应该受刑罚，承认就好像是知所悔改，应当'得救'。但是这么一种区别法是不应当同人类的法庭有任何关系的。人的审判只看行动，它对人类只有一项要求，就是'无罪'。神的审判则看思想；它对人类却有两项要求，就是'无罪'和'忏悔'"。④ 因此，孟德斯鸠认为"人类的法庭不应以有关来世的法庭的箴规作准则"。⑤ 如此深入细致地分析与批判宗教及其神权法，这在古典自然法学派思想家中也

① ［法］孟德斯鸠：《论法的精神》下册，张雁深译，商务印书馆1995年版，第483页。
② ［法］孟德斯鸠：《论法的精神》下册，张雁深译，商务印书馆1978年版，第181页。
③ ［法］孟德斯鸠：《论法的精神》下册，张雁深译，商务印书馆1978年版，第183—184页。
④ ［法］孟德斯鸠：《论法的精神》下册，张雁深译，商务印书馆1978年版，第184页。
⑤ ［法］孟德斯鸠：《论法的精神》下册，张雁深译，商务印书馆1978年版，第183页。

是极富特色的,如此严格地限制宗教及其神权法亦是孟德斯鸠自然法思想的必然结论和其"法的精神"的重要内容。

二、法与政体

恩格斯曾经高度评价卢梭的平等说充满了辩证法思想,认为卢梭"在黑格尔诞生前 16 年就已经深深地被黑格尔瘟疫、矛盾辩证法、逻各斯学说、神学逻辑等等所侵蚀"。① 其实,孟德斯鸠的法律思想亦不乏辩证的思维,他强调法的精神"存在于法律和各种事物所可能有的种种关系之中",认为只要认真地去分析论证客观存在的各种关系与联系,"人们便将看到法律从原则引申出来,如同水从泉源流出一样"。② 从事物的联系中去揭示事物的本质,这同卢梭一样,不仅是对传统的经院哲学的法思维方式的否定,而且也是对近代兴起的机械唯物论的形而上学思维方式的冲击,深刻地预示了一种新的法哲学精神的到来。

孟德斯鸠说:"法律应该和国家的自然状态有关系;和寒、热、温的气候有关系;和土地的质量、形势与面积有关系;和农、猎、牧各种人民的生活方式有关系。法律应该和政制所能容忍的自由程度有关系;和居民的宗教、性癖、财富、人口、贸易、风俗、习惯相适应。最后,法律与法律之间也有关系,法律和它们的渊源,和立法者的目的,以及和作为法律建立的基本的事物的秩序也有关系。应该从所有这些观点去考察法律。"③但是,在所有这些关系中,孟德斯鸠又认为最重要的也是首先研究的,应该是"法律同每一种政体的性质和原则的关系。因为政体的原则对法律有最大的影响",④"一个社会如果没有一个政府是不能存在的"。因此,在《论法的精神》一书中,孟德斯鸠用了整整一卷七章的篇幅论述政体同法律的关系。

孟德斯鸠将政体划分为三类:共和政体、君主政体和专制政体。他说:

> 政体有三种:共和政体、君主政体、专制政体。用最无学识的人

---

① 《马克思恩格斯选集》第 3 卷,人民出版社 1995 年版,第 483 页。
② [法]孟德斯鸠:《论法的精神》上册,张雁深译,商务印书馆 1978 年版,第 7 页。
③ [法]孟德斯鸠:《论法的精神》上册,张雁深译,商务印书馆 1978 年版,第 7 页。
④ [法]孟德斯鸠:《论法的精神》上册,张雁深译,商务印书馆 1978 年版,第 7 页。

的观念就足以发现它们的性质。我假定了三个定义,或毋宁说是三个事实:共和政体是全体人民或仅仅一部分人民握有最高权力的政体;君主政体是由单独一个人执政,不过遵照固定和确定的法律;专制政体是既无法律又无规章,由单独一个人按照一己的意志与反复无常的性情领导一切。

　　这就是所谓的各种政体的性质。应该看什么法律是直接从政体的性质产生出来的,这种法律便是最初的基本法律。①

孟德斯鸠的政体分类显然受到亚里士多德政体论的影响,他十分强调"主政者"的地位、以统治者人数的多寡来区分政体的形式和性质,不过他比亚里士多德前进了,既包含了丰富得多的历史经验,又是新的时代要求的反映,而且分析也更为细致。孟德斯鸠认为不同政体的性质产生不同的法律,这些法律就是基本法律。在三种政体中,他又将共和政体区分为民主政治和贵族政治,并由此说明什么是基本法律。他说:

　　共和国的全体人民握有最高权力时,就是民主政治。共和国的一部分人民握有最高权力时,就是贵族政治。

　　在民主政治里,人民在某些方面是君主,在某些方面是臣民。

　　只有通过选举,人民才能当君主,因为选举表现了人民的意志。主权者的意志,就是主权者本身。因此,在这种政治之下,建立投票权利的法律,就是基本法律。民主政治在法律上规定应怎样,应由谁、应在什么事情上投票,这在事实上和君主政体要知道君主是什么君主,应如何治理国家,是一样的重要。

　　……在共和国里,因为有选举权人的划分是一种基本法律,所以,进行选举的方式也是一种基本法律。

　　用抽签的方式进行选举是属于民主政治的性质。用选择的方式进行选举是属于贵族政治的性质。

　　……规定投票方式的法律也是民主政治的一种基本法律。……无疑,人民的选举应当公开;应该把这点看做是民主政治的一条基本法律。

---

① ［法］孟德斯鸠:《论法的精神》上册,张雁深译,商务印书馆1978年版,第8页。

……民主政治还有一条基本规律,就是只有人民可以制定法律。……罗马和雅典的政制是很明智的。参议会决议的法律效力只有一年;这些决议要有人民的同意,才能成为永久性的法律。①

在这里,孟德斯鸠把对人民选举权、投票权、公开选举和立法权的确认作为民主政体的基本法律,而这些基本法律不仅同政体的性质有关,并且同政体的原则亦有关,"法律同各类政体的原则的关系不应少于它们同各类政体的性质的关系"②,"立法应与政体的原则相适应"③。在这里,政体的"性质"是指由谁或由哪个集团掌握最高权力;政体的"原则"是指假如一个政府要想最强有力地和最有效地发挥其作用,就必须以其某一种激情来激励担任公职的人们。因此,他认为民主政治的原则就是品德和平等,品德是一个平民政治国家的"动力"。比如,希腊人生活在平民政治之中,知道品德的力量是唯一支持他们的力量。④ 孟德斯鸠说,品德就是爱共和国,爱民主政体、爱平等、爱俭朴。"在民主国里,一切名望都是由平等原则产生的",因为爱平等把人们的野心局限于一种愿望和一种快乐上,这种愿望和快乐就是使自己对国家的服务超过其他公民;"好的民主国家,是由树立家庭的俭朴去供公共的开支的","法律要求人们有俭朴的风俗,才能有盈余去献给国家"。⑤ 为了保持平等,应该订立关于妇女妆奁、赠与、继承、遗嘱以及其他一切契约的方式等等的规章,"因为如果我们对自己的财产能够任意给谁,任意处分的话,那么私人的意志便要扰乱基本法律的秩序"。⑥ 孟德斯鸠赞赏古希腊雅典梭仑依据财产将人划分为四个等级的"人口分级制",认为这就仿佛把不平等平等化了,维护了"平等"这个"国家的灵魂"。⑦ 这鲜明地表现了孟德斯鸠思想的实质,他说的俭朴、节约、节制、勤劳、谨慎、安分、秩序、纪律,不过是要求人们要具有服从与遵守剥削阶级国家的法律制度的政治品德,而法律又正是培养这些品德的。

---

① [法]孟德斯鸠:《论法的精神》上册,张雁深译,商务印书馆 1978 年版,第 8—12 页。
② [法]孟德斯鸠:《论法的精神》上册,张雁深译,商务印书馆 1978 年版,第 19 页。
③ [法]孟德斯鸠:《论法的精神》上册,张雁深译,商务印书馆 1978 年版,第 40 页。
④ [法]孟德斯鸠:《论法的精神》上册,张雁深译,商务印书馆 1978 年版,第 20 页。
⑤ [法]孟德斯鸠:《论法的精神》上册,张雁深译,商务印书馆 1978 年版,第 42 页。
⑥ [法]孟德斯鸠:《论法的精神》上册,张雁深译,商务印书馆 1978 年版,第 43 页。
⑦ [法]孟德斯鸠:《论法的精神》上册,张雁深译,商务印书馆 1978 年版,第 45 页。

所谓"公共开支"、"公共利益"就是用法律制度去维护的私有财产权,用仿佛的"平等"掩盖实际的不平等,但他对民主政体及其基本法律的肯定与颂扬,在当时还是进步的,而且具有重大的反封建意义。

孟德斯鸠认为贵族制的原则是"以品德为基础的节制",这是"贵族政治的灵魂",①因为节制可以使"贵族和人民多少平等些",而不平等是贵族政治的国家致乱之源。② 根据这一原则,贵族政体的法律要尽可能鼓励宽和的精神,要让人民了解国库财富的管理,法律应规定贵族不与闻税务、禁止贵族经营商业,用法律手段使贵族以公道对待人民、用法律压制权势的骄傲,法律应该废除贵族的长子继承权、立承嗣、遗产赎回权、贵族财产的世袭和收养义子等,实际上这些法律内容与民主制相近,因此,民主制的原则基本上适用贵族制。

君主政体的原则是"荣誉",荣誉是每个人和每个阶层的成见,"它和法律的力量相结合,能够和品德本身一样,达成政府的目的"。③ "法律应该努力支持贵族",因为贵族是君主政体的要素,"君主政体的基本准则是:没有君主就没有贵族,没有贵族就没有君主。但是没有贵族的君主国,君主将成为暴君。"贵族权力是中间的附属的权力,④因此,"法律应使贵族世袭",法律要维护保存宗教产业的"立承嗣"和遗产赎回权,"法律应该维护同君主政体的政制相符合的一切贸易"。⑤ 但是,君主的任性必须服从法律,因为"在国家的基本法律下生活的君主,总要比暴君快乐;暴君没有任何东西可以约束他的百姓的心和他自己的心"。⑥ 这一点既是民主制和贵族制的首要条件,也是君主制区别于专制政体的根本特征。

孟德斯鸠视专制政体为"横暴的政制",⑦东方的君主"将全部权力集合在脑袋上",⑧而法国的君主专制则更为暴虐,号称"太阳王"的路易十四就是

---

① ［法］孟德斯鸠:《论法的精神》上册,张雁深译,商务印书馆 1978 年版,第 23 页。
② ［法］孟德斯鸠:《论法的精神》上册,张雁深译,商务印书馆 1978 年版,第 51 页。
③ ［法］孟德斯鸠:《论法的精神》上册,张雁深译,商务印书馆 1978 年版,第 24 页。
④ ［法］孟德斯鸠:《论法的精神》上册,张雁深译,商务印书馆 1978 年版,第 16 页。
⑤ ［法］孟德斯鸠:《论法的精神》上册,张雁深译,商务印书馆 1978 年版,第 54—55 页。
⑥ ［法］孟德斯鸠:《论法的精神》上册,张雁深译,商务印书馆 1978 年版,第 58 页。
⑦ ［法］孟德斯鸠:《波斯人信札》,张雁深译,商务印书馆 1978 年版,第 174 页。
⑧ ［法］孟德斯鸠:《波斯人信札》,张雁深译,商务印书馆 1978 年版,第 177 页。

一个刚愎自用、卖官鬻爵、挥金如土、飞扬跋扈的暴君。"专制政体是既无法律又无规章,由单独一个人按照一己的意志与反复无常的性情领导一切",①如果有法律,那也是形式上的,因为"法律仅仅是君主的意志",②"朕即法律",即是国王在酒醉或精神失常时作出的决定也仍然是要执行的。在这里,"绝无所谓调节、限制、和解、条件、等值、商谈、谏诤这些东西","人就是一个生物服从另一个发出意志的生物罢了","人的命运和牲畜一样,就是本能、服从与惩罚"。③ 因为"专制政体的原则是恐怖","胆怯、愚昧、沮丧的人民是不需要许多法律的"。④ 他说:

> 在这些国家里,我不知道立法者有什么法可以订立,法官有什么案件可以裁判。因为所有土地都属于君主,所以几乎没有任何关于土地所有权的民事法规。因为君主有继承一切财产的权利,所以也没有关于遗产的民事法规。还有这些专制国家的君主独揽贸易,这就使一切商务法规归于无用。人们通常和女奴结婚,所以几乎没有关于遗产或关于妻的利益的民事法规。又由于奴隶众多,所以几乎没有个人意志的人,因此也就没有应该对自己的行为负责而对簿公庭的人。他们道德上的行动,大半只是父亲、丈夫或主人的意志而已。⑤

在这里,孟德斯鸠指出了专制国家"没有任何基本法律,也没有法律的保卫机构"的深刻根源是由于人民没有土地;由于没有成文的法律,没有民法,而断案只有凭借宗教的训条或习惯,甚至"完全没有发生纠纷和诉讼的机会"。⑥这些尖刻的论断,虽然显得有些偏颇,但却抓住了专制政体及其法制的本质。

综上所述,孟德斯鸠是非常痛恨专制政体的,他认为只有民主政体、贵族政体和君主政体才是正常合理的政体,因此,这三种政体的基本法律也是合理的。但是,综观他"法的精神",最理想的政治制度还是君主立宪制,他主张

---

① 〔法〕孟德斯鸠:《论法的精神》上册,张雁深译,商务印书馆 1978 年版,第 8 页。
② 〔法〕孟德斯鸠:《论法的精神》上册,张雁深译,商务印书馆 1978 年版,第 66 页。
③ 〔法〕孟德斯鸠:《论法的精神》上册,张雁深译,商务印书馆 1978 年版,第 27 页。
④ 〔法〕孟德斯鸠:《论法的精神》上册,张雁深译,商务印书馆 1978 年版,第 58 页。
⑤ 〔法〕孟德斯鸠:《论法的精神》上册,张雁深译,商务印书馆 1978 年版,第 74 页。
⑥ 〔法〕孟德斯鸠:《论法的精神》上册,张雁深译,商务印书馆 1978 年版,第 75 页。

"按照英国样式"在法国建立君主制,这种政体必须通过宪法确认的三权分立来限制君主的权力,即立法权由贵族团体和平民团体共同拥有(贵族院和众议院)、行政权掌握在国王手中、司法权属于法院及其法官,这三种权力必须分掌在不同的人、不同的国家机关手中,这才可能真正做到权力制衡、防止权力滥用,防止"君主政体蜕化为专制政体"。显然,这是对洛克法与分权思想的继承和发展,孟德斯鸠明确提出了司法独立和阐述了权力制衡等原则,这实际上"为资产阶级设计了一个反封建专制主义和依法治国的完整方案","为防止资产阶级民主制度倒退到专制制度增设了一道障碍"。① 其"分权制衡"的法律思想,亦代表了法国新资产阶级的要求,虽然有同封建统治阶级妥协的一面,但其反封建的革命性和历史进步性是显而易见的。当然,孟德斯鸠的思想是不科学的,他离开了国家的阶级性质来考察法与政体的关系,特别是对君主政体的美化,竭力寻找君主政体与专制政体的区别,这就掩盖了政体及其法律的阶级实质。正如马克思指出的:"君主政体的原则总的说来就是轻视人,蔑视人,使人非人化;而孟德斯鸠认为君主政体的原则是荣誉,他完全错了。他求助于君主政体、专制制度和暴政三者之间的区别。但是这都是一个概念的不同名称,至多是在同一原则下习惯有所不同罢了。哪里君主制的原则占优势,在那里人就占少数;哪里君主制的原则是天经地义的,在那里就根本不存在人。"②

三、法与自由

孟德斯鸠是 18 世纪法国杰出的启蒙思想家、反专制统治的英勇战士,他对专制政体及其法律制度的揭露和批判,充分表现了他对自由的崇敬与想往,而且他把法治国家作为实现自由的必然之路,这一思想在西方法律思想史上具有重大的意义。

孟德斯鸠认为自由是一个人的"无价之宝","不能准许一个人把自己卖掉。每个公民的自由,是公共自由的一部分。在平民政治的国家,这个特质,甚至是主权的一部分。出卖这个公民的特质,是如此不可想象的一种行

---

① 刘绍贤:《欧美政治思想史》,浙江人民出版社 1987 年版,第 259 页。
② 《马克思恩格斯全集》第 47 卷,人民出版社 2004 年版,第 59 页。

为"。① 但是,自由又分为哲学上的自由和政治的自由,"哲学上的自由,是要能够行使自己的意志","政治的自由是要有安全"。② 孟德斯鸠的自由是指政治自由。他说:

> 没有一个词比自由有更多的涵义,并在人们意识中留下更多不同的印象了。有些人认为,能够轻易地废黜他们曾赋予专制权力的人,就是自由;另一些人认为,选举他们应该服从的人的权利就是自由;另外一些人,把自由当作是携带武器和实施暴力的权利;还有一些人把自由当作是受一个本民族的人统治的特权,或是按照自己的法律受统治的特权。某一民族在很长时期内把留长胡子的习惯当自由。又有一些人把自由这个名词和某一个政体联系在一起,而排除其他政体。欣赏共和政体的人说共和政体有自由。喜欢君主政体的人说君主政体有自由。结果每个人把符合自己习惯或爱好的政体叫做自由。

> 人们通常认为共和国有自由,而君主国无自由。还有一点:在民主政治的国家里,人民仿佛是愿意做什么几乎就可以做什么,因此,人们便认为这类政体有自由,而把人民的权力同人民的自由混淆起来了。③

以上都是对"自由"的误解或在"自由"概念上的歧义,因此,他提出了关于"自由"的定义:

> 政治自由并不是愿意做什么就做什么。在一个国家里,也就是说,在一个有法律的社会里,自由仅仅是:一个人能够做他应该做的事情,而不被强迫去做他不应该做的事情。

> 我们应该记住什么是"独立",什么是"自由",自由是做法律所许可的一切事情的权利;如果一个公民能够做法律所禁止的事情,他就不再有自由了,因为其他的人也同样会有这个权利。④

在孟德斯鸠看来,政治自由不仅指人们的行动要受到法律的制约,而且精神

---

① [法]孟德斯鸠:《论法的精神》上册,张雁深译,商务印书馆1978年版,第243页。
② [法]孟德斯鸠:《论法的精神》上册,张雁深译,商务印书馆1978年版,第188页。
③ [法]孟德斯鸠:《论法的精神》上册,张雁深译,商务印书馆1978年版,第153—154页。
④ [法]孟德斯鸠:《论法的精神》上册,张雁深译,商务印书馆1978年版,第154页。

上、思想上也必须合乎法律的要求,他又说:

> 要享受自由的话,就应该使每个人能够想什么就说什么;要保全
> 自由的话,也应该每一个人能够想什么就说什么。这个国家的公民
> 可以说或写一切法律所没有明文禁止说或禁止写的东西。①

这就是说,政治自由与法律是密不可分的,二者有机地联系在一起,法律是实现政治自由的保障,而政治自由又体现了法律。这说明自由并不是绝对的,而是相对的,有条件的。他极力推崇英国宪法的政治自由,称赞英国人是"自由的民族","公民谁也不怕谁",大家可以自由地谈论政治,"推测事物的演变"。这种政治自由与法治有必然的关系,"法治和保国不是格格不相入的;不,法治是很有利于保国的,所以没有法治,国家便将腐化堕落"。②

孟德斯鸠根据他关于自由的定义,认为政治自由有两种情况,一是"从它和政制的关系加以论述",二是"从它和公民的关系去考察"。在自由和政制的关系上,建立自由的仅仅是法律,即"通过三权的某种分野而建立的",而在自由和公民的关系上,风俗、规矩和惯例都能够产生自由,因为"政治自由的关键在于人们有安全,或是人们认为自己享有安全"。③ 他又说,"一个公民的政治自由是一种心境的平安状态。这种心境的平安是从人人都认为他本身是安全的这个看法产生的。要享有这种自由,就必须建立一种政府",即三权分离的政治法律制度,"在它的统治下一个公民不惧怕另一个公民"。④ 可见,这两种情况下的自由都离不开法律,离不开良好的政体的立法。

孟德斯鸠认为三权分立的政府,由于立法权、行政权和司法权分掌在不同的人、不同的国家机关手中,这既可以使三种权力互相制约,又可以使三种权力保持平衡,这是确保公民政治自由的必要条件。"以权力约束权力",⑤就可以防止权力的滥用,因为有权力的人使用权力一直到遇有界限的地方才休止。权力如果没有制约,权力的滥用就是不可避免的,那公民的政治自由和生命安全就根本无法保证了。他说:

---

① [法]孟德斯鸠:《论法的精神》上册,张雁深译,商务印书馆 1978 年版,第 322 页。
② [法]孟德斯鸠:《论法的精神》上册,张雁深译,商务印书馆 1978 年版,第 278 页。
③ [法]孟德斯鸠:《论法的精神》上册,张雁深译,商务印书馆 1978 年版,第 187 页。
④ [法]孟德斯鸠:《论法的精神》上册,张雁深译,商务印书馆 1978 年版,第 155—156 页。
⑤ [法]孟德斯鸠:《论法的精神》上册,张雁深译,商务印书馆 1978 年版,第 154 页。

当立法权和行政权集中到一个人或同一个机关之手,自由便不复存在了;因为人们将要害怕这个国王或议会制定暴虐的法律,并暴虐地执行这些法律。

如果司法权不同立法权和行政权分立,自由也就不存在了。如果司法权同立法权合二为一,则将对公民的生命和自由施行专断的权力,因为法官就是立法者。如果司法权同行政权合二为一,法官便将握有压迫者的力量。

如果同一个人或是由重要人物、贵族或平民组成同一个机关行使这三种权力,即制定法律权、执行公共决议权和裁判私人犯罪或争讼权,则一切便都完了。①

在孟德斯鸠看来,不管什么政体,即使是共和政体,如不实行三权分立的制度,那也会形成暴政,公民也会失去自由,比如意大利各共和国,由于三种权力合并在一起,所以自由反比君主国少。因此,他强调必须首先用分权的原则来限制君主的权力,剥夺君主及其政府干预司法事务的权利,以保护人民的政治自由和生命财产安全。可见,他强调的不在于分权,而在于各种权力的互相平衡与制约,用法律支配权力,并为权力制定界限,否则,权力腐败无疑。"权力分立的思想在政治学说中是最古老的观念之一",但是孟德斯鸠的贡献在于,"把权力分立的思想变为政治结构各组成部分在法律上相互制约与平衡的体制",其影响"可以从美国的权利法案和法国宪法中得到普遍反映"。②

其次,他认为公民的自由主要依靠良好的刑法(包括刑事诉讼法)和民法的保障。③ 三权分立的政体立法给人们的自由提供了政治前提,但具体的实施,还有赖于部门法。他说:"依犯罪的性质量刑有利于自由。"④刑罚不是依据立法者一时的意念,而是依据事物的性质产生出来的,这样,刑罚就不是人对人的暴行,相反,这是自由的胜利。法律应该是对一切人制定的,而不是专为一个私人制定的,因此,法律保护无辜的公民,如果"公民的无辜得不到保

---

①　[法]孟德斯鸠:《论法的精神》上册,张雁深译,商务印书馆1978年版,第156页。
②　[美]乔治·霍兰·萨拜因:《政治学说史》下册,商务印书馆1986年版,第626、672页。
③　[法]孟德斯鸠:《论法的精神》上册,张雁深译,商务印书馆1978年版,第188页。
④　[法]孟德斯鸠:《论法的精神》上册,张雁深译,商务印书馆1978年版,第189页。

证,自由也就没有保证"。①　孟德斯鸠将犯罪分为危害宗教、危害风俗、危害公民安宁和危害公民安全四类。并且强调应按各类犯罪的性质规定所应科处的刑罚,即罪刑相当。在适用刑法过程中,他认为目的首先是预防犯罪,刑罚要体现宽和精神,不仅要注意不同性质的犯罪的界限,而且刑罚要适中。他反对严刑峻法,反对拷问罪犯,主张轻重协调,量刑有别,处罚诬告,不用密探,不株连,允许公民自由离境。像"邪术"、"异端"、"男色"等罪的控告与追诉要特别和缓、审慎,否则就会"极端地危害自由",给诬告大开方便之门,甚至"成为无穷无尽的暴政的泉源"。②　至于亵渎神圣和大逆罪更不能滥用,如果罪名的含义不明,便足以使一个政府堕落到专制主义中去。他批判中国的皇帝滥用大逆罪,结果"任何事情都可拿来作借口去剥夺任何人的生命,去灭绝家族"。孟德斯鸠反对专制主义的株连,他认为"父亲获罪要连坐儿女妻室,这是出自专制狂暴的一项法条"。"一个人,即使是最卑微的公民的生命,也应受到尊重。"另外,他认为,公民的财产权也属于自由的内容,又是社会利益的表现,因此,要发挥民法的作用,维护公民的财产权,实行契约自由,买卖自由。"政治法使人类获得自由,民法使人类获得财产。"他认为,任何时候都不允许借口侵犯公民个人的利益,解决公私利益之间矛盾,必须严格遵守民法,因为"民法是财产的保障","在民法慈母般的眼里,每一个个人就是整个的国家"。③

再次,孟德斯鸠认为法律要维护公民的政治自由,还必须坚持"法律的责任只是惩罚外部的行动",④思想不构成犯罪,"法律几乎不可能因言语而处人以死刑"。⑤"言语并不构成'罪体'。它们仅仅栖息在思想里",要是言语构成犯罪,那就连自由的影子也看不见了。"言语要和行为结合起来才能具有该行为的性质。因此,一个人到公共场所鼓动人们造反即犯大逆罪,因为这时言语已经和行为联结在一起,并参与了行为。人们处罚的不是言语,而是所犯的行为,在这种行为里人们使用了这些言语。言语只有在准备犯罪行为、伴随

---

① [法]孟德斯鸠:《论法的精神》上册,张雁深译,商务印书馆1978年版,第188页。
② [法]孟德斯鸠:《论法的精神》上册,张雁深译,商务印书馆1978年版,第192页。
③ [法]孟德斯鸠:《论法的精神》下册,张雁深译,商务印书馆1978年版,第190页。
④ [法]孟德斯鸠:《论法的精神》上册,张雁深译,商务印书馆1978年版,第197页。
⑤ [法]孟德斯鸠:《论法的精神》上册,张雁深译,商务印书馆1978年版,第197页。

犯罪行为或追从犯罪行为时,才构成犯罪。如果人们不是把言语当作死罪的征兆来看待,而是以言语定死罪的话,那就什么都混乱了。"①

文字与语言具有共同的特点,虽然文字较有恒久性,"但是如果文字不是为大逆罪作准备而写出的话,则不能作为犯大逆罪的理由"。② 孟德斯鸠斥责罗马皇帝"奥古斯都曾经因某些攻击著名仕女的文字而处人以大逆罪;提贝留斯则因他认为有些文字是为了反对他而写的,便处人以大逆罪"。他说以文字罹人入罪,"没有比这更使罗马的自由受到致命的伤害了"。③ 孟德斯鸠认为,国家不应禁止讽刺文字,因为讽刺文字通常是写来反对有权势的人的,这就可以宣泄人民的怨愤,"使不满的人得到安慰,减少人们对官职的嫉妒,增加人民对痛苦的忍耐,使他们对所受的痛苦一笑置之",④从而缓和社会冲突和矛盾,亦有利于公民的政治自由。

四、法与道德

在西方近代法律思想史上,像孟德斯鸠那样深入地论述法律与道德的关系,还是不多见的。他是一位法治论者,认为不能将法与道德混淆,但他又强调道德的作用,认为法与道德并存是一个强大的国家和兴盛的社会的标志。与此相反,道德沉沦、法制破坏必然导致国家的衰亡。他说:"从人民当中产生的许多例子形成了他们的一般性格并且造成了风气,这种风气的统治力量是同法律同样大的。"⑤这里的风气就是指社会道德风貌,其社会作用不亚于法律,它是使狂风暴雨中的航船停泊的锚。可是,卢梭却认为孟德斯鸠"不认识"风尚、习俗的巨大作用,这倒冤屈了"我们的政治家"。⑥

在孟德斯鸠看来,公民的道德首先是指爱祖国、爱法律的政治品德,他提出的各种政体的原则实质上是一个道德范畴。他说:"我们可以给这种品德下一个定义,这就是热爱祖国与法律。这种爱要求人们不断地把公共的利益

---

① [法]孟德斯鸠:《论法的精神》上册,张雁深译,商务印书馆1978年版,第198页。
② [法]孟德斯鸠:《论法的精神》上册,张雁深译,商务印书馆1978年版,第199页。
③ [法]孟德斯鸠:《论法的精神》上册,张雁深译,商务印书馆1978年版,第199页。
④ [法]孟德斯鸠:《论法的精神》上册,张雁深译,商务印书馆1978年版,第201页。
⑤ [法]孟德斯鸠:《罗马盛衰原因论》,婉玲译,商务印书馆1978年版,第120页。
⑥ [法]卢梭:《社会契约论》,商务印书馆1980年版,第73页。

置于个人利益之上,它是一切私人的品德的根源。私人的品德不过是以公共利益为重而已。"①这就要求人们"舍弃自己",具有自我牺牲精神,然而这永远是很痛苦的一件事。其次,道德是指社会风气、习俗、传统等等。他认为,一个民族好的习惯可以造成人们优良的品质,产生极好的社会效果,如果"风俗败坏,家庭裁判和公诉也就废弛了"。②"德行失堕",必将"成为世界上最不幸的人民之一"。

法律与道德作为社会上层建筑的重要内容有着各自的特点和内容,但它们既为共同的经济基础所决定,又为共同的经济基础服务,在内容、形式和作用上相互交叉、相互渗透,共同促进人类社会发展。作为资产阶级法学家,孟德斯鸠当然不可能达到这种科学认识水平,但他从大量的历史事实中,一定程度上揭示了法律与道德的内在联系,这不仅给当时和后来的人们以很大的启迪,而且至今仍令人感到深刻和亲切。孟德斯鸠说,古罗马曾经强盛和显赫一时,不仅是因为它适应了历史的需要,改革了政治与法律,而且还由于罗马民族的良好风气和道德品质。罗马民族勇敢善战,奋发向上,善于学习其他民族的优点,"如果某一个民族由于本性或由于自己的制度而有某种特殊的优点的话,他们立刻就把它学习过来"。③ 他们法制严明,军纪严格,曾经发生过将领"把自己那违背命令而取得了胜利的孩子处死"的事情。④ 社会风气俭朴,公职"只能由于美德方才可以取得",公职"只能给人以荣誉和执行职务时的优遇","不给人以利益"。"古老的风俗习惯,一种安于贫穷生活的作风"⑤使罗马社会比较安定。他总结说:"罗马人所以能够号令一切民族,不仅仅是由于他们的战术,同时也是由于他们的审慎。他们的贤明、他们的坚持、他们对荣誉和祖国的热爱。"⑥但是,当恺撒建立独裁政权、奥古斯都成为第一任皇帝之后,罗马的社会风气就日益腐败了,国势每况愈下,迷信、迂腐之风弥漫浸害,社会上层贪婪、聚财,追求豪奢和排场,图慕虚荣,当时如果有人一旦穿上

---

① [法]孟德斯鸠:《论法的精神》上册,张雁深译,商务印书馆1978年版,第34页。
② [法]孟德斯鸠:《论法的精神》上册,张雁深译,商务印书馆1978年版,第106页。
③ [法]孟德斯鸠:《罗马盛衰原因论》,婉玲译,商务印书馆1962年版,第11页。
④ [法]孟德斯鸠:《罗马盛衰原因论》,婉玲译,商务印书馆1962年版,第104页。
⑤ [法]孟德斯鸠:《罗马盛衰原因论》,婉玲译,商务印书馆1962年版,第16页。
⑥ [法]孟德斯鸠:《罗马盛衰原因论》,婉玲译,商务印书馆1962年版,第103页。

豪华服饰,"他立刻就有人追随,因为人们尊敬衣服、是甚于尊敬人的"。① 如果有人在行动上表现是相互谦逊,人们竟然把这种回想到古风的做法称为忘却身份。② 孟德斯鸠说,罗马人虽然号令过一切民族,但当社会风气衰败特别是"军队本身都开始腐化的时候,他们自身就成了一切民族的瓜分对象了"。③

社会风气是社会精神文明状况的具体表现,也是民族精神的一种反映。孟德斯鸠说:"每一个民族都有一种总的精神,而权力本身就是建立在这一精神之上的,当这个民族侵害这一精神的时候,它自己就受到了侵害,结果必然停顿不前了。"④古罗马衰亡的历史也就是罗马民族精神的被侵害史。因此,"在不违反政体的原则的限度内,遵从民族的精神是立法者的职责"。⑤ 一国的道德风尚为一国的法治提供了良好的环境,"人民有品德便可以简化刑罚"。⑥ 比如罗马共和国初期,人民性格正直,"这种正直有很大的力量,所以立法者常常只向人民指出正当的道路,让人们依从就够了。对他们似乎只要劝告,并不需要命令",以至于"君王的法律和十二铜表法所规定的刑罚都被废除了。从来没有听说共和国从此而治理得不如从前好;政事也并没有因此受到了损害"。⑦ 孟德斯鸠说:

让我们顺从自然吧! 它给人类以羞耻之心,使从羞耻受到鞭责。

让我们把不名誉作为刑罚最重的部分吧!

如果一个国家,刑罚并不能使人产生羞耻之心的话,那就是由于暴政的结果,暴政对恶棍和正直的人使用相同的刑罚。⑧

这就是说,法律要充分地发挥作用,就必须培养人们的荣誉感、羞耻感,也就是使人具有道德观念。否则,人们就是因为恐惧而守法,但那不是法治,而是专制与暴政。因此,"一个明智的立法者就应当努力,通过适度的刑罚与奖赏,通过和上述性格相适宜的哲学、道德和宗教的箴规,通过荣誉的法规的适当应

---

① 〔法〕孟德斯鸠:《罗马盛衰原因论》,婉玲译,商务印书馆1962年版,第120页。
② 〔法〕孟德斯鸠:《罗马盛衰原因论》,婉玲译,商务印书馆1962年版,第90页。
③ 〔法〕孟德斯鸠:《罗马盛衰原因论》,婉玲译,商务印书馆1962年版,第103页。
④ 〔法〕孟德斯鸠:《罗马盛衰原因论》,婉玲译,商务印书馆1962年版,第130页。
⑤ 〔法〕孟德斯鸠:《论法的精神》上册,张雁深译,商务印书馆1978年版,第305页。
⑥ 〔法〕孟德斯鸠:《论法的精神》上册,张雁深译,商务印书馆1978年版,第84页。
⑦ 〔法〕孟德斯鸠:《论法的精神》上册,张雁深译,商务印书馆1978年版,第84页。
⑧ 〔法〕孟德斯鸠:《论法的精神》上册,张雁深译,商务印书馆1978年版,第85页。

用,通过羞辱性的刑罚,通过长时期的幸福和太平生活的享受,去教养人民"。① 因为好的道德风尚的形成亦需要法律,比如,为了"保持妇女俭朴的风尚",罗马颁布了法尼安法、利基尼安法、欧比安法。可是,当瓦列利乌斯·马克西穆废除了这个法律,就"给罗马人开创了奢侈的时代"。② 当然,他也不赞成用道德代替法律,认为像中国的法律往往与道德、习俗混在一起,很难分清,这造成人们的行为是否违法并无明确的标准,因此,判断罪与非罪以及量刑,随意性很大,甚至取决于皇帝和官员的意志,这不是法治而是专制。

　　"法律是制定的,而风俗则出于人的感悟。风俗以人民'一般的精神'为渊源;法律则来自'特殊的制度'。"③因此,一国的道德、风俗、习惯是经过长期的积累逐步形成的,它不是一朝一夕的事情。孟德斯鸠认为人们的品德并不是天生的,而是通过一代一代的教育培养的,他特别强调共和政体教育的重要性,认为"共和政体是需要教育的全部力量的",因为品德的力量是共和政体唯一的支持力量。他说,作为社会成员,每一个人都必须是受教育的,并且认为国家要把教育提到法律的高度即教育法制化,"教育的法律是我们最先接受的法律"。④ 教育的内容应该是激发人们对法律和祖国的热爱,而且要从儿童做起,还要把家庭教育与社会教育结合起来。"要使儿童有这种爱,有一个妥善的方法,就是做父亲的先要有这种爱"。"通常父亲就是老师"。"假如这种方法没有成功就是因为家庭所获得的教育受到了外界思想影响的破坏",因此,社会教育与家庭教育要互相配合。孟德斯鸠痛恨专制制度,指责在专制国家教育等于零,因为专制教育的范围极其狭窄,其目的是"把恐怖置于人们的心里,把一些极简单的宗教原则的知识置于人们的精神里"。⑤ 这里既包含了教育法思想,又从一个侧面表现了他的刑法以及预防犯罪思想,在人类法律文化史上有极高的价值,对于当代中国的法制与道德建设也是一种借鉴。

　　另外,孟德斯鸠在立法、民商法、刑法、诉讼法等方面的思想亦是十分丰富

① [法]孟德斯鸠:《论法的精神》上册,张雁深译,商务印书馆 1978 年版,第 87 页。
② [法]孟德斯鸠:《论法的精神》上册,张雁深译,商务印书馆 1978 年版,第 109 页。
③ [法]孟德斯鸠:《论法的精神》上册,张雁深译,商务印书馆 1978 年版,第 309 页。
④ [法]孟德斯鸠:《论法的精神》上册,张雁深译,商务印书馆 1978 年版,第 29 页。
⑤ [法]孟德斯鸠:《论法的精神》上册,张雁深译,商务印书馆 1978 年版,第 33 页。

的,他提出的不少原则被后来资产阶级法制化了,在法律史上产生了很大影响。比如立法技术方面关于法律应简洁扼要、简朴易懂、用语准确、不要精微玄奥、避免用钱银作规定、内容的稳定性、坦率性等思想,至今还是很有意义的。总而言之,孟德斯鸠的法律思想奠定了资产阶级法制的理论基础,即便认为他"主观上为之奋斗的不是资产阶级的民主制度,而是贵族在其中占重要地位的封建君主制政体",①可是在客观上确实为资产阶级反教会特权、反封建提供了思想武器,确实是继柏拉图、亚里士多德、格老秀斯、霍布斯、洛克之后西方法律思想史上一位杰出的资产阶级思想家。他的法律理论对世界资产阶级革命运动产生过巨大而深刻的影响,对中国近代的法制变革也起了促进作用,值得我们深入地研究。

---

　　① 许明龙:《孟德斯鸠与中国》,国际文化出版社 1989 年版,第 197 页。

第十七章　卢梭的法律思想

让·雅克·卢梭(Jean Jacques Rousseau,1712—1778 年)是 18 世纪法国启蒙运动的伟大思想家、最后一位古典自然法学家。在近代自然法学家中,他是最激烈的,激进的政治法律思想使他成了法国资产阶级革命的思想先驱。歌德曾经说过,伏尔泰是旧世界的终点,卢梭是新世界的开端。他"是欧洲许多国家资产阶级革命的鼓舞者"①,他的思想开辟了一个新的时代,他掀起了人类精神的一场革命,不仅直接影响了法国大革命的领袖,而且赢得了莱辛、赫尔德、歌德、席勒、康德以至托尔斯泰、罗曼·罗兰等文学巨匠的崇拜,为人类的法律文化和文明作出了重大贡献。

第一节　最后一位古典自然法学家

1712 年 6 月 28 日,卢梭出生于瑞士日内瓦一个贫穷的钟表匠家庭。他的祖先是法国人,其高祖父因改信加尔文新教而遭到天主教会的迫害,被迫迁居日内瓦。当时的日内瓦是一个民主政体的共和国,这种社会环境对他后来政治法律思想的形成起了很大的作用,他说过,自己愿意在一个民主的国家里自由地生活,自由地死去。

卢梭的母亲是一位"聪明美丽"且富于独立性的女性,在生下卢梭几天后

---

① 王树人、李凤鸣主编:《西方著名哲学家评传》第 5 卷,山东人民出版社 1984 年版,第 55 页。

便去世了,而卢梭身体孱弱,全靠姑妈养育照顾把他救活。卢梭的父亲情感热烈而又嗜好读书,他因丧偶而陷入悲痛,孱弱多病的卢梭成了他精神的慰藉。父子俩常常一起阅读小说和历史书籍,往往通宵达旦。据卢梭回忆说:"母亲的藏书看完了,我们就拿外祖父留给我母亲的图书来读。真幸运,里面有不少好书。"①他最喜欢古希腊传记作家普卢塔克的《名人传》,他说,读了这些书,"我不断想着罗马与雅典,可以说我是同罗马和希腊的伟人在一起生活了。加上我自己生来就是一个共和国的公民,我父亲又是个最热爱祖国的人,我便以他为榜样而热爱起祖国来。我竟自以为是希腊人或罗马人了。每逢读到一位英雄的传记,我就变成传记中的那个人物。读到那些使我深受感动的忠贞不二、威武不屈的形象,就使我两眼闪光,声高气壮"。② 这表明希腊罗马的历史、日内瓦共和国的生活培育了少年卢梭"爱自由爱共和的思想"、"不肯受束缚和奴役的性格"。

卢梭 10 岁那年,其父因与人决斗遭陷害而逃离日内瓦,做卢梭监护人的舅舅贝纳尔把卢梭托付给包塞乡村牧师郎拜尔西埃,卢梭在包塞乡村生活了两年。这两年生活是欢畅的,他学习了拉丁文,还读了很多的书,淳朴的田园生活又陶冶了他的性情,他说:"每当我在书中读到凶恶暴君的残忍,或是邪恶僧侣的阴谋诡计的时候,真有心不惜万死去把这些无耻之徒宰掉。有时我看到一只公鸡、一头母牛、一只狗或是其他畜牲侵害别的畜牲,我往往会跑得满身大汗去追它,或用石块去砍它,唯一的理由就是因为它恃强凌弱。这种感情可能是我的天性,我也相信一定是生来就有的。"③

离开包塞后,卢梭被送到本城法院书记官马斯隆那里学"承揽诉讼"的行道,但他不感兴趣,结果以"无能"的罪名被赶出事务所。人们断言他"除了使用钟表匠的锉刀以外,没有别的用处",因此,卢梭只好到钟表店去当学徒。他本来是喜欢这门手艺的,可是他过的完全是奴隶般的生活,因偷看书还常常遭受惩罚和毒打,最后由于受不了师傅的"暴虐专横"而逃离了日内瓦,从此开始了他 13 年的颠沛流离和寄人篱下的生活。

---

① [法]卢梭:《忏悔录》第 1 部,范希衡译,人民文学出版社 1980 年版,第 8 页。
② [法]卢梭:《忏悔录》第 1 部,范希衡译,人民文学出版社 1980 年版,第 9 页。
③ [法]卢梭:《忏悔录》第 1 部,范希衡译,人民文学出版社 1980 年版,第 23 页。

1728 年,他认识了萨瓦公国首都尚贝里的华伦夫人,这位心地善良、待人和蔼而慷慨、喜好炼金术、虔信宗教的妇女对卢梭一生起了重要作用。卢梭听从华伦夫人的建议来到意大利的都灵,在这里他先后做过店铺伙计、仆役、音乐教师,后因生活困难又回到华伦夫人家寄居,从此过了近十年的稳定生活,并开始系统地读书、思考和研究各类问题。

1740 年 5 月,卢梭离开华伦夫人家,到里昂做了家庭教师。第二年他从里昂来到巴黎,本希望可以靠他写的新记谱法与剧本谋生,结果无人问津。不久,卢梭经人举荐做了法国驻威尼斯大使秘书,但只干了 18 个月,因与大使意见不和,便辞职回到了巴黎。在这期间他结识了马布里、孔狄亚、丰特涅尔、霍尔巴赫等思想家,特别是同百科全书派首领狄德罗的相识,对他思想产生了很大影响。他阅读了古希腊以来比如柏拉图、亚里士多德、格老秀斯、洛克等人的著作,萌发了撰写政治法律著作的思想。

1750 年 7 月,卢梭的论文《论科学与艺术》荣获第戎科学院征文首奖。这是一篇抨击法国封建专制的檄文,卢梭因此一举成名,这是他一生的转折。他说,这唤醒了他写出那篇文章时的全部观点,"终于使我的父亲,我的祖国,以及普卢塔克在我童年时代灌输到我心中的那种英雄主义与道德观念的原始酵母开始发作起来了。从此我就觉得做一个自由的有道德的人,无视财富与物议而傲然自得,才是最伟大、最美好的"。① 他甚至卖掉了表,从服饰上实现改革,作出放弃文明的榜样。1755 年卢梭《论人类不平等的起源和基础》一书出版,该书是卢梭整个思想理论体系的核心。同年,他应狄德罗约请为《百科全书》撰写了《论政治经济学》,进一步反映了他反封建、反特权、反不平等的法律思想。1761 年他发表了长篇小说《新哀洛伊丝》,这是法国文学史上影响较大的一部作品,它批判封建法律,鼓吹平民的人权,歌颂自由和解放。1762 年卢梭的《社会契约论》出版,这是他最深刻、最成熟的著作,是西方政治法律思想史上最著名的古典文献之一,被革命时代的各国资产阶级当作"福音"与"圣经"。这年六月,他发表了积二十年思考而作的《爱弥尔》,这是一部论述自然教育的专著,由于该书强调发展儿童个性、自由地享受大自然赋予的平等权利,卢梭为此遭到了反动当局的迫害,他不得不逃亡国外,直到 1770 年被赦

---

① ［法］卢梭:《忏悔录》第 2 部,范希衡译,人民文学出版社 1982 年版,第 443 页。

免他才回到巴黎。

1770 年 11 月，卢梭怀着悲愤的心情完成了自传《忏悔录》，这是一部具有社会批判价值的书，他是在穷愁潦倒、凄风苦雨、残酷迫害下完成的，这是他最后的呐喊与抗争。1778 年 7 月 2 日，他最后一部作品《一个孤独的散步者的遐想》（又译《漫步遐想录》）还未脱稿就因病与世长辞了，终年 69 岁。

丹麦哲学史家霍甫丁说，抄写乐谱之于卢梭，就像磨光镜片之于斯宾诺莎一样，成了卢梭一生的谋生手段。① 卢梭一生充满苦难，从小失去双亲的照料，长期过着饥寒交迫的流浪生活，当过学徒、仆人、伙计、随从、乐谱抄写员，像乞丐一样进过收容所，饱尝了人间的辛酸。他虽然没有进过学校的大门，但他靠长期勤奋的自学和个人奋斗成为思想界的巨子。一个钟表匠的儿子，"从民主政体的日内瓦走到封建专制主义之都巴黎，从下层人民中走进了法兰西思想界"②。这决定了他能够深刻认识封建专制重压下民众的疾苦，有普通人民的朴素感情，有真挚的爱和深沉的恨，革命性更为强烈，反封建更为坚决。在 18 世纪启蒙思想家中，卢梭独树一帜，他不同于佩剑贵族的孟德斯鸠和家有万贯之财的伏尔泰，也不同于出身富裕的狄德罗。他傲视世俗传统，晚年虽然更加孤独凄凉悲惨，但他仍保持了自己桀骜不驯和不屈不挠的性格，拒绝了国王的接见和赐给养老金。他指责贵族是法律和自由的死敌，主张用暴力推翻封建专制统治，展现了一代平民思想家的叛逆精神和风采，卢梭因此赢得了后人的尊敬和热爱。1790 年他的雕像与富兰克林、华盛顿的雕像并列地竖立在法国国民会议大厦里。不久人们又建立了卢梭纪念牌，将其遗骨迁葬在巴黎先贤祠。

卢梭一生留下了大量的著作，涉及政治、法律、经济、哲学、文学、教育等领域，其中《论人类不平等的起源和基础》和《社会契约论》是我们研究他的法律思想的主要资料。

---

① 王树人、李凤鸣主编：《西方著名哲学家评传》第 5 卷，山东人民出版社 1984 年版，第 181 页。

② 柳鸣九："译本序"，载《忏悔录》（卢梭著）第 1 部，人民文学出版社 1980 年版，第 1 页。

第二节　法律公意与法律自由

一、自然法思想

卢梭同那个时代大部分的政治理论家一样,也谈自然状态,他们使用同样的推理方法,讲着一个相似的故事,都从人性和自然状态来说明国家与法律的起源。不过,卢梭是带着几分假定的口吻,认为自然状态并非历史的真实,"是一种不复存在、或许从未存在过,大概将来也决不会存在的状态,不过为适当判断现今的状态,对它仍需要有正确的观念"。① 在卢梭看来,自然状态是"一些假定的有条件的推理……正好像我们的物理学家,每天对宇宙形成所作的那些推理一样"。② 罗素认为卢梭强调的是"自然法应当从自然状态推出来,但是只要我们对自然人无知,便不可能确定原来给自然人所规定的或最适合自然人的法。我们所能知道的只是服从自然法的那些人的意志必定自觉到他们在服从,而自然法必定直接出于自然之声"。③

卢梭假定自然状态的人过着孤立的、自由平等的生活,人们之间只有年龄、健康、体力、智力等的差别,那时,"没有农工业、没有语言、没有住所、没有战争,彼此间也没有任何联系"。④ 既没有财产上和政治上的不平等,没有奴役和被奴役的现象,也不存在道德关系和公认的义务关系。卢梭不同意霍布斯的性恶论和战争状态的看法,与洛克所说的各自占有私有财产的自然状态也不同,而且认为自然法并不是以理性为原则的。他说,人性是善的,人具有天赋的自我保存的自爱心和对同类的怜悯心,因此,人们没有危害他人的欲望,没有彼此损害、互相掠夺的现象。自然法就是维护自然状态的法则,这出自人的"天然本性",而自保和怜悯正是自然法的原理,自然法的其他规则都是派生于它的。他说:"自然法的一切规则正是从这两个原理(这里无须再加

① ［英］罗素:《西方哲学史》下册,何兆武、李约瑟译,商务印书馆 1982 年版,第 229 页。
② ［法］卢梭:《论人类不平等的起源和基础》,商务印书馆 1982 年版,第 71 页。
③ ［英］罗素:《西方哲学史》下册,何兆武、李约瑟译,商务印书馆 1982 年版,第 715 页。
④ ［法］卢梭:《论人类不平等的起源和基础》,商务印书馆 1982 年版,第 106 页。

上人的社会性那一原理)的协调和配合中产生出来的。"①因为自然状态下的人类还不是"一个有理性的生物",而是"一个有感觉的生物",所以自然法及其原理是先于理性的。这种先于理性、出自人类自然本性的自然状态是人类的"黄金时代","不平等在自然状态中几乎是人们感觉不到的,它的影响也几乎等于零的"。②

但是,人类社会必然要由自然状态进入社会状态,由野蛮过渡到文明。卢梭认为,由于人要追求幸福,需要维持生命,因此便产生了各种新方法和新技巧,其中主要是冶金术和农业的发明引起了社会的巨大变革,仅靠个人达不到完善与满足,因此出现了社会分工和交换,这就导致了土地的私有,一种新的权利即所有权出现了,也就是私有制的形成。卢梭说,私有制是不平等的根源,从此自然状态的自由平等消失了,人们变得贪婪与邪恶了,代之而起的是统治、奴役、暴力、掠夺。面对这种战争状态,富人为了保障自身的安全和奴役穷人,以保证公共安全为名,欺骗穷人签订了社会契约,这就产生了凌驾于社会之上的最高权力即国家,产生了法律,人类社会由自然状态的平等进入了社会状态的不平等,这就是卢梭的国家与法的起源论。卢梭总结说:

> 在自然状态,不平等几乎是不存在的。由于人类能力的发展和人类智慧的进步,不平等才获得了它的力量并成长起来;由于私有制和法律的建立,不平等终于变得根深蒂固而成为合法的了。此外,我们还可以断言,仅为实在法所认可的精神上的不平等差别,每当它与生理上的不平等不相称时,便与自然法相抵触,这种不相称充分决定了我们对流行于一个文明民族之中的那种不平等应持什么看法。因为,一个孩子命令着老年人,一个傻子指导着聪明人,一小撮人拥有许多剩余的东西,而大量的饥民则缺乏生活必需品,这显然是违反自然法的(也就是说,是违反理性的)。③"社会和法律就是这样或者应当是这样起源的"④,而不是起源于暴力,也不是起源于父权或弱者的联合。

---

① [法]卢梭:《论人类不平等的起源和基础》,商务印书馆 1982 年版,第 68 页。
② [法]卢梭:《论人类不平等的起源和基础》,商务印书馆 1982 年版,第 109 页。
③ [法]卢梭:《论人类不平等的起源和基础》,商务印书馆 1982 年版,第 149 页。
④ [法]卢梭:《论人类不平等的起源和基础》,商务印书馆 1982 年版,第 128 页。

卢梭还具体分析了人类不平等的起源和发展经过三个阶段。第一个阶段,由于私有制的形成,产生了贫富之间的对立和财产上的不平等。第二个阶段,由于国家与法律的出现,人类不平等进一步加深,除财产的不平等外,还增加了政治上的不平等。卢梭认为国家的出现是富人反对穷人的阴谋,富人因此成了统治者,而穷人则变成了弱者和被统治者。统治者利用掌握的权力和法律来维护自己的利益,特别是随着国家政府权力的腐败,形成专制统治,君主为所欲为,人民处于被奴役的地位,这是不平等的第三个阶段,即封建专制统治。这一阶段"是不平等的顶点,这是封闭一个圆圈的终极点,它和我们所由之出发的起点相遇。在这里一切个人之所以是平等的,正是因为他们都等于零。臣民除君主的意志以外没有别的法律;君主除了他自己的欲望以外,没有别的规则"。①

在这里要注意三点:首先,卢梭认为自然法先于理性存在于人类的自然状态,自然法正是维护自然状态的,这与格老秀斯以来的自然法产生于人的理性有了差别。但是,他又有矛盾,常常把自然法视为出自理性的普遍正义。其次,人类社会由自然状态进入社会状态,自然法被实在法所取代,不平等代替了平等,而且这种不平等在封建专制社会达到了顶点。再次,事物的法则是物极必反。卢梭认为,暴君靠暴力维持其存在,"暴力支持他,但暴力也推翻他"。这就是说专制必然走向反面,不平等必然转化为平等,"一切事物都是按照"这种"自然的顺序进行着"。恩格斯评价说:"这样,不平等又重新转变为平等,但不是转变为没有语言的原始人的旧的自发的平等,而是转变为更高级的社会契约的平等。压迫者被压迫。这是否定的否定。"②这说明卢梭的自然法思想渗透了辩证法,甚至我们"在他的详细叙述中可以看到马克思所使用的整整一系列辩证的说法"。卢梭将自然同文明对立,强调"自然状态"、"自然道德"、"自然教育"、"自然宗教",并不是要人类回到原始野蛮状态,而是以一种假设,"判断现今状态",不仅尖锐地批判社会现实,揭露封建专制社会的黑暗腐败,而且也是对当时正在"大踏步走向成熟的'市民社会'的预

---

① ［法］卢梭:《论人类不平等的起源和基础》,商务印书馆 1982 年版,第 145—146 页。
② 《马克思恩格斯选集》第 3 卷,人民出版社 1995 年版,第 483 页。

感"。① 这正表现了他自然法思想的深刻性和批判性,也是他较之同时代人的卓越之处。

基于上述分析,卢梭认为应该废除统治者利用欺骗同人民订立的契约,重新建立有利于人民的契约,人民是契约的主体,人民拥有这个权力,这就是恩格斯指出的用更高级的社会契约的平等代替封建专制的不平等。② 这一思想是卢梭在《社会契约论》中提出的,它不同于《论人类不平等的起源和基础》对人类历史和现实关系的探讨,而是将社会契约作为政治准则,他给我们描绘了一幅披着自然法理论外衣的一种理想社会的美好图画。卢梭设想,人类曾达到过这样一种境地,自然状态虽然美好,但是不利于人类生存的障碍超过了人类自我自存所能运用的力量,因此,就必须改变生存方式,需要结合起来形成一种力量的总和去排除障碍:

> "要寻找一种结合的形式,使他能以全部共同的力量来卫护和保障每个结合者的人身和财富,并且由于这一结合而使每一个与全体相联合的个人又不过是在服从自己本人,并且仍然像以往一样地自由。"这就是社会契约所要解决的根本问题。③

这就是说,根据自然法的原则,人们是在完全平等基础上的自愿联合,用社会契约的形式组成政治共同体,以保障每个结合者的利益和权利,这就是社会契约的根本任务和目的,并且是由"被订约的性质所决定"。卢梭认为契约条款不能修改,虽然这些条款也许从来就不曾正式被人宣告过,然而它们在普天之下都是同样的,都是为人所默认或公认的,因此,如果这个社会公约一旦遭到破坏,每个人就立刻恢复了他原来的权利,并在丧失约定的自由时,就又重新获得了他为约定的自由而放弃了的自己的天然的自由。卢梭说:"自由不仅在于实现自己的意志,而尤其在于不屈服于别人的意志。自由还在于不使别人意志屈服于我们的意志;如果屈服了,那就不是服从公约的法律了,做了主人的人,就不可能自由。"④

在这里,契约不是个人与个人之间订立的,也不是统治者与被统治者订立

---

① 《马克思恩格斯选集》第2卷,人民出版社1995年版,第1页。
② 参见《马克思恩格斯选集》第3卷,人民出版社1972年版,第180页。
③ [法]卢梭:《社会契约论》,何兆武译,商务印书馆1980年版,第23页。
④ [法]卢梭:《社会契约论》,何兆武译,商务印书馆1980年版,第23页注③。

的,而是人民同他们自己组成的政治共同体订立的。卢梭说:契约是人民自由协议的产物,合法的国家只能是基于人民自由意志的社会契约而产生的,个人与国家的关系就是一种社会契约关系,因此,"每个结合者及其自身的一切权利全部都转让给整个的集体",并且"转让"是"毫无保留的",个人也就不会保留某些权利,因为转让是等价的,"每个人既然是向全体奉献出自己,他就并没有向任何人奉献出自己;而且既然从任何一个结合者那里,人们都可以获得自己本身所渡让给他的同样的权利,所以人们就得到了自己所丧失的一切东西的等价物以及更大的力量来保全自己的所有"。① 卢梭论述的实际上就是他理想的民主共和制,这个因社会契约而产生的"道德的与集体的共同体"体现了缔约者的"共同利益"、"共同幸福",即"公意"或称"公共的大我"。这正是社会契约的本质:"我们每个人都以其自身及其全部的力量共同置于公意的最高指导之下,并且我们在共同体中接纳每一个成员作为全体之不可分割的一部分。"②总之,人类由于社会契约虽然丧失了"天然的自由",以及对于他所企图的和所能得到的一切东西的那种无限的权利,但是,却从这个共同体中获得了"社会自由"以及对于他所享有的一切东西的所有权;虽然失去了"自然平等",却获得了社会契约的平等;虽然需要服从国家权力,但这是服从"公意",而不再是专制制度下的奴隶。也就是说"人们尽可以在力量上与智慧上不平等,但由于约定并且根据权利,他们却是人人平等的"。③ 卢梭特别强调,人民不仅不是奴隶,而且国家主权属于人民,并且永远属于人民,人民主权不可转让、不可分割、不可侵犯、不可代表,这与格老秀斯、霍布斯、洛克、孟德斯鸠的自然法思想已有了很大的不同。卢梭与霍布斯虽然都反对分权,但霍布斯和格老秀斯的社会契约论又都否定人民主权,维护的是君主制,具有明显的妥协性。洛克和孟德斯鸠的自然法思想则是为君主立宪制服务的。当然在阶级实质上卢梭同他们又是一致的,自然权利反映的仍然是资产阶级的私有权和生存权。

---

① [法]卢梭:《社会契约论》,何兆武译,商务印书馆1980年版,第24页。
② [法]卢梭:《社会契约论》,何兆武译,商务印书馆1980年版,第24—25页。
③ [法]卢梭:《社会契约论》,何兆武译,商务印书馆1980年版,第34页。

二、法律公意说

卢梭在《社会契约论》中列专章论述法律,他依据他的社会契约理论对法的概念、立法的必要性和重要性以及法律的本质均作了说明,并且提出了"法律公意说",他把法律提到人民主权的高度,这是他在近代自然法学史上的创造,也是对人类法认识作出的重大贡献。

卢梭认为:"由于社会公约,我们就赋予了政治体以生存和生命;现在就需要由立法来赋予它以行动和意志了。因为使政体得以形成与结合的这一原始行为,并不就能决定它为了保存自己还应该做些什么事情。"①这就是说,通过社会契约产生的社会政治体仅仅有了存在的生命,虽然存在,但不能行动,还缺乏意志,而这必须通过制定法律来实现,政治体只能是由于法律而行动。因为尽管存在着一种完全出自理性的普遍正义,即自然法,但从人世(即从政治或社会契约)来考察事物,如缺少了自然的制裁,正义的法则在人间就是虚幻的。卢梭说:"当正直的人对一切人都遵守正义的法则,却没有人对他遵守时,正义的法则就只不过造成了坏人的幸福和正直的人的不幸罢了。因此,就需要有约定和法律来把权利和义务结合在一起,并使正义能符合于它的目的。"②

在《日内瓦手稿》中,卢梭把立法的必要性表述得更为明白:

> 法律是政治体的唯一动力,政治体只能是由于法律而行动并为人所感动;没有法律,已经形成的国家就只不过是一个没有灵魂的躯壳,它虽然存在,但不能行动。因为每个人都顺从公意这还不够;为了遵循公意就必须认识公意。于是就出现了法律的必要性。③

在卢梭看来,在自然状态下,一切都是公共的,如果我不曾对一个人作过任何允诺,我对他就没有任何义务;我认为是属于别人的,只是那些对我没有用处的东西。但是,在社会状态中,一切权利都被法律固定下来。这样,正义就不只是停留在概念上,而是应用于社会现实,并获得了法律的保障。只有法律才能使人认识公意,遵循公意,把正义变成真正的现实。

---

① [法]卢梭:《社会契约论》,何兆武译,商务印书馆1980年版,第48页。
② [法]卢梭:《社会契约论》,何兆武译,商务印书馆1980年版,第49页。
③ [法]卢梭:《社会契约论》,何兆武译,商务印书馆1980年版,第48页注①。

　　法律对于契约国既然如此重要，那么，法律究竟是什么呢？卢梭说："只要人们仅仅满足于形而上学的观念附着在这个名词之上的时候，人们就会始终百思不得其解；而且，纵使人们能说出自然法是什么，人们也并不会因此便能更好地了解国家法是什么。"①这里的"形而上学"是指孟德斯鸠关于"法是由事物的性质产生出来的自然关系"②的说法，卢梭认为这个法的定义是不科学的，它混淆了自然法与国家法。因此，只有抛弃这一形而上学的定义，才能理解法的本质。

　　卢梭把法律视为一种行为，他说："正是这种行为，我就称之为法律。"③当然这里的行为不是指个别的或部分的行为，而是指"全体人民对全体人民作出规定"，"这时人们所规定的事情就是公共的，正如作出规定的意志是公意一样"。这种公意的行为就是主权者对全体人民作出规定的行为，它反映了"某种观点之下的整个对象对于另一种观点之下的整个对象之间的关系"，即作为主权者（制定法律）的全体人民和作为臣民（服从法律）的全体人民之间的关系。④　于是，他进一步将法律概括为"公意的行为"、"我们自己意志的记录"。他说：

> 　　我们无须再问应该由谁来制定法律，因为法律乃是公意的行为；我们既无须问君主（即政府——引者注）是否超乎法律之上，因为君主也是国家的成员；也无须问法律是否会不公正，因为没有人会对自己本人不公正；更无须问何以人们既是自由的而又要服从法律，因为法律只不过是我们自己意志的记录。⑤

"法律乃是公意的行为"即是说"公意"是立法的基础，离开"公意"既不可能制定出正确的法律，也不可能对法律作出正确的解释。"国家全体成员的经常意志就是公意"，公意是社会全体成员基于共同利益，针对共同目标，符合共同幸福所具有的共同意志。"公意"永远以公共利益为依归，体现大多数人

---

①　[法]卢梭：《社会契约论》，何兆武译，商务印书馆1980年版，第49页。
②　[法]孟德斯鸠：《论法的精神》上卷，张雁深译，商务印书馆1978年版，第1页。
③　[法]卢梭：《社会契约论》，何兆武译，商务印书馆1980年版，第50页。
④　[法]卢梭：《社会契约论》，何兆武译，商务印书馆1980年版，第50页注①。
⑤　[法]卢梭：《社会契约论》，何兆武译，商务印书馆1980年版，第51页和本页的注②、③。

的意见,它总是倾向于平等,在目的与本质上都是公正的。它不同于"众意",更不同于"个别意志","众意""着眼于私人的利益","个别意志"总是倾向于偏私,"众意是个别意志的总和"。① 而全体人民对全体人民作出规定的事情就是公共的,如同作出规定的意志是公意一样,因此,主权者为全体人民作出规定的行为就是法律,法律不过是公意通过国家主权的肯定,而公意则在具体政治实践中表现为法律的统治。

据此,卢梭指出,作为公意的行为的法律要具有两个特点,即"意志的普遍性"和"对象的普遍性"。所谓"意志的普遍性",是说法律必须是全体人民的普遍意志,是公意的行为。所谓"对象的普遍性",是说"法律只考虑个别的人以及个别的行为",②法律对所有人都采用同一的尺度,谁也不能超于法律之上。这两个特点构成了法律的本性,因此,卢梭指出:

> 法律既然结合了意志的普遍性与对象的普遍性,所以一个人,不论他是谁,擅自发号施令就绝不能成为法律;即使是主权者对于某个个别对象所发出的号令,也绝不能成为一条法律。而只能是一道命令;那不是主权的行为,而只是行政(指政府——引者注)的行为。③

因为法律反映的不是少数人或个别人的愿望或意志,法律体现的是公意、公共意志,它是全体人民对全体人民的规定,"因此,凡是实行法治的国家……才是公共利益在统治着,公共事物才是作数的"④,这是一切被公意、被法律所指导的政府的共同特点。

卢梭的法律公意说不仅摆脱了自然法学派关于"法律是根据自然法制定的规则"的说法,而且与霍布斯等人关于"法律是统治者的命令"的主张也不同,卢梭把法律看成是人们约定的产物。他认为,"每个人的意志结合成为一个单一的意志,所以一切表现这个意志的条款,同时也就成为对于国家全体成员无不具有拘束力的根本法"。⑤ 人们的约定根据公意,因此,根据公意的法律就是代表人民利益的。这种法律观既是近代资产阶级法律观的总结与发

① [法]卢梭:《社会契约论》,何兆武译,商务印书馆1980年版,第39页。
② [法]卢梭:《社会契约论》,何兆武译,商务印书馆1980年版,第50页。
③ [法]卢梭:《社会契约论》,何兆武译,商务印书馆1980年版,第51页。
④ [法]卢梭:《社会契约论》,何兆武译,商务印书馆1980年版,第51页。
⑤ [法]卢梭:《论人类不平等的起源和基础》,商务印书馆1982年版,第138页。

展,其民主性又较之其他自然法学家更激进、更彻底、更高,人民性更广泛,在一定程度上还反映了法国第三等级的进步要求。

三、法律与自由平等

自由平等是卢梭思想的核心,如果说《论人类不平等的起源和基础》揭示了人类不平等的根源是私有制,那么,《社会契约论》则提出了怎样去恢复和保障人们在不平等社会中所丧失的自由平等。因此,他讴歌自由,"崇拜自由",憎恶统治和奴役。在论述自由平等的过程中,卢梭十分强调法律同自由平等的关系,他把自由和平等作为立法体系的两大目标,而且平等比自由还重要,卢梭说:

> 如果我们探讨,应该成为一切立法体系最终目的的全体最大的幸福究竟是什么,我们便会发现它可以归结为两大主要的目标,即自由与平等。自由,是因为一切个人的依附都要削弱国家共同体中同样大的一部分力量;平等,是因为没有它自由便不能存在。①

因此,自由与平等是不可分离的,离开了平等就没有自由。立法的最终目的是人民的最大幸福,人民的最大幸福又归结为实现自由与平等,实际上他用自由与平等构成了立法体系的终极目的。

什么是自由?卢梭从人性论出发,认为自由"乃是人性的产物",针对主权专制论者"人是生而不自由的"命题,他提出"人是生而自由的"。② "一个人抛弃了自由,便贬低了自己的存在"。③ 卢梭认为,"放弃自己的自由,就是放弃自己做人的资格,就是放弃人类的权利,甚至就是放弃自己的义务,……这样一种弃权是不合人性的"。④ 因为,自由是人区别于兽类的一种特征。

卢梭把自由理解为意志的自由,认为自由不仅在于实现自己的意志,按自己的意志行为,而且在于既不屈服于别人的意志,也不使别人屈服于自己的意志,因为,"如果屈服了,那就不是服从公约的法律了"。⑤ 可见,自由同专制王

---

①　[法]卢梭:《社会契约论》,何兆武译,商务印书馆1980年版,第69页。

②　[法]卢梭:《社会契约论》,何兆武译,商务印书馆1980年版,第8页。

③　[法]卢梭:《论人类不平等的起源和基础》,商务印书馆1982年版,第137页。

④　[法]卢梭:《社会契约论》,何兆武译,商务印书馆1980年版,第16页。

⑤　[法]卢梭:《社会契约论》,何兆武译,商务印书馆1980年版,第23页注③。

权相对立而同公约（公意）的法律相一致。这里的自由是指人类通过社会契约实现的社会自由，即政治的自由，他把自然状态下的自由称为自然的或天然的自由。卢梭认为，人类由于社会契约而丧失的是天然的自由，但所获得的是社会的自由以及相应的所有权，这是人类历史的进步，他把这种进步称为"道德自由"，人类摆脱了野蛮状态和奴隶状态的自由。他说：

> 除上述以外，我们还应该在社会状态的收益栏内再加上道德的自由，唯有道德的自由才使人类真正成为自己的主人；因为仅只有嗜欲的冲动便是奴隶状态，而唯有服从人们自己为自己所规定的法律，才是自由。①

因为野蛮人无所谓善恶，"德行与邪恶两个名词乃是以集体为对象的概念，是只有通过人们的频繁接触才能产生的"。② 而道德自由的实质就是服从法律、遵守法律。他推崇法度适宜的"日内瓦共和国"，在这里，"人人都服从，却没有人发号施令；人人都服务，却没有骑在人头上的主人；而且由于在这种明显的服从关系中，谁都没有损失任何自由，而只损失有害于别人的自由的东西，反而更加自由……这些奇迹都是法律创造的。人们之有正义与自由应该完全归功于法律"。

卢梭在《纽沙代尔手稿》中写道："人是自由的，尽管是屈服于法律之下。"③但是，他认为服从法律并不是服从某一个人的意志，服从法律是服从"既属于我自己所有、也属于任何别人所有的公共意志"，因为法律的条件对人人都是等同的，它体现的公共意志也就是守法人的意志。服从法律就是按自己的意志行事，服从法律不是受奴役，服从法律就是自由，而根本不存在没有法律的自由。这同洛克、孟德斯鸠的自由观是一致的，但他把自由同法律和意志联系起来，把法律解释为公意，把人和人的利益置于自由的中心，这又发展了前人的思想。

什么是平等？卢梭认为平等"绝不是指权力与财富的程度应当绝对相等；而是说，就权力而言，则它应该不能成为任何暴力并且只有凭职位与法律

---

① ［法］卢梭：《社会契约论》，何兆武译，商务印书馆1980年版，第30页。
② ［法］卢梭：《社会契约论》，何兆武译，商务印书馆1980年版，第30页注②。
③ ［法］卢梭：《社会契约论》，何兆武译，商务印书馆1980年版，第24页注②。

才能加以行使;就财富而言,则没有一个公民可以富得足以购买一个人,也没有一个公民穷得不得不出卖自身"。① 也就是说,平等并不是平均,但权力与财富的分配和占有不应是两极分化。卢梭在他的《科西嘉制宪拟议》中提出"平等"应是制度的"根本大法",这个"根本大法"并不是要绝对破除个人所有制,而是要把区别限制在最狭隘的界限之内,"并使它始终服从于公共的幸福"。②

已如前述,卢梭论述了人类从原始的自然的平等进到了社会的不平等,但是人们通过推翻专制统治、建立新的更高的社会契约,就由财产的政治的不平等进入新的平等。可是,这种平等并不是永恒的。卢梭指出,要维护这种新的平等就必须实行节制,"大人物"必须节制财富与权势,而"小人物"则必须节制贪得与妄求。他又说,或者是"给它一种措施、一种规矩、一种羁绊,借以遏制它、指导它"。③ 这里的措施、规矩、羁绊,实际上就是代表人民公意的法律,人的平等本质上就是法律的平等。因为卢梭认为"事物的经常倾向就是要破坏平等,而法律的经常倾向就应该是维护平等"。④

平等离不开法律,法律维护平等,因为法律对任何人一视同仁,他认为只有实行法治的国度,平等才有保障。卢梭说:每个公民在法律面前都有平等的权利和义务,"任何人都不能属于法律之上","不管一个国家的政体如何,如果在它管辖范围内有一个人可以不遵守法律,所有其他的人就必然会受这个人的任意支配",⑤平等也就破坏了。卢梭认为,即便君主或国王亦不能例外,他也必须服从法律,他强制他人遵守法律,他自己就得更加严格地遵守法律,"尊重法律是第一条重要的法律",要是有人把自己置于法律之上,那就是一种特权。"任何人都不能摆脱法律的光荣束缚。这是一种温和而有益的束缚,即便是最骄傲的人,也同样会驯顺地受这种束缚,因为他不是为了受任何其他束缚而生的"。⑥ 相反,如果"当任何人能认为不遵守法律是好事时,这个

---

① [法]卢梭:《社会契约论》,何兆武译,商务印书馆1980年版,第70页。
② [法]卢梭:《社会契约论》,何兆武译,商务印书馆1980年版,第70页注②。
③ [法]卢梭:《社会契约论》,何兆武译,商务印书馆1980年版,第70页注②。
④ [法]卢梭:《社会契约论》,何兆武译,商务印书馆1980年版,第70页注③。
⑤ [法]卢梭:《论人类不平等的起源和基础》,商务印书馆1982年版,第52页。
⑥ [法]卢梭:《论人类不平等的起源和基础》,商务印书馆1982年版,第51页。

国家就临近灭亡了"。国家灭亡了,社会崩溃了,平等也就自然被摧毁了。

卢梭关于法律与自由平等的思想虽然主要是针对封建专制而提出来的,而且他是在为资产阶级描绘法治蓝图,但对于我们社会主义的民主与法治建设仍有重要的借鉴意义。

四、立法思想与法律分类理论

(一)立法思想

卢梭推崇法治社会,他把法律视为人们约定的产物,认为法律是社会结合的条件,而规定社会条件的只能是那些组成社会的人们,因此,服从法律的人民应当是法律的创立者,也就是说,立法权应属于人民。

法律与立法权比较,卢梭认为立法权更为重要,立法权是国家的生命和灵魂。他说:"政治生命的原则就在于主权的权威。立法权是国家的心脏,行政权则是国家的大脑,大脑指使各个部分运动起来。大脑可能陷于麻痹,而依然活着。一个人可以麻木不仁地活着;但是一旦心脏停止了它的机能,则任何动物马上就会死掉。"①在他看来,国家的生存不在于依靠法律,而是依靠立法权,立法权只能属于人民,永远属于人民,"凡是不曾为人民所亲自批准的法律,都是无效的;那根本就不是法律"。他反对英国的代议制,认为议员不是也不可能是人民的代表,人民的主权(立法权)不能转让,他讽刺说:"英国人民自以为是自由的;他们是大错特错了。他们只有在选举国会议员的期间才是自由的,议员一旦选出之后,他们就是奴隶,他们就等于零了。"②因为他们失去了主权,也就失去了立法权。但是,卢梭认为人民掌握立法权并不等于人民就是法律的制定者。他说,法律的制定"需要有一种能够洞察人类的全部感情而又不受任何感情所支配的最高智慧",③也就是一个天才。这个天才不仅有最高智慧,而且他自身幸福与立法无关,却"又很愿意关怀我们的幸福"。这当然只有本民族以外的人了,他以古希腊城邦习惯委托异邦人来制定本国的法律、近代意大利和日内瓦共和国邀请外国人为本国编纂法律等史实为例,

---

① [法]卢梭:《社会契约论》,何兆武译,商务印书馆1980年版,第117页。
② [法]卢梭:《社会契约论》,何兆武译,商务印书馆1980年版,第125页。
③ [法]卢梭:《社会契约论》,何兆武译,商务印书馆1980年版,第53页。

说明外民族的人来制定的法律才会不是偏私而是公正的。这种说法当然是极其片面的,但反映了他对立法工作的重视。

卢梭认为有了制定法律的天才人物,还必须看适应于法律的人民是否有了必备的条件。他说:"要考察一下,他要为之而立法的那些人民是否适宜于接受那些法律",否则就将是"有好法律而有坏人民"。① 归纳起来,卢梭认为人民必备的条件有:第一,他们虽然已经由利益或约定联系在一起,但还完全不曾负荷过法律的羁轭;第二,他们没有根深蒂固的传统与迷信;第三,不怕被突然的侵略所摧毁;第四,他们既不参与四邻的事端,而又能独立抵抗邻人或能借助于其中的一个以抵御另一个;第五,国家不能很大,每个成员都必须被全体所认识,而他们绝不以一个人所不能胜任的过重负担强加给某一个人;第六,他们不需要其他民族便可以过活,而所有其他民族不需要他们也可以过活;第七,他们既不富有也不贫穷而能自给自足;最后,能结合古代民族的坚定性和新生民族的驯顺性。② 卢梭崇拜古代的城邦制和小国民主政治,认为在这样的国度,自然的需要和社会的需要才是结合在一起的,才可能有良好的体制。这正如罗素指出的:卢梭"说到民主政治,所指的意思如同希腊人所指的,是每一个公民直接参政;他把代议制政体称作'选举制贵族政治'。因为前者在大国不可能实现,所以他对民主政治的赞扬总暗含着对城邦的赞扬。对城邦的这种爱好,依我看来在大部分关于卢梭政治哲学的介绍文字里都强调得不够"。③ 这就是说,在卢梭心目中,小国寡民的城邦制国家最适宜立法,这说明他回到了希腊人没有超越的狭隘的窠臼,不仅是片面的,也是保守的、落后的。

为了制定民主政治的法律,卢梭还提出了立法必须遵循的原则:

第一,立法权属于人民,任何人都无权颁布法律。法律的制定者是立法者,起草法律的专家,不享有立法权。立法权是"公意"的表现,它归属于人民,因此,主权者人民才有权颁布法律,人民才能解释法律问题,任何代表制度都没有存在的权利。

第二,法律只规定全体公民集体的抽象行为,并不规定个别的、具体的行

---

① ［法］卢梭:《社会契约论》,何兆武译,商务印书馆 1980 年版,第 59 页。
② ［法］卢梭:《社会契约论》,何兆武译,商务印书馆 1980 年版,第 68 页。
③ ［英］罗素:《西方哲学史》下册,何兆武、李约瑟译,商务印书馆 1982 年版,第 237 页。

为,即法律要具有对象的普遍性和意志的普遍性,凡是对个别对象作出的规定,都根本不是法律。卢梭说:"法律很可以规定有各种特权,但是它却绝不能指名把特权赋予某一个人;法律可以把公民划分为若干等级,甚至于规定取得各该等级的权利的种种资格,但是它却不能指名把某某人列入某个等级之中;它可以确立一种王朝政府和一种世袭的继承制,但是它却不能选定一个国王,也不能指定一家王室:总之,一切有关个别对象的职能都丝毫不属于立法权力。"①

第三,立法者采取的原则要符合事物的本性,法律要与自然关系协调一致,适应人民和国情的需要,因地制宜,因事制宜。卢梭说:"法律只不过是在保障着、伴随着和矫正着自然关系而已。"如果相反,立法者就会犯违背自然本性即主观妄断的错误,那法律就会被削弱,体制就会改变,国家就会动荡、毁灭。② 他认为,每个国家都有特殊的气候、地理条件、生产与生活方式、习俗和传统,肯定孟德斯鸠强调立法都要注意法律同客观环境的种种联系的思想,认为每个民族在为自己创制的过程中,除了一切人所共同的准则外,还要从本民族的特殊性出发,"必须以特殊的方式来规划自己的秩序,并使它的立法只能适合于自己"。③ 这种"适合于自己"的法律,由于符合社会客观的需要,因此它自然就具有稳定的法的权威,法律就不会被削弱,体制就会巩固而持久,国家就会稳定强大,这就可以实现立法的最终目的,即"全体最大的幸福"。

(二)法律分类

"为了规划全体的秩序,或者说为了赋予公共事物以最好的可能形式,就需要考虑各种不同的关系。"④根据不同的关系来建立各种法律,因此,卢梭在其他自然法学家法律分类基础上提出了自己的法律分类理论。他主张将实在法分为四种,即政治法、民法、刑法、习惯法,但他与其他自然法学家不同,认为自然法只适用于各国之间,也就是万民法,而法律分类不包括自然法。

第一种是政治法。卢梭说,政治法是调节"全体对全体"的关系或者说"主权者对国家"的关系。在这种关系中,政府处于一种比例中项(中间体)的

① [法]卢梭:《社会契约论》,何兆武译,商务印书馆1980年版,第50页。
② [法]卢梭:《社会契约论》,何兆武译,商务印书馆1980年版,第71—72页。
③ [法]卢梭:《社会契约论》,何兆武译,商务印书馆1980年版,第71页。
④ [法]卢梭:《社会契约论》,何兆武译,商务印书馆1980年版,第72页。

地位。因此,调节主权者、政府和国家三方面关系的法律就是政治法或根本法。在这里,人民具有双重身份,既享有主权、行使主权,又必须服从主权、遵守法令。卢梭说:"政府从主权者那里接受它向人民所发布的一切命令;并且为了使国家能够处于很好的平衡状态,就必须——在全盘加以计算之后——使政府自乘的乘积或幂与一方面既是主权者而另一方面又是臣民的公民们的乘积或幂,二者相等。"①也就是说,"政府所施诸于国家的行政权力,应该等于主权者所赋给政府的权力"。② 如果二者不相等,主权者、政府、国家三项的正常比例关系不能维持,那就不能保持国家的正常秩序。因为主权者权力过大,想要统治而不要政府;或者政府权力过大,行政官想要制定法律,那就要变成暴政;或者臣民权力过大而拒绝服从,那就会变成无政府,国家就将是混乱。卢梭企图维持主权者、政府和国家三者之间的平衡,这对于防止专制、实行法治具有进步意义,但到底怎样平衡,他并没有一个切实可行的方案,而平衡的数学公式则是一种不能实现的虚构。

第二种是民法。它是调节成员之间的关系以及成员对整个共同体的关系的法律,也就是调节公民之间的关系和公民同国家之间的关系。卢梭认为公民之间的关系比率应尽可能小,而公民同国家之间的关系比率应尽可能大,以便使公民对于公民都处于完全独立的地位,而对于国家则处于极其依附的地位。孟德斯鸠说,民法使人获得财产;洛克把财产、自由、法律统一起来。极力突出和维护私有财产权是近代自然法学的一大特征,但卢梭例外,他"没有洛克及其门徒所特有的对私有财产的那种深切尊重。'国家在对它的成员的关系上,是他们的全部财产的主人'"。③ 这又正是卢梭民法思想的显著特征。

第三种是刑法。卢梭认为,刑法就是规定"个人与法律之间"的关系,"即不服从与惩罚的关系"。他说:"刑法在根本上与其说是一种特别的法律,还不如说是对其他一切法律的裁制"。④ 他反对严刑峻法,强调教育的作用,认为"政府拥有无数的手段去启发人们热爱法律",遵守法律。而"严厉的惩罚

① ［法］卢梭:《社会契约论》,何兆武译,商务印书馆1980年版,第77页。
② ［法］卢梭:《社会契约论》,何兆武译,商务印书馆1980年版,第77页注⑥。
③ ［英］罗素:《西方哲学史》下册,何兆武、李约瑟译,商务印书馆1982年版,第239页。
④ ［法］卢梭:《社会契约论》,商务印书馆1980年版,第73页。

只是一种无效的手段","往往会诱使自觉有罪的人去犯罪"。①

第四种是习惯法。卢梭认为这是"一切之中最重要的一种;这种法律既不是铭刻在大理石上,也不是铭刻在铜表上,而是铭刻在公民的内心里;它形成了国家的真正宪法;它每天都在获得新的力量;当其他的法律衰老或消亡的时候,它可以复活那些法律或代替那些法律,它可以保持一个民族的创制精神,而且可以不知不觉地以习惯的力量代替权威的力量。我说的就是风尚、习俗,而尤其是舆论"。② 卢梭把道德风尚这种不成文的"法律"看做是社会"穹窿顶上的不可动摇的拱心石",这是对古希腊以来自然法传统的继承,特别是对孟德斯鸠这方面法律思想的复述,更是对习惯法的深刻洞见。

卢梭同自然法学派的其他思想家一样,其法律思想也具有两面性。他激烈地抨击私有制和封建专制,高扬人民主权和"公意",这反映了包括资产阶级在内的广大第三等级人民群众的要求和愿望,他对法国和美国资产阶级法制的创立发生的重大影响的事实本身就是一座丰碑。他的思想确实影响了康德、黑格尔甚至马克思、恩格斯。但是,他的"公意说"、自由平等说,在很大程度上还是一个抽象的概念,离开了经济基础谈人民主权,谈民主与法治必然带有理想色彩,因此,"任何专制统治者可以把它当作一个极其方便的借口",以全体人民的名义而"强迫不顺从的臣民们毫无异议地承认他的权威"。③ 这已经是被历史证明了的严重教训。当然,我们也不赞成当代资产阶级某些批评家认为"卢梭的公意不过是极权主义的神化"的观点。比如,罗素认为卢梭"哲学的许多东西是黑格尔为普鲁士独裁制度辩护时尽可以得用的。它在实际上的最初收获是罗伯斯庇尔的执政;俄国和德国(尤其是后者)的独裁统治一部分也是卢梭学说的结果"。④ 这样论断似乎偏颇。正确的态度应该是依据卢梭的原著和历史事实来评判。

---

① [法]卢梭:《论政治经济学》,商务印书馆1962年版,第10页。

② [法]卢梭:《社会契约论》,商务印书馆1980年版,第73页。

③ [印]阿·库·穆霍帕德希亚:《西方政治思想概述》,姚鹏等译,求实出版社1984年版,第114页。

④ [英]罗素:《西方哲学史》下册,何兆武、李约瑟译,商务印书馆1982年版,第243页。

第十八章　康德的法律思想

　　伊曼努尔·康德(Immanuel Kant,1724—1804 年)是德国古典唯心主义哲学的创始人,"德国哲学革命的旗手,理性和自由的思辨哲学家"①,伟大的启蒙思想家。他的哲学包括法律思想"是 18 世纪后半期德意志民族的历史现实在市民阶级思想上的特点的反映"②,是"法国革命的德国理论"③。作为一位伟大的哲学家,康德蜚声遐迩,日本哲学馆将他与释迦牟尼、孔子、苏格拉底并列,且称为"四圣"④。

第一节　平静而伟大的启蒙思想家

　　康德出生在普鲁士的寇尼斯堡城(二战后该城归属苏联,改名加里宁格勒,现属俄罗斯)一个制马鞍的手工业者家庭,母亲是一个皮匠的女儿,对他影响很大。他说:"我永远不会忘记我的母亲。她在我身上培植了最初的优良品质,她用得自大自然的观念启发了我的心灵,唤醒并扩大了我的智力,她的教诲对我一生都有极大影响。"⑤康德从小是在勤劳、节俭、忠诚、克制和清教徒式的生活方式中长大的。他 8 岁至 16 岁在腓特烈公学上学,他不满意这

①　王树人主编:《西方著名哲学家评传》第 6 卷,山东人民出版社 1984 年版,第 66 页。
②　王树人主编:《西方著名哲学家评传》第 6 卷,山东人民出版社 1984 年版,第 72 页。
③　《马克思恩格斯全集》第 1 卷,人民出版社 1956 年版,第 100 页。
④　梁启超:《饮冰室合集》第 2 卷,中华书局 1994 年版,第 47 页。
⑤　易杰雄:《世界十大思想家》,安徽人民出版社 1991 年版,第 620 页。

所学校浸透了虔诚教派的气氛,厌倦教堂般的校规,但他又未虚度光阴,他喜欢读古典作品,各门成绩都名列前茅。

康德16岁(1740年)以优异成绩考进了寇尼斯堡大学,适逢腓特烈二世登基。这位新国王比较开明和宽容,客观上为德国启蒙思想萌生提供了一定的条件。竭力给基督教以理性解释的沃尔夫重返普鲁士,渊源于斯宾诺莎自由主义思想的新教虔诚派亦活跃起来了,这些对康德的性格和品质的形成起了很大的作用。

康德13岁丧母,22岁时又死去了父亲,家庭经济相当困难,但他以顽强的毅力坚持读完了大学。大学毕业后,他一边担任家庭教师以糊口,一边寻求待遇优厚的合适工作,先后在三个家庭当了八九年教师。1755年康德通过答辩后开始担任寇尼斯堡大学"私讲师"。这是不经国家任命、不领取国家薪金的工作,由教师自行向听课学生收费。1765年康德担任王室图书馆馆员,这是他一生获得固定职位和固定薪金的开始。1770年,他补上了寇尼斯堡大学的逻辑学和形而上学教授,并进行了论文答辩。

学术界一般将康德思想的形成与发展分为两个阶段,我们这里赞成把康德的学术思想分为三个时期,即"前批判时期"(1746—1769年)、过渡时期(1768—1780年)、批判时期(1780—1804年)。三时期划分注意到了康德批判哲学体系形成的过程,这一过程是康德哲学的酝酿或过渡,因为"前批判时期的探索基本上仍在旧的形而上学的影响之下,而过渡时期则是在休谟哲学的新的有利因素刺激下的完全不同的方向下的探索,这是一个真正的酝酿过程。这个过程对于批判哲学的形成起决定作用"。①

在前批判时期,康德思考的重点是宇宙的形成与发展,其立场基本上是唯物主义的,表现了启蒙运动根本精神的先进思想,但他对粉碎"形而上学"体系的枷锁还无能为力。过渡时期的十二年,是在休谟的影响下,从探讨几何学和力学的客观性、自由的可能性、空间时间的性质等问题才获得了"巨大的光明"。用他的说法就是"对休谟的回想才打断了我独断主义的美梦"②。批判时期的康德虽已过知天命之年,但他思想极其活跃,进入了真正的批判时期,

---

① 王树人主编:《西方著名哲学家评传》第6卷,山东人民出版社1984年版,第13页。
② 王树人主编:《西方著名哲学家评传》第6卷,山东人民出版社1984年版,第8页。

并建立起了批判哲学体系。他宣称"我们的时代是一个批判的时代",一切事物无论宗教、法律甚至形而上学都必须受到理性的批判。"严厉的批判乃是诚实思想的表征"。① 其批判哲学的标志就是著名的三大批判,即《纯粹理性批判》、《实践理性批判》和《判断力批判》,另外还有《能够作为科学的任何未来形而上学导论》、《道德的形而上学基础》等论著。这已是18世纪80年代,亦是康德作为哲学家的鼎盛期,他的思想的影响在德国不断增长,甚至超越国界。到了18世纪90年代,他的声誉也达到了顶峰,他是德国柏林科学院、俄国彼得堡科学院和意大利托斯卡那学院三个国家科学院的院士,整个欧洲都在阅读、讨论和注释康德的著作,比如1795年在巴黎就出现了康德著作的法文译本。康德的政治法律思想主要反映在18世纪90年代出版的重要著作中,这些著作有:《论永久和平》、《法学的形而上学原理》、《伦理学的形而上学原理》、《实践观点的人类学》。这些著作表明康德晚年思想的注意点转到了法学、法哲学这个新的天地,这是他关注人类命运、关注人的自由的思想的深化与发展。

康德的"一生是平平静静沉浸于思辨的一生,是在哲学的一个极盛时期洞隐发微、独辟蹊径的一生,也是在德国的困难条件下深入阐发启蒙思潮的一生,是为人类进步事业作出重大贡献的哲学家的一生"②。康德一生都未曾离开过寇尼斯堡城,他认为家乡最适合他生活与工作。康德的生活单调、刻板,但他的讲课却引人入胜,其思想是那个动荡时代的反映。他在政治上谨慎胆小,但专制同他格格不入,他总是鼓励学生去追求真理,认为摈弃自己的内在信念是一种丑恶。

1804年2月12日康德平静地离开了人间,终年八十岁。据说全寇尼斯堡城的人都来与这位追求内在自由人格理想的哲学家告别,送殡的队伍有数千人。这说明康德思想在当时德国社会产生的震撼之大、影响之深。

第二节　人是目的而不是手段

康德的法律思想是建立在其批判哲学基础上的,而康德的批判哲学是欧

---

① 贺麟:《哲学与哲学史论文集》,商务印书馆1990年版,第589页。
② 王树人主编:《西方著名哲学家评传》第6卷,山东人民出版社1984年版,第5页。

洲思想史上的一次根本性转折,"实为全欧洲学界开一新纪元",①其批判精神造成了一次巨大的新的精神运动,②西方法学出现了新局面,无论是形式还是内容同自然法学相比较都发生了深刻变化,因此,人们称之为哲理法学或经验理性法学。

古典自然法学用人和自然的眼光来观察国家与法,这既是文艺复兴以来西方法哲学的重大变化,也是其重要特征。自然和人从神学、神权的囚禁中解放出来,标志人类意识的自我觉醒,是人权的一次解放。但是,这种觉醒又显得很不彻底,虽然比神学自然法思想前进了一大步,可是他们的思维方式却陷在经验论或唯理论的泥沼之中。经验论主张通过感觉、知觉把主体和客体联结起来,"一切来自经验";而唯理论则认为思想、概念是沟通主体和客体的桥梁,"我思故我在"。因此,经验论重视归纳而忽视演绎,唯理论重视演绎而忽视归纳,其实这都是形而上学的思维方式:"把自然界中的各种事物和各种过程孤立起来,撇开宏大的总的联系去进行考察,因此,就不是从运动的状态,而是从静止的状态去考察;不是把它们看作本质上变化的东西,而是看作永恒不变的东西;不是从活的状态,而是从死的状态去考察。"③这种形而上学方法由培根和洛克从自然科学移植到哲学,深深地影响了古典自然法学。在古典自然法学看来,人不过是一架机器,国家则是一架大机器或庞然大物"利维坦",人的一切都是被因果必然性规定了的、决定了的,这是可以用数学、力学来计算的,霍布斯说理性思维的推理就是指计算,与加和减相同。④ 虽然社会契约是人的需要,自然法是理性的体现,但他们并没有认真去考察人和理性本身,洛克把人的心灵比作"白板",一切等待着外物的影响,即便是被恩格斯赞扬的创造了辩证法杰作的百科全书派首领狄德罗,他认为的理性思考也主要的不外乎机械的组合。卢梭虽然是自然法学派中最重视人的杰出代表,并且是他把康德从独断主义的迷梦中唤醒,但他也没有从哲学上系统回答人的发现,于是,法国人没有做的工作,由康德承担起来了。"这样一来,在近代思

① 梁启超:《饮冰室合集》第 2 卷,中华书局 1994 年版,第 48 页。
② [德]海涅:《海涅选集》,人民文学出版社 1983 年版,第 304 页。
③ 《马克思恩格斯选集》第 3 卷,人民出版社 1995 年版,第 360 页。
④ 北京大学哲学系编译:《十六—十八世纪西欧各国哲学》,商务印书馆 1975 年版,第 61 页。

想发展史上,人权或者说人的主体性就没有得到进一步的伸张,于是要求再来一次新的解放。第一次解放是文艺复兴时期,人从神权束缚下解放出来,嗣后人们根据当时自然科学的水平和研究方法对自然、社会进行研究,结果人权又完全受到因果必然性的限制。如果说,人权的第一次解放,是同中世纪的基督教的神权作斗争的话,那么,人权的第二次解放,其主要锋芒是指向因果必然性,即人权必须从单纯因果必然性的束缚下解放出来。"①当然,这并不等于说,文艺复兴后,人权和神权的斗争已经不存在了,事实上在近代法哲学史上,一直存在着人权反对神权、人法反对神法的斗争。但是,自古典自然法学取得辉煌胜利以来,从近代法学与神学的关系来说,人权基本上取得了独立于神权的地位,人法摆脱了神学法律观的束缚,因此,"康德所面临的任务就是要在人权和神权继续斗争的同时,使人权进一步从单纯因果必然性的束缚下解放出来,使人的主体性得到进一步的发展"。② 这一历史任务是由康德开始的近代德国古典唯心主义哲学家们完成的,康德不仅起了开创作用,而且是他第一次从哲学理论上系统地说明了人的发现,说明了人的自我意识,用他自己的话来说,就是为人的独立自主和尊严提供哲学理论基础。

康德说:"我的所谓批判,指的不是对任何书籍或任何哲学体系的批判,而是对采取纯形式的、亦即不以任何经验为转移的理性本身的批判。"③因为唯理论和经验论把哲学导入了争辩的黑暗,要拯救哲学就必须探讨、考察人的认识能力,研究知识的来源和限制。在《纯粹理性批判》中,康德以"先天综合判断是怎样可能的"作为批判哲学总的问题,展开了他的先验唯心论。康德通过分析感性知性的作用、时空概念的形成以及认识过程中的矛盾(二律背反),突出强调"自我作为思维的主体"是知识的先决条件(形式的条件),即"逻辑在先",自我、主体是经验对象之所以能成立的理由和根据。"这样,康德把过去那种以自然为中心,人的认识围绕自然(对象)而旋转的看法,变成以人的自我、主体为中心,自然、本体围绕着自我、主体而旋转的观念。"④这就

---

① 张世英:《康德的〈纯粹理性批判〉》,北京大学出版社 1987 年版,第 14—15 页。
② 张世英:《康德的〈纯粹理性批判〉》,北京大学出版社 1987 年版,第 15 页。
③ [德]康德:《纯粹理性批判》第 1 版,商务印书馆 1995 年版,《序言》第 3 页。
④ 张世英:《康德的〈纯粹理性批判〉》,北京大学出版社 1987 年版,第 39 页。

是康德著名的"哥白尼式的革命"。虽然,同时他又陷入了不可知论(否认自我和物自体为认识对象),但两千多年来,是康德第一次把主体与客观世界的对立问题提到如此尖锐的程度,可这是坏事,又是好事,"自己堕入绝境,却为后人摆明了困难"①。康德的认识主体说恰恰构成了从机械唯物主义的消极反映论到辩证的能动反映论的中间环节,可以说这是从认识论上改造了古典自然法学的哲学基础。

在《实践理性批判》中,康德进一步展示人了人的自主性和能动性。他说:"作为知性世界的一个成员,我的行动和纯粹意志的自律原则完全一致,而作为感觉世界的一个部分,我又必须认为自己的行动和欲望、爱好等和自然规律完全符合,是和自然的他律性相符合的。我作为知性世界成员的活动,以道德的最高原则为基础,我作为感觉世界成员的活动则以幸福原则为依据。"②也就是说,康德认为人有两重性,一方面作为感觉的我,有自然的属性,需要衣食住行,满足欲望而获得快乐与幸福,这是客观的自然条件决定的,不以你的主观自由意志为转移。但是,人还有另一方面,即自我决定的方面,也就是作为理性存在的我,要与"纯粹意志的自律"原则(理性自身的规律)完全一致,人作为理性的存在者,其行为是由自己的意志决定的,人必须用理性克制欲望。"总而言之,在必须承认自己是一个属于感觉世界的东西同时,我认为自己是理性的主体,这理性在自由观念中包含着对知性世界的规律。所以,我必须把知性世界的规律看做是对我的命令,把按照这种原则而行动,看做是自己的责任。"③这就是道德,"德性就是力量",德性体现了人的尊严,体现了自由。

在《判断力批判》中,康德批判哲学获得了最高发展,他通过对美学和有机自然界的目的性联系的考察,力图说明自然的必然与自由的统一以及自由意志在自然中的实现,而自然这个庞大的有机系统归根结底是以人为目的,人不仅可以对自然进行理性思维,而且可以按自己的自由意志去利用自然,把自然作为实现自身目的的手段,在自然中达到自由。所以,人"确是有资格作为

---

① 王树人主编:《西方著名哲学家评传》第6卷,山东人民出版社1984年版,第4页。
② [德]康德:《道德形而上学原理》,上海人民出版社1986年版,第108—109页。
③ [德]康德:《道德形而上学原理》,上海人民出版社1986年版,第108—109页。

自然的主人的。而假使我们把自然看做为一个目的性的体系，人就是自然趋向的最终目的"①。

　　总之，康德批判哲学的主题是讴歌理性，颂扬人的尊严，始终强调"人是目的本身而不是手段"，人"是他自己的最终目的"。② 他把人举到了令人眩晕的高度，这不仅克服了启蒙思想家和古典自然法学派形而上学的机械性，而且是对自古希腊"人是万物的尺度"命题产生二千多年以来的法哲学总结。康德一生都在思考"人是什么"。他希望他的哲学"能替一切人恢复其为人的共有权利"，哲学应该是"教人在宇宙中占据一个对他合适的位置的科学，而人能从这种科学中学习成为一个人所必须做的事"。因此，"先天综合判断是怎样可能的"总问题背后，"回响着另一个对康德来说更为重要的问题——人的自由为什么是可能的"。③ 这也可以说是康德法哲学思想的基本命题。"当大自然在这种坚硬的外壳之下打开了为她所极为精心照料着的幼芽时，也就是要求思想自由的倾向与任务时，它也就要逐步地反作用于人民的心灵面貌（从而他们慢慢地就能掌握自由）；并且终于还会反作用于政权原则，使之发现按照人的尊严——人并不仅仅是机器而已——去看待人，也是有利于政权本身的。"④人是什么？人不能是机器，人有其尊严。人的自由是怎样可能的？因为人有理性，"人是生活在目的的王国中。人是自身目的，不是工具。人是自己立法自己遵守的自由人。人也是自然的立法者"。⑤ 这就是贯穿其法律思想的基本线索，如果我们不抓住这条线索，就不能理解康德法的形而上学原理的真谛。诚然，由于它的思辨性、先验性，虽然使我们感到抽象甚至空洞，但它毕竟在西方哲学与法学史上，空前地突现了人的价值、人格和尊严，使他的法学思想比前人更深刻，并且又深刻地启发了后世的哲学思想和法律思想。

---

①　[德]康德：《判断力批判》下册，商务印书馆1964年版，第144页。

②　[德]康德：《实用人类学》前言，重庆出版社1987年版，第1页。

③　[苏]阿·古留加：《康德传》，商务印书馆1981年版，第125—126页。

④　[德]康德：《历史理性批判文集》，商务印书馆1991年版，第30—31页。

⑤　贺麟：《在纪念康德、黑格尔学术讨论会开幕式上的讲话》，1981年。

第三节　国家、法律的起源与人性恶

苏联学者拉祖连科认为："在国家起源问题上，康德遵循契约论，这种理论在资产阶级争取政权时期的资产阶级思想家中间得到广泛的传播。康德的国家起源契约论同卢梭的观点十分接近，按照康德的理论，人是为了获得作为公共成员的自由而放弃自己的自然状态的自由。人放弃了不以法律为基础的野蛮的本性，就得到以法律为基础的法制状态下的自由。"①康德确实深受自然法学派的影响，在国家起源问题上，他同卢梭一样，假设人类社会曾经存在过自然状态。这一观点集中反映在《世界公民观点之下的普遍历史观念》、《人类历史起源臆测》、《万物的终结》、《法的形而上学原理》等论著中。康德站在历史哲学的高度，描绘了人类的起源和国家及其法律制度的诞生：

　　大自然给予人类的最高任务就必须是外界法律之下的自由与不可抗拒的权力这两者能以最大可能的限度相结合在一起的一个社会，那也就是一个完全正义的公民宪法；因为唯有通过这一任务的解决和实现，大自然才能够成就她对我们人类的其他目标。需要迫使人类进入了这种强制状态，不然的话，他们就格外要喜爱没有限制的自由了；并且这确实是一切需要之中的最大需要，也就是那种人类自己相互之间加之于他们自己身上的需要，因为他们的倾向性使得他们不能长时期地在野蛮的自由状态中彼此共处。唯有在公民的结合这样一种场合之下，上述的倾向性才能由之开始产生最良好的作用；犹如森林里的树木，正是由于每一株都力求攫取别的树木的空气和阳光，于是就迫使得对彼此双方都要超越对方去寻求，并获得美丽挺直的姿态那样；反之，那些在自由状态之中彼此隔离而任意在滋蔓着自己枝叶的树木，便会生长得残缺、佝偻而又弯曲。一切为人道增光的文化和艺术、最美好的社会秩序，就都是这种非社会性的结果。它由于自己本身的迫使而在约束自己，并且通过强制的艺术而使大自

---

　　① ［苏］格拉齐安斯基：《世界著名思想家评传》，商务印书馆1993年版，第220—221页。

然的萌芽得以充分发展。①

应该说,康德并未"拒绝 17 世纪政治著作家详细研究过的在公民状态前必然有自然状态的概念"②,而是用他的批判哲学改造了自然法学关于国家与法的思想:

第一,人类最初经历了一个平等、自由的自然状态。自然状态并不完全像霍布斯说的绝对的战争状态,相反,人人享有与生俱来的自由。康德认为,"人类的自然状态不一定描述成绝对的不公正,好像最初人们相互间的关系不可能是别的,而只能是一切决定于武力"。③ 因为,"我们并非从一个外在的权威的立法机关出现之前的任何经验中,就认识到人们之间的自然侵犯的规律,以及使他们彼此发生战争的罪恶倾向"。④ 相反,人先验地具有联合在一起的社会性(使自己社会化的倾向),"因为他要在这样的一种状态里才会感到自己不止于是人而已"(译者注:人,指自然人)。但是,人类又有追求个体欲求、愿望的"非社会的本性",也就是"要求自己单独化(孤立化)的倾向"。这种"非社会的本性,想要一味按照自己的意思来摆布一切",虚荣心、权力欲或贪婪心驱使人们为自己争得一席地位,这就必然发生矛盾和冲突,即"对抗性"。可是,正是因为矛盾冲突、竞争、对抗、相互造成的阻力"才唤起了人类的全部能力,推动着他去克服自己的懒惰倾向"。在这里,康德又回到了霍布斯的人性恶,但他比霍布斯深刻,他赞美恶是人类历史发展的动力。他说,如果没有这种"恶"(非社会性),人类的全部才智就会在一种美满的和睦、安逸与互亲互爱的阿迦底亚式的牧歌生活之中,永远被埋没在它们的胚胎里。"让我们感谢大自然之有这种不合群性,有这种竞相猜忌的虚荣心,有这种贪得无厌的占有欲和统治欲吧! 没有这些东西,人道之中的全部优越的自然禀赋就会永远沉睡而得不到发展。"⑤由此可见,康德高于古典自然法学家的地方不在于承认自然状态,而在于他提出了人们走出自然状态进入社会状态的动力是人性恶,"恶"作为欲求,是个体性、主观性,这就突出了人的主体性,体

① ［德］康德:《历史理性批判文集》,商务印书馆 1990 年版,第 9 页。
② ［苏］瓦·费·阿斯穆斯:《康德》,北京大学出版社 1987 年版,第 70 页。
③ ［德］康德:《法的形而上学原理》,商务印书馆 1991 年版,第 138 页。
④ ［德］康德:《法的形而上学原理》,商务印书馆 1991 年版,第 137 页。
⑤ ［德］康德:《历史理性批判文集》,商务印书馆 1990 年版,第 7—8 页。

现了他的批判哲学精神。

第二，人类的最高任务就是建立起一个普遍法治的社会，也就是脱离自然状态而进入政治状态，即社会状态或文明状态，康德称之为一个完全正义的"公民宪法"（Verfassung）。康德认为，在自然状态下，人的自由是粗野的、无法律状态的自由。为了克服冲突、调和矛盾，使权力与自由并行不悖，就必须限制绝对自由，如同限制每棵树的绝对放任，才能保持森林的茂盛，这就需要国家及其法律。康德把国家视为在法律下的公民联合体，因为在一个法律的社会状态能够公开建立之前，单独的个人、民族和国家绝不可能是安全的、不受他人暴力侵犯的，所以人们离开自然状态，并和那些不可避免要互相来往的人组成一个政治共同体，大家共同服从由公共强制性法律所规定的外部限制。① 在国家与法的起源问题上，康德承认社会契约论，他说："人民根据一项法规，把自己组成一个国家，这项法规叫做原始契约。"②但他把社会契约仅仅看做是一个"合适的称呼"，因为它能提出一种观念，这种观念"可以使组织这个国家的程序合法化，可以易为人们所理解"。"人民中所有人和每个人都放弃他们的外在自由，为的是立刻又获得作为一个共和国成员的自由"。也就是说，他们牺牲的只是"那种粗野的无法律状态的"外在自由，而获得的是"全部正当的自由"，这种自由"只是在形式上是一种彼此相依的、受控制的社会秩序，也就是由权利的法律所调整的一种文明状态"。③ 人类生活在这种有法律秩序的文明社会，才可能由"恶"向"善"而获得充分的发展。

第三，国家与法的产生，归根结底是由于纯粹理性。康德认为，讨论国家与法的问题必须有一个出发点，那就是"尚未用法律加以调节的社会状态的理性观念"，"这个观念指出，在一个法律的社会状态能够公开建立之前，单独的个人、民族和国家绝不可能是安全的、不受他人暴力侵犯的"。④ 因此，人们必须离开自然状态，依据法律组织成为联合体。但是，"这些法律必须要被看成是先验的必然，也就是，它们一般地来自外在权利的概念，并不是单纯地由

---

① ［德］康德：《法的形而上学原理》，商务印书馆1991年版，第137—138页。
② ［德］康德：《法的形而上学原理》，商务印书馆1991年版，第143页。
③ ［德］康德：《法的形而上学原理》，商务印书馆1991年版，第143页。
④ ［德］康德：《法的形而上学原理》，商务印书馆1991年版，第137—138页。

法令建立的。国家的形式包含在国家的理念之中,应该从纯粹的权利原则来考虑它。这个理想的形式为每一个真正的联合体提供了规范的标准,以便把联合组织成一个共和国"。① 康德在晚年著作比如《永久和平论》中亦反复强调他的法权理论属于纯粹理性范围,合法的立法必须是依据原始契约的观念,并不是原始契约本身,因为人具有的要使自己社会化的倾向(社会性),也不过是先验的理性原理的规定,或者说,这种先验的理性原理是国家与法建立的前提和基础。人的理性是自然赋予的,而自然的目的就是实现理性,而经验并不能告诉我们何谓国,何谓法。普遍必然也不能还原为经验和幸福,经验与经验的幸福都不具备普遍性和必然性。因此,国家与法由理性决定,体现理性,是理性的实践理念。康德认为,不能把"共同体唯一可能赖以建立的原始契约当作是一个事实",它不能由历史证明,"它只是纯理念的一项纯观念,但它却有着毋庸置疑的(实践的)实在性"。在这里,卢梭模糊的"公共意志"、"众意"变成了康德的"理性意志",这才是先验的普遍的必然。所以他又总结指出:"人类的历史大体上可以看做是大自然的一项隐蔽计划的实现,为的是要奠定一种对内的、并且为此目的同时也就是对外的完美的国家宪法,作为大自然得以在人类的身上充分发展其全部禀赋的唯一状态。"② 但这种解释当然是唯心主义的,但它较之古典自然法学的国家与法起源论高扬了人的主体性、能动性。霍布斯、卢梭是从个体之间的契约关系、个体的利益来说明国家与法的形成,而康德用人的社会性与非社会性的矛盾观点分析了国家与法的产生,揭示了法的起源及其普遍原则是"能够使一个人的意志选择的自由与任何人的自由同时并存",③ 这不仅表现了其法思想的深邃性,把霍布斯、洛克、卢梭的个体间的社会契约论和自然法学说改造成为超个体的、总体主义的先验理性论,并直接影响了黑格尔的法哲学,④ 而且也反映了他对人类历史充满了乐观主义的精神,代表了德国资产阶级的进步性与革命性。

在此基础上,康德提出作为国家基础的三原则说。他说:

---

① ［德］康德:《法的形而上学原理》,商务印书馆1991年版,第139页。

② ［德］康德:《历史理性批判文集》,何兆武译,商务印书馆1991年版,第15页。

③ ［德］康德:《法的形而上学原理》,沈叔平译,商务印书馆1991年版,第40页译者注⑤。

④ 参见刘绍贤:《欧美政治思想史》,浙江人民出版社1987年版,第11章第2节;李泽厚:《批判哲学的批判》,第9章。

269

公民状态纯然看做是权利状态时,是以下列的先天原则为基础的:

1. 作为人的每一个社会成员的自由。
2. 作为臣民的每一个成员与其他成员的平等。
3. 作为公民的每一个共同体成员的独立。①

这三项原则,就是"自由、平等、独立"的原则,实际上是他的先验理性在政治法律领域的展开,因为他认为这三项原则并不是国家所给定的法则,相反,恰恰是依据这三项原则而建立的国家才可能符合纯粹理性原则。三项原则当然是资产阶级性质的,也是唯心主义的,但它的意义即在于此,表明了康德政治法律思想的基本倾向。

康德的先验理性表现在政治法律思想上就是一种法治论,因此,他认为国家的实质"是许多人依据法律组织起来的联合体",国家的目的就是在公共强制性的法律下实现人的权利,而且"这些法律必须要被看成是先验的必然",也就是说,它们一般地来自外在权利的概念,并不是单纯地由法令建立的。②把法律视为先验理性的必然,这就进一步加强了法的神圣性;把法律同权利概念联系起来,自然就深化了法反对专制的内涵。

康德继承洛克、孟德斯鸠的分权思想,把国家划分为三种权力,即立法权、执行权和司法权。但是,与洛克、孟德斯鸠不同,康德认为国家包含三种权力,是"人民的普遍联合意志,在一种政治的'三合体'中人格化",显然,这是卢梭人民主权论在德国的翻版。三种权力之间的关系就像演绎推理的三段论,康德说:"那主要的作为大前提,规定意志的普遍法则;那次要的根据作为小前提原则的法则,提出可以应用到一次行为的命令;而结论包括判决书,或者,在具体案例中正在考虑的权利的判决。"③因此,三种权力既彼此协作,又彼此从属,但是,三种权力又都有各自的尊严,执行权属于国家的统治者,它不具有立法权,否则就是一个专制政府;立法权力不应同时又是执行权力或管理者;而不论是立法权或执行权又都不应该行使司法职务,因为"只有人民才可以审判他们

---

① [德]康德:《历史理性批判文集》,何兆武译,商务印书馆1990年版,第182页。
② 参见[德]康德:《法的形而上学原理》,沈叔平译,商务印书馆1991年版,第139页。
③ [德]康德:《法的形而上学原理》,商务印书馆1991年版,第140页。

自己,即通过那些由人民在自由选择下选举出来的公民,代表他去审判,甚至专门任命他们去处理每一个司法程序或案件"。而人民的自由选择就是法官或法庭,"法庭的判决是一种公共分配正义的特殊命令"。① 在康德看来,只要三种权力合作,国家的福祉即可得到实现;只要"该国的宪法和权利的原则这两者之间获得最高的和谐",②公民的自由、平等、独立就有了保障。这当然只是康德的善良意志和愿望,在封建专制统治的德国,他热烈期望的依据先验理性而又建立在法治基础上的君主立宪制是根本不可能实现的。

因此,在国家与法的问题上,康德仍不脱德国资产阶级的软弱性、妥协性之窠臼。他重申法国资产阶级天赋人权的思想,向封建主义要求自由、平等、独立,但又把公民分为积极公民与消极公民;认为作为臣民(按照权利形式而不涉及内容)大家彼此平等,但又认为这种平等同人群的最大的不平等(依财富程度)结合在一起;他承认人民主权,主张"只有普遍统一的人民意志才能作为立法的意志","任何一个人都不能容忍失去自己的自由",人民的普遍意志不能承认那种毫无根据的特权。他还批评普鲁士专制国家的警察性质,③但又认为人民无须对最高权力来源加以深究,国家权力不容一丝怀疑,甚至主张用暴力镇压人民对立法者意志的暴力反抗,他视人民的武力反抗为"极大的罪行"④、"重大的叛逆罪"⑤,认为臣民对政府不公正的做法只能提出申诉和反对意见,但不能积极反抗。⑥ 他曾经非常关心法国大革命和热烈拥护美国人为独立而进行的斗争,但在法哲学原理中又否认人民革命,同情查理一世和路易十六的命运,甚至说被革命非正义地推翻了的君主,永远有权实行反革命复辟。这说明康德和那个时代大多数启蒙思想家一样,还拖着一根庸人的辫子,深刻地表现了其法治、三权分立、权利、自由、平等、独立等思想的阶级和历史的局限性。

---

① ［德］康德:《法的形而上学原理》,商务印书馆 1991 年版,第 145 页。
② ［德］康德:《法的形而上学原理》,商务印书馆 1991 年版,第 146 页。
③ 《康德著作六卷集》第 4 卷,第 2 分册,1965 年莫斯科俄文版,第 234、253 页。
④ ［德］康德:《法的形而上学原理》,沈叔平译,商务印书馆 1991 年版,第 150 页。
⑤ ［德］康德:《历史理性批判文集》,何兆武译,商务印书馆 1990 年版,第 193 页。
⑥ ［德］康德:《法的形而上学原理》,沈叔平译,商务印书馆 1991 年版,第 147 页。

第四节　法律与道德形而上学

康德的著作《道德形而上学》是一个完整体系,它包括德性论和法权论两大部分。他说,道德形而上学两大分支,即法理学和伦理学。① 在康德看来,不论是法还是德性,都隶属于实践理性,隶属于意志,服从实践理性的规律。要深刻理解这一点,只有回到康德批判哲学。我们如果简单地认为康德的法哲学是道德哲学,从而认为康德融法与道德于一体,那就会看不清其法哲学的辩证性、能动性,甚至完全等同于以机械唯物论为基础的古典自然法学。学术界常有人将康德与中国的孔子并提,但实际上两者有质的区别,虽然都强调道德,可是道德的内涵不同。如果说孔子的法哲学思想以宗法伦理为其基本特征,那康德的法哲学则是以人的地位、人的权利、人的自由为重心,因此,在处理法律与道德的关系问题上,康德把二者视为既互相区别又互相联系的两个领域,同中国古代儒家重宗法人伦、忽视个人权利的观点大相径庭。

德文的 Recht 一词有三种含义:法律、权利、正义。康德在《法的形而上学原理》一书中着重指权利。虽然康德将政治法律隶属于其伦理学,但二者已有严格的区别,他把法学称为权利科学,在客观上其法哲学内容的丰富、深刻已突破了其伦理学。他说:

> 权利科学所研究的对象是:一切可以由外在立法机关公布的法律的原则。如果有一个这样的立法机关,在实际工作中运用这门科学时,立法就成为一个实在权利和实在法律的体系。精通这个体系知识的人称为法学家或法学顾问。从事实际工作的法学顾问或职业律师就是精通和熟悉实在的和外在法律知识的人。他们能够运用这些法律处理生活中可能发生的案件。这种实在权利和实在法律的实际知识,可以看做属于法理学(按这个词的原来含义)的范围。可是,关于权利和法律原则的理论知识,不同于实在法和经验的案件,则属于纯粹的权利科学。所以权利科学研究的是有关自然权利原则

---

　① ［德］康德:《法的形而上学原理·道德形而上学总论》,沈叔平译,商务印书馆1991年版。

的哲学上的并且是有系统的知识。从事实际工作的法学家或立法者
必须从这门科学中推演出全部实在立法的不可改变的原则。①

在这里,康德强调法学的对象是立法机关公布的法律的原则,并且指出这正是
法律与道德内涵上的重大区别。康德认为,从义务(责任)的形式还看不出法
律与道德的区别,如"信守合同上的诺言",既是法律义务,又是道德义务。他
说:"法理学,作为权利的科学,以及伦理学,作为道德的科学,其间的区别并
不太着重于它们的不同义务,而更多的是它们的立法不同。不同的立法所产
生的不同的法规便与这一类或那一类的动机发生联系"。② 法律是由外在立
法机关制定的,作为绝对命令的一种体现,其性质是一种强制力量,因此,根据
法律立法确定的义务,只能是外在的义务,它要求有一种动机符合于它的法律
性质的动机,因而这种动机只能与此法则的外在的东西发生关系。也就是说,
法律只管外在行动,不问内在意图,并且必然表示为一种相互的强制。伦理的
立法则完全属于内在的立法,它不可能作为外部立法机关的对象,因为它指令
人们按它去做的原因,仅仅是一项义务,而不考虑任何其他动机,或者说把义
务放在动机的位置上。而任何外部立法,无法使得任何人去接受一种特定的
意图。因为这种接受或追求取决于一种内在的条件或他心灵自身的活动,所
以说,道德是内在的、自觉的、非强制的。而法律是外在的、强制的。他举例
说,我可以不考虑别人的自由,甚或还想侵犯它,这在伦理学上是不道德的,但
在法律上却是允许的。但是,在康德看来,法律与道德的区别在目标上又是一
致的,都是为了实现理性的自由,"自由是一切有理性的东西的意志所固有的
性质"。他说:"我主张,我们必须承认每个具有意志的有理性的东西都是自
由的,并且依从自由观念而行动。"③作为肯定方面的道德推动人们的行为,而
作为否定方面的法律却限制人们的行为,但这种限制强制与自由是并存的。
比如,当人们说债权人要求债务人偿还他的债务时,这丝毫不是说债权人可以
让债务人的心理感觉到那是理性责成他这样做,而是说,债权人能够凭借某种
外在强制力迫使任何一个人还债。康德说,这种强制根据一条普遍法则,即强

①　[德]康德:《法的形而上学原理》,沈叔平译,商务印书馆1991年版,第38页。
②　[德]康德:《法的形而上学原理》,沈叔平译,商务印书馆1991年版,第21页。
③　[德]康德:《道德形而上学原理》,苗力田译,上海人民出版社1986年版,第102页。

制与所有人(包括与此债务有关的各方面的人在内)的自由相符合。因为人们放弃不受任何约束的自由,以服从具有集体意志和权力的法律,这样个人才可能获得真正的自由。因此,康德进而将法律展开为三方面内容。一是法只涉及一个人对另一个人的外在的和实践的关系,因为通过他们的行为,彼此可以间接地或直接地影响;二是法不考虑一个人的行为对另一个人的愿望或纯粹要求的关系,它只表示它的自由行为与别人行为的自由关系;三是法涉及一个人的行为按照普遍法则能否与另一个人的自由相协调的问题。

根据法则与义务的客观关系发展,康德按责任关系,将法律关系表述为四方面:

1. 对那些既无权利又无义务关系的生物之间的法律关系。这种关系缺乏权利与义务相对应的法律关系,因为这种生物是非理性的,它们既不能将责任施加于我们,我们也不受其提出的责任所约束。

2. 人与那些既有权利又有义务的生物之间的法律关系,即人与人之间的关系。

3. 人与那些只有义务而无权利的生物之间的法律关系,如奴隶没有法律上的人格。

4. 人与某个有权利而无义务的生物之间的法律关系,比如上帝这一超经验的客体。

上述四种关系中,康德认为只有第二类是一种真正的权利和义务的法律关系,因为它不是超越经验的义务,而且有一个相应的能够承担并提出责任的客观存在的、有能力的主体。可见,康德主张的法律关系只存在于法律人格的主体之间,并且是权利与义务的关系,外在立法规定的法律义务都是与相应的法律权利同时存在,而法律义务与法律权利相辅相成。康德开辟的德国资产阶级重视人的权利与自由的法哲学思想孕育出了继《法国民法典》之后的《德国民法典》,这是世界资本主义国家的第二部民法典。正是基于这种精神,康德称他的法哲学为"纯粹的权利科学"。

在上述分析基础上,康德将权利划分为自然的权利和实在法规定的权利、天赋的权利和获得的权利。所谓自然的权利是以先验的纯粹理性的原则为根据的,实在法规定的(即实在的或法律的)权利是由立法者的意志规定的。天赋的权利是每个人根据自然而享有的权利,它不依赖于经验中的一切法律条

274

例,比如天赋自由,这是人与生俱来的自由,它是每个人由于他的人性而具有的独一无二的、原生的、与生俱来的权利,亦是每个人生来就有的品质。康德说:"通过权利的概念,他应该是自己的主人。"①所以,天赋的权利又可称为"内在的我的和你的",而外在的权利必然总是后得的权利,这种权利就是指依据法律条例为根据的权利。康德认为,自然权利和实在的权利之划分是基于科学的理论体系,而天赋权利和获得的权利之划分则是从为人提供一种法律上的行动权限的角度来看的。从实质看,这里的自然权利与天赋权利是同一的,因为都是超经验的,而实在的权利也就是依据法律规定获得的权利,但是,康德又把自然的权利称为"私人的权利"(私法)、"公共的权利"(公法)称为文明的权利。而私人的权利是来自自然状态的自然权利,并由此进入对实在法的研究。② 这种说法并不科学,甚至还有矛盾,但康德把权利学说当作法学家研究的出发点和归宿,认为是立法者制定具体法律的根据,却深刻地向我们揭示了他的法哲学的内涵,强调人作为主体的自由意志,充分表现了他为德国资产阶级争取法权的反封建的勇气与斗争精神。

当然,在康德看来,法律与道德又是密切相连、不可分割的。首先,法哲学毕竟属于他的道德形而上学的一部分,他认为道德的最高准则也是法律的最高准则,法律与道德都是约束自己行为的规范,目的都是秩序、和谐、自由。其次,道德形而上学的基本原则强调的是义务观念、绝对命令,实在法意义上的权利以道德义务为前提,并且最终是为了保障这种义务的履行,实现人类永久和平的理想。但已如前述,康德同时认为遵守法律才能实现道德,虽然每个人都有实现自己良善意志的自由,但这种自由只有在大家都遵守法律时才可能实现,永久和平的理想必须是人类法治社会的结果。

第五节 法的分类与实在法

康德将法分为自然法和实在法。他说:

①　[德]康德:《法的形而上学原理》,商务印书馆 1991 年版,第 50 页。
②　[德]康德:《法的形而上学原理》,沈叔平译,商务印书馆 1991 年版,第 51—52 页。

那些使外在立法成为可能的强制性法律,通常称为外在的法律。那些外在的法律即使没有外在立法,其强制性可以为先验理性所认识的话,都称之为自然法。此外,那些法律,若无真正的外在立法则无强制性时,就叫做实在法。因此,一种包括纯粹自然法的外在立法是可以理解的。可是,在这种情况下,就必须假定先有一条自然法来树立立法者的权威,表明通过他本人的意志行为,他有权(利)使人服从责任。①

在这里,康德把自然法和实在法称为外在的法律,这既指出了法与道德伦理的区别,同时又强调了自然法与实在法的共同特点,即它们均属于外在的法律。不过,自然法的强制性并不必然要经过外在立法,它可以为先验理性所承认而具有强制性,而实在法必须经过真正外在立法才可能具有强制性。

德文出版者注:"此'纯粹自然法'应为'实在法'"。中译者认为,这个注很重要,否则很难理解这里说的自然法是什么。② 根据中外学者的意见,康德这句话应理解为实在法必须是外在立法,而自然法不一定是外在立法。这表明康德的自然法思想与古典自然法学既有联系又有区别,他们都视自然法为理性的体现,"树立立法者的权威"的前提。但康德心目中的自然法并不必然是一种最高的法律,自然法同实在法都是外在的法律。当然,康德在这里又表现出思想的矛盾,但毕竟反映了自然法地位下降的客观趋势。

康德深受罗马法影响,他将实在法又划分为私法(私人权利)和公法(公共权利)。他说:"公法包括全部需要普遍公布的、为了形成一个法律的社会状态的全部法律",③这些法律对于人民或者对于许多民族,在它们的相互关系中都是必需的。公法作为法律的体系,它包括三大部分:

(1)国家。康德认为凡具有共同利益的人们组成的法律联合体就是国家,而构成公法的第一部分是国家的法律或民族法。

(2)从国家和人民的关系看,叫做权力,由此产生主权者的概念,如果组成国家的人民统一体是一代一代传下来的,这个国家便构成一个民族。在公

---

① [德]康德:《法的形而上学原理》,沈叔平译,商务印书馆1991年版,第27—28页。
② [德]康德:《法的形而上学原理》,沈叔平译,商务印书馆1991年版,第27页"注"。
③ [德]康德:《法的形而上学原理》,沈叔平译,商务印书馆1991年版,第136页。

法的普遍概念下,除了个人状态的权利外,又产生另一部分权利(法律),这就是国际法。

(3)地球表面不是无止境的,它被限制为一个整体,民族的权利(法律)和国际的权利必然最终地发展为人类普遍的法律,这种法律称之为世界法。在康德看来,民族法、国际法和世界法构成了完整的公法体系,如果其中任何一种不能通过法律体现那些应该用来调整外在自由的基本原则,那么,由其他两种公法来维持的立法结构也将同样被破坏,整个法律体系最终便将瓦解。实际上,康德的公法也就是指现代意义上的宪法、刑法、国际法等。

康德的宪法思想已如前述,这里要指出他的刑法思想体现了资产阶级人道主义,贯彻了人是目的而不是工具的批判哲学的精神。康德认为刑法涉及每个公民和法律的关系,他主张维护人类的尊严,"在法律上人人平等"。他否认原罪说,认为"人们没有理由把自己的邪恶诿过于他们祖先的原罪,从而把后代子孙某种犯类似过错的倾向说成是由继承而来的(因为自愿的行为绝不会形成任何遗传)"。① 那什么是犯罪? 他说:"任何人违犯公共法律,做了一个公民不该做的事情,就构成犯罪:或者是简单地犯了私法的罪,或者是犯了公法的罪。私法罪由民事法庭审理,公法罪由刑事法庭审理。"②但是,"法院的惩罚绝对不能仅仅作为促进另一种善的手段,不论是对犯罪者本人或者对公民社会。惩罚在任何情况下,必须只是由于一个人已经犯一种罪行才加刑于他。因为一个人绝对不应该仅仅作为一种手段去达到他人的目的,也不能与物权的对象混淆。"也就是说,不能把犯人当作工具和物品对待,不能虐待犯人,因为这有损于人性。可是,"刑法是一种绝对命令",犯罪者必须受惩罚,杀人者死,否则就是对正义的公开违犯。因此,他反对废除极刑,也不赞成利用犯人做人体试验而减轻供试者的惩罚。可见,其刑法思想是进步性与落后性并存,既有人道主义的合理因素,又有报复主义的残余。

康德在论述公法时对国际法作了详尽的论述,表现了他富有特色的国际法思想。1784 年康德就指出了建立以法律为基础的国际关系的问题,在后来的《法的形而上学原理》中又专题论述了民族法和国际法。1795 年他已 71 岁

---

① ［德］康德:《历史理性批判文集》,何兆武译,商务印书馆 1991 年版,第 77—78 页。
② ［德］康德:《法的形而上学原理》,沈叔平译,商务印书馆 1991 年版,第 164 页。

高龄,发表了《论永久和平》,这是在卢梭著作的直接启发和影响之下写成的一篇关于国际法的专论。论文采取外交条约的形式,由初步条文和最后条文组成。康德把社会契约论观点应用于人类历史和国际关系,以之论证他1784年提出的一个基本观点,即各个国家联合体的世界大同乃是人类由野蛮步入文明的一个自然的而又必然的历史过程。他说:"各民族间的自然状态,正如各个人之间的自然状态一样,是一种人们有义务去摆脱的状态,以便进入法律状态。"①如果不进入法律状态,民族的权利和财产就是无保障的、暂时的,而要把这些权利和财产变成永久性的,那就必须把这些国家联合成一个普遍的联合体,建立一种真正的和平状态。可是由于地域辽阔,国家联合体不可能保护它的每一个成员,因此,庞大的合作关系必然再次导致战争状态,永久和平就成了不能实现的理想。但康德认为,人们为了追求永久和平这个目的以及联合体的政治原则又并不是不实际可行的。康德反对战争,他主张国家之间先行缔结初步的协定,消除实现和平的主要障碍,恢复国际的信任,开辟通向永久和平的道路。在最后协定中,康德把各国人民联盟定为国家联合的形式,它不是世界国家,因为其中没有正式的强制性的政权,它是主权国家自愿的联盟,即和平的联盟,因而不同于和平条约。他把相邻民族和国家之间订立的条约或法律称为"万国公法"或"国际法",而把未来世界各国都要遵守的法律称为"世界法"。因此,未来人类的法律体系就是由国家法(即公法)、万国公法(即国际法)和世界法三种公法组成。康德反对战争,把永久和平视为各民族权利的最终目的,并称作是哲学家"甜蜜的梦",这反映了他崇高的理想和善良、美好的愿望,虽然在当时是不可能实现的,并且遭到后来黑格尔的讽刺,可是他在这个问题上是富于远见的,他的和平主义的思想对后来的国际政治产生了较大的影响。

康德的私法指涉及个人权利、主要是公民财产私有权的法律,比如民法、商法,这一观点显然来自罗马法。查士丁尼认为:"公法涉及罗马帝国的政体,私法则涉及个人利益。"②私法是罗马法中最精华的内容。康德十分重视私法,在《法的形而上学原理》中,他将"私法"列为"权利科学"的第一部分,

---

① [德]康德:《法的形而上学原理》,沈叔平译,商务印书馆1991年版,第187页。

② [古罗马]查士丁尼:《法学总论》,商务印书馆1989年版,第5—6页。

而且内容超过"公法"部分二分之一以上。

康德把私法划分为物法、人法和人物法,他"认为物法的对象是物;人法的对象是人的个人行动;属于人物法的则是亲属法、婚姻法"。① 这种划分法仍然来自罗马法,但康德对私法的论述比罗马法深刻多了。康德在私法部分论述的核心是所有权问题,苏联学者普遍认为"康德法意的中心是获得权问题"。康德说:"任何东西根据权利的'我的',或者公正地是我的,由于它和我的关系如此密切,如果任何他人未曾得到我的同意而使用它,他就是对我的损害或侵犯。使用任何东西的主要条件就是对它的占有。"②他把占有又区别为感性的经验的占有和理性的占有。用康德的批判哲学术语讲,经验的占有在先验的法律命题中属于分析的命题,"它不外乎是说,根据这样的占有概念,通过矛盾的原则会产生什么后果,这就是说,假如我是一物的持有者,以一种物理方式和它联系,若有人未得我同意而干扰它——例如从我手中夺取一个苹果——就影响了和损害了我固有的自由,因此,他的行为的准则是直接和权利的公理矛盾的。因而这个命题表明一种经验中公正地占有的原则,不能超出一个人自身的权利"。③ 而理性的占有却是撇开所有经验占有中的时空的条件,成为先验综合判断命题,这样,问题就变成,"理性如何说明这样的命题,当它的范围超出经验的占有概念时,如何先验地是可能的"。也就是说,占有是实践理性的命令,所有权就具有了普遍性、必然性。"依据这样的理由,以占有一定份额的土地为例,这就是行使私人自由意志的方式,而并非一种横行霸道的行为。这位占有者是根据共同占有地球表面的天赋权利的,并建立在先验地符合允许私人占有土地的普遍意志之上的。"④康德如此重视所有权问题,反映了德国资产阶级的要求,具有反封建性。但是,康德解释"人物法"却赞成丈夫统治妻子,承认有权索取出走的妻子和离开双亲的子女,有权迫使逃离主人的奴仆回来。这又带有严重的封建性,说明他的法哲学关于人是目的、人的自由意志的鲜明的阶级性和历史局限性。

---

① ［苏］格拉齐安斯基:《世界著名思想家评传》,商务印书馆 1993 年版。
② ［德］康德:《法的形而上学原理》,沈叔平译,商务印书馆 1991 年版,第 54 页。
③ ［德］康德:《法的形而上学原理》,沈叔平译,商务印书馆 1991 年版,第 60—61 页。
④ ［德］康德:《法的形而上学原理》,沈叔平译,商务印书馆 1991 年版,第 61 页。

第十九章　黑格尔的法律思想

　　格奥尔格·威廉·弗里德里希·黑格尔（Georg Wilhelm Friedrich Hegel，1770—1831）是德国古典哲学的集大成者，"是从莱布尼兹以来德国造就的最伟大的哲学家"。[①] 马克思主义创始人不止一次地强调德国哲学，特别是黑格尔哲学是他们理论的来源之一。[②] 恩格斯晚年还深情地说："我已经不再是黑格尔派了，但是我对这位年迈的巨人仍然怀着极大的尊敬和依恋的心情。"[③] 黑格尔不仅创建了欧洲近代史上宏伟的哲学体系，而且其法哲学思想亦是西方法律思想史上的一座丰碑，近代法哲学的最高成就。黑格尔关注政治法律，他对政治与法律始终怀着强烈的兴趣，他说："我一向对政治有一种偏爱。"他一生最早发表的和最后发表的都是政治法律著作。黑格尔既是一位辩证法大师，一位深刻的思辨哲学家，又是一位伟大的政治法律哲学家，其在政治法律哲学方面的功绩是重大的，甚至可以说，不了解他的政治法律哲学，就不能透彻理解他的思辨哲学，[④]他在人类法精神史上留下了深刻的足迹。

第一节　时代的产儿

　　黑格尔出生在德国西南部符腾堡公国的首府斯图加特城。黑格尔的祖父

---

① ［美］沃·考夫曼：《黑格尔——一种新解说》，北京大学出版社 1989 年版，第 371 页。
② 参见《马克思恩格斯全集》第 18 卷，人民出版社 1964 年版，第 565 页。
③ 《马克思恩格斯选集》第 4 卷，人民出版社 1995 年版，第 573 页。
④ 薛华编译：《黑格尔政治著作选·译者序》，商务印书馆 1980 年版，第 1 页。

是路德新教的牧师,其父曾任符腾堡公国税务局秘书,后任运输局顾问。黑格尔的母亲是一位受过良好教养的妇女,她对黑格尔的启蒙教育产生了很大的影响。黑格尔3岁就被送往德语学校,不足5岁就进了拉丁语学校,7岁进本城中学。在母亲的教育下,他5岁就已经知道了初步的词形变化以及相应的拉丁字句。8岁那一年,老师洛佛勒尔送给他一套《莎士比亚》。洛佛勒尔的藏书中还有亚里士多德、西赛罗的著作。中学毕业前一年,黑格尔的作文是《论希腊人和罗马人的宗教》,表明少年黑格尔从小受到了希腊思想和人文主义的教育、熏陶。

1788年秋天,黑格尔进入图宾根神学院读书,前两年主要学哲学,后三年主要学神学。大学阶段,他吸鼻烟,喜欢喝酒,还玩牌,但他像中学时代一样,仍然把大量的时间花在书本上。"新的兴趣闯进了黑格尔的生活,政治使他着了迷。"①1789年的法国大革命像灿烂辉煌的日出震撼了他,卢梭勇敢地批判专制、鼓励自由的思想吸引了他,德国的进步力量为法国热烈欢呼,黑格尔成了图宾根政治俱乐部的积极分子。据说,他和他的朋友们学法国人种植了一棵自由树。在他的纪念册中,可以找到这样一些革命口号:"反对暴君!""打倒妄想统治心灵的暴政!""自由万岁!""卢梭万岁!"还有一条摘自卢梭的《社会契约论》:"如果天使有个政府,那么这个政府也会实行民主管理的。"②在反对传播神学和封建专制的斗争中,黑格尔结识了谢林、荷尔德林,他们成了激进爱国青年的核心。

1793年黑格尔大学毕业,毕业文凭上写着:"神学有成绩"、"虽然尝试讲道不无热情"、"但看来不是一名优秀的传教士"、"哲学上十分努力"。他厌恶教会,想往自由,不可能成为一名神职人员,但做一个哲学家也不现实,他"当时对于哲学并没有什么爱好",虽然读了康德的著作,可是还领会不了批判哲学的革命精神。黑格尔不久经友人介绍来到瑞士伯尔尼,给当地贵族、大咨议会成员卡尔·弗里德里希·施泰格尔的三个孩子当家庭教师。东家有丰富的藏书,黑格尔充分利用这一有利条件,在幽静的伯尔尼埋头读书和写作,休谟、孟德斯鸠、雷纳尔、席勒的历史政治著作,他都做了大量摘要笔记。同时,他又

---

① [苏]阿尔森·古留加:《黑格尔传》,刘半九等译,商务印书馆1995年版,第10页。
② [德]卡尔·罗森克兰茨:《黑格尔传》,柏林1844年版,第34页。

注意了解瑞士伯尔尼社会政治状况,并且和同学同事亲友通信来往,交流思想,探讨问题。这期间,他对康德哲学的理解日益加深,把《纯粹理性批判》视为人类登上哲学顶峰的标志,人类尊严的证明,他说:"人们将学会感受这一尊严,将不再去乞讨被践踏的权利,而是由自己来恢复它,并把它据为己有。宗教和政治狼狈为奸,宗教所教诲的正是专制政治所要求的东西。"①他关心祖国的前途和命运,他希望德国也会刮起法国大革命那样的风暴,把人们从传统神学宗教迷信中解放出来,国家摆脱封建专制主义的桎梏,实现理性与自由的王国。为此,他撰写了一些宗教与神学的著作。热忱而激进的青年黑格尔不愿久滞异邦,于 1796 年秋天返回故乡,1797 年初在荷尔德林帮助下到了法兰克福。

1798 年黑格尔第一次在法兰克福印行了他的一本译作《关于瓦特邦(贝德福)和伯尔尼城先前国法关系的密信》,也是他出版的第一部政治法律著作。《密信》的作者是瑞士律师卡特,卡特揭露和抨击伯尔尼在法国人进驻之前一直实行的贵族专制制度,这种批判也表达了黑格尔否定封建暴政的精神。同年,黑格尔还撰写了《论符腾堡新近内政,特别是市参议会法的缺陷》一文,但未发表。黑格尔在法兰克福仍然是一边做家庭教师,一边研究政治法律、哲学、宗教,撰写了《基督教精神及其命运》、《体系札记》、《德国法制》等。1801年黑格尔由已负盛名的谢林推荐前往耶拿,并获得耶拿大学私讲师身份。耶拿的精神生活和文化生活在德国大学城中间是最活跃的,加之新旧朋友,黑格尔感到很愉快,他协助谢林创办《哲学评论杂志》,讲授自然法和国际公法、逻辑学与形而上学。1805 年黑格尔得到歌德力荐,由私讲师升任副教授,除了法学课程,他还讲授哲学全书、思辨哲学体系、精神哲学,并且和谢林一起批判康德哲学,他已看到了康德哲学的矛盾。席勒说"哲学并未沉寂",②就是指耶拿时期黑格尔的活跃和影响。1806 年 10 月拿破仑攻破耶拿城,黑格尔已写完《精神现象学》,但他称拿破仑为世界精神:"我看见皇帝(Kaiser)——这个世界精神(Weltseele)骑马巡察全城。"③这表现了他强烈的反封建精神。因为

---

① 苗力田:《黑格尔通信百封》,上海人民出版社 1981 年版,第 45 页。
② 张世英:《黑格尔辞典》,吉林人民出版社 1991 年版,第 838 页。
③ 张世英:《黑格尔辞典》,吉林人民出版社 1991 年版,第 840 页。

战事,大学停课,黑格尔到班堡做报纸编辑一年半后,于 1808 年年底转往纽伦堡,被任命为四所学校合并的文科中学校长。纽伦堡当时是个自由的直辖市,不隶属于德国境内任何一个邦,而且这座城市在许多方面承袭了法兰西的制度,学校又是一所具有人文主义色彩的古典学校,因此,黑格尔很满意校长的职位。

　　黑格尔担任文科中学校长 8 年,亲自讲授概念学、宗教学、逻辑、法学和公民学等,他深受学生欢迎,并且出版了逻辑学等四部著作。黑格尔是一个慢性子的人,他不仅作为一个学者是大器晚成,就是作为人来讲,都成熟得缓慢,直到四十岁,他才感到需要建立一个家庭。1811 年黑格尔如愿以偿和玛丽·冯·图赫尔结婚,但由于图赫尔的双亲想把女儿嫁给一位大学教授,加之文科中学校长几乎是借债度日,这诸多因素促使黑格尔希望在大学谋得一席位。①1816 年秋黑格尔去海德堡大学任哲学教授,"朝思暮想的前景终于变成了现实"。海德堡期间,黑格尔写出了《哲学全书纲要》。1818 年 10 月,黑格尔去柏林大学当教授,对政治法律仍然保留有青年时代的热情,他讲授法哲学、历史哲学、宗教哲学等课程。这时的黑格尔已是声名远播,追随者络绎不绝。1821 年他根据讲课提纲编写并出版了近代法律思想史上最重要的法哲学著作《法哲学原理》。1830 年黑格尔当选为柏林大学校长。1831 年 4 月发表《论英国改革法案》,这是他的最后一篇政治法律文章,但被普鲁士新闻检查官拦腰截断了,最后只刊登了大半。1831 年冬天黑格尔讲授法哲学,11 月 7 日还在为《逻辑学》第二版写序,亲自修订了《精神现象学》,可是,哲学家 14 日竟因患霍乱在柏林去世,享年 61 岁。黑格尔之死说明哲学家一生没有停止为寻找真理而进行哲学思考,"真理不是一枚铸币",它不是现成地摆在那里,更何况德国的书报检查制度时时在扼杀真理,甚至迫害追求真理的人,但黑格尔义无反顾,因为他懂得,真理是在漫长地艰难地发展着的认识过程中被掌握的。一方面客观形势险恶与复杂,另一方面主观认识本身就是一个曲折发展的过程。

　　"哲学是在思想中被把握的它的时代",②黑格尔是时代的产儿,他的法律

---

① [苏]阿尔森·古留加:《黑格尔传》,刘半九等译,商务印书馆 1985 年版,第 70 页。
② [德]黑格尔:《法哲学原理·序言》,范扬、张企泰译,商务印书馆 1982 年版,第 12 页。

思想是他所处的那个不平静的时代的反映,是近代资产阶级法律思想的最高成就,虽然他不如某些启蒙思想家那样激进,但比他们深刻。黑格尔的法哲学是进步的、革命的,是德国未来资产阶级革命的先导,正如恩格斯指出的:"当黑格尔在他的'法哲学'一书中宣称君主立宪是最高的、最完善的政体时,德国哲学这个表明德国思想发展的最复杂但也最准确的指标,也站到资产阶级方面去了。换句话说,黑格尔宣布了德国资产阶级取得政权的时刻即将到来。"①黑格尔给我们留下了丰富而深刻的法学思想,作为他的思想的起源和秘密的《精神现象学》,展现他的思想体系的《逻辑学》,终其一生关注的《法哲学》以及哲学史讲演录、历史哲学、精神哲学、宗教哲学、美学等都是我们研究其法律思想的珍贵资料。著名的黑格尔专家薛华先生编译的《黑格尔政治著作选》为法史学界的研究工作提供了新的方便,特别是他对黑格尔法哲学研究的方法与成果给人以极大启发,起了开拓作用。

第二节 法是自由意志的定在

一、哲学与法学

黑格尔首先是哲学家,他建立了欧洲历史上最庞大的客观唯心主义哲学体系,法哲学是其哲学体系的组成部分,因此,研究黑格尔的法律思想,必须先了解他的体系及其法哲学与体系的关系。

黑格尔的客观唯心主义哲学体系主要由《逻辑学》、《自然哲学》、《精神哲学》构成,它是在批判康德、费希特和谢林哲学的基础上形成和发展起来的。黑格尔既充分肯定康德突出人的主体性、能动性的思想,但又反对康德将思维和存在、本质和现象绝对对立起来的观点,这得到恩格斯高度的评价。可是黑格尔是在唯心主义基础上来论述事物的辩证关系的,因此,他否认了康德的"自在之物",否认了独立于思想意识之外的客观世界,认为思想、概念并不像康德所说的那样只是人们主观的东西,而是"客观的",是存在于一切事物之中的,是一切事物的"本质"。黑格尔吸收了费希特"从思想的本身将思想的

---

① 《马克思恩格斯全集》第 8 卷,人民出版社 1961 年版,第 16 页。

形式推演出来"的概念辩证法,但又认为他的"自我"必须受到"非我"的推动的观点是由于还有着康德"自在之物"的"幽灵"。黑格尔接受了谢林客观唯心主义的基本原则,继承了谢林关于精神生活有发展、物质和精神有矛盾的辩证法思想,但又批判"无差别的同一"的"绝对"的观点。在黑格尔看来,矛盾是普遍存在的,矛盾是"理性的一种必然行为"。黑格尔大大地发展了辩证法,但又把唯心主义推到了极端。

黑格尔认为,世界的本质不是物质而是精神,宇宙间万事万物包括自然、社会和思维等都是它的表现,因此,他称其为"绝对精神",就绝对精神表现于人类社会而言,黑格尔又称其为"客观精神"、"世界精神"或"世界理念"。黑格尔的哲学是关于"绝对精神"的辩证法的哲学,在他看来,"绝对精神"不是僵死的,而是不断发展变化的,其发展按照"正(肯定)、反(否定)、合(否定之否定)"的三段式进行。他一反传统的形而上学,主张彼与此、正与反相互联系、相互转化,只有把"反"看做是构成"正"的内部环节而不是视为简单的否定,通过这种必然联系以达到"合",这样的"正"才是全面、具体、深刻的。黑格尔认为"绝对精神"就是一连串大大小小的"正、反、合"的发展过程。

黑格尔把"绝对精神"的辩证发展过程分为三个基本阶段:逻辑阶段、自然阶段、精神阶段,相应地,他的哲学体系就由逻辑学、自然哲学、精神哲学构成。第一,在逻辑阶段,"绝对精神"还只是一种抽象的、纯粹的思想、概念,不沾染一点物质性,由存在论、本质论、概念论三阶段构成,其最高是"绝对理念",至此"绝对精神"必须否定自身,突破纯粹概念领域,而转化(外在化或异化)为自然界,即精神要表现于外。第二,"绝对精神"进入自然阶段,思想、概念披上了物质的外衣,因此又分为机械性、物理性、有机性三阶段。在有机性阶段即动物有机体最后出现了人,这表示"绝对精神"超出了整个自然阶段而进入了精神阶段。因为黑格尔认为自然界只有循环重复的运动,它是精神的下降和堕落,精神必然要回复到适合自己的精神形式。第三,"绝对精神"在精神阶段通过主观精神、客观精神、绝对精神三阶段而发展。主观精神讲个人意识及个人发展史,客观精神讲社会意识包括法、道德、伦理三个环节,而伦理包括家庭、社会和国家三环节,国家是伦理以至整个客观精神的最高阶段。这时的绝对精神经历了曲折漫长的发展阶段之后,要完完全全地回复到自身,达到完全自觉、完全认识自己的阶段,即进入"绝对精神"。黑格尔在《法哲学原理》中把全书的结构分为抽象法、道德、伦理三大篇,这与客观精神的发展阶段相同。"事实上黑格尔的《法哲学原理》基本上就是他的《哲学全书》中第三环节《精神哲学》一书中第二篇论'客观精神'部分的发展、发挥和补充。"①由此可见,黑格尔的法哲学就是关于客观精神三阶段的哲学,客观精神作为其"绝对精神"发展的必然阶段,这就为法学的形成与发展找到了客观依据,为其必然性提供了逻辑证明,相反,他的体系如果缺乏了这个阶段,就将显得不完整,其体系的陈述就不能证明体系。

　　黑格尔依据其哲学体系与法哲学的关系,认为"法学是哲学的一个部门",②即哲学的一个学科,属于精神哲学这个"最高学问"的一部分,它以法的理念作为研究对象。与实体法学不同,法哲学不是以立法者确定的法律为对象,它研究的是一种自在自为的不以法学家的意志为转移的法,因此,黑格尔又称他的法哲学为自然法学说。法哲学的三个阶段也就是法的三个阶段,抽象法是客观法,包括对物的占有和所有权的法律、契约即转移所有权的自由或权利的法律、制裁犯罪即侵犯他人财产所有权的法律。道德是主观法,是"意志的特有规定",③或具有特殊规定的内心的法,它主要解决故意和责任、意图和福利、善和良心等问题。"法欠缺主观性的环节,而道德则仅仅具有主观性的环节,所以法与道德本身都缺乏现实性"。④ 而伦理是"主观的善和客观的、自在自为地存在的善的统一"的法,它要解决的是家庭、社会和国家方面的问题,但由它才能达到现实,其中社会法,特别是国家法是客观精神的最高阶段。

　　黑格尔的体系是不科学的,他把人类社会的法律制度当作"精神"演化的一个阶段或环节,这是极其荒谬的。但他把精神哲学置于其体系的最高地位,表明了他对人的推崇,强调了人的尊严,具有反封建反专制意义。而且如果我们不是停留在他的体系面前,而是深入体系内部,实事求是地分析,就可以发现他不过是借精神现象呈现过程作出的哲学概况,来揭示人类法现象、法文化

　　①　[德]黑格尔:《法哲学原理》,范扬、张企泰译,商务印书馆 1982 年版,译者评述。
　　②　《马克思恩格斯全集》第 8 卷,人民出版社 1979 年版,第 16 页。
　　③　《马克思恩格斯全集》第 8 卷,人民出版社 1979 年版,第 111 页。
　　④　《马克思恩格斯全集》第 8 卷,人民出版社 1979 年版,第 162—163 页。

产生与发展的规律,为近代资产阶级法制提供哲学论证。况且客观精神不是凝固的,即使回到"绝对精神"自身也并不是历史的终点,"永恒的自在自为地存在着的理念,永恒地作为绝对精神实现自己,产生自己和享受自己"。① 国家与法制亦是如此,这当然是他的一种幻想。

二、国家与法
(一)"国家最初是以强暴和本能的方式产生的"

黑格尔十分崇敬国家,甚至把国家神秘化,但他并不是神学主义的国家起源论者,相反,他非常明确地反对君权神授学说。君权神授在当时的欧洲,特别是在德国还很有市场,普鲁士王子、未来国王弗里德里希·威廉四世就信奉这种神学理论。黑格尔说,《圣经》所描述的人类自然状态不过是一种虚构,《圣经》并没有教我们推想,"曾经有一个民族和那个民族的一种历史状况,存在于那种原始的形态里;它更没有证实给我们,这个民族有一种充分发达的'上帝'和'自然'的知识"。② 他还驳斥奥古斯丁在《忏悔录》中宣扬的国家起源于"原罪"的观点,特别是他逝世前几天,也是他一生最后一次讲法哲学课,专门回击了普鲁士王子。他尖锐地指出:"在今日恰恰神权是最受谴责的。"③ 黑格尔强调人可以违背神的意志,他说:"在亚当那里对善和恶的认识是自由的觉醒起来的意识,由于这一意识,人才不是动物。上帝随后说:看,亚当已变成同我们之中的一位一样了。这正是通过自由。所以这也是我们时代的观点。"④黑格尔正确地揭示了一个事实,人们从中世纪的黑暗中醒悟过来,人的意志摆脱了神的控制。因此,海涅说黑格尔是伊甸园那条挑动夏娃和亚当触犯天条的蛇,这譬喻不仅形象、精彩,而且非常深刻。

黑格尔认为,人类的史前期没有国家,"史前时代的一种人民,还只是一

---

① [德]黑格尔:《哲学全书纲要》(尼可林版),汉堡 1959 年版,第 463 页。转引自薛华:《黑格尔对历史终点的理解》,中国社会科学出版社 1983 年版,第 1 页。

② [德]黑格尔:《历史哲学》,王造时译,商务印书馆 1956 年版,第 98 页。

③ 《黑格尔法哲学》,伊尔亭版,第 4 卷,第 924 页。转引自薛华:《黑格尔对历史终点的理解》,中国社会科学出版社 1983 年版,第 80—81 页。

④ 《黑格尔法哲学》,伊尔亭版,第 4 卷,第 924 页。转引自薛华:《黑格尔对历史终点的理解》,中国社会科学出版社 1983 年版,第 80—81 页。

个民族或部落,还没有形成国家",①即是现在也"还有一些人群几乎没有形成一个社会,更谈不上形成一个国家,但是人们早就知道他们的存在了"。② 黑格尔一定程度上吸取了亚里士多德关于国家源于家长制度的自然起源论思想,即由家庭到村落,再由村落组成国家,但黑格尔是用唯心主义语言来叙述的,他把家庭当作直接的或自然的国家理念,然后经过市民社会这个"外部国家"而最终形成政治国家。在黑格尔看来,维系原始组织的是基于血缘关系的爱和信赖,而建立在家庭基础上的宗族制是从家庭血源关系向国家的"过渡状态","从家庭制度扩大为大家长制度时,便超过了血缘关系的结合",③已不再是单纯的爱的联系,而是"变成了服务的联系",于是,出现了阶级、阶层、等级等"社团",有了"社团",社会才可能发展出国家这样的"特殊机构"。

需要指出的是,黑格尔强调了暴力在国家形成过程中的巨大作用。他指出,由"家庭组成的这种自然的整体扩大成一个民族和国家的整体"必须凭借暴力,"国家最初是以强暴和本能的方式产生的"。即使在野蛮未开化的国家中就已经存在"服从暴力,对一个统治者的畏惧"。④ 这就是说,国家起源于强权。他不赞成古典自然法学关于自然状态和社会契约的观点,他说,那种认为人类在社会、国家产生之前的"自然状态"中享有无限制的自由,生活在一种"原始的乐园"中的假定是没有任何历史根据的"模糊的理论的虚构"。⑤ "国家不是奠立在个人与整体、全体与个人的公开契约上,也不是奠立在个人与政府相互的契约上的,整体的普遍意志不是各个个人所表达的意志,而是对于各个个人具有自在自为的强制性的绝对的普遍意志。"⑥国家具有强制力,它的形成离不开暴力,国家发展的必然过程,是从宗族制的或军事的王权开始,然后成为贵族制和民主制,最后则发展到君主制。应该承认,黑格尔这些思想已经有了历史唯物主义的萌芽了。

(二)"国家是伦理理念的现实"

黑格尔接受了柏拉图关于城邦国家伦理整体和卢梭关于意志是国家的

---

① [德]黑格尔:《美学》第 2 卷,商务印书馆 1981 年版,第 198 页。

② [德]黑格尔:《历史哲学》,王造时译,商务印书馆 1956 年版,第 100 页。

③ [德]黑格尔:《历史哲学》,王造时译,商务印书馆 1956 年版,第 82 页。

④ [德]黑格尔:《历史哲学》,王造时译,商务印书馆 1956 年版,第 86 页。

⑤ [德]黑格尔:《历史哲学》,王造时译,商务印书馆 1956 年版,第 80、98 页。

⑥ [德]《黑格尔全集》第 3 卷,格罗克纳版,第 91 页。

原则的思想,认为国家实现了主观意志和普遍的东西的统一,"是个人在其中占有和享有自己的自由的那种现实性",①即国家是自由的实现,因此,他说:

　　"国家是伦理理念的现实——是作为显示出来的、自知的实体性意志的伦理精神,这种伦理精神思考自身和知道自身,并完成一切它所知道的,而且只是完成它所知道的。"②

　　"自在自为的国家就是伦理性的整体。"③这个整体能作为"社会正当防卫调节器","使特殊性与伦理性的统一得到调和"。④"国家是绝对自在自为的理性的东西,因为它是实体性意志的现实。"⑤"国家是地上的精神,这种精神在世界上有意识地使自身成为实在。"⑥"神自身在地上的行进,这就是国家"。⑦"国家是精神为自己所创造的世界,人们必须崇敬国家,把它看作地上的神物。"⑧

黑格尔的"理念"就是逻辑概念,他认为单纯逻辑学的理念还是抽象的,而精神才是"理念在自身实现中所达到的最具体的、最发展的形式"。所以"有限的或主观的精神"和"绝对精神"都必须被理解为"理念的一种实现"。如果就理念的真实的现实性(ininrerwahrhaftigen Wirklichkeit)去说明绝对理念,就应该说,它就是精神。国家作为绝对精神的客观精神之最高阶段,是伦理的最高形态,自然是"伦理理念的现实"、"伦理精神的整体"、"绝对自在自为的理性"、"实体性意志的现实",因为国家是整体利益和个人利益的统一体,公民的私人利益和国家的普遍目的的结合,反过来,这种结合和统一又是国家繁荣昌盛的前提条件。因此,黑格尔认为,人只有在国家中才成其为人,"人只有在国家中才具有自己的本质。只有通过国家,人才拥有他所拥有的一切价值、

①　[德]黑格尔:《历史中的理性》,生活·读书·新知三联书店1957年版,第110页。
②　[德]黑格尔:《法哲学原理》,范扬、张企泰译,商务印书馆1982年版,第253页。
③　[德]黑格尔:《法哲学原理》,范扬、张企泰译,商务印书馆1982年版,第258页。
④　[德]黑格尔:《法哲学原理》,范扬、张企泰译,商务印书馆1982年版,第200页。
⑤　[德]黑格尔:《法哲学原理》,范扬、张企泰译,商务印书馆1982年版,第253页。
⑥　[德]黑格尔:《法哲学原理》,范扬、张企泰译,商务印书馆1982年版,第258页。
⑦　[德]黑格尔:《法哲学原理》,范扬、张企泰译,商务印书馆1982年版,第259页。
⑧　[德]黑格尔:《法哲学原理》,范扬、张企泰译,商务印书馆1982年版,第285页。

一切精神的现实性。"①"个人本身只有成为国家成员才具有客观性、真理性和伦理性"。② 所以,人必须服从国家,"单个人是次要的,但必须献身于伦理精神"。③ 也就是说,整体高于部分,国家高于个人,每个人都必须以国家本身为目的去活动,必要时甚至要牺牲自己的特殊目的。显然,黑格尔触及了人的本质与社会关系的关系,这是很深刻的思想。黑格尔崇敬和神化国家也不能简单地指责为集权主义或极权主义,更不能视为对普鲁士国家的赞歌,因为他说的不是现实中的某个特殊国家。他说:"在谈到国家的理念时,不应注意到国家或特殊制度,而应该考察理念,这种现实的神本身。"④他所设想和崇尚的君主立宪制就是近代君主制的一般形式(理念),并不是指现实的普鲁士,而且也带有很大的理想色彩,既"来自近代君主制的实践,同时又高于这种实践"。⑤

黑格尔设想的君主立宪制是三权分立的,但不同于孟德斯鸠,黑格尔将司法权排除在外,认为司法权不是概念的第三个环节。他说,政治国家应由普遍性、特殊性、单一性的三个权力的环节构成,与此相应,就应是立法权(规定和确立普遍物的权力)、行政权(使各个特殊领域和个别事件从属于普遍物的权力)、王权(作为意志最后决断的主观性的努力,它被区分出来的各种权力集中于统一的个人,因而它就是整体即君主立宪制的顶峰和起点)。⑥ 当然,这种区分也是片面的,但比法国启蒙思想家深刻之处在于将国家权力看做是一个具有内在联系的有机整体。他说,"各种权力只应看做是概念的各个环节而被区分着",三权独立马上就会使国家消灭,国家权力作为有机整体,其本质和存在才能得到挽救。黑格尔重视王权,强调君主个人的地位,表面看与法国革命精神相悖,是一种尊君思想,但实际上他心目中的君主不过是在国家文件上说"是"或"圈点"的"一个人",⑦"这个人"只是按出身这一自然条件所确

① [德]黑格尔:《历史中的理性》,生活·读书·新知三联书店1957年版,第86页。
② [德]黑格尔:《法哲学原理》,范扬、张企泰译,商务印书馆1982年版,第254页。
③ [德]黑格尔:《法哲学原理》,范扬、张企泰译,商务印书馆1982年版,第79页。
④ [德]黑格尔:《法哲学原理》,范扬、张企泰译,商务印书馆1982年版,第259页。
⑤ 薛华:《黑格尔对历史终点的理解》,中国社会科学出版社1983年版,第74页。
⑥ [德]黑格尔:《法哲学原理》,范扬、张企泰译,商务印书馆1982年版,第286—287页。
⑦ 《黑格尔法哲学》第3卷,伊尔亭版,第763—764页。转引自薛华:《黑格尔对历史终点的理解》,中国社会科学出版社1983年版,第74页。

立,不具有特权的意义,其任务是从形式上批准和发布政府决定和条令,除了签署之外,没有别的事可做,甚至认为君主也可以被起诉,而且败诉亦属正常。① 为此,黑格尔的讲课还引起了普鲁士专制政府对他的追查。

总之,黑格尔设想的君主立宪制不是专制主义,而是近代性质的国家。因为"专制就是无法无天",特殊意志本身就是法律,而国家权力是在法制的统治下。在柏林大学的讲坛上,他始终坚持认为近代国家区别于古代国家,区别于东方专制主义,关键就是以人为基础,其原则应当是尊重人。他说:"在亚洲的专制主义下,个体毫无自身的内在性,毫无权利。在近代世界人要作为人在其内在性中得到尊重。"②他强调国家权力的至上性,那是基于德国长期的分裂割据历史和软弱、胆小、缺乏自信心的德国资产阶级的要求。西欧的许多国家中世纪历史的终结是以国家君主统领的政治统一成就为标志的,而德国却似乎与此无关。近代欧洲已经精力充沛地阔步前进,而德国还遭受着可怕的政治分裂。当欧洲的民族国家一个接一个地出现之时,而德国却注意不到民族统一的需要。黑格尔是一个充满历史感和十分关怀祖国命运的人,他对此深有体会,深切感受到德国需要统一,德国资产阶级需要自信心和勇气。因此,他竭力论证个体只有同整体相关联相融合才具有意义的国家理论,这种论证不同于马基雅弗利和霍布斯,这是德国式的思辨哲学的论证,这种论证恰恰满足了德国资产阶级的迫切需要。

（三）法是自由意志的定在

法与国家是不可分割的,黑格尔十分重视这一点,他在论述部门法时,国家法部分最为详尽,整整用了 69 节的篇幅,说明国家法在绝对精神体系中的重要地位。在黑格尔看来,国家具有立法权,也就是有"规定和确立普遍物的权力"。立法权本身是国家制度的一部分,但他又认为国家制度是立法权的前提,即立法权赖以建立的、公认的、坚固的基础。③ "法律是自在地是法的东西而被设定在它的客观定在中",④"法律就是法",即原来是自在的法,现在

① 黑格尔:《法哲学原理》,范扬、张企泰译,商务印书馆 1982 年版,第 231 页。
② 《黑格尔法哲学》第 3 卷,伊尔亭版,第 750 页。转引自薛华:《黑格尔对历史终点的理解》,中国社会科学出版社 1983 年版,第 73 页。
③ ［德］黑格尔:《法哲学原理》,范扬、张企泰译,商务印书馆 1982 年版,第 286、315 页。
④ ［德］黑格尔:《法哲学原理》,范扬、张企泰译,商务印书馆 1982 年版,第 218 页。

被国家制定为法律,并作为法的东西和有效的东西予以公布,"通过这种规定,法就成为一般的实定法"。① 这就是说,法的东西要成为法律,必须经过法典编撰和国家立法,才能获得它的普遍性的形式和普遍性的内容(真实的规定性),然后把它适用于特殊事物,"法律的东西才作为法而具有拘束力"。② 因为国家作为客观精神最高阶段,是"伦理理念的现实",而法与道德本身却缺乏现实性,法就像藤类植物或分枝,如果离开了国家伦理理念这棵自在自为地屹立着的大树整体,它也就只具有抽象的意义。"抽象的法只不过是自由和法的意识,守法意识,权利能力的意识。作为法概念的抽象因素,这种意识辩证地要求把其中所包含的法和自由的抽象规定成为客观事实。"③也就是要通过国家立法,法的意识才能成为实定法。

黑格尔将法分为自然法、哲学上的法和实定法,并认为三者之间既有区别又有联系,否则就是"莫大的误解"。④ 他把法律视为规律,"规律分为两类,即自然规律和法律"。⑤ 自然规律简单明了,它的尺度在我们身外,认识自然规律可以扩大知识领域,法的认识亦与此相同。但法律与自然规律又不同,"法律是被设定的东西,源出于人类。在被设定的东西和内心呼声之间必然会发生冲突,或者彼此符合一致,人不只停留在定在上,也主张在自身中具有衡量法的尺度"。⑥ 人服从法律与服从自然界的必然性不同,因为这里有存在(突然)与应然之间的冲突和争执,这就有必要从现实和理念的综合上考察法的合理性。黑格尔又说:"自然跟实定法的关系正同于《法学阶梯》跟《学说汇纂》的关系。"⑦《法学阶梯》是罗马法的基本教科书,《学说汇纂》是罗马法令大全。黑格尔不赞成古典自然法学观点,认为那种"暴力横行和无法无天的状态",不是历史事实,不过是"在推测的反思的朦胧中制造出来的关于一种历史存在的假定","自然状态有了权利,那只意味着精神绝对没有权利"。柏

---

① [德]黑格尔:《法哲学原理》,范扬、张企泰译,商务印书馆1982年版,第218页。
② [德]黑格尔:《法哲学原理》,范扬、张企泰译,商务印书馆1982年版,第221页。
③ [苏]格拉齐安斯基等:《世界著名思想家评传》,商务印馆1993年版,第245页。
④ [苏]格拉齐安斯基等:《世界著名思想家评传》,商务印馆1993年版,第5页。
⑤ [苏]格拉齐安斯基等:《世界著名思想家评传》,商务印馆1993年版,第14页。
⑥ [苏]格拉齐安斯基等:《世界著名思想家评传》,商务印馆1993年版,第15页。
⑦ [德]黑格尔:《法哲学原理》,范扬、张企泰译,商务印书馆1982年版,第5页。

拉图、亚里士多德都不看重所谓自然权利的思想,就是因为他们没有把人当作真实的结合之外的抽象的人来考察的观念。因此,黑格尔在这里的自然法显然是指另一种含义,即哲学上的法。①

黑格尔认为,实定法的"历史要素"有:(1)一国人民的特殊民族性,它的历史发展阶段,以及属于自然必然性的一切情况的联系;(2)一个法律体系必然把普遍概念应用于各种对象和案件的外来的特殊的情状;(3)实际裁判和所需要的各种最后规定。各种具体的法律就其按当时情况都有其意义和适当性,从而只具有一般历史的价值而言,都是实定的,因此它们又是暂时的。另外,暴力和暴政可能是实定法的一个要素,但这种情况对实定法说来,不过是偶然的,与其本质无关。② 那么,什么是法的本质呢? 黑格尔认为经验的、形式的(如康德、费希特)、纯历史的(他虽然承认法律同民族性、历史发展阶段、生活的自然条件的密切关系)、实证的等等研究方法都不可能正确回答这个问题,唯一的途径是用哲学的或伦理科学的研究方法,才能揭示法的实质,即指出哲学上法的界限。于是,他将他关于法的本质的哲学观表述如下:

> "法的基地一般说来是精神的东西,它的确定的地位和出发点
> 是意志。意志是自由的,所以自由就构成法的实体和规定性。至于
> 法的体系是实现了的自由的王国,是从精神自身产生出来的、作为第
> 二天性的那精神的世界。"③

> "法的理念是自由,为了得到真正的理解,必须在法的概念及其
> 定在中来认识法。"④

黑格尔从他的唯心主义辩证法立场出发,认为法的基础是精神,也就是绝对精神"自我运动"的客观精神阶段,整个立法和各种规定都必须从这一整体联系中去把握,才是必然性的"被理解"(begerifen),法的体系才是实现了的自由王国,这是其一。其二,黑格尔认为,"主观精神"的最高阶段是"自由的精神"、"自由的意志","客观精神"以"自由意志"为出发点,因此,"客观精神"部分

---

① 《黑格尔全集》第7卷,格罗克纳版,第42页。
② [德]黑格尔:《法哲学原理》,范扬、张企泰译,商务印书馆1982年版,第4页。
③ 黑格尔:《法哲学原理》,范扬、张企泰译,商务印书馆1982年版,第10页。
④ 黑格尔:《法哲学原理》,范扬、张企泰译,商务印书馆1982年版,第1—2页。

所讲的全部"法哲学"就是以自由为基础,"作为理念的自由",就是"自由意志的定在",即自由意志的实现或体现。因此,"客观精神"的三个环节(抽象法、道德、伦理)都是法的不同阶段或特殊形式(客观法、主观性、主客观统一的法),即是自由在不同的形式下的体现。客观法(抽象法)"体现抽象的自由,是自由意志的外在化和客观化;主观法(道德)体现主观的自由,是自由意志的内部形态,是个人内部的良心;主客观统一的法(伦理)是自由的充分实现,是主观与客观、个体与整体的统一。可见,自由并不是任性和随意,而是绝对精神内在必然的结果。自由也不是虚无缥缈的东西,它通过三个阶段的辩证发展,达到主客观的统一,实现真正的现实的自由,其主要就是表现为对私有财产的所有权。因此,法具有客观现实性,"一方面对意识而存在","另一方面具有现实性所拥有的力量,并具有效力",既有普遍性的形式,又有真实的规定性。①

其三,自由是人类的本质。② 黑格尔说:"自由是意志的根本规定,正如重量是物体的根本规定一样。当我们说物质是有重量的,我们可能认为这个谓语只是偶然的。然而并非如此,因为没有一种物质没有重量,其实物质就是重量本身,重量构成物体,而且就是物体。说到自由和意志也是一样,因为自由的东西就是意志。意志而没有自由,只是一句空话;同时,自由只有作为意志,作为主体,才是现实的。"③黑格尔的比喻并不科学,但重要的是他把自由视为人的本质,是一种客观定在,成熟了的人类的必然。"人人都有意志,人人都有自由,因此,人人都有伴随自由意志而俱来的'权利'(法),这种'权利'就叫做'抽象'的法。"④德文"Recht"既可译作"法",也可译作"权利"或"法权",因此,这里的"权利"即是"法"。但由于"权利"的主体是单纯的个人,而非具体的国家公民,这里的"法"就是"抽象的法"权利。黑格尔强调个体与整体的融合,因此抽象法阶段的人还是抽象的"人格"、个人的"自由意志","自为地存在的意志即抽象的意志就是人。人间(Mensch)最高贵的事就是成为

---

① [德]黑格尔:《法哲学原理》,范扬、张企泰译,商务印书馆 1982 年版,第 218 页。
② [德]黑格尔:《历史哲学》,王造时译,商务印书馆 1956 年版,第 143 页。
③ [德]黑格尔:《法哲学原理》,范扬、张企泰译,商务印书馆 1982 年版,第 11—12 页。
④ 张世英:《论黑格尔的精神哲学》,上海人民出版社 1986 年版,第 91 页。

人（Person）"。① Mensch 指自然意义上的人，Person 指法的意义上的人，法的意义上的人是单一的意志，是人对自己的纯思维和纯认识，抽象法的命令就是要求成为这样的一个人，并要求尊敬他人为人和尊敬他人的人格。② 因此，就要承认"人就是自由意志"，③人都享有"权利"，"权利"是人所固有的，"法"就是"自由意志的定在"，或者说"只要是自由意志的定在，就叫做法。所以一般说来，法就是作为理念的自由"，④"法是一般神圣的东西"，"法包含着自由的概念"。也就是说，⑤法是自由意志及其客观定在的统一。需要指出的是，黑格尔在 1831 年 11 月 10 日即他去世的前几天，一生最后的一次讲法哲学课，仍然旗帜鲜明地坚持认为自由是法律的基础和源泉，无论是形式或内容，都必须合乎自由原则，合乎自由意志，否则就不能加以承认。在这里，自由与法几乎是同一含义。人只遵守合乎自由的法律，当他遵守法律时，还必须问一下他是否还是自由的。并且指出当时印度和中国的法律就是不能使人认识到自己是自由的法律，因此这种法律是某种不完善的东西。黑格尔冒着煽动民主与共和的政治罪名风险，至死不放弃自己的信仰，说明"哲学家最终保持了他的伟大气节，他是在反动压力面前坚持原则而死去的"。⑥

黑格尔关于"人人都有自由意志，因而人人都享有权利和法就是自由意志的实现"的思想，同古典自然法学的自然权利在实质上是一样的，都承认自由符合理性。但他们又不一样，黑格尔理解的"法"并不是"自然法"，内涵不同。另外，古典自然法学派的理论的基础是自然状态，而黑格尔法的哲学本质观立足于"绝对精神"、"理念"的矛盾运动，把法的本质的展开看做是一个矛盾运动过程，由"法"到"法律"是以自由意志的辩证关系为中介的，因此，人的自由的实现也是一个矛盾运动过程，"理念"不断地扬弃自身，个人的主体性和客观的东西结合为一个有机整体，由此获得的自由才是真正的自由，法律才是合乎理性的法律。

---

① ［德］黑格尔：《法哲学原理》，范扬、张企泰译，商务印书馆 1982 年版，第 46 页。
② ［德］黑格尔：《法哲学原理》，范扬、张企泰译，商务印书馆 1982 年版，第 46 页。
③ ［德］黑格尔：《法哲学原理》，范扬、张企泰译，商务印书馆 1982 年版，第 53 页。
④ ［德］黑格尔：《法哲学原理》，范扬、张企泰译，商务印书馆 1982 年版，第 36 页。
⑤ ［德］黑格尔：《法哲学原理》，范扬、张企泰译，商务印书馆 1982 年版，第 38 页。
⑥ 薛华：《黑格尔对历史终点的理解》，中国社会科学出版社 1983 年版，第 80 页。

黑格尔也不同意康德的定义,认为康德强调普遍的法则是抽象的普遍性,不了解法是自由意志的实现,把理性的东西视为对自由的限制,"同时也不是作为内在的理性东西,而只是作为外在的、形式的普遍物而出现"。① 康德虽然不是禁欲主义者,但他有脱离感情和欲望的倾向,他主张为义务而义务,虽然强调人是目的而不是手段,达到了人的能动性、独立自主性,代表了人类意识的自我觉醒,但并未能把握情欲和理性、主观和客观、本质与现象、自由和必然的统一,也就是割裂了思维与存在的辩证关系。黑格尔说,希腊哲学是朴素的,思维与存在在那里还是浑然一体。柏拉图还未提出主客观对立问题。至于一个人依照他的本质生来就是自由的思想,柏拉图、亚里士多德、西塞罗,甚至罗马立法者都不知道,中世纪也不可能达到以自由构成人之所以为人的概念的看法。② 只有近代哲学才意识到人的本质是自由,但又"缺乏思辨",而以主客观对立为特点,自由与必然相分裂为归宿。可以说,黑格尔关于法的本质的哲学观一定程度上克服了近代以来直至康德的片面性,是德国资产阶级反封建法制的武器。但黑格尔又掩盖了另一种片面性,那就是当他强调普遍优于特殊、合体优于部分时,即表现出了轻视特殊性、轻视个体的主动性的倾向,他的法是自由的定在就变成了一种玄思,而这正是德国资产阶级软弱性、保守性之所在。

第三节　立法与司法

黑格尔批判无法无天的专制统治,他说在这种制度中"一切归根到底都要围着一个人转,这个人 exprovidentiamajorum(承祖宗的先意)把所有权力都集中于自身,由于承认和尊崇这个人,人权便没有任何保证"。③ 因此,他主张以法为治,认为市民社会应该借助法律制度来保障个人的权利和财产。

黑格尔曾经写过一篇揭露和批判德国法制腐败的论文《德国法制》,充分

反映了他对立法和司法的重视。他斥责德意志帝国名存实亡,在对法战争中,德国各邦纷纷惨败,最后只有缔结和约,割地赔款。国家财政缺乏,法制混乱,"立法、司法、教会和军事等权力是用最混乱的方式,把性质极为不同的部门堆集在一起"。① 法权组织软弱无力,"千百种冲突,常常使帝国最高法院多年陷于无能为力状态"。"近年发生的巴伐利亚王位继承问题,并不是帝国法院说了话,而是大炮和政治发了言。""在萨克森各家族王位继承争端中关于柯堡—埃森贝格和勒姆希尔德已失疆界范围的土地问题,帝国枢密院曾作了206 个决定,但最关键的问题还是通过谅解才决定的。"②黑格尔认为,"当法院判词已出,还要进行调解取代执行判词",说明"法制的根本原则发生颠倒"。③ 司法判决的"全部效力都因此而瘫痪了",④"每年构成悬而不决的案件数目,已大大超过能力判决的案件的数目"。⑤ 面对这种"无法制状态",帝国的法学家却还在讴歌帝国法制的完美无缺。与这种态度相反,黑格尔认为德国的"政治状况应看做是合法的无政府状态,它的国家法权应看做是和国家对立的法权体系",⑥"德国已不再是个国家",⑦至多是个"思想国"不是现实的国家。因此,"这种法权制度在属于国家本质的东西上是根本没有力量的",⑧德国法制已失去了生命力。1817 年黑格尔在《评 1815 年和 1816 年符腾堡王国等级议会的讨论》一文中,继续坚持批判旧法制,他讽刺那些顽固不化、竭力要恢复符腾堡"美好的旧法制"的议员们,就像夫妻一方在对方死后也仍然可以保持对对方的权利,认为一个商人在他的船只为大海吞没后,仍然可以保持对船只拥有的权利那样荒谬。⑨ 黑格尔坚持以理性的权利为原则,符腾堡议员们以旧的实定法权为原则,表明黑格尔是要建立近代资产阶级法制,而符腾堡议员则是要复活封建法制和封建权力。基于上述分析,黑格尔主

① 薛华编译:《黑格尔政治著作选》,商务印书馆 1980 年版,第 24 页。
② 薛华编译:《黑格尔政治著作选》,商务印书馆 1980 年版,第 59 页。
③ 薛华编译:《黑格尔政治著作选》,商务印书馆 1980 年版,第 59 页。
④ 薛华编译:《黑格尔政治著作选》,商务印书馆 1980 年版,第 52 页。
⑤ 薛华编译:《黑格尔政治著作选》,商务印书馆 1980 年版,第 57 页。
⑥ 薛华编译:《黑格尔政治著作选》,商务印书馆 1980 年版,第 28 页。
⑦ 薛华编译:《黑格尔政治著作选》,商务印书馆 1980 年版,第 19 页。
⑧ 薛华编译:《黑格尔政治著作选》,商务印书馆 1980 年版,第 53 页。
⑨ 薛华编译:《黑格尔政治著作选》,商务印书馆 1980 年版,第 29 页。

张通过国家立法建立健全资产阶级法律制度,并认为"司法需要改革"。①

第一,黑格尔认为法的东西要成为法律,要成为一般的实定法,不仅首先必须获得它的普遍性的形式,而且必须获得它的真实的规定性,这就需要国家立法并通过立法机关作为有效的东西予以公布。这样,就不单是从形式上把实定法视为一个环节,承认其为对一切人有效的行为规则,而且要认识它被规定了的普遍性中的内容,这是更为重要的、内在的、本质的环节。② 也就是说,要在形式与内容上达到法的定在。因此,黑格尔重视国家的立法权及其立法活动,认为它是规定和确立普遍物的权利,国家制度虽不由立法产生,但法律的不断完善却可以促进国家制度的进一步发展。立法权对于行政权来说,它的内容是完全普遍的,因为是法律的规定,而行政权涉及的领域包括的则是特殊的东西和执行的方法。

当然,还需要指出的是,黑格尔也存在着贬低立法权的倾向,其实质是坚持实行自上而下的改良方法改变国家政治法律制度。正如马克思指出的,"在国家制度以前和国家制度以外,立法权就应该存在"。黑格尔所谓通过法律不断完善促进国家制度发展,不过是主张国家制度不能"直接"由立法权加以改变,是想"立法权通过迂回的途径来达到它以直接的方法所不可能达到而且没有权利达到的目的。它既然不能整个地改变国家制度,所以就一片一片地撕碎国家制度"。③

第二,法必须自身是一个体系,因此,立法就是编纂成文法典。黑尔格认为,成文法典才能从思维上来把握并表达法的各种原则的普遍性和它们的规定性,即认识现行法律内容的被规定了的普遍性,然后把它适用于特殊事物,因此,黑格尔高度评价立法的系统化和法典的编纂,批判哈勒否认成文法的观点。他说,习惯法即使汇编为法典,也"仅仅是一种汇编,所以它显然是畸形的,模糊的和残缺的",因为它们是主观地和偶然地被知道的,本身是比较不确定的,思想的普遍性也比较模糊。他批评英国的判例法造成了"在英国的司法或在它的立法事业中""惊人的混乱","汇编是多么恶劣,英国法的实践

---

① 薛华编译:《黑格尔政治著作选》,商务印书馆 1980 年版,第 58 页。

② 黑格尔:《法哲学原理》,范扬、张企泰译,商务印书馆 1982 年版,第 218 页。

③ 《马克思恩格斯全集》第 1 卷,人民出版社 1956 年版,第 313 页。

表明得够清楚的了"。① 因此,黑格尔批驳了萨维尼为代表的历史法学派反对制定全德统一法典,鼓吹习惯法优于成文法的观点,他说:"否认一个文明民族和它的法学界具有编纂法典的能力,这是对这一民族和它的法学界莫大的侮辱。"②黑格尔认为,编纂成文法典,使法律"体系化即提高到普遍物,正是我们时代无限迫切的要求"。③ 所以,统治者如能给予人民哪怕是一部不匀称的法律汇编,那也是造福人群,如能制定一部井井有条、用语精确的法典,那就要因此受到歌颂爱戴。

第三,"从自我意识的权利方面说,法律必须普遍地为人知晓,然后它才有拘束力。"④像暴君狄奥尼希阿斯那样,把法律挂得老高,结果没有一个公民能读到它们,或把法律埋葬在汪洋大观和精深渊博的册籍中,在载有相反判决和不同意见的判例汇编中,以及在习惯辑录中等等,再加所用的文字诘屈难懂,结果只有那些致力于这门学问的人才能获得对现行法的知识。黑格尔认为,无论是前一种或后一种情形,都是同样不公正的。⑤ 黑格尔反对法学家把法律知识作为独占品,主张普及法律知识,因为"只有培养了对法的理解之后,法才有能力获得普遍性"。他说,这就像每个人毋须都成为鞋匠才知道鞋子是否合穿,同样,他毋须是个行家才能认识有关普遍利益的问题。"法与自由有关,是对人最神圣可贵的东西,如果要对人发生拘束力,人本身本必须知道它。"⑥

黑格尔认为,法律要普遍地为人知晓,法律还须简明易懂。法律的内容要明确,因为它是"简单的普遍规定",⑦但又不是"简单的戒律(例如'不可杀

① ［德］黑格尔:《法哲学原理》,范扬、张企泰译,商务印书馆1982年版,第219、221页。
② ［德］黑格尔:《法哲学原理》,范扬、张企泰译,商务印书馆1982年版,第220页。但是,黑格尔又十分强调法制的民族性、历史性。1824—1825年冬期讲演法哲学,认为每个民族都有它自己的法制,英国的法制是英国人的法制,如果人们想给普鲁士立这种法制,那么这恰恰是荒谬的,适如认为可以给土耳其人立普鲁士法制一样。每种法制都仅仅是一个民族特有精神的一种产物,一种表现,是其精神意识发展阶段的一种产物,一种表现。参见薛华:《对黑格尔历史终点的理解》,中国社会科学出版社1983年版,第79页。
③ ［德］黑格尔:《法哲学原理》,范扬、张企泰译,商务印书馆1982年版,第221页。
④ ［德］黑格尔:《法哲学原理》,范扬、张企泰译,商务印书馆1982年版,第224页。
⑤ ［德］黑格尔:《法哲学原理》,范扬、张企泰译,商务印书馆1982年版,第224页。
⑥ ［德］黑格尔:《法哲学原理》,范扬、张企泰译,商务印书馆1982年版,第224—225页。
⑦ ［德］黑格尔:《法哲学原理》,范扬、张企泰译,商务印书馆1982年版,第225页。

人'……)"。法律规定得愈明确,其条文就愈容易切实地施行。法律作为"简单的普遍规定"不能过于琐细,那样就会使法律带有经验的色彩,法律在实际执行过程中就不免要被修改,而这就会违背法律的性质。同时,黑格尔指出立法不仅要简明,而且还要注意到法律的范围"应该是一个完备而又系统的整体",但是,完备并不等于"属于第一领域的东西的一切细节便无遗漏",没有"最好、最高、最美",只有"更好、更高、更美",因此,法律的"完整性只是永久不断地对完整性的接近而已"。所以,国家在立法活动中必须"继续不断地需要新的法律规定",①根据实际情况的变化,不断地修改补充法律,不断地"接近"法律的"完整性"。黑格尔这一思想是深刻的,可以说是对人类立法史的辩证把握。

黑格尔虽然是一个唯心主义者,但他非常关注社会现实,关注国家的司法审判活动。在《法哲学原理》的第三篇"伦理"中,他把"司法"作为"市民社会"的第二个环节,这就从"绝对精神"自我运动的高度论证了司法的必然性和必要性。黑格尔认为,在市民社会中,财产关系和契约关系都由司法来保护,"司法保护着所有权",这正是司法的目的,因为侵犯个人财产和破坏个人之间的契约关系,都不仅仅是特殊个人的事,而是包含着普遍性即社会性的事。因此,公民的权利有了争执时,只能由法院来解决。依据上述分析,黑格尔总结说,司法的性质在于它是公共权利的体现,"司法应该视为既是公共权力的义务,又是它的权利,因此它不是以个人授权与某一权力机关那种任性为根据的"。② 他称那种把近代国家的司法活动等同于专制时代对自由的压迫"是一种粗鲁的看法",其错误在于混淆了不同性质的两种司法制度。

黑格尔揭露封建司法的黑暗、腐败,司法维护的是特权。"有权势的人往往不应法院的传唤,藐视法院,并认为法院传唤有权势的人到庭是不法的。"③他说,这是"与法院的理念相违背的"。④ 因此,"市民社会的成员有权利向法院起诉,同时也有义务到庭陈述"。在近代即使国王也必须承认法院就私人

---

① [德]黑格尔:《法哲学原理》,范扬、张企泰译,商务印书馆 1982 年版,第 225 页。
② [德]黑格尔:《法哲学原理》,范扬、张企泰译,商务印书馆 1982 年版,第 230 页。
③ [德]黑格尔:《法哲学原理》,范扬、张企泰译,商务印书馆 1982 年版,第 231 页。
④ [德]黑格尔:《法哲学原理》,范扬、张企泰译,商务印书馆 1982 年版,第 231 页。

事件对他自身有管辖权,而且在自由的国家里,国王败诉,事属常见"。① 因此,黑格尔主张在司法上人人平等,而且要依法定程序进行,"法律程序使当事人有机会主张他们的证据方法和法律理由,并使法官得以洞悉案情"。步骤、程序本身就是权利,而且是由法律来规定的,因此程序也就构成了理论法学的一个本质的部分。但是,在司法实践中,又要避免形式主义的滥用法律程序,否则程序甚至于成为制造不法的工具。怎样避免程序的滥用呢? 黑格尔建议法院责成当事人在进行诉讼之前,将事件交由一个简易法院(公断治安法院)受理,进行调解。② 在司法实践中,将具有普遍性的法律适用于单个的具有特殊性的案件,难免会发生冲突,黑格尔认为法官的理智在冲突中应有其地位,否则执行法律就会完全变成机械式的。但这决不是说可以听由法官随意决定,如果那样,就难免恣意专横之弊。③

黑格尔还强调公开审判、法院独立审判和陪审制。他认为,审判公开是一个原则,审判公开是正当的、正确的,公民对于法的信任应属于法的一部分,正是这一方面才要求审判必须公开。在《法哲学原理》第 224 节,他列举了公开审判的四条理由:(1)法律应予公布是属于主观意识的权利,同样,法律在特殊事件中的实现也应该使人获悉;(2)个别事件就其特殊内容仅涉及当事人利益,但其普遍内容即其中的法和它的裁判是与一切人有利害关系的;(3)法院的目的是法,作为一种普遍性,它就应当让普遍的人闻悉其事;(4)通过审判公开,公民才能信服法院的判决确实表达了法。④ 至于法院独立审判,他认为这是由法院的审判职权所决定的,"认识某一事件的这种经验,真理性是法院真正的法律上职权,并表明法院在这一职权中具有独特的资格,从而具有排他的自在权利和必要性来从事这项工作"。⑤ 而为了更好地确认事实和准确判决,需要有一种中介,这就是陪审法院。

---

① [德]黑格尔:《法哲学原理》,范扬、张企泰译,商务印书馆 1982 年版,第 231 页。
② [德]黑格尔:《法哲学原理》,范扬、张企泰译,商务印书馆 1982 年版,第 231—232 页。
③ [德]黑格尔:《法哲学原理》,范扬、张企泰译,商务印书馆 1982 年版,第 232 页。
④ [德]黑格尔:《法哲学原理》,范扬、张企泰译,商务印书馆 1982 年版,第 232 页。
⑤ [德]黑格尔:《法哲学原理》,范扬、张企泰译,商务印书馆 1982 年版,第 234—235 页。

第四节　法国法的德国理论——民法和刑法思想

黑格尔的民法思想集中表现在《法哲学原理》的"所有权"、"契约"、"不法"、"家庭"等章节中,对民法理论的一些基本范畴都有精辟的论述,并作为其法哲学体系的有机组成部分。

一、所有权论

黑格尔将"所有权"、"契约"、"不法"当作"抽象法"的三个环节,因此,具有"自由意志"的人首先有占有物的"权利",个人的"所有物"(Eigenthum 亦可译为"财产"或"所有权")是个人自由的外在表现或"外部领域",这是绝对精神的必然。他说,"人为了作为理念而存在,必须给它的自由以外部的领域"。"所有权所以合乎理性不在于满足需要,而在于扬弃人格的纯粹主观性。人唯有在所有权中才是作为理性而存在的。"①"人把他的意志体现于物内,这就是所有权的概念。"②

黑格尔说:"从自由的角度看,财产是自由最初的定在,它本身是本质的目的。"③如果离开自由的人格,把满足欲望和需要当作首要的东西,就会将拥有财产视为满足需要的手段,这就不能扬弃人格的纯粹主观性,没有抓住所有权的本质。在黑格尔看来,物欠缺主观性,对具有自由意志的人来说,物是外在的、不自由的,无人格的以及无权的东西。"人有权把他的意志体现在任何物中",人具有"对一切物据为己有的绝对权利",④人只有在对物的占有和支配中,表现出自由意志的优越性,人格在财产中获得合理表现,私有财产是自由的外在范围。根据罗马法,所谓人格就是作为人能成为权利主体的资格,人

---

① ［德］黑格尔:《法哲学原理》,范扬、张企泰译,商务印书馆 1982 年版,第 50 页。
② ［德］黑格尔:《法哲学原理》,范扬、张企泰译,商务印书馆 1982 年版,第 59 页。
③ ［德］黑格尔:《法哲学原理》,范扬、张企泰译,商务印书馆 1982 年版,第 54 页。
④ ［德］黑格尔:《法哲学原理》,范扬、张企泰译,商务印书馆 1982 年版,第 52 页。

取得私有财产，即是这种权利主体资格的实现，人的自由的最初体现。"在所有权中，我的意志是人的意志；但人是一个单元，所以所有权就成为这个单元意志的人格的东西。由于我借助于所有权而给我的意志的定在，所以所有权也必然成为这个单元的东西或我的东西这种规定。这就是关于私人所有权的必然性的重要学说。"①因此，黑格尔批判柏拉图的理想国对私有财产原则的否定，认为"柏拉图理想国的理念侵犯人格的权利，它以人格没有能力取得私有财产作为普遍原则。人们虔敬的、友好的、甚至强制的结义拥有共有财产以及私有制原则的遭到排斥，这种观念很容易得到某种情绪的青睐，这种情绪误解精神自由的本性和法的本性"。② 他评述"罗马土地法包含着关于土地占有的公有和私有之间的斗争"说，"后者是更合乎理性的东西，所以必须把它保持在上风，即使牺牲其他权利在所不惜"。③ 这简直是土地私有权的宣言！为了维护个人所有权，他甚至斥责修道院的团体所有权，认为"团体不像人那样拥有这样一种所有权"，因而赞成许多国家解散修道院，并且认为平均分配土地"是一种空虚而肤浅的理智"。

黑格尔的所有权理论的资产阶级性质是显而易见的，其土地私有权理论不过是资产阶级土地所有权的法律观念。④ 但是，他把这种法律观念当作绝对的东西来理解，而不是把私有权当作一种确定的社会关系来考察。黑格尔认为，私有权是作为人格的人对于自然的关系，是人对于一切物的占有权利。实际上，个人不是单凭他的"意志"就能够在别人的意志面前，主张自己是土地所有者的，因为法律的所有权归根到底是由生产资料所有制决定的，所以马克思批判说这绝对不能理解，黑格尔在这里是完全垮台了。⑤

黑格尔的所有权理论包括占有、使用、转移（处分）三个要素，他称为"直接占有"、"物的使用"和"物的转让"三个环节，这是据意志对物的关系划分的。什么是占有？黑格尔认为，占有就是把所有权概念实在化。"我把我个人的意志输入到事物中去"，"由于这种规定，占有物就是所有物（财产）"。

---

① ［德］黑格尔：《法哲学原理》，范扬、张企泰译，商务印书馆 1982 年版，第 55 页。
② ［德］黑格尔：《法哲学原理》，范扬、张企泰译，商务印书馆 1982 年版，第 55 页。
③ ［德］黑格尔：《法哲学原理》，范扬、张企泰译，商务印书馆 1982 年版，第 54 页。
④ 参见马克思：《资本论》第 3 卷，人民出版社 1975 年版，第 695 页。
⑤ 参见马克思：《资本论》第 3 卷，人民出版社 1975 年版，第 695 页。

"表示某物是我的这种内部意志的行为,必须便于他人承认。我把某物变成我的,这时我就给该物加上了'我的'这一谓语,这一谓语必须对该物以外在的形式表示出来,而不是单单停留于我的内部意志之中",①"取得占有物的实质变为我的所有物"。② 据此,他把占有又分为"直接的身体把握"、"给物以定形"、"单纯的标志"三种。但是,人不能对他人实行占有,因为一个人占有了另一个人,就违背了意志的自由。黑格尔并且指出,我的所有物必须为别人所承认,于是物就成了人与人之间的"中项",③这是对罗马法曼兮伯蓄方式(要式买卖)所有权的近代意义上的哲学诠释,也包含了对资本主义社会中一切物都可以成为买卖对象的事实的法哲学肯定。

关于使用,就是通过物的变化、消灭和消耗而使我的需要得到实现。黑格尔说,在这里,物成了被否定的东西,我的需要是肯定的东西,"物沦为满足我的需要的手段","专为我的需要而存在,并为其服务",④即"物的使用"是意志对物的"否定判断"⑤。也就是说,"我所有之物,就其自身说,其实体乃是它的外在性",而"实现这种外在性就是对该物的使用或利用"。⑥ 使用又分为"完全使用"和"部分使用","部分使用"虽然不同于"物本身的所有权",但"完全使用"是"指该物的全部范围而言"。其结果,"如果使用权完全属于我,我就是物的所有人,关于其物,再没有什么东西在整体使用范围之外所遗留而供他人所有的了"。⑦ 因此,黑格尔认为"使用权"对"所有权"的关系是更为内部的东西对较为外部的东西,是实体对偶然性的东西,是力对它的表现。"力只有表示于外部的才是力,耕地只有带来收益的才是耕地。所以谁使用耕地,谁就是耕地的所有人。"如果对所有物完全不加使用,而只承认所有权,那只是"空洞的抽象"。⑧ 在黑格尔看来,"所有权本质上是自由的、完整的所有权",不能"把全部范围的使用权同抽象所有权截然分开",也就是说二者不

---

① [德]黑格尔:《法哲学原理》,范扬、张企泰译,商务印书馆1982年版,第59页。
② [德]黑格尔:《法哲学原理》,范扬、张企泰译,商务印书馆1982年版,第60页。
③ 张世英:《论黑格尔的精神哲学》,上海人民出版社1986年版,第96页。
④ 张世英:《论黑格尔的精神哲学》,上海人民出版社1986年版,第66—67页。
⑤ 张世英:《论黑格尔的精神哲学》,上海人民出版社1986年版,第61页。
⑥ 张世英:《论黑格尔的精神哲学》,上海人民出版社1986年版,第68页。
⑦ [德]黑格尔:《法哲学原理》,范扬、张企泰译,商务印书馆1982年版,第68页。
⑧ [德]黑格尔:《法哲学原理》,范扬、张企泰译,商务印书馆1982年版,第68页。

能并列,不能认为一物的全部使用范围属于甲,而该物的所有权则属于乙,即是有这样的所有权也只是"抽象的所有权",是一种"空虚的理智",甚至是"人格的疯狂"。① 基于此,黑格尔认为罗马法将"用益权"与"所有权"分开是对所有权的割裂,并以"永佃契约"(封建采邑制度下领主所有权和臣民所有权)关系为例,指出同一块土地却有两个所有权,这不过是一种空虚的、空洞的区分。实际上,一块土地上并不存在着两个真正的主人(domini),而只有一个所有人(臣民)面对着另一个空虚的主人(领主),也就是说,经常不行使用益权的所有权,不仅是无用,而且不再是所有权了。② 最后,黑格尔还深刻地指出罗马法乃至前资本主义的民法都承认全部的使用权和所有权并存的原因是历史的局限,"所有权的自由在这里和那里被承认为原则,可以说还是昨天的事,这是世界史中的一个例子,说明精神在它的自我意识中前进,需要很长时间。③ 为此,黑格尔感叹人类达到主体性之不易。

关于物的转让,黑格尔认为可以"理解为真正的占有取得"。④ 财产之所以是我的,因为我的意志体现在财产中,所以我可以转让自己的财产,否则,那就表明财产不属于我,我的意志就不体现于财产之中。但是,黑格尔认为"我的整个人格、我的普遍意志自由、伦理和宗教"是"不可转让的",⑤因为人"不是作为外在物而实存的东西",转让只适用于可以与个人相分离的物,并由此认为"按照事实的本性,奴隶有绝对权利使自己成为自由人"。⑥ 黑格尔论述"转让"中还接触到了知识产权问题,提出了著作权和发明权的实体和如何保护著作权和发明权等问题,他痛斥"剽窃"等侵犯著作权和发明权的恶劣行径,主张从法律上保护精神产品所有权,但怎样保护却又是一个复杂问题。

---

① 〔德〕黑格尔:《法哲学原理》,商务印书馆1982年版,第69页;查士丁尼:《法学总论》,商务印书馆1989年版,第61页。"用益权是对他人的物的使用和收益的权利,但以不损害物的实质为限。……但是为了不使所有权由于用益权永远分开而完全陷于无用,经规定一定方式使用益权消灭,而重新纳入所有权之内。"
② 〔德〕黑格尔:《法哲学原理》,范扬、张企泰译,商务印书馆1982年版,第69页。
③ 〔德〕黑格尔:《法哲学原理》,范扬、张企泰译,商务印书馆1982年版,第70页。
④ 〔德〕黑格尔:《法哲学原理》,范扬、张企泰译,商务印书馆1982年版,第73页。
⑤ 〔德〕黑格尔:《法哲学原理》,范扬、张企泰译,商务印书馆1982年版,第73页。
⑥ 〔德〕黑格尔:《法哲学原理》,范扬、张企泰译,商务印书馆1982年版,第75页。

二、契约论

什么是契约？黑格尔说："契约是一个过程，在这个过程中表现出并解决了一个矛盾，即直到我在与他人合意的条件下终止为所有人时，我是而且始终是排除他人意志的独立的所有人。"①在《精神哲学》中，黑格尔讲得更明确："财产的偶然的方面在于，我把我的意志放在这个物中，就此而言，我的意志是任意的，我既可以把我的意志放入其中，也可以不放入其中，既可以从物中收回它，也可以不收回它。但就我的意志放入一物中而言，只有我才能收回我的意志，只有依随我的意志，它才能让渡给别人，它也同样只有依随别人的意志而成为他的财产——这就是契约。"②综合上述两种说法，可见契约就是转让财产、转让所有权的法律行为，比如赠与、交换、交易等等。但转让是有条件的，那就是双方的"合意"，即既要依随我的意志，又要依随别人的意志（"共同意志"或"意志同一"）。

黑格尔还进一步指出，契约关系中的"同一意志"，不是"自在自为地普遍的意志"，仅仅是"共同意志"，它是当事人双方"以任性出发"的"设定"，契约的客体是个别外在物，因为只有这种契约既可以订也可以毁。个别外在物才受当事人单纯任性的支配而被割让。③ 据此，契约有三个特征：一是"任性"，二是"设定"，三是其客体为个别的"外在物"。根据契约的这种性质和特点，他反对国家契约说和婚姻契约说，黑格尔认为契约"是从两者的主观需要和任意产生的一种偶然性的关系"，而国家不是建立在一切人与一切人或一切人与君主政府的契约基础上的，国家中的联系在本质上不同，"这种联系是一种客观的、必然性的、不以任意和癖好为转移的关系"。而婚姻协议只是从形式上、现象上看与契约相同，实际上婚姻的基本根据是人的伦理的理念，其"实质是伦理关系"，其结果不是"共同意志"，而是"普遍意志"即单一的家庭实体。因此黑格尔既不同意自然法学从自然属性方面将婚姻只视为"一种性的关系"，④也反对康德把婚姻理解为仅仅是民事契约，并讽刺康德的观点是

---

① ［德］黑格尔：《法哲学原理》，范扬、张企泰译，商务印书馆1982年版，第81页。
② 《黑格尔全集》第10卷，格洛克纳版，第386—387页。
③ ［德］黑格尔：《法哲学原理》，范扬、张企泰译，商务印书馆1982年版，第82页。
④ ［德］黑格尔：《法哲学原理》，范扬、张企泰译，商务印书馆1982年版，第177页。

"粗鲁的"、"竭尽情理歪曲之能事。"①

对于契约的分类,黑格尔强调应该从存在于契约的本身本性中的差别引申出来,这些差别就是形式的契约与实在的契约(性质)、所有权与占有使用(内容)、价值与特种物(标的物)等的区分。因此,他将契约分为赠与契约(物的赠与、物的借贷、劳务赠与)、交换契约(互易、租赁、雇佣)、用设定担保来补足契约等。这种契约分类大体跟康德在《法的形而上学》中的区分相一致,而放弃了罗马法以来所通常习用的实践契约和诺成契约、有名契约和无名契约等分类,黑格尔认为如此分类更为合理,当然在论证上他与康德存在着很大的差别。

黑格尔的民法思想基本上继承了大陆法系传统,特别是1804年的法兰西民法典在德国西部的强制适用及其带来的后果,对黑格尔思想产生了很大影响,他肯定拿破仑及其法典的进步的历史作用。法国民法典的基本原则是人身自由、契约自由、公民平等和私有财产神圣不可侵犯,这是法国大革命的辉煌成果。如果说法兰西民法是"以法国大革命的社会成果为依据并把这些成果转为法律的唯一的现代民法典"②,那么,黑格尔的民法思想则是对这部民法典的法哲学论证和总结。以机械唯物主义为武器的法国自然法学家没有完成的历史任务,最后由一代辩证法大师黑格尔完成了,可以说黑格尔的民法思想是法国民法典的德国哲学理论。

三、犯罪论

黑格尔把"犯罪"作为"不法"的最高阶段或形式,这就比他之前的任何法律思想家都更深刻地揭示了犯罪的必然性。他认为"不法"是"法"的"假象",是不符合法的原则的表现,因为"假象是不符合本质的定在,是本质的空虚的分离和设定",③是个人的特殊意志与法的原则相对立的局面。因此,"不法就是这样一种假象,通过它的消失,法乃获得某种巩固而有效的东西的规定"。④"不法"的第一个形式阶段是"无犯意的不法"或"民事上的不法",它

---

① ［德］黑格尔:《法哲学原理》,范扬、张企泰译,商务印书馆1982年版,第82页。
② 《马克思恩格斯选集》第3卷,人民出版社1995年版,第450页。
③ ［德］黑格尔:《法哲学原理》,范扬、张企泰译,商务印书馆1982年版,第91页。
④ ［德］黑格尔:《法哲学原理》,范扬、张企泰译,商务印书馆1982年版,第91页。

指在承认法的普遍原则（自在的法）的前提下，这个特殊的人的意志却把那个特殊的物置于法之下，而那个特殊的人的意志却把那个特殊的物置于法之下，你以此为法，我以彼为法，"不法只在于他以他所意愿的为法"，①实际上就是"以不法为法"，②因为对法的普遍原则是不法（"对法来说是假象"），但对犯有不法行为的人来说，却不是不法（"对我来说却不是假象"）。③ 黑格尔说，这是"一种单纯否定的判断"，民事诉讼中关于权利的争执，就是一个例子。犯法的一方否定的仅是特殊的法律条文，而不否定法，每个人都希求法的东西，都盼望得到法的东西。在这里"某物只有作为另一方的财产时才被否定，假如另一方对此物有权利，便必须承认此物是另一方的，但此物也只是在法的名义下才被提出要求的；所以普遍的范围，即法，在上述的否定判断里也是得到承认和保持的"。④

"不法"的第二个形式（阶段）是"欺诈"。"欺诈"是"特殊意志虽被重视，而普遍的法却没有被尊重。在欺诈中，特殊意志并未受到损害，因为被诈欺者还以为对他所做的是合法的"，⑤但实际上，普遍的法却遭到了否定。黑格尔说，同"无犯意的不法"相反，"欺诈"是"肯定的无限判断"，是一个简单同一性的表达，主词是由它自身来描述，个体就是个体。虽然从刑法上看是正确的，但实际上是虚伪的判断，是一个假象。比如出售某一物品，买者自愿接受，表面看是纯正的交易，但作为出售应当包含一个普遍性的因素即价值，可是出售者声称要出售的这个普遍性却是一种假设，也就是说，实际上没有普遍性，交易也就成为欺骗。⑥ 因此，黑格尔主张，对无犯意的民事上的不法，不规定任何刑罚，因为这里并无违法的意志存在。反之，对欺诈就得处以刑罚，因为这里的问题是法遭到了破坏。⑦

"不法"的最高阶段（第三个形式）是"犯罪"。黑格尔说："真正的不法是

---

① ［德］黑格尔：《法哲学原理》，范扬、张企泰译，商务印书馆1982年版，第93页。
② ［德］黑格尔：《法哲学原理》，范扬、张企泰译，商务印书馆1982年版，第92页。
③ ［德］黑格尔：《小逻辑》，贺麟译，商务印书馆1980年版，第348页。
④ ［德］黑格尔：《大逻辑》下卷，商务印书馆1981年版，第315页。
⑤ ［德］黑格尔：《法哲学原理》，范扬、张企泰译，商务印书馆1982年版，第94页。
⑥ 张世英：《论黑格尔的精神哲学》，上海人民出版社1986年版，第111页。
⑦ ［德］黑格尔：《法哲学原理》，范扬、张企泰译，商务印书馆1982年版，第95页。

犯罪,在犯罪中不论是法本身或我所认为的法都没有被重视,法的主观方面和客观方面都遭到了破坏。"①也就是说,犯罪是公开反对法,"这无论自在地或对我来说都是不法,因为这时我意图不法,而且也不应用法的假象"。② 也就是说,犯罪不是无犯意的不法,在无犯意的不法中,假象只是潜在的而非自觉的。犯罪也不像欺诈。法被主体设定为假象,犯罪是法"简直被主体化为乌有",③因为诈欺在形式上还承认法,而犯罪连这一点也没有了。其实,诈欺也是犯罪,黑格尔为了满足他三段论的形式需要,竟然否定了诈欺的实质。当然,他的三段论把犯罪作为一个辩证发展过程来看,还是不乏深刻之处,对于研究犯罪的产生与预防犯罪亦有一定启发。

黑格尔对犯罪构成也有深刻的分析,比如犯罪的客体(侵犯普遍性)、犯罪的客观要件(意志表现为外部定在)、犯罪的主体(强调自然人的责任能力)、犯罪的主观要件(强调正常人的意志而实施的行为、坚持动机和效果的统一)等诸方面均有精辟的论述,亦不乏科学的洞见。但是,他特别强调犯罪的社会危害性,认为犯罪是"否定的无限判断"。他说:"犯罪一事可以认作否定的无限判断的一个客观的例子。一个人犯了罪,如偷窃,他不仅如像在民事权利争执里那样,否定了别人对于特定财物的特殊权利,而且还否认了那人的一般权利。因此他不仅被勒令退还那人原有的财物,而且还须受到惩罚。这是因为他侵犯了法律本身的尊严,侵犯了一般的法律。"④也就是说,犯罪不仅否定了特殊的法律,而且也否定了普遍的范围;既否定了特殊的规定性,又否定了类(die Gattung);不仅是对个人的人格或自由意志的侵犯,而且侵犯了普遍事物,具有严重的社会危害性。犯罪者对某人犯罪,实际上是否认了他的受害人有任何权利,在犯罪者看来,受害者和权利完全不相容,"你没有权利"乃是一个否定的无限判断。⑤

犯罪是作为不法行为,一种暴力强制,但这种强制不是指个人自由意志本身被强制,"自由意志是绝对不可能被强制的",而是说作为生物,人的身体和

① [德]黑格尔:《法哲学原理》,范扬、张企泰译,商务印书馆1982年版,第95—96页。
② [德]黑格尔:《法哲学原理》,范扬、张企泰译,商务印书馆1982年版,第92页。
③ [德]黑格尔:《法哲学原理》,范扬、张企泰译,商务印书馆1982年版,第92页。
④ [德]黑格尔:《小逻辑》,贺麟译,商务印书馆1980年版,第347—348页。
⑤ 张世英:《论黑格尔的精神哲学》,上海人民出版社1986年版,第113页。

他的外在方面则可被置于他人暴力之下。① 黑格尔说,如果意志不从它所受拘束的外物中收回自身,不从它对这种外在物的表象中收回自身,换句话说,如果意志"自愿被"外物"强制",意志就要被强制成为某种东西。

在黑格尔看来,意志是自由的,是不可以被强制的,但是,"我的意志由于取得所有权而体现于外在物中,这就意味着我的意志在物内得到反映,正因为如此,它可以在物内被抓住而遭到强制"。② 也就是说,犯罪是用暴力强制了或取消别人自由意志的"定在",即侵犯了别人的自由在外在物中的定在。黑格尔从唯心主义立场出发,将犯罪诠释为意志在物内被暴力强制而不是意志本身的被强制,这抓住了资本主义社会犯罪的实质,又表现出他的刑法思想的资产阶级性质。他对意志自由的理解,从刑法哲学角度揭示了人的"自尊感",维护了人的尊严,弘扬了人的主体精神,具有深刻的反封建法制意义。

四、刑罚论

黑格尔依据他的三段论,认为犯罪作为不法的暴力强制应该被合法的强制所扬弃,第一种强制是犯罪,第二种强制是刑罚,刑罚"作为扬弃第一种强制的第二种强制","不仅仅是附条件地合法的,而且是必然的",③因为刑罚是相应于特殊的犯罪实施的,而任何犯罪都是对他人意志自由定在的暴力或强制,对他人意志自由的定在物,比如生命、人格、权利的侵犯,因而犯罪是虚无的、要求否定自身的。"犯罪行为不是最初的东西、肯定的东西,刑罚是作为否定加于它的,相反地,它是否定的东西。"犯罪是否定了法本身的行为,"所以刑罚不过是否定的否定",④即刑罚是为了恢复法本身。黑格尔的三段论在形式上虽然是唯心主义的,但从法到不法(犯罪),从不法(犯罪)到刑罚,从而回复到法的辩证的运动过程却在一定程度上揭示了刑罚与犯罪的内在联系。

黑格尔认为,现实的法是对犯罪这种侵害的扬弃,正是通过扬弃犯罪并恢复法的原状,方能显示出法的有效性和正义性。刑罚是加于犯人的侵害,而这

---

① [德]黑格尔:《法哲学原理》,范扬、张企泰译,商务印书馆1982年版,第96页。
② [德]黑格尔:《法哲学原理》,范扬、张企泰译,商务印书馆1982年版,第95页。
③ [德]黑格尔:《法哲学原理》,范扬、张企泰译,商务印书馆1982年版,第96页。
④ [德]黑格尔:《法哲学原理》,范扬、张企泰译,商务印书馆1982年版,第100页。

种侵害"是自在地正义的"①,因为刑罚是在犯人自身中立定的法,"惩罚并不是一种外在的异己的暴力,而又是他自己的行为自身的一种表现。只要他能够认识到这点,他就会把自己当作一个自由人去对待这事"。② 显然,一个罪犯受到惩罚,他可以认为他所受的惩罚限制了他的自由,但事实上并不是这样的。所以,黑格尔说:"刑罚既被包含着犯人自己的法,所以处罚他,正是尊敬他是理性的存在。"也是为了唤醒他本来就有的理性。因为刑罚是正义的实存形式,自在自为的正义,"犯人自己的意志都要求自己所实施的侵害应予扬弃",而"犯罪的扬弃是报复","报复是对侵害的侵害"。③ 相反,"如果单单把犯人看做应使变成无害的有害动物,或者以儆戒和矫正为刑罚的目的,他就更得不到这种尊重"。④ 应该承认,黑格尔"把罪犯提高到一个自由的、自我决定的人的地位",而"不是把犯人看成是单纯的客体,即司法的奴隶",⑤这较之中世纪的封建刑罚观是一个巨大的进步,但他又掩盖了资产阶级刑罚的阶级性,将资产阶级的刑罚打扮成正义和自由的化身,这反映了黑格尔维护资产阶级法律制度的思想实质。

黑格尔认为,刑罚在实质上是一种报复,但它不是复仇,复仇是某种个人的东西,是一种特殊意志的体现,属于主观意志的行为,是一种新的侵害。而刑罚报复"只是指犯罪所采取的形态回头来反对它自己",是"犯罪行为""自食其果",⑥是公共意志的表现。因此,黑格尔反对复仇,认为复仇属于主观意志行为,从而与内容不相符合,所以始终是有缺点的。他说,在无法官和无法律的社会状态中,复仇成为经常的形式。在未开化民族,复仇永不止息。⑦ 因此,只有报复,在内容与形式上才是刑罚所表现的正义。

据上述分析,黑格尔认为刑罚威吓说、预防说、儆戒说、矫正说等都是肤浅的,它们把犯罪及其扬弃(随后被规定为刑罚)视为仅仅是一般祸害,于是单单因为已有另一个祸害存在,所以要采用这一祸害。黑格尔认为,这种看法是

---

① 〔德〕黑格尔:《法哲学原理》,范扬、张企泰译,商务印书馆1982年版,第103页。
② 〔德〕黑格尔:《小逻辑》,贺麟译,商务印书馆1980年版,第324页。
③ 〔德〕黑格尔:《小逻辑》,贺麟译,商务印书馆1982年版,第104页。
④ 〔德〕黑格尔:《小逻辑》,贺麟译,商务印书馆1982年版,第101页。
⑤ 《马克思恩格斯全集》第21卷,人民出版社1995年版,第618页。
⑥ 〔德〕黑格尔:《法哲学原理》,范扬、张企泰译,商务印书馆1982年版,第106页。
⑦ 〔德〕黑格尔:《法哲学原理》,范扬、张企泰译,商务印书馆1982年版,第107页。

不合理的,因为出发点不对,它否定了刑罚作为自在自为地正义,取消了人的意志自由,而离开对正义的客观考察,就抓不住犯罪与刑罚的实质。黑格尔批判安·费尔巴哈的威吓论说:"如果以威吓为刑罚根据,就好像对着狗举起杖来,这不是对人的尊严和自由予以应有的重视,而是像狗一样对待他。威吓固然终于会激发人们,表明他们的自由以对抗威吓,然而威吓毕竟把正义摔在一旁。心理的强制仅仅跟犯罪在质和量上的差别有关,而与犯罪本身的本性无关,所以根据这种学说所制定的法典,就缺乏真正的基础。"①这就是说,法是自由意志的定在,法与正义存在于自由意志之中,如果把犯人看做有害的动物,像对待狗那样对待人,是貌视了人格的尊严和自由,丢弃了正义。

黑格尔不同意贝卡利亚废除死刑的观点,他认为国家不是"契约"的产物,国家作为伦理理念的现实,其实质在于维护特殊与普遍的统一,"国家是比个人"更高的东西,②它高于单个人的生命和财产,因此,"剥夺杀人者的生命"③正是对国家这种"绝对自在自为的理性"的尊重,是正义的体现。但是,黑格尔又表现了对贝卡利亚观点的同情,肯定"死刑变得愈来愈少见了"是刑法的进步,认为死刑作为极刑的减少,是应该如此的。④

总之,黑格尔的刑法思想是近代意义的,同封建法制针锋相对。他在《历史哲学》中对东方专制刑法的批判,对欧洲中世纪宗教裁判所残酷的刑讯制度的揭露,1798年对伯尔尼专横的刑法制度的抨击,实际上构成了他的《法哲学原理》的刑法哲学思想的历史基础,反过来,其刑法哲学又正是这种历史感的概括和升华。当然,黑格尔的刑法报复说也带有时代的、阶级的局限,但它毕竟从法哲学的意义上实现了人的尊严和价值,而且对18世纪末19世纪初的刑事立法产生了深远影响。

---

① [德]黑格尔:《法哲学原理》,范扬、张企泰译,商务印书馆1982年版,第102页。
② [德]黑格尔:《法哲学原理》,范扬、张企泰译,商务印书馆1982年版,第103页。
③ [德]黑格尔:《法哲学原理》,范扬、张企泰译,商务印书馆1982年版,第107页。
④ [德]黑格尔:《法哲学原理》,范扬、张企泰译,商务印书馆1982年版,第104页。

第二十章　历史法学、功利主义法学和
分析法学的法律思想

第一节　法学的历史精神

　　历史法学是 19 世纪初在德国出现的法学思潮,它反对自然法学推崇的普遍理性原则,主张从历史的角度来认识法律,反对割裂现实与历史的联系。

　　历史法学派的创始人是德国哥廷根大学教授胡果,主要代表人物是德国法学家萨维尼,艾希霍恩以及柏林大学教授普赫塔也是其重要成员,晚期历史法学的代表人物是英国著名法律史学家亨利·梅因。

　　历史法学家强调从实证的历史角度研究法律,然而他们在很多具体思想观念和结论上并不相同,历史法学毋宁被看做是一种法学思想方法论。这种法学研究的思想方法影响了十九世纪许多法学家的观念,对法学的发展产生了重大影响。如果回顾一下十七、十八世纪欧洲思想领域尤其是政治法律思想方面鄙弃历史、高歌抽象理性、崇拜自然法理论的氛围,就会充分认识到重提尊重历史的思想意义。历史法学主张回归历史,然而它怀疑理性,否认理性,无视启蒙哲学所蕴含的新价值,因此对历史缺乏一种批判的精神。马克思批判了历史法学的这一倾向,他说:"假如理性是衡量实证的事物的尺度,那么实证的事物就不会是衡量理性的尺度。"①马克思认为要是能公正地把康德的哲学看成是法国革命的德国理论,那么就应当把胡果的自然法看成是法国

---

　　① 《马克思恩格斯全集》第 1 卷,人民出版社 1995 年版,第 231 页。

旧制度的德国理论,这就清楚地指出了历史法学的保守倾向。

弗里德里希·卡尔·萨维尼(Fridrich Karl Sarisny,1779—1861)是德国法学家,他出身于法兰克福的贵族家庭,先后在马堡大学等几所大学学习研究法律,毕业后在大学讲授罗马法。1808 年他任柏林大学教授并担任第一任校长,1842 年任普鲁士政府法律修订大臣,1848 年革命后结束其政府职务并致力于学术研究。1861 年萨维尼在柏林去世。

萨维尼的主要著作有《论当代在立法和法理学方面的使命》、《中世纪罗马法历史》、《当代罗马法制度》等,其中《论当代在立法和法理学方面的使命》有代表性地阐述了德国历史法学派的基本思想。

一、法学研究应具备历史精神

萨维尼发表《论当代在立法和法理学方面的使命》源于一次论争。1814 年拿破仑对德战争失败,而莱茵河沿岸几个地区仍在继续实施拿破仑曾强制实施的《拿破仑法典》,此时海德堡大学法学教授蒂保发表《论制定全德法典的必要性》一文,认为要实现民族的统一,必须有法律的统一,主张制定一部拿破仑式的法典。这一主张遭到萨维尼的激烈反对。

蒂保的观点可能表达了十九世纪初德国资产阶级想模仿法国的良好愿望,但这在当时只是一相情愿而不切实际的。在民族统一和法律统一问题上,蒂保倒因为果,颠倒了其间的关系,法律统一并非民族统一的必要条件,相反,民族统一才是法律统一的前提,在这个问题上蒂保的谬误显而易见。十九世纪初的德国,四分五裂,政治上没有统一,经济联系松散,此时空谈编纂拿破仑式的法典,而放弃真正脚踏实地的研究是非常有害的。法学家必须努力工作以迎接真正新德国的到来,萨维尼指出了应该努力的方向。

萨维尼说:"历史,甚至一个民族的摇篮时代,都永远是可尊敬的老师,但我们时代的历史负有一种更神圣的职责。因为只有通过历史,才能保持与这个民族原始状态的生动关系;失去此种联系,就丧失了每个民族最优秀的精神源泉。"①他认为,人们想通过割断所有的历史联系而开始崭新生活是一种幻

---

① 西方法律思想史编写组:《西方法律思想史资料选编》,北京大学出版社 1982 年版,第 539 页。

想。法学研究要追溯每一固定制度的根源,从而发现一种有机的原理,以便将富有生命力的东西从没有生命的和仅属于历史的事物中剥离出来,真正为现实所用。

萨维尼认为整个十八世纪德国都缺乏伟大的法学家,由于受一些哲学上肤浅的空论的影响,对法学的科学研究进行得很少。他指出:"对于法学家来说必须具备两种精神:熟悉每个时代和每种法律形式细节的历史精神;从每一个概念和每一个规则来看它和整体的生动关系与合作,即唯一真实和自然的关系的系统精神。"①就所谓系统精神而言,如果不从历史的层面来认识,也就很难达到对整体的充分理解。可以说,历史精神是法学研究的一种科学精神。

萨维尼所倡导的法学研究的历史精神为他自己所实践,在其著作中得到充分体现,这种历史精神结出了丰硕的果实,没有它指导下的德国法学家的努力,就不会有《德国民法典》的问世。尽管法学研究的这种科学精神在世界其他国家产生了很大影响,但萨维尼并未把他的思想超越于德国的范围,他是为着德国的。

二、法律起源及发展阶段

自然法理论认为通过对一些基本的理性原则进行推导就可以得到所需要的法律,萨维尼认为这是一种幻想。实际上,法律的发展是一个连续不断的演化过程,概要地说,这一演化过程大体上有三个阶段:第一阶段是自然法阶段。这种自然法存在于一个民族的共同意识中,其具体表现形式是习惯法,法律规范本身寓于普遍信仰的目标之内,它还没达到高度抽象的程度,而是广泛采用"象征性法规",完全是社会整体的有机部分。第二阶段简称为学术法阶段,本来是普遍存在于社会意识中的法律日益体现在法学家的意识中,法律具有了双重的生命力,一方面作为永不消失的社会整体的一部分,另一方面作为法学家所掌握的一门特殊的科学。萨维尼认为,由于法律作为一种特殊知识的存在使法律越来越矫揉造作和复杂化,而要在习惯法或人定法之间划一条截然的分界线又是不可能的。第三阶段是编纂法典阶段。这个阶段习惯法与学

---

① 西方法律思想史编写组编:《西方法律思想史资料选编》,北京大学出版社1982年版,第536页。

术法走向统一,它只是在法律极为衰败的时候才出现。

　　萨维尼精通罗马法,他对法律起源及其发展的认识可以说是准确地反映了罗马法的发展历史概貌,这不仅对罗马法作出了重要贡献,而且对于认识其他民族的法律发展有重要启迪。他注重从社会生活发展本身来理解法律,这具有深刻的思想意义。

三、法与民族精神

把法学研究提到科学的高度后,追寻必然性就成了其当然目标。

　　萨维尼说:"有文字记载的历史初期,法律如同一个民族所特有的语言、生活方式和素质一样,就具有一种固定的性质。"[①]他认为这些现象本质上不可分割地联系在一起,它们之所以能够融为一体是由于民族的共同信念,一种民族内部所必需的同族意识,其他任何偶然或任意原因的说法都是错误的。为了说明必然性,萨维尼从民族发展的角度进行了分析,他指出:"法律和语言一样,没有绝对中断的时候;它也像民族的其他一般习性一样,受着同样的运动和发展规律的支配;这种发展就像其最初阶段一样,按照其内部必然性的法则发展。法律随着民族的发展而发展,随着民族力量的加强而加强,最后也同一个民族失去它的民族性一样而消亡。"[②]他认为法律的民族特质是民族精神的反映,"民族精神"或"民族共同意识"是一种决定力量。

　　何谓民族精神? 萨维尼的观念是抽象的,他认为每个民族都具有自己的"固有特征",因而具有不同个性,这些特征在民族构成其所有成员的共同性。具体而言,民族精神就是指这些固有特征、共同性;抽象地说,则是指形成民族各种特征的具有先验色彩的民族性质。他之所以用易生歧义的抽象术语"民族精神"来解释民族的法律,可从这样几方面说明:其一,对罗马法的精深博大有了解的人往往认为这与罗马民族或早期罗马法所具有的民族性有密切联系,事实上,作为罗马法学者的萨维尼在论及罗马法时,就认为罗马自由共和

---

　　①　西方法律思想史编写组编:《西方法律思想史资料选编》,北京大学出版社 1982 年版,第526 页。

　　②　西方法律思想史编写组编:《西方法律思想史资料选编》,北京大学出版社 1982 年版,第527 页。

时期的一种精神对法律的发展有重大的作用;其二,欧洲近代民族国家的兴起强烈要求思想领域有相应回应,法律这个民族国家的重要组成部分也要求突现其民族特殊性;其三,萨维尼用来说明必然性的"民族精神"不应从纯粹精神层面来理解,它实质上是指由多种复杂因素共同作用形成的比较稳定的民族特性。

四、习惯法的作用

重视研究习惯法是德国历史法学派的基本特点。萨维尼认为,习惯法从纵向的历史看,在法律之前出现,从横向的历史现实说,习惯法又是社会整体的有机组成部分。习惯法是民族的真正法律,也是最有生命力和普遍有效的法。

基于对习惯法的深刻认识,萨维尼指出,认为立法者可以超越于社会之上将其意愿强定为法律的观点和做法不仅是错误的,也是极为有害的,它将败坏真正的法律。法学家只能把法学作为科学来研究,他所涉及的问题完全是技术性的。法学家应解剖法律,发现法律以及表达法律,他不应创造法律。

习惯法在《德国民法典》产生前的德国别具意义。这种习惯法实际上就是为德国所普遍继受的罗马私法,虽然带有德国古老习俗的色彩,但真正在德国各地普遍实施的是称之为"共同法"的罗马私法。萨维尼说:"不但各州法律本身的许多法律条文纯属罗马法,而且这些条文只有根据罗马法原文才能理解。"①德国历史法学家重视习惯法实际上就是重视已融入德国社会生活的罗马私法,而并不是只要为那些古老的日耳曼陋俗辩护。他们强调习惯法,虽然归根到底反映的是封建贵族的利益,但从法律的历史过程看,又不乏合理因素。

萨维尼反对在条件不具备和时机不当的情况下编纂法典,他并不一般地反对编纂法典。黑格尔对历史法学派就编纂法典的态度进行了批评,他指出:"法律的范围一方面应该是一个完备而有系统的整体,另一方面它又继续不断地需要新的法律规定。但是这个二律背反是在固定不变的普遍原则适用于

---

① 西方法律思想史编写组编:《西方法律思想史资料选编》,北京大学出版社 1982 年版,第 534 页。

特殊事件时所产生的,所以对修订一部完整法典的权利并没有受到损害,……
借法典不可能修订得那么完整为理由,就主张不该让所谓不完整的东西产生,
即不让它达到现实,上述情况都是基于对像私法那样的有限对象的本性的一
种误解。"①黑格尔的意见是正确的,但若是在特定含义上理解编纂法典的意
义,也未必是十分中肯的。

　　萨维尼认为罗马法的历史非常具有建设性,查士丁尼法典只是到公元六
世纪一切文化生活都不景气时才出现,而在繁荣的古典法学家时代根本没有
要编纂法典的迹象,"很显然,只有在法律极为衰败的时候才有人想起来要编
纂法典"。十九世纪初的德国,社会经济正在全新地发展进步,一个新的繁荣
时代还没到来,法律必然要随社会生活关系的发展而发展,此时编纂一部拿破
仑式的法典又有什么益处呢? 纵使有益,又有谁能够为一个尚未展开的社会
生活立法呢?

　　除了时代要求的必要性外,萨维尼认为法学的发展对编纂法典也是至关
重要的。他引用培根的话说:"总之,只有在文化和知识超过前一时期的时候
才能从事这一工作,如果过去的成果由于目前的无知而被毁灭掉,那才是真正
可悲的……"②他强调,如果法理学不能区分法律的主要公理,并从中推导出
内部的联系,以及所有法律概念和规则之间的密切关系的准确程度,也就是说
法学还没有真正成为科学时,编纂法典只会产生不可克服的弊端。在考察了
德国法学的状况后,萨维尼否认德国当时有编纂一部良好法典的能力。

　　查士丁尼及拿破仑编纂法典都抱着结束过去、包容未来的理想。如果说
法典标志着总结历史,结束过去是在某种程度上实现了的理想,那么包容未来
则仅仅是一个幻想,立法者禁止新的立法和法律解释的禁令甚至在当时就失
效了,社会生活本身不会因法典出现而停止不前。萨维尼认为在当时盛行
"共同法"的德国根本不必要编纂这样一部法典。

　　如果说当初德国法学家不去研究已为德国继受的罗马法,不去研究日耳
曼法,不在法学这门科学领域作出巨大努力,不像格林兄弟那样深入民间社会

　　①　[德]黑格尔:《法哲学原理》,范扬、张企泰译,商务印书馆 1996 年版,第 225 页。
　　②　西方法律思想史编写组编:《西方法律思想史资料选编》,北京大学出版社 1982 年版,第
　　529 页。

采风问俗,泛谈普遍理性,那么我们看到的将不是有重大影响的《德国民法典》,而是一部庸俗模仿《拿破仑法典》的拙劣作品。

亨利·梅因(SirHenry Maine,1822—1888 年)是英国著名法律史学家。他毕业于剑桥大学,曾先后在牛津和剑桥讲授法理学,并开始研究古代法,1862 年至 1869 年他任英国驻印度总督的法律顾问并协编印度法典。梅因一生献身于法律史的研究和写作,成就卓著,他对雅利安民族不同支系,主要是罗马人、英国人、爱尔兰人、斯拉夫人及印度人的古代法律制度进行了深入的研究和比较,分析了它们对后世的深远影响。他对罗马法有着精深的理解。

梅因的主要著作有《古代法》(1851 年)、《东西方村落共同体》(1871年)、《古代制度史》(1875 年)、《古代法和习惯》(1883 年)、《平民政府》(1885年)等。

梅因一生著作甚丰,他在较早发表的《古代法》中最先提出了通常是较后才会得出的一般的理论结论,有学者认为他所有的后期著作只是用更为详细和具体的例证阐明他开始就提出的各项原理。这部系统反映梅因思想的伟大著作在长时期内产生了极为广泛和重要的影响。

一、历史学方法

梅因是历史法学派的重要代表和集大成者。他继受了萨维尼所倡导的法学研究的历史精神,同时又摒弃了"民族精神"观念及只重视习惯法的缺陷,使其更趋精细和完整,为法学成为一种历史实证科学作出了卓越贡献。梅因所研究的法的历史已不局限于一个民族的习惯法,而是对雅利安民族各支系的古代法律制度作了系统的比较研究,因此视野十分广阔。虽然梅因所要研究的古代法主要是罗马法,但他并不仅仅局限于罗马法本身孤立的历史,而是将其置于历史的空间和大背景下,结合多维度的社会历史方面进行分析,具有整体感和系统性,从而对罗马法的认识更加深入。

梅因在《古代法》序言中坦言,研究古代法的目的,在于指出反映在古代法中人类某些最早观念以及它们与现代思想的关系,这也是为了从历史的迷宫中为十九世纪新时代的法律改革寻找启示。为着这样的目的,他就必然不能不受生活于其间的十九世纪社会思想观念的影响,梅因的历史思维具有一种鲜明的进化论色彩,他认为进步社会的法律制度具有某种确定不移的进步因素,并用法律制度的发展进步来解释社会发展。他指出了边沁功利主义历史观的不足,但接受了功利主义的价值观。

二、法律的起源和发展

梅因以前,不仅对英国自身历史上的法律,而且对伟大的罗马法,认识都是肤浅的。布拉克斯东用自然法的空洞观念来代替对法律的历史研究,功利主义对历史上显得芜杂的法律则根本不予重视,这种状况对十九世纪英国迫切需要的法律改革而言是非常不能令人满意的。希望摆脱历史的重负而割断历史不过是一种幻想,因此梅因大声呼吁:"当前英国学术上最迫切需要增益的,也许是新材料的审查、旧材料的再度审查,并在这基础上把我们法律制度的来源及其发展,加以阐明。"①

梅因指出法律最初起源于司法判决,他说:"在人类初生时代,不可能想象会有任何种类的立法机关,甚至一个明确的立法者,法律还没有达到习惯的程度,它只是一种惯行。……对于是或非唯一有权威性的说明是根据事实作出的司法判决,并不是由于违反了预先假定的一条法律,而是在审判时由一个较高的权力第一次灌输入法官脑中的。"②他认为这个时代大约是英雄国王时代,司法判决还是单独的、个别的、不一致和不连续的,其权威来自神的信念,荷马史诗中的"地美士第"(Themistes)就是这种司法判决。经过起源阶段后,进入"习惯法"时代,其所处历史时代就是贵族政治时代。"习惯"或"惯例"现已成为一个有实质的集合体,它们为贵族所秘藏而不示于众,也被假定为是他们所精确知道的,这种"习惯法"是真正的不成文法。据此梅因认为英国法律不是习惯法,而是成文的判例法。"习惯法"时代为"法典法"时代所代替,所谓法典法是指法律以文字记载并向人民公布,罗马的"十二铜表法"就是这种法典,法典法的出现使法律脱离了享有特权的寡头统治阶级的绝对垄断。梅因认为大多数古代社会迟早都会出现这样的法典,但西方社会和东方社会这种法典出现的时期、原因以及法典的内容特点是有区别的,这种区别在他看

---

① [英]梅因:《古代法》,沈景一译,商务印书馆1996年版,第9页。

② [英]梅因:《古代法》,沈景一译,商务印书馆1996年版,第5页。

来是至关重要的。法律最初的起源和发展是几乎每个古代社会都曾经历过的，这在历史上已是相当久远的时期了。

梅因认为"法典"的出现也标志着静止的社会和进步社会的分野开始日渐显露。他深信适当的时候出现的法典是民族的转折点，他说："一个特定社会从其初生时代和在其原始状态就已经采用的一些惯例，一般是一些在大体上最能适合于促进其物质和道德幸福的惯例；如果它们能保持其完整性，以致新的社会需要培养出新的惯行，则这个社会几乎可以肯定是向上发展的。"①如果最初的法典所记载的惯例已不那么健康，那么一个民族的文化可能要遭受恶化的不幸命运。

梅因提出了一个值得深思的问题，他认为世界有物质文明，但不是文明发展法律，而是法律限制着文明，社会的需要和社会意见常常是或多或少地走在法律前面的。社会需要及社会意见和法律之间永远存在缺口，人民幸福的大小、社会的进步，完全取决于弥补缺口的快慢程度。实际上梅因认为法律有一种束缚社会生活发展的趋向，法律的改良与进步对社会的发展进步关系至为重大。

在设定的社会中（主要以古罗马和英国为例），梅因讨论了使法律和社会相协调的三种改良手段：法律拟制、衡平、立法。"法律拟制"表示掩盖或目的在掩盖一条法律规定已经发生变化这一事实的任何假定，这时法律的文字并没有改变，但其运用已经发生了变化。他认为英国的判例法和罗马的"法律解答"都是以拟制为基础的。"衡平"指同原有民法同时存在的某一些规定，它们建筑在个别原则的基础上，并且由于这些原则所固有的一种无上神圣性，它们竟然可以代替民法。它与"拟制"的不同在于它能公开地、明白地干涉法律，它与立法之别在于它建立在据称比普通法更具神圣性的一套原则上，而不是以任何外界的人或团体的特权为基础。"衡平"属于比法律拟制进步得多的思想阶段。"立法"就是由一个为社会所公认的立法机关制定的法规。梅因认为法律拟制有它们的时代，但这种时代已经过去，用这种粗糙的方式达到公认为有益的目的并不合宜，衡平法也自有其地位和时期，当其活力耗尽时，应用另一种手段即立法来改良法律。

---

① ［英］梅因:《古代法》，沈景一译，商务印书馆1996年版，第11页。

　　虽然"法律拟制"和"衡平"的时代已经过去,但它们在其自身的时代里却有力而成功地促进了法律的改良。梅因指出,英国的判例法和罗马共和时期的法学家的"法律解答"都充分运用了"法律拟制",与社会进步缓慢相适应,这种法律改良方式也是比较缓慢的。衡平法是英国法律的一个重要组成部分,其原则来源复杂,如寺院法、罗马私法、荷兰公法学家的学说等。他认为英国衡平法的发展受到很大抑制,它在促进法律改良、废弃旧法上曾经发挥过重要作用,但其道德规则已耗尽活力,衡平法已停止发展。罗马的"衡平法"在梅因看来即是罗马法学家按照希腊哲学"自然法理论"改造过的罗马万民法,这种改造是罗马"裁判官"(大部分出身于法学家)通过衡平手段来实现的。罗马"衡平法"是法学家创造发展起来的法律,也是真正存在过的"自然法"。

　　梅因区分了两种自然法,一种是古罗马实际存在过的"自然法",一种是自然法理论。他认为近代自然法理论产生了深远的影响,其最伟大的职能是产生了近代"国际法"和"战争法"。同时他深刻批判了近代自然法理论缺乏历史性,它不能成为指导实践的理论,而是成为纯粹信仰的一种教条,这与古罗马法学家接受"自然法"思想,并发挥其补救性的,而不是革命性的或无政府状态作用是不同的。这种源自历史而又割断历史的态度对法律的改良和建设不会有任何助益,这种自然理论不能推动法律改良。梅因认为边沁的立法思想给英国法律改革指出的方向与自然法理论给罗马人引导的方向并无二致,他显然是赞同追求社会一般幸福的改良法学派的理论的,最大多数人的最大幸福就是新时代立法所应遵守的"自然法理论"。

　　根据对古代法律的研究,梅因得出了一个用来概括表示进步的规律,他指出:"如果我们依照最优秀著作的用法,把'身份'这个名词用来仅仅表示这一些人格状态,并避免把这个名词适用于作为合意的直接的或间接结果的那种状态,则我们可以说,所有进步社会的运动,到此处为止,是一个'从身份到契约'的运动。"这就是著名的"从身份到契约"公式。他认为这个过程是家族依附逐步消灭而个人义务不断增长、"个人"不断代替"家族"的过程,是民事法律不断扩大适用范围的过程,也是社会经过有秩序变化而走向新的社会秩序状态的过程。

　　十九世纪中叶,英国的法律改革全面进行。虽然边沁已为改革指明方向,分析法学也在为制定法律准备工具,但对如何具体实现法律变革则观念模糊。

历史是一个沉重的包袱,尤其是到了社会需要变革的时候,然而这个重负并不因为主观上割断历史就可以减轻,相反,只有对历史有深刻认识和掌握,才能循历史前进。梅因以罗马法为典型研究了法律改良的途径、规律,认为罗马法是古代法和现代法之间的桥梁,而被认为是古老惯例的封建法律不过是真正原始的惯例和半省略的罗马法的一种混合物,具有落后性。他认为不深刻理解罗马法,不仅不能对英国的封建法律制度有所认识,而且也不能为新时代的法律变革提供任何线索。

梅因研究了古罗马的遗嘱法、财产法、契约法以及侵权和犯罪法史,他抓住"家族权"这个理解罗马法的关键,澄清了对罗马法的许多根深蒂固的误解,从而真正突现了他所称的纯粹罗马法的"胚种",这样就找到了罗马法与现代法的契合点,从而为新时代所急需的各项立法变革奠定了真正的历史基础。

梅因的法律发展观是超历史的进化论观点,他忽视了不同社会形态之间的本质区别,将进步社会的历史看成是持续不断的发展过程,这是一种历史的唯心主义。

第二节　最大多数人的最大幸福

功利主义,从其普遍意义上说,泛指一种哲学思想,源远流长;从其特定意义上说,是指形成于十八世纪以杰里米·边沁、约翰·密尔等为代表的一个学派。作为一种社会思潮,功利主义盛行于十八世纪中叶至十九世纪的西欧各国,这与近代以来自由资本主义的兴起与蓬勃发展有着密切联系。

"最大多数人的最大幸福"是功利主义学派的一面旗帜,据边沁自称,他是从普里斯特利的一本小册子中发现这句短语的。最早提出的是英国伦理学家赫起逊,贝卡利亚和爱尔维修在其著作中都曾讨论过最大多数人的最大幸福问题,边沁深受其影响。另外,霍布斯、洛克、休谟等思想家的著作也给他以很大影响和启迪。边沁基于这个原则发展起来的思想体系是资本主义新时代的理论硕果,弗里德里克·波洛克爵士说,十九世纪英国法律的每一项改革都可以找到边沁见解的影响。

杰里米·边沁(Jeremy Bentham,1748—1832 年)是英国著名的哲学家、法学家,功利主义法学的奠基人和杰出代表,在法理学、伦理学领域影响巨大,①他创建了资产阶级法理学,开创了资产阶级法理学的新阶段。②

边沁出生于伦敦一个富有的律师家庭,天资聪颖,十二岁时进入牛津大学,但他对英国当时的大学教育不以为然,他后来回忆说:"我认为谎言和虚伪是英国大学教育的必然结果,而且也是唯一的必然结果。"1763 年边沁进入林肯法学院,并在高等法院法庭中做见习生,后来还尝试做过律师。1789 年他发表巨作《道德和立法原理导论》,此后他试图参与政治活动,实现他的种种计划,但成效甚微,于是又转而从事研究。晚年的边沁思想更趋激进,他曾参与欧文在新拉纳克创办的企业。

边沁一生著作丰富,但多数没有发表,而是以手稿形式存放于大英图书馆等处,已发表的著作主要有《政府片论》(1776 年)、《道德和立法原理导论》(1789 年)、《法学总论》(1970 年由哈特编订出版)、《宪法法典》等。

一、功利原理

边沁在阐发其功利思想时,大量承继了洛克、休谟、爱尔维修等人的学说,在道德哲学的领域内,边沁并不是特别卓越的。功利主义思想主要是一种伦理学说,其基础是人性论。边沁指出:"功利原理意味着,根据每一个人行为能增加或减少幸福的趋向,或者说根据促进还是减少幸福而对任何行为表示赞成或反对的态势。我所指的行为是任何一种行为;因此它不仅是指私人的行为,而且也是指政府的每一项措施。"③他认为这个原理是不证自明的,既反映了人性的真理,又是最高的伦理准则。

实际上,对人性的认识既是边沁研究的起点,又是他整个思想学说的前提和基础。他认为人性的特点就是"避苦求乐",追求快乐、减少痛苦是人们行为的唯一动因。他说:"自然把人类置于两个至上的主人,即痛苦与快乐的统

---

① 参见[英]戴维·M.沃克:《牛津法律大辞典》,邓正来、江山等译,光明日报出版社 1988 年版,第 91 页。

② 参见张宏生、谷春德主编:《西方法律思想史》,北京大学出版社 1990 年版,第 319 页。

③ 西方法律思想史编写组编:《西方法律思想史资料选编》,北京大学出版社 1982 年版,第 484 页。

治之下,只有它们才能够指示我们应该做什么,以及决定我们将要怎样做。是非标准为一方,因果锁链为另一方,这二者都系于它们的宝座上。"①在边沁看来,人性的要求与道德的准则二者不仅是不应隔离的,而且人性的要求就应是伦理的准则。他把快乐等同于幸福,快乐就是善,把痛苦等同于恶,善恶的区分变成了快乐与痛苦的比较。通过探讨人性,进而主张道德准则的设立应基于人性的要求可以说是近代以来边沁以前及同时代诸多思想家一致的认识。然而将这种认识推至极端,直接把人性的要求与道德的标准等同起来,将道德简化为快乐与痛苦的比较这一唯一标准可以说是边沁的独特之处。

道德准则就是生活的价值法则,边沁第一次为西方近代以来开创的新时代制定了一条最基本的同时也是最高的法则,这就是功利原则。他说:"功利原理使所有的推理归宗于一,关于具体安排的推理,都不外是功利观点的推演而已。"②虽然新时代社会生活的各个方面都在蓬勃演进,但是只有边沁以如此彻底、简明的方式为新的生活"立法"。这也许是边沁在历史上杰出之所在。

功利原理构成了边沁全部思想的基础,他以此为武器猛烈抨击了英国的旧制度,同时又以之作为他建构新的法律制度的利器,并以此反对体现理的自然法和历史法学,这在历史上产生了巨大的影响。

二、立法理论

英国人的法律制度以悠久著名,可是在十八世纪后半期却受到边沁的深刻批判,他主张改革传统的法律制度,重新立法。英国资产阶级革命具有极大的妥协性,其中一个很突出的表现就是直到十八世纪末陈旧的法律制度依然存在,社会生活的进步对此已日益不能容忍。布莱克斯东在阐述英国法律制度时引用一些自然法的词句为之辩护,这就使之披上了合理性的外衣。对此,新时代的思想家边沁批判了布莱克斯东,抨击了陈腐不堪的英国传统法律制度,同时批判了自然法理论,陈述了功利主义的纲领。产业革命促使英国社会

① 西方法律思想史编写组编:《西方法律思想史资料选编》,北京大学出版社1982年版,第484页。

② [英]边沁:《政府片论》,沈叔平等译,商务印书馆1996年版,第23页。

生活发生巨大变化,然而社会经济的发展并不能自动地将新时代所需要的法律制度展现在人们面前,而是需要有一位"天才"出现,正如爱尔维修所呼吁的:"因为必须有天才,才能用好法律代替坏法律。"①边沁也许就是这样一位"天才"。

边沁倡导立法的根本原则应当是"最大多数人的最大幸福"。他认为,立法的根本目的在于增进最大多数人的最大幸福,"公益应当是立法者的推理基础"。边沁相信,"最大幸福原则放到巧妙的立法者手中,简直是万能的工具,可以通过它用理性和法律的手段培育幸福的结构"。②

依通常的看法,功利原则、最大幸福原则以及最大多数人的最大幸福原则是可以交替使用的,其实它们之间存在一定的区别。功利原则与最大幸福原则是含义相同的,而最大多数人的最大幸福原则其含义与二者存在一定区别。边沁在论及功利时说:"功利指一种外物给当事者求福避祸的那种特性……如果这里的当事者泛指整个社会,那么幸福就是社会的幸福;假如是具体指一个人,那么幸福就是那个人的幸福。"③根据主体的不同,有个人的功利和社会的功利,最大多数人的最大幸福就是社会的功利。虽然有区别,但边沁认为个人功利与社会的功利又是可以调和的甚至几乎完全是一致的。他认为,社会和国家都是一种虚构的团体,由个人集合组成,社会幸福也是由个人幸福集合而成。对边沁的立法原则只能作个人主义的理解。与边沁同时代的亚当·斯密提出了经济学上著名的"看不见的手"的思想,这种观念认为个人自由竞争自然会形成和谐的社会经济秩序,这种神话直到 1929 年世界经济大危机时才崩溃。个人追求最大幸福就会形成最大多数人的最大幸福,对此边沁是不会根本怀疑的。

与自由竞争会自然形成和谐的社会经济秩序不同,个人的最大幸福与最大多数人的最大幸福从根本上说是协调的,但仍存在冲突,这冲突实质上表现为人与人之间在追求各自最大幸福时产生的矛盾。法律的对象是普遍的人,

---

① 周辅成:《西方著名伦理学家评传》,上海人民出版社 1987 年版,第 415 页。

② [美]乔治·霍兰·萨拜因:《政治学说史》(下册),盛葵阳、崔妙因译,商务印书馆 1986 年版,第 751 页。

③ 西方法律思想史编写组编:《西方法律思想史资料选编》,北京大学出版社 1982 年,第 484 页。

法律的功能就在于解决这些普遍存在的矛盾。

最大多数人的最大幸福是一个概括的原则,如何将其具体应用于立法呢? 边沁对此提出了一套快乐与痛苦的计算方法。他认为,快乐和痛苦没有质的不同,只有量的区别,复杂的快乐与痛苦由简单的快乐与痛苦组成,人性所感知的最简单的苦乐包含十四种简单的快乐和十二种简单的痛苦。根据强度、持久性等七个标准对任何行为都可以经过"幸福计算"而作出选择,立法也是如此。立法行为的幸福计算较之其他涉及社会利益的行为要更复杂一些,通过精确的数学计算也是完全可以确定结果的,但边沁也明确表示不能期望每次立法前都严格执行这种数学计算程序。立法行为的"幸福计算"纵然是可能的,但并非实际可行,因此边沁认为应从三个方面具体判断:其一是看法律草案的假定行为对个人来说是苦大于乐,还是相反;其二是看法律草案的内容是否遍及所有人;其三是看法律的实施使受利的人多,还是受害的人多。总的说,法律的宗旨在于谋求最大多数人的幸福,立法要以国民的生存、富裕、平等、安全为其目标。安全为首要目标,在不违反安全原则的前提下应尽量扩大平等,边沁主观地认为法律与生存和富裕并没有什么直接的关系。

边沁否定了英国传统的不合人性的法律制度,那么什么是他倡议的新的法律呢? 从广义上说,对这个问题的回答是他一生都在思考的问题。他认为,法律基于服从的习惯而产生,法律是国家行使权力处罚罪犯的威吓性命令,法律是主权者意志的表达,制定法律或采纳以前的法律都被视为出自主权者的意志。所谓主权者是指具有确定性质的一个人或一群人,许多其他的人习惯于对他们表示服从。除非是其本身同意根据一个明确的协定服从另一个主权者,主权者的权威在法律上是无限的,当然主权要受到道德的约束。

鉴于英国传统法律的极大弊端,边沁极力主张以编纂法典的形式创造出新的法律。他认为成文法是文明国家的法律,他甚至说没有法典就没有正义。编纂法典必须符合四个条件:其一,它必须是完整的,必须提出十分充分的整套法律,以致无须用注释或判例的形式加以补充;其二,每一个法律规则都必须达到最大可能的普遍性;其三,这些法律规则符合逻辑顺序;其四,表述法律规则的术语严格一致、准确。边沁的理想法典并未出现,它表现的是改革英国法律的愿望,反映了当时积极追求个人功利的资产阶级要求制定明确清晰的法律的最强烈心情。

三、刑法思想

刑法思想是边沁思想十分重要的一部分。边沁认为,协调冲突、解决个人之间的矛盾就是立法的任务,尤其是需要刑法发挥的作用。他计划要讨论的问题包括民法、刑法、程序法、宪法、国际法等,但实际上他的侧重点在刑法,在《道德和立法原理导论》中有相当大的篇幅是涉及刑法的。边沁把功利原则的约束力归为四方面:肉体的、政治的、道德的和宗教的约束,但他认为只有政治的约束力,也就是由组成一个国家的社会所运用的奖惩最有效,比较而言,奖励又显得无足轻重,实际上是只有国家所运用的惩罚才能有效地保证最大多数人的最大幸福原则实现。

边沁认为惩罚本身是伤害,是一种罪恶,仅仅是为了排除更大的罪恶惩罚才是必要合理的,它符合功利原则。

伤害性行为是人与人相互矛盾产生的主要原因。边沁认为伤害性行为是有伤害性意向的造成伤害后果的行为,他说:"有伤害性意向的行为的后果,不论数目多少,种类各异,因为是有伤害性的,可被认作构成了一个合成体,并称之为伤害性行为。"①他特别将主观的伤害性意向作为伤害性行为的构成要素。伤害后果包括主要伤害和派生伤害,主要伤害有确定的受害的个人或一批可确定的个人,派生伤害是由前者派生的,涉及整个社会或其他一批不可确定的个人,派生伤害又由两部分即痛苦和危险构成。边沁主张,对任何破坏幸福的伤害性行为原则上都应以惩罚排除,但在下列情况下则应免于惩罚:其一,无根据时,即不存在什么伤害事件需要防止,该行为对社会整体没有伤害;其二,无效果时,该伤害行为不能够用惩罚去阻止;其三,无益或代价太昂贵时,即惩罚造成的伤害比它要防止的还要大;其四,无必要,即使没有惩罚,伤害也会被防止,或自行停止,这就是利用较低的代价。他把功利原理彻底贯彻到刑法研究之中。

道德是刑法必然要面对的问题,边沁的观点是道德与作为实体法的刑法之间应有明确的界限,同时立法不应当干预那些仅从个人伦理看要干预或应该干预的事件。

---

① 西方法律思想史编写组编:《西方法律思想史资料选编》,北京大学出版社1982年版,第491页。

边沁还主张对犯罪者进行教育、改造,将其组织起来,从事建筑等工作。他建议建设"模范监狱",设立感化院及工读学校性质的单位,对犯人尤其是青少年犯罪教育、感化。边沁的刑法思想体现了人道主义精神。

边沁一生都极力主张改革英国传统的法律制度,建立新的符合功利原理的制度。他尽其所能不遗余力地推动改革,这些努力在他去世前就已产生效果,在他去世后,英国法律即开始了大规模的改革。

边沁的思想十分博大,而且始终处于不断发展中,但他掌握一个单一的功利原则,并将它彻底地运用到对每一具体问题的分析中,因此其间虽有一些不协调之处,但作为一种新的法学理论还是有它的历史必然性和合理性。边沁的杰出之处正在于他准确地把握了时代精神,然后将这种精神贯彻到他从事的批判性与建设性工作中,反映了时代的迫切需要,因为是时代的产物,所以不能超越时代来理解边沁。边沁反对自然法理论,同时又提出了他的新的价值法则,因此,有人认为功利主义法学有一种新的自然法倾向。

约翰·密尔(1806—1873 年)是英国著名哲学家、逻辑学家、经济学家,又是功利主义的著名思想家,被称为是"十九世纪最富有才智,性格最宽宏的人物之一"。其重要著作有《逻辑体系》、《政治经济学原理》、《论自由》、《论代议制政府》、《功利主义》等。

密尔深受边沁功利主义的影响,他接受了边沁的基本思想和方法。十六岁研读《道德和立法原理导论》后,他说:"功利原则把我对事物的概念统一起来了。现在我有了主张;有了一个信条,一个学说,一个哲学;按照这个词的最好意义,也有了一个宗教;对它的反复灌输和传播能够造成一生的基本的外在目的。"①由此可见边沁思想对他影响之大。

在思想发展过程中,密尔对边沁的某些观点进行了实质性修正。密尔认为,各种快乐、痛苦并不是同质的,而不是像边沁所认为的那样只有量的区别。能力不同的人所感受的苦乐也不一样,他强调精神的快乐具有更高价值,具有超越感官快乐的优越性。密尔还一改边沁认为快乐即幸福的看法,认为美德可以纳入幸福,甚至等同于幸福,这就将道德哲学中的一个重要概念纳入了功利范畴,从而修正了边沁的思想。他还对边沁的最大幸福原则作了修正,他

---

① ［英］索利:《英国哲学史》,山东人民出版社 1992 年版,第 256 页。

说:"我必须声明,功利主义所认为行为上是非标准的幸福,并不是行为者一己的幸福,乃是与这行为有关的人的幸福。"①这样就在试图跨越个人最大幸福与他人最大幸福的鸿沟时,以经过修正的功利主义的道德准则使边沁的思想更适合时代的生活,也更加趋于意识形态化。

虽然密尔相信人性中有一种社会情感,良心会制止个人完全不顾他人利益而追求一己的最大幸福,但是他还不至于认为仅靠良心和舆论就能协调利益的冲突。边沁曾认为刑法可以解决矛盾,可是如何排除伤害性行为而又不至于侵犯个人最大幸福呢?对此边沁并未明确回答。密尔在《论自由》中对此作出了回答,他提出了两个原则,从而为个人与他人之间行为界限,同时也为法律应施于个人的惩罚划了一条明确界限,他说:"第一,个人的行动只要不涉及自身以外什么人的利害,个人就不必向社会负责交代。他人若为着自己的好处而认为有必要时,可以对他忠告、指教、劝说乃至远而避之,这些就是社会要对他的行为表示不喜或非难时所仅能采取的正当步骤。第二,关于对他人利益有害的行动,个人则应当负责交代,并且还应当承受或是社会或是法律的惩罚,假若社会的意见认为需要用这种或那种惩罚来保护它自己的话。"②

密尔的自由思想是丰富而深刻的。在对社会深入观察并就人与人的关系提出简明原则的基础上,密尔着重讨论了思想自由及讨论自由。他认为对这两种自由不应有任何限制,它们对于辨明真理、培养独立的个性都具有至关重要的意义,个性是人类福祉的因素之一。他说:"国家的价值,从长远看来,归根结底还在于组成它的全体个人的价值。"③

一般认为,作为经济学家的密尔是一个折中主义者,这种折中的色彩在他的法律思想上也有所表现。一方面,他坚持十八世纪的绝对个人主义思想;另一方面,他又主张人性中有社会情感和良心,利己与利他是可以并行不悖的,坚持个人主义的道德价值准则但不应摒弃社会利益。密尔继承边沁的思想,同时有折中倾向,但并不矛盾,因为这既是时代转变的结果,又是时代的表现。

---

① [英]约翰·密尔:《功利主义》,商务印书馆 1957 年版,第 18 页。
② [英]约翰·密尔:《论自由》,陈崇华译,商务印书馆 1996 年版,第 102 页。
③ [英]约翰·密尔:《论自由》,陈崇华译,商务印书馆 1996 年版,第 125 页。

第三节　法律是主权者的命令

一般认为,分析法学是指以英国法学家奥斯丁的思想学说为标志以及受其著作影响而发展起来的一个法学思想流派。正如名称所示,分析法学的特点就在于"分析",这里所谓分析主要是对实在法的概念、法律规范等进行实证分析,而不包含对法律的价值分析。就不重价值分析而全力倾注于实证分析而言,奥斯丁的著作可说是开法学著作之先河,独具特色,影响深远。

在讨论纯粹的分析法学时,通常很少言及边沁,这主要是因为边沁的有关著作出版甚晚,人们对其理解并不完整,边沁的法律实证分析杰作《法学总论》1945 年才问世,直到最后才受到重视。新分析法学家哈特晚年全力研究、发掘、整理边沁的遗作,重订《法学总论》,真正认识到边沁在法律实证分析方面也是杰出的。

边沁在《政府片论》中就提出了"审查性法理学"与"说明性法理学"的概念,前者评述法律应当是什么,后者说明法律是什么。边沁不仅仅愿意做一个旧制度的破坏者,他还是一个建设性天才,他要致力于新的法律制度的建设,构成新的法律是边沁思想的应有之义。他在《道德和立法原理导论》中对犯罪及侵权行为进行了大量的实证分析,不过在这里与他的审查性法理学还没有截然分开。

尽管边沁没有简单地认为只要有刑法就足以保障立法原则的实现,但无疑他曾认为刑法将构成新的法律制度的最主要的部分。这种信念随着《道德和立法原理导论》临近完成而逐渐动摇,他意识到新时代所需要的法律制度的创建不能仅靠从功利原理推导出一套刑法规则就可完成,而是要比这复杂得多。因此他在著作结尾提出了"什么是法律? 什么是法律的部分?"这个当时尚难回答的问题。虽则如此,边沁在《导论》的长篇结论性注释中尝试对这个问题作出初步回答,他说:"法律就是被承认有权立法的一个人或若干人制定的法律。"①这个观点实质上构成了奥斯丁分析法学的一个最基本的观点。

---

① 张乃根:《西方法哲学史纲》,中国政法大学出版社 1993 年版,第 173 页。

边沁在《法学总论》中对法律概念进行了更深入的分析,他指出:"法律是由国家的主权者提出或采纳的意志表示总和,涉及在一定情况下,受主权者权力管辖的人或集团必须遵循的行为规范;这种意志表示旨在说明某种情况下,人们的行为将产生的结果,这种期望将给那些实施行为的人以一定刺激。"①

边沁还运用"义务性逻辑"对命令性、非命令性、禁止性及非禁止性法律类型及其相互关系进行了分析,揭示了法律规范的内在关系。有人认为这种分析比二十世纪初的法学家霍菲尔德对法律规范的分析更加透彻。

对边沁的认识并未结束,仅从已了解的内容看,其分析法学思想是丰富而深刻的。英国法理学家迪亚斯说:"在这之前,人们一直以为奥斯丁是英国法理学之父,其实边沁的《法学总论》表明,他才是真正的英国法理学之父。"②

约翰·奥斯丁(1790—1859)被尊称为"英国法理学之父"。他出生于英国索夫克郡一个中产的磨坊主家庭,十六岁应征入伍,二十一岁退役后学习法律,其后担任律师。1820年他与名门之女塞拉·泰勒结婚,定居伦敦,这期间奥斯丁结识了边沁等人并成为边沁的学生和密友,开始从事法理学研究。

1827年奥斯丁被聘为新建的伦敦大学首任法理学教授,随后为备课到德国学习罗马法,1828年返回伦敦。1829年至1833年期间奥斯丁共授课四次,授课的前六篇讲义以《既定的法理学范围》为名于1832年发表。1833年离开伦敦大学后,他还广泛从事其他活动,1859年在伦敦去世。奥斯丁的另一部著作《法理学讲义》于1869年出版。

奥斯丁深受边沁思想及孔德实证主义哲学的影响。他直接承继了边沁的功利主义和分析法学思想,并将后者发展到十分纯粹和完备的程度,使西方法理学第一次成为独立的实证科学,产生了重大影响。他创立的分析实证主义法学发展成为西方三大法学流派之一。

一、法理学范围的界限

法理学发展成为一门独立学科是由于奥斯丁的努力,《既定的法理学范围》的出版是其标志,这种分析实证主义的法理学又被称为英美特有的法

---

① 张乃根:《西方法哲学史纲》,中国政法大学出版社1993年版,第174页。

② 张乃根:《当代西方法哲学主要流派》,复旦大学出版社1993年版,第83页。

理学。

　　法理学作为一门独立学科出现与两方面的因素有密切关系。其一是近代学科分类的发展,科学勃兴,文明演进,无论对自然界还是对人类社会的各个方面都要求有更加广泛深入的认识;第二是在十九世纪上半叶英国政治生活中,议会立法对构建新的法律制度日益重要,新的法律制度实际主要是通过议会立法建立起来的。1832 年边沁刚一去世,英国大规模的法律改良运动就揭开了序幕。

　　对学科的分类基本上是以研究对象和研究方法的区别为依据。相较于以前的法学研究,奥斯丁的法理学无论是研究对象还是研究方法都有其独特之处。奥斯丁在《既定的法理学范围》第一讲明确指出:"法理学的内容是实在法,所谓严格意义上的法律,即由政治上的居上者为政治上居下者制定的法律"。①在他看来,法理学研究对象就是实在法,后来他在分析非严格意义上的法律时,指出立法机关解释法律的行为,起到废除、免去现有义务的作用的法律以及没有完整义务的法律也可能被恰当地归入法理学的范围。

　　奥斯丁确定法理学的对象是实在法是基于他对"法律"一词通常所指的各种事物的分析和区别。他认为通常所谓法律包括神法、制定法、实在道德及其规则和隐喻性或象征性法律。神法和制定法是"严格意义上的法律",靠舆论作用建立起来的实在道德及其规则和隐喻性或象征性法律则是"非严格意义上的法律"。事实上奥斯丁认为前者与法律是同义的,而他使用"法律"这一术语时又主要指实在法,他认为把"非严格意义的法律"称为法律是不准确的。在奥斯丁看来,神法是存在的,神法与人法存在区别,法理学所涉及的只是实在法,包括经由习惯转化为法律的习惯法。

　　奥斯丁界定了法理学的内容,而实在法和神法、实在道德以及隐喻性法律的真正区别又在哪里呢? 这正是法律命令说所要回答的问题。

二、法律是主权者的命令

　　"法律是主权者的命令"这个命题集中体现了分析实证法学的基本思想。

---

　　① 西方法律思想史编写组编:《西方法律思想史资料选编》,北京大学出版社1982 年版,第501 页。

准确意义上,应当说制定法是主权者的命令。奥斯丁写道:"由政治上的优势者所制定的全部规则,经常被统称为实在法","严格意义上的法律或规则是一种命令"。由于分析法学将法律仅仅视为一种"命令",而对其内容不作价值判断,坏的法律也被视为法律,因此,从实证的角度它认为"恶法亦法"。

边沁和奥斯丁将立法的主体称为主权者,"主权"这个概念主要是布丹和霍布斯用来指称欧洲民族国家兴起过程中国家的最主权力,边沁和奥斯丁将这个政治概念应用于法学领域。奥斯丁认为制定法律规则的那种"优势"在独立的政治社会就表示主权,在他看来,主权是一个先于法律的政治事实,通过它可以对法律及法律概念进行解释。他指出,主权者就是得到一个独立政治社会中众多的人民习惯性服从的一个人或一些人组成的机构,而他们却不习惯性地服从其他任何人,这里应充分注意"习惯性服从"的含义。他认为没有这种习惯性服从,就没有独立的政治社会。主权是一种最高权力,它不受法律的约束和限制,但并非不受任何限制和约束。在任何一个独立政治社会中,都存在着主权者习惯上应遵守的原则或准则,这些原则或准则是该社会的成员感到满意的,但其遵守只能依靠舆论的约束,违反这些原则或准则即是"违宪"。奥斯丁根据其主权观分析了英、美的主权者,他说英国的主权者由国王、所有贵族及选民组成,美国的主权者由所有选民和州政府组成,这些错误观点遭到了很多批评。

所谓命令,奥斯丁分析道:"如果你向我表示或告知一种进行或停止某种行为的希望,当我违背了你的愿望时,你将以灾难来惩罚我,你的希望的表示或告知就是命令。"[1]命令与其他愿望的本质区别在于惩罚,而不在于愿望表达的内容以及表达的方式。他认为命令意味着义务、责任,对不遵守命令而违反责任并招致的不利通常称为"制裁",这个术语较之"惩罚"更能充分地表达其含义。只要有制裁,尽管是微不足道的,就有义务和命令。

命令的形式有两种:一种是具有普遍约束力的命令,这便是法律和规则;另一种是偶然的或特殊的命令,这只是对特定具体的行为或不行为具有约束力。然而奥斯丁又认为这两者的区别并不总是很明显的,一般地说,法律是一

---

① 西方法律思想史编写组编:《西方法律思想史资料选编》,北京大学出版社1982年版,第
502 页。

种具有普遍约束力的命令，但有一些例外。他说："法律和其他命令被认为是产生于优势者，用以约束或责成劣势者。"优势意味着施加不利或痛苦的威力，奥斯丁特别指出，除了上帝的优势是绝对的无条件的外，人类的优先权，在任何或多数的情况下，优势者与劣势者的关系都是相对的。

奥斯丁认为法律包含着权力（即优势）、义务、制裁、普遍性等要素。由于将制裁或说强制性视为法律的基本要素，就必须说明那些看起来不具有强制性的法律是不是真正的法律，如仅仅赋予权利的法律、习惯法。他指出，虽然存在仅仅产生义务的法律，却没有仅仅产生权利的法律，任何真正授予权利的法律都明确地要强加一项相应的义务或相关义务，当权利受到侵犯时以提供救济，给予保护，所以这些法律同样具有强制性。他认为，当习惯被法院采用并由国家强制力保障实施时，习惯就变成了实在法，法官所执行的这部分最高权力是国家以明示或默示的方式委托给他们行使的，因此当习惯由国家以法规形式颁布或由法庭采纳时，都应承认习惯法是由国家制定的。

基于法律是主权者的命令的思想，奥斯丁明确划分实在法与神法、成文的道德规范、国际法、一般舆论所产生的法律、习惯等规则之间的界限，最基本的区别就是前者由主权者制定，而其他规则的产生则不同。奥斯丁认为法律与其他规则之间有明确的区别，但他并未否认法律与道德等之间的联系。立法者如果忽视那些实在道德规则，实在法就可能是多余的，或是不起作用的，它们可能只会带来纯粹是无缘无故的烦恼；相反，若是立法实践能从道德与宗教中受益，就会增强法律的力量。

"法律命令说"从实证角度揭示了法律的本质特点，反映了法律与国家政治权力的关系，初步分析了法律规范的要素。奥斯丁的思想对于无论是从认识上还是从实践上将法律从法律、道德及习惯等芜杂的混合物中剥离出来，从而加深对法律的理解是有重要作用的。

三、对实在法的实证分析

奥斯丁认为，一切成熟的法律制度都有共通的原则、概念及特征，通过比较、分析和整理就可以发现它们，这种研究将有助于立法，使法律明晰、科学、系统化。一般法理学所要进行的就是这种同法律的历史、发展均无关的分析研究，实证的分析研究是分析法理学的典型特征。

　　《既定的法理学范围》是法律实证分析的经典作品。奥斯丁认为任何法律制度都是由基本概念组成,它们是法律的细胞,法理学要分析界定这些最基本元素的准确含义。在他看来,实在法的基本概念有义务、权利、自由、行为、动机、故意、过失等,最基本也是最重要的概念是"义务"。当主权者发布一个命令时,一个人就负有了义务,从受到惩罚的威吓角度看,他就有法律义务去完成(被强制地)某种行为,驱使人们遵守法律义务的是制裁。义务有绝对的和相对的,所谓绝对的义务就是那些仅仅产生义务而与权利不相关的命令。任何一项权利都有一项与之相应的义务,权利的具体表现是自由,"权利的特征在于给所有人以利益⋯⋯权利规范的特征在于以各种限制条件对实际利益进行划分"。① 奥斯丁还对其他法律概念进行了具体分析。

　　奥斯丁的法律分析方法对后世法学家影响很大,美国法学家霍菲尔德继受其方法对法律基本概念及其相互关系进行了深入分析,纯粹法学派如凯尔逊、新分析法学家哈特都深受奥斯丁的影响。

　　任何思想家的思想都是时代的产物,或是要打上时代的印记,一个有较长影响和价值的理论都是一个完整的有机体,而不是仅仅关注于时代一时之需,但时代本身往往只抽取了其所需要的部分。以奥斯丁而言,他既未声称要割裂实在法与道德价值准则的一切联系,也从未反对要研究道德理论,他认为通过研究道德所得的原则应给予实在法以指导,奥斯丁所做的仅仅是界定法理学的范围,并认为对法律的实证研究应当不涉及价值判断问题。

---

　　① ［英］奥斯丁:《法理学的既定范围》(英文版),第140页。

第 四 编

现代西方法律思想

第二十一章 概 述

第一节 危机与困惑

美国画家欧内斯特·特罗瓦(1927—)1965 年完成了他的惊世之作《轮人》,其作品在艺术界特别是思想界产生了很大的影响。画面由一个站立的人的铜像和两个轮子构成,铜像没有性别、年龄、种族和文化背景,它夹在两个轮子之间,整个作品单调而充满了忧郁。① 这似乎告诉人们,人类历史和文化所产生的结果,并不完全像是人们一度满怀希望所期盼的那样,相反,人类已经成为他自己的种种发明的牺牲品。科学技术的日新月异发展,现代化的大生产,虽然创造了丰富的物质财富,劳动者减轻和摆脱了笨重的体力劳动,但劳动者却成了机器的附庸,人成为"单向度的人",产品变成了"异己的存在物",劳动的异化使人失去了人的特征。"轮人"所展示的像罗马俱乐部的观点一样,属于悲观的文化意识,但是,它的内涵是深刻的,确实揭示了西方社会面临的矛盾冲突和人们的精神危机。

马克思在 19 世纪中叶就说过,资产阶级高举理性的旗帜从中世纪走出来,取得阶级统治地位不到一百年,但它所造成的生产力却比先前一切世代总共造成的生产力还要宏伟得多。"自然力的征服,机器的采用,化学在工业和农业中的应用,轮船的行驶,铁路的通行,电报的使用,整个整个大陆的开垦,河川的通航,仿佛用法术从地下呼唤出来的大量人口——过去哪一个世纪料

---

① [美]帕尔默·科尔顿:《近现代世界史》,商务印书馆 1988 年版,第 1291 页。

想到在社会劳动里蕴藏有这样的生产力呢？"①20 世纪以来，特别是 50 年代中期新的科技革命的兴起，一系列新技术的发明和采用，生产力的提高又出现了前所未有的状况，物质财富的新增长和资本的积聚，为资本主义从自由竞争过渡到垄断提供了强大的物质基础。为了应付和解决新的矛盾，国有资本和私人垄断资本又逐渐结合发展成为国家垄断资本，这是现代西方社会经济关系的重大变化。

国家垄断资本主义的形成与发展，国家对经济干预作用空前加强，这就必然要限制私有财产权和缩小契约自由的范围，在法律上，"私有财产的绝对权利"改为"所有权行使的限制"，"契约自由"改为"契约自由的限制"。战后各国普遍推行改良主义让步政策，包括"福利国家"、"工人参加管理"、"工人持股"等内容。在南北经济关系上，老的殖民扩张方式改为以援助合作为主要形式，对南方不发达国家保持不同程度的剥削与控制的经济关系。随着西方各国资本国际流通和国际贸易的巨大发展，又产生了现代国际垄断同盟，比如欧洲经济共同体。在法律制度上，第一，出现了社会立法和法律社会化趋势，造成了所谓"私法公法化"的状况。一些典型的私法关系，比如劳动关系和土地关系过去是由民法调整，由于国家干预、参与的结果，这两种关系已经从私法关系向公法关系发展，调整它们的劳动法和土地法也变成了公私混合法。同时，国家干预经济生活又造成公法私法化。比如，国家通过有关机关或直接经营企业（即国营企业）或与私人资本合营企业（公私合营企业），以及向私人企业大批订货和供货，这些机关也成了民事关系的主体，它们以私法手段来进行公务活动，使公法关系向私法关系发展，从而使公法私法化。第二，西方各国又颁布了一系列涉及教育、居住、租金控制、健康福利设施、抚恤金以及其他社会保障方面的法律，以保护个人免除因年老、疾病、死亡或失业而遭受损失。第三，分权原则这个 19 世纪民法法系国家基本的宪法原则开始动摇，授权立法或委托立法出现了，有的国家宪法还规定了政府可以要求议会授权进行立法活动，行政权利因而得到加强。第四，战后经济交往更频繁，国际垄断同盟的形成，必然要求消除法律互异带来的障碍，因此西欧大陆各国法制出现了统一的趋势，民法法系和普通法系日益接近，欧洲共同体法的产生集中反映了这

---

① 《马克思恩格斯文集》第 2 卷，人民出版社 2009 年版，第 36 页。

一法制特点。①

西方经济、政治、法制的重大变化,使得资本主义的各种矛盾相对缓和下来,资本主义发展进入了一个经济政治相对稳定的时期。但是,资本主义社会的基本矛盾并未解决,国家垄断资本主义不可能从根本上克服劳资冲突,工人阶级仍然处在受剥削的地位,发达国家同第三世界国家的矛盾、发达国家之间的矛盾依然存在,垄断资本为攫取高额利润和物质财富,铤而走险发动战争的危险依然存在。上述矛盾在文化与思想领域集中表现为人的精神危机。一些西方资产阶级学者认为,目前西方知识分子处于一个"黑暗时代期",经受着一种沉闷的、说不清楚的、令人窒息的危机。与商业明星、歌星、体育和电影明星及政客相比,知识分子的知名度及其在国家和社会的政治文化生活中的地位与影响日益相形见绌,真正的知识分子的地位正在被滑稽演员和惊险作家所取代。同知识分子息息相关的理性、真理、正义、价值、尊严感正在消失。②一方面是庞大的日益扩张的社会政治经济系统,另一方面却是分散的日益萎缩的个人生活世界;一方面电子电讯、航天航空、遗传揭秘、海洋探险等新科技文明显露辉煌成就,另一方面人类的生存却日益面临困境。人类凭借理性和科学创造了空前的物质文明,但是,人的生命、意志、情感等非理性却被压抑或扭曲,物质文明与精神文明陷入深刻的分裂。

西方法律文化传统是经过两千多年的长期积累而形成的,传统的法律思想曾经被人们设想为完全符合理性与正义的要求,西方法律及其思想产生和发展的历史就是一幅根据理性原则展开的必然性图画。从普罗塔哥拉"人是万物的尺度"到柏拉图的"相论"(理念论),从亚里士多德城邦本位的法治观到斯多亚派"世界城邦"自然法,从托马斯·阿奎那的神学自然法理性到马基雅弗利用人的眼光观察国家与法,从格老秀斯的社会契约论到黑格尔法哲学的绝对精神,无不是在寻求一种关于普遍的、支配宇宙、凌驾于实在法之上的最普遍原则的知识,企图找到一种人们必须共同遵守的普遍原则、普遍规律和道德规范,因此,寻求普遍性成了两千多年来西方哲学及其法哲学的最高目标和终极关怀,于是,理性—自然法—实在法成了放之四海而皆准、超越时代、超

---

① 参见由嵘:《外国法制史》,北京大学出版社1992年版,第218—220页。

② 李小兵:《资本主义的文化矛盾与危机》,中共中央党校出版社1991年版,第16页。

越民族和国家的立法司法的根本原则。

但是,这种"形而上学"的法哲学不可能探寻到事实背后的无形的力量和终极的原因,因为它们都是从一种先验的设想出发。功利主义认为,法应建立在实证调查的基础上,而不应以理性作为法的基础。形而上学法哲学本身追求普遍性,忽视特殊性,强调同一性忽视多样性,这实际上是一种单一的封闭性思维,它与迅速发展变化的社会现实极不适应。资产阶级法哲学虽然曾经用理性去反对封建专制法制,否定人对上帝的依附,但他们不仅把法归结为理性,甚至把人的本质亦归结为理性存在或感性存在,自然的历史和人类历史不过是理性本质的展现;实在法却来自理性自然法,服从理性自然法,这就势必淹没了人的个性、自由性和创造性,桎梏人类的法的精神。因此,理性主义一方面把人从神的束缚中解放出来,人法脱离了神法,人作为最高目的而罩上了理性的光环;另一方面,人又失去了人之为人的特性,人被理性束缚住了,法的精神迷失在一些含糊的、不可证明的先验前提之中。

传统理论既不适应资产阶级政治、经济发展要求,又无助于人们解除思想困惑,这说明传统理论本身具有不可克服的局限性。19世纪以来,自然科学的不断发展,特别是实证科学取得的重大成果,人们进一步发现,理性王国与现实生活完全是两个世界。早在19世纪中叶,尼采就敏锐地觉察到了人类精神的这种危机,痛苦地感受到灵与肉的分裂。他说"上帝死了",这是对传统的理性主义的批判和否定。20世纪的福科说,上帝死了以后人也死了。于是,理性王国破产了,人们陷入了理性的危机和人的危机。但是,资产阶级为了保障资本主义的稳定发展,就需要克服精神的困惑,因此,迫切要求用新的理论取代传统的观念,表现在法律思想方面,就是创立新的法哲学取代自然法学说。正是在这种复杂的历史条件下,新的法学理论相继诞生。

第二节　法学思潮的多元与急变

如果把西方传统的哲学及法哲学称为形而上学,那么,19世纪中叶在西方思想界出现了一个前所未有的反形而上学倾向的强大的运动。这种运动改变了传统的单一的封闭式思维,为开放的多元的法学思潮的涌现准备了思想基础。美国法律哲学家博登海默说："这个运动可以用一个不甚严谨但容易理解的术语——实证主义——来描述。实证主义作为一种科学的态度,它反对先验的推测,并试图将其本身局限于经验材料范围之外。它反对提倡玄虚的精神高度,把学术工作限制在分析'即定事实'的范围之内。它拒绝超出感觉现象之外,否认理解自然'本质'的可能性。"①实证主义作为传统形而上学的对立面产生于 19 世纪 30—40 年代的法国和英国,它直接继承了休谟的经验主义。比如,实证哲学创始人孔德就认为,只有经验事实,才能为人们提供最实在、精确肯定和有用的东西。19 世纪上半叶自然科学的巨大成就为实证主义准备了基础,并且对人们产生了一种把自然科学所运用的观察经验事实和感性材料的方法应用于社会科学领域的强大吸引力。

20 世纪,实证主义在维也纳圈子(Vienna Cirecle)的逻辑实证主义中呈现出一种新的、激进的形式。这个圈子形成于一战之后,核心人物是维也纳学派首领石里克(Moritz Schlick),其追随者遍及英国、美国和斯堪的纳维亚国家。逻辑实证主义主张逻辑经验主义,认为超越经验的思维是不存在的。维也纳学派的成员没有一个"纯"哲学家,他们大多从事某一种自然科学的专门领域的研究,其理论原则,归纳起来,大致有四:第一,它摈弃哲学中一切教条的和纯理论的主张,认为只有建立在经过经验证实了关于现实的主张才是正确的;第二,非难和否定从柏拉图到现代的哲学发展,把西方文明的大多数大哲学家都斥之为玄学家和胡说八道的贩卖商;第三,认为科学的任务是描述和分析现状,而哲学的任务则是对观念的逻辑分类;第四,伦理规则只是一些言词,由于一种价值或伦理规范的客观效力是不能被经验证实的,因此维护它是没有意义的。②

实证主义哲学的出现是对西方文化及其法文化传统的反叛,是非理性对理性的胜利,是"科学世界观"对形而上学的否定,是哲学在困惑中的转向和选择,它一经出现就产生了巨大影响,并且渗透到包括法学在内的社会科学的

---

① ［美］E.博登海默:《法理学—法哲学及其方法》,邓正来译,华夏出版社 1987 年版,第 107—108 页。

② ［美］E.博登海默:《法理学—法哲学及其方法》,邓正来译,华夏出版社 1987 年版,第 108—109 页。

各个领域。法律实证主义亦反对形而上学的思考方式和寻求终极原理的方法,反对法理学家超越现行法律制度的经验现实而去识别与阐述法律思想的任何企图。实证主义者把法理学的任务限制在分析和剖析实在法律制度的范围内,而法律价值则被排除在外。实证主义法学甚至认为正义就是合法性,正义也就是服从国家所制定的规则。

实证主义对现代西方法学思潮,特别是分析法学和社会法学的影响是深刻的。分析法学亦可以称之为分析实证主义,它主张将某种特定的法律制度作为出发点,主要通过归纳方法,从该法律制度中取出一些基本的观念、概念和特点进行比较,以便弄清某些共同的因素。因此,分析法学主要关注的是"分析法律术语、探究法律命题在逻辑上的相互关系"。① 通过这种方法,分析实证主义使法律科学变成了对法律体系的剖析。

分析法学派的奠基人是英国法学家奥斯丁,但实际上在边沁和耶林的法学著作中已经包含有分析实证主义的观点了。奥斯丁信奉功利主义哲学,把功利原则视为检验法律的最终标准;他认为,法理学的任务就是对从实在法律制度中抽象出来的一般概念和原则予以说明,而实在法的本质特征在于其强制性,法律就是主权者的命令。奥斯丁承认法官造法,法律不一定由国家立法机关颁布,法官所造的法是从国家授予的权力中取得其法律效力的。从奥斯丁开始,才转变了法学研究的重心,从法律的外部关系的研究转移到法律的结构、范围体系及其逻辑关系的研究,但是他的理论在其在世时几乎没有受到注意,实际上对后来英国法理学产生了很大影响。

凯尔森的纯粹法学"是法律实证主义理论最一致的表述","他把法律视作一种封闭的东西,就好像法律是在一个封闭的、密封的容器中一般",②认为只有实在法才是纯粹法学的对象。法律实证主义注重法律的形式结构,而不是它的道德内容和社会内容。他们在观察法律结构时不考虑法律规范是否正义,用科学的幌子否认法律与正义的联系,并且力图把法哲学同其他学科,如

---

① [美]E. 博登海默:《法理学—法哲学及其方法》,邓正来译,华夏出版社 1987 年版,第111 页。

② [美]E. 博登海默:《法理学—法哲学及其方法》,邓正来译,华夏出版社 1987 年版,第123 页。

心理学、社会学、伦理学等区别。但是，由于纯粹法学只注重法的基本概念和逻辑分析，它不能适应西方各国运用立法手段调节社会矛盾和干预经济生活的需要，因此，20世纪以来，纯粹法学逐渐衰落，60年代开始兴起了以英国法学家哈特为首的新分析法学运动，这次运动在英美国家表现得特别有力，并且还影响到了世界其他国家。

哈特的新分析法学是在他同其他学派的三次大论战中成长发展起来的。第一次是1957年哈特应美国哈佛大学邀请，在哈佛大学发表《实证主义和法与道德之分》演讲，遭到新自然法学派富勒教授的批评。第二次是1957年因英国议员沃尔芬登提交的改革刑法的报告而引起的争论，哈特主张法律不应干预私人生活。第三次是同新自然法学代表人物德沃金教授的论战。新分析法学放弃了早期分析法学把法学范围仅仅限制在法律基本概念的主张，一定程度上承认了社会学法学和自然法学的合理性，这说明他们较之传统分析法学对自然法作出了重要的让步。哈特试图在法律的强制性观念和社会性观念之间架起一座桥梁，并缓和法律实证主义者和自然法学家之间的尖锐对立，因此，西方法学界不少人认为哈特采取了"中间路线"。另外，分析法学还利用现代逻辑和语言科学成就研究法学，比如符号逻辑和计算机科学等，他们从维特根斯坦的著作中得到了很多启发，并创立了语言学法学。同时，他们对司法程序也进行了更严密、更详尽的调查研究，并超过了传统分析法学。

法律实证主义也深刻影响了社会学法学，或者说，"法律实证主义也有可能以一种社会学的形式表现出来"，①那么，它的关注点与分析法学就有了很大区别。它所关注的不是分析国家制定的法律规则，而是分析导致制定这些法律规则的各种社会因素，它所从事的工作是对各种影响实在法制定的社会力量加以研究和描述。但是，社会学法学与分析法学也有一致的地方，那就是完全用经验的态度看待法律，不赞同自然法学研究和寻求法律制度的终极价值的形而上学态度。

社会学法学可以追溯到奥地利社会学家路德维格·冈普洛维奇（Ludwig Gumplowicz，1838—1909年），他提供了一个从社会实证主义角度去解释法律

---

① ［美］E.博登海默：《法理学—法哲学及其方法》，邓正来译，华夏出版社1987年版，第111页。

的范例,认为法律是从具有不同力量的不同社会群众之间的冲突中产生的一种社会生活的形式,是实现政府目标的最主要的工具之一。在德国法律社会学的先驱是马克斯·韦伯(Max Weber,1864—1920 年),但提出一种彻底的社会学法律理论的却是奥地利的尤金·埃利希(Eugen Enrlich,1862—1922年)。其后,首先在德国和法国兴起的利益法学和自由主义法学运动,都表现出同社会学法学的渊源关系。美国社会学法学的创始人罗斯科·庞德是西方当代法律社会学史上的泰斗,他认为法律的目的主要的不是最大限度地自我维护,而主要是最大限度地满足需求。他说,法律是一种制度、一个日益有效的社会工程,用最小的代价去尽可能地满足人们的需求,这种需求不是 19 世纪自然法学关于个人的、绝对的权利,而应该是更加广泛地承认人类的需要、要求和社会利益。

社会法学反对传统的自然权利观念,也不赞成分析法学所主张的形式主义的观点。他们认为,不考虑人类社会生活的实际,便不可能认识和理解法律。分析法学拒斥形而上学,而他们又走进了新的形而上学,因为它呼吁法律科学的自给自足,反对那种要与其他社会科学协作的要求。与此相反,社会学法学则强调法律同有关的历史背景、社会因素和经济情况的关系,认为要想满意地完成任务的法官,就必须对形成和影响法律的社会因素和经济因素了如指掌。现实主义法学可谓社会学法学中的激进流派,他们厌恶形而上学的、纯理论的思想观点,重视法律生活的"事实",一定程度上还清除了分析法学的形式主义,但由于他们理论基础是资产阶级实用主义,否认法律存在的阶级基础,掩盖资产阶级法律的阶级作用,因此,也不可能是真正的法律科学。

实证主义拒斥传统形而上学,本身就包含着不可克服的矛盾,因此,自它产生之日起就一直遭到质疑与反驳。当代西方思想界不少人主张要正确对待以康德、黑格尔为代表的传统形而上学,他们提出"形而上学是否结束了自己的主张"。新分析法学家哈特的"中间路线",他对古典自然法学理论的让步,承认人类社会有一种普遍的共同的行为规则,这说明实证主义法学对自身的矛盾已有所觉察和醒悟,并且显露出某些法律理想主义的因素,这实际上预示了自然法学重获新生的历史必然性。19 世纪末,对法律有序化的终极价值的哲学研究实际上已经停止,但到了 20 世纪,却出现了自然法思想和侧重价值的法理学的复兴。

复兴自然法学可以追溯到 20 世纪初的法国法学家夏蒙和德国新康德主义法学创始人施塔姆勒。夏蒙在 1910 年就提出"复兴自然法",施塔姆勒1916 年提出"可变的自然法",并试图根据先验的推论创立一种现代的自然法学哲学,施塔姆勒因此被称为"努力创造以先验理性为基础的现代自然法学的先驱"。但是,自然法学的真正复兴并雄踞西方法学论坛是在第二次世界大战以后。纳粹时期的巨大社会变动,法西斯的专虐暴行,极大地震惊了西方思想界。残酷的现实告诉人们,法律实证主义无力抗御纳粹德国的暴行,在正义和法律确定性之间发生着不可调和的冲突,非正义的实在法必须让位于正义。1945 年 11 月 14 日举世瞩目的纽伦堡审判开庭,它唤醒了人们沉睡的良知,宣告了正义对邪恶的胜利。

纽伦堡国际军事法庭和前西德各级法院在审理纳粹分子战时罪行时,使用的最有效的武器就是自然法思想。法院宣称每当制定法与真实正义相冲突,达到不可忍耐的程度时,制定法必须向正义低头而被认作"不法之法"。某项现存的法律,如果违反自然法的箴规,被告不得根据该项法律为其行为辩护。1952 年前西德联邦最高法院宣称:第三帝国的掌权者,曾公布无数规则,认为"合法"而构成"法律",虽然这些规则因为违反某些基本原则而并不具有法律性质。政府公布之规则,如根本不在试图达成真实正义者,并不构成"法律";符合这些规则的行为,仍是不正义。用自然法学的原则作为神圣的法庭判决的根据,用自然法批判和否定法西斯的"不法之法",这是一种沉寂了百年的古老精神的复活,是二战后自然法学在同实证法学的对抗中取得的一项重大胜利。

当代复兴自然法学有两条线索:一是代表世俗传统的,以富勒、罗尔斯、德沃金为代表;一是代表神学传统的,以马里旦为主要代表。复兴自然法学派虽然不像在中世纪和近代那样绝对占统治地位,但他们在当代的影响是不可低估的。

20 世纪以来,由于资本主义经济、政治、精神危机日益加深,西方法学家在探寻治理社会的危机和完善资本主义法律的方法的过程中,新的法学思潮相继更迭,或竞相表现,或相互吸纳,这说明任何一种法学思潮都不可能独霸世界了,传统的形而上学法哲学大一统局面已一去不复返。20 世纪中叶,复兴自然法学方兴未艾,80 年代昂格尔的批判法学在美国又异军突起,震动了法学界。但是,由于资本主义社会及其法制的基本矛盾的存在,因此,任何新的法学理论也不可能医治资本主义及其法律制度的痼疾,但是,这些法学理论毕竟是西方人在探索真理过程中留下的足迹,而且在这种探索过程中,西方人也在不断揭露和批判自己,例如,卡夫卡在20世纪初就用文学的形式辛辣地讽刺西方法治的虚伪性;斯宾格勒甚至将西方的民主宪政等同于金钱,认为民主政治同财阀政治是同一事物的两个方面①;伯尔曼在他积四十余年功力的巨著《法律与革命》中也大声疾呼西方法律传统的根基已崩溃,道德沉沦,法律不再被信仰等等,表现了西方思想界深刻的反省与思考,虽然"一片白云横谷口,几多归鸟尽迷巢",但苏格拉底"认识你自己"、"自知自己无知"的反思精神犹存,这恰恰给人以极大的启示,这对于我们认识人类法的历程及其规律具有十分重要的意义,对于创建中国特色的社会主义法律文化也极富借鉴价值。

---

① 参见[德]奥斯瓦尔德·斯宾格勒:《西方的没落》第一卷,吴琼译,上海三联书店2006年版,第42页。

第二十二章　庞德的社会法学思想

罗斯科·庞德(Roscoe Pound,1870—1964 年),美国法理学教育家,社会法学派的主要代表人物。

庞德于 1870 年 10 月 27 日出生于美国内布拉斯加州林肯城一个书香门第的家庭。他的父亲是一名律师,后任法官,州立宪会议议员和参议员。庞德早年对植物学颇感兴趣。他在内布拉斯加州大学毕业后,曾一度专门研究地理学、生态学和寄生菌学,成为该州植物研究会的创始人和首任会长。在《美国科学家》一书中,庞德被列为植物地理学家,成为该书中一千个第一流的美国科学家之一。后来由于受到他父亲的影响,他把志趣转向法律。1889 年他到哈佛大学法学院就读一年后,又回到了内布拉斯加州,决意像他父亲一样从事法律工作。

庞德于 1890 年取得了律师资格,在林肯城当了 10 年的开业律师之后,开始担任内布拉斯加州高等法院助理法官。1903—1907 年,他辞去司法职务,就任尼州大学法学院院长。1907—1910 年,他分别担任了西北大学和芝加哥大学的法学教授。在此期间,他的治学才华日益展露。

1910 年庞德又回到哈佛大学,先后有六年时间担任斯托里和卡特讲座法学教授。从 1916 年起,庞德担任了 20 年哈佛法学院院长。这段时间被誉为哈佛法学院的黄金时代。1936 年 9 月,庞德因年高而辞职,但仍任该院名誉院长。1937 年 6 月他接受哈佛大学最早的一个"巡回教授"的职位,他可以有资格在任何一个系教课。1947 年 6 月 30 日,他受旧中国国民党政府的邀请,来中国担任旧司法部和旧教育部顾问。此外,庞德还担任过国际联盟设立的国际智力合作学会法律处顾问委员和英美权利仲裁团团员。

庞德始终是一个忙人,他忙于教书、办学、研究、著作及种种社会服务和国际间的法学活动。他一生学而不厌,诲人不倦;他博闻强记,淹贯群籍;他治学之广,著作之多,为常人所不及。他在法学上的成就,诚如美国柯考爱克教授所说:"在我们的时代,在这个国家,在法律科学与法律哲学的领域,有一个阿尔卑斯山的巅峰,于周围环境里耸立起来,这顶峰便是罗斯科·庞德。"[①]

庞德一生著作极丰,到1960年90岁时,他共发表了27本著作和287篇重要文章和演讲。他法学方面的主要著作有:《法律肄言》(1899年)、《社会法学的范围和目的》(1911—1912年)、《英美普通法的精神》(1921年)、《法律哲学导论》(1922年)、《法律史解释》(1923年)、《法律和道德》(1924年)、《普通法的历史和制度释义》(1927年)、《美国刑法》(1930年)、《美国法的形成时代》(1938年)、《通过法律的社会控制》(1942年)、《行政法的成长、程序和意义》(1942年)、《法律的任务》(1944年)、《新的万民法》(1947年)、《合法的正义》(1950年)、《法律的新道路》(1950年)、《根据法律的正义》(1951年)、《法理学》(1959年)等。由于庞德在法学方面的巨大贡献,他曾获得西北大学、密执安大学、内布拉斯加大学、密苏里大学、布朗大学、哈佛大学、剑桥大学、联合大学、匹兹堡大学、科罗拉多大学、华盛顿大学、加利福尼亚大学、辛辛那提大学等荣誉人文科学博士学位,并于1940年获得美国律师协会的奖章。

总之,庞德的一生颇不平凡,他的学说,不仅成为美国法学理论界和司法实践中的官方学说,而且在整个西方法学界亦享有盛誉。

第一节 法的基本理论

一、法律的概念

庞德认为,法律的概念十分复杂,而且法律的定义自公元前六世纪古希腊的哲人们开始思考法律问题以来,法为何物一直被争论不休和难以说明。概括说来,庞德对法律概念有两种形式意义的基本表述:

---

　　① 张文伯:《庞德学述》,(台北)中华大典编印会印行1967年,第15页。

第一种是从词义来源方面的推论。他认为"法律"一词,包括如下意义:(1)自然科学中的公理、定律;(2)法律哲学中的"自然法"。它在伦理哲学中叫原理,用于社会表现为约束人们行为和调节人们相互关系的基本原则,运用于国家则是规范权利与义务的基础;(3)国家法律,即纯正法律。它是"公共法庭承认实行"和"处理直道(即公平裁判)"的一部规则,来自审判经验和法学研究中的原理以及主权者意志的规则。他归纳说:这三种用法的"法律"的共同点是"秩序和准规"。①

第二种,从历史上关于什么是法律的争论中,他认为法律有三种明确的意义:(1)法学家们所称的法律秩序。即通过有系统、有秩序地使用政治组织社会的强力来调整关系和安排行为的制度;(2)一批据以作出司法或行政决定的权威性资料、根据或指示;(3)司法过程和行政过程。即为了维护法律秩序,依照权威性的指示以决定各类案件的过程。对于这三种法律概念的不同表达方式在西方法学史上一直未得到统一。为克服这个困难,庞德指出必须站到一个更高的层次上才能理解法律的概念。由此,他提出用社会控制的概念来统一上述三种意义上的法律。他说:"如果这三种意义可以统一起来的话,那就是用社会控制的观念来加以统一。我们可以设想一种制度,它是依照一批在司法和行政过程中使用的权威性法令来实施的高度专门形式的社会控制。②显然,这种社会控制的制度就是法律。

在上述三个部分中,庞德认为第二种意义的法律概念是人们争论的焦点。因为这一意义上的法律本身是一个很复杂的概念。它包括了三种成分。"我们正在讲的这一意义上的法律是由律令、技术和理想构成的:一批权威性的律令,并根据权威性的传统理想或以它为背景,以权威性的技术对其加以发展和适用。"③然而人们往往把法律简单理解为第一种成分,即律令成分,而忽视技术成分和理想成分。技术成分指发展和适用法令的技术、法律工作者的业务艺术,这种成分同样是权威性的、重要的。理想成分指公认的、权威性的法律理想,旨在反映一定时间、地点社会秩序的理想图画,反映法律秩序和社会控

---

① ［美］庞德:《法律肄言》,商务印书馆 1930 年版,第 15—17 页。
② ［美］庞德:《通过法律的社会控制、法律的任务》,商务印书馆 1984 年版,第 22 页。
③ 沈宗灵:《现代西方法理学》,北京大学出版社 1992 年版,第 299 页。

制目的的法律传统及其解释和适用律令的背景,这一成分在各种新案件中具有决定意义。

此外,庞德认为,法律概念的复杂性还在于上述第一种成分,即律令成分也是很复杂的,"它是由规则、原则、确定概念的律令和建立标准的律令构成的"。① 其中,规则是律令的最初形式,指的是以一个具体的、确定的法律后果赋予一个具体的、确定的事实状态的法律律令。各种原始法律基本上是由这种规则构成的。原则是指用来进行法律推理的权威性出发点。这种情况并不预先假定有任何确定的、具体的事实状态,也不赋予确定、具体的法律后果,但在进行法律推理时,这种原则是必不可少的。标准是指法律所规定的行为尺度,只要不超过该尺度,人们对自己行为所造成的任何损害都可以在法律上不负任何责任。法律概念是指可以容纳各种情况的法律上确定的权威性范畴。当人们把这些情况放进这一范畴时,一系列规则、原则和标准都可以适用。同时,正是因为有了各种原则和概念,人们才有可能在较少规则的场合下进行工作,并足以应付那些没有现成规则可循的各种新情况。

由上可知,庞德的法律概念颇为复杂。我们可简单地用图表表示如下:

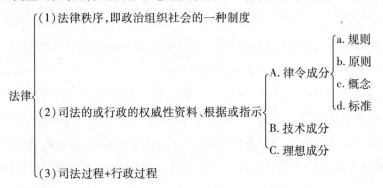

二、法律的价值准则

庞德所谓法律的价值准则,是指法律对各种利益进行评价的标准或尺度。庞德认为,法律的目的是正义,然而正义并不是指个人的德行,也不是指人们之间的理想关系。法律意味着一种体制,意味着对关系的调整和对行为的安

---

① 沈宗灵:《现代西方法理学》,北京大学出版社 1992 年版,第 300 页。

排,以便使人们生活得更好,并帮助人们实现各种主张和愿望。庞德所主张的法律价值准则是:使大家尽可能在最少阻碍和浪费的条件下得到满足。这样的法律也就是正义的法律。

针对法律的价值准则,庞德提出了获得法律价值的三种方法,即经验、理性和权威性的观念。

第一,经验的方法。即看法律的制定、发展和适用是否合乎一直赖以遵循的经验。这些经验是历代法院、立法者和法学家们在从事寻求对各种冲突和重叠利益的实际调整和协调过程中一代代沿袭下来的行之有效的准则。庞德认为,从这些经验中,我们就能找出"某种能在丝毫无损于整个利益方案的条件下使各种冲突和重迭的利益得到调整,并同时给予这种经验以合理发展的方法",这种尺度"就成为一个能在最小阻碍和浪费的条件下调整关系和安排行为的实际东西"。①

第二,理性的方法。即看法律的制定、发展和适用是否合乎法学家们定出的理性。这种理性也就是各种法律假说。这些假说和经验一样,同样能够发现有助于各种冲突或重叠的利益的东西,它们是确定和保障人们之间的利益关系所应遵循的准则。

第三,权威性观念。即看法律的制定、发展和适用是否遵循公认的传统性权威观念。这种公认的传统性权威观念是人们为法律秩序设定的理想模式和图画。这种模式表明"关于法律制度和法律学说应当是怎样的东西,把它们适用于争端时应当取得什么样的后果"。② 法律对社会关系的调整能否达到这种理想模式,自然就成为评判法律效果的依据。

三、法律发展的历史阶段

庞德在阐述了法律的概念和价值准则之后,为进一步说明法律的目的和作用,他提出了法律发展的五个阶段的概念。

第一,原始法阶段。原始法指尚未从一般社会控制中分化出来或仅仅稍有分化阶段的法律。这个阶段的法律如同汉穆拉比法典和其他早期的法律,

---

① ［美］庞德:《通过法律的社会控制、法律的任务》,商务印书馆 1984 年版,第 58 页。

② ［美］庞德:《通过法律的社会控制、法律的任务》,商务印书馆 1984 年版,第 63 页。

其目的是为防止血亲复仇,并通过提供赔偿费给受伤害的一方来维持和平。

第二,严格法阶段。在这一阶段,法律已和其他社会秩序分开,而且法律已经盛行。国家凌驾于血亲组织和宗教组织之上作为社会控制的机关。法律的目的也从保护和平发展到维护一般安全,即对损害发生前后都加以注意,法律的手段发展为法律上的补救。这一阶段的法律带有形式主义、不可改变性、国家不照顾个人利益、不考虑道德问题、专横限制人的行为能力等特点。公元前4世纪的罗马法和13世纪英国的普通法就是这一阶段具有代表性的法律。

第三,衡平法和自然法阶段。这一阶段的法律目的是合乎伦理,符合善良道德;其主要手段是对义务的履行;特点是具有法律和道德的一致性、义务观念,依靠理性,而不是依靠专门的规则等。属于这一阶段的有:在罗马法中,主要指从奥古斯都到公元3世纪初的古典时代;在英国法中,指大法官法庭的兴起和衡平法的发展,时间约是17、18世纪;在欧洲大陆,指17、18世纪的自然法时期。

第四,法律的成熟阶段。这一阶段的法律基本上是第二阶段严格法的确定性和第三阶段自由化的衡平法和自然法的结合。其法律目的是保障平等和安全,并以财产和契约作为基本思想;主要的法律制度是财产法和契约法;达此法律目的的手段是维护个人权利。19世纪欧洲一些国家的法律都属于此阶段的法律。

第五,法律的社会化阶段。指19世纪后期开始的西方各国的法律。法律的重点由个人利益转向社会利益。庞德的社会法学正是这一阶段的典型代替。它把法学的传统方法与社会学的概念、观念、理论和方法结合起来研究法律现象,注重法律的社会目的、作用和效果,强调社会不同利益的整合。它是20世纪西方法学领域最重大的事件和最突出的成就。

第二节　社会法学的概述

社会法学和社会法学派,是20世纪资产阶级法学的主要流派之一。它反映了工业资本主义时期所形成的许多法律制度,已同经济和政治的发展不相适应。以庞德为代表的美国社会法学就是在这样的历史条件下形成的。

一、"实用主义"的理论基础

实用主义哲学是现代资产阶级哲学重要派别之一,于20世纪初开始在美国盛行,创始人是美国哲学家詹姆斯和皮尔斯。美国实用主义的基本思想,是贝克莱、休谟主观唯心主义和不可知论。实用主义者极力把经验解释为超出物质与精神的对立,超出于唯物主义和唯心主义的斗争。他们强调立足于现实生活,把确定信念当作出发点,采取行动当作主要手段,以获得的效果当作最高目的。他们也强调实践。但这种实践只是指个人被动地应付环境的活动;实践的标准是所谓"兑现价值"和"效果",同时这也就是他们的真理标准:凡"有效用"、"能满足自己要求"的就是真理。詹姆斯认为,实用主义的方法,不过是一种确定方向的态度。"这个态度不是去看最先的事物、原则'范畴'和假定是必需的东西;而是去看最后的事物、收获、效果和事实"。①

实用主义哲学强烈地影响了包括法学在内的社会科学。在美国,首先将实用主义哲学应用于法学的是美国著名法学家和法官霍姆斯。霍姆斯的实用主义法哲学对西方社会法学所注入的新因素,有如下几点:(1)实用主义观点。这种观点把法律理解为"大体上相当于社会方便的东西",或者说是当前社会所需要的东西。(2)经验主义观点。他所说的"法律的生命不是逻辑,而是经验"的命题,是极为闻名的。他的意思是,法官不能从法哲学的信条出发,而要从实证的社会状况出发,来进行裁判。(3)法律预测观点。他认为,法律不是任何别的东西,说到底,法律就是人们(特别是坏人)对于法院事实上将要作出什么决定的预测。需要注意的是,这个命题实际上包含两个方面的意思:一是承认法律是人们行为的模式,也是法院要遵循的模式,法官要根据法律来裁决;二是这个命题更强调"法官的预测就是法律"的含义,即法官立法、法官法学的含义。这就为法官专横提供了方便。

庞德正是在詹姆斯的实用主义哲学和霍姆斯的实用主义法学的基础上,吸收了美国社会学家沃德、罗斯关于社会力量和社会控制的理论,建立了一个十分庞杂的社会法学体系。

---

① ［美］詹姆斯:《实用主义》,商务印书馆1979年版,第31页。

二、社会法学的基本纲领

庞德早在1911—1912年发表的《社会法学的范围和目的》一书,就对社会法学的基本思想进行了纲领性的总结和提示。1959年出版的《法理学》一书,系统地表述了其社会法学的基本纲领如下:

第一,研究法律制度和法律学说的实际社会效果。在此,他引证了欧洲社会法学代表、德国法学家坎特罗维茨对法律和法学脱离社会实践的教条主义、机械主义的批判。

第二,为准备立法进行社会学的研究。分析和研究其他立法,比较各种法律,并考虑这些法律的内容是否合乎正义,这是传统立法的准备工作。但仅做到这一点是不够的,更重要的是要研究这些法律的社会作用及其实际效果。

第三,研究使法律产生实效的手段。与其他法学流派不同,社会法学认为法律的生命在于它的适用实施,因此,必须认真地、科学地研究法律的运用及如何使大量的立法和司法判例得以生效。

第四,法律研究的方法,应该是既对司法、行政和立法以及法学的活动进行心理学的研究,又要对理想的哲理进行研究,二者都不可偏废。

第五,对法制史进行社会学的研究。即不仅要研究历史上的法律制度和法律原理如何演变,而且还要研究这些法律制度和法律原理所产生的社会效果以及如何产生这些效果。

第六,承认对法律规则分别情况加以适用的重要性,力求对各个案件都能正当、合理地加以解决。这就需要研究根据不同情况适用不同的法律制度,包括对司法活动和行政活动之间关系的研究。

第七,在普通法法系国家中司法部的作用。在美国,司法部的作用仅限于向国家官员提供法律咨询,在民事案件中代表国家,在刑事案件中提起公诉等。这就无法向制定和执行法律的人提供明智的指引。

第八,以上各点都是达到一个目的的手段,即力求使法律秩序更加有效地实现。

由上可知,庞德的社会法学观点是相当系统的。从立法到司法,从法律秩序到学说,从制度到组织等各个方面都涉及了。概括说来,庞德的社会法学有如下几个方面的特点:

第一,强调以社会学的观点和方法来研究法律,研究法律与其他社会因素之间的关系。

第二,注重法律在社会中的作用和效果,而不是其抽象内容。

第三,注重法律在社会上的目的,而不注重法律的制裁。

第四,强调法律应适应社会生活的发展而变化。立法和司法活动应该从社会事实出发,而不是以僵死的法律条文或某种抽象原则出发,把"生活中的法律"置于"典籍中的法律"之上。

第五,强调法律的"社会化",强调从"个人本位"转向"社会本位"。

第六,社会法学家的哲学观点颇为复杂,但庞德主张实用主义哲学应为社会法学的基础。

三、社会法学的历史发展

庞德认为,社会法学自产生至今已经过了三个时期,现已进入第四个时期。即经过机械论时期、生物学时期、心理学时期,已进入统一的时期。

(一)机械论时期。这一时期,实证主义哲学占主导地位。十九世纪上半叶,当时科学思想的中心点,最注意于物质宇宙的统一性。一般人的心理都服从"机械定律"。以孔德为代表的实证主义社会法学派就是这一时期的典型代表。他认为法律是由生存竞争而引起的各种力量冲突的结果。于是各种冲突的结果又形成法典,即法典所向则成为能制裁一切的力量。这一时期社会法学派的特点是:一是要认清团体阶级与多元结合的重要性,从而推翻个人主义的出发点;二是要揭示人们同法律与社会现象关系的重要性,说明社会发展有其一定规律而非意志所决定的。

(二)生物学时期。十九世纪中叶,达尔文的《物种起源》一书问世,在科学界发生了很大的影响。社会科学的领域也都采用了他的学说,法律学者开始以生物学的眼光观察一切事物。基于这种趋势,产生了生物学的社会法学。该法学认为,法律的目的在于使人人能在有秩序的、有规则的状态下,都有自由活动的机会,优胜劣败,生存竞争。

(三)心理学时期。十九世纪末叶,社会学与法理学,又转入心理学的领域。心理学派的社会法学因而形成。这一学派受三种思想的影响。首先是德国法学家乔基。他在《团体法》一书中说,人之所以为人,乃是他的合群性,之所以要合群,不仅对他的存在增加其势力,而且对将来人类历史的发展能起促进作用。其次是华特。他认为,法律的进程不外是民族心理之进程,正如其他一切精神的创造物一样,法律也将永远处于变化之中。再次是泰特。他认为法律有三个要点:(1)法律乃是群众互相对待外部行为的规范;(2)法律者,乃由一己之外现有的权力而产生的规范;(3)法律者,乃为一种规范,其束缚力是由外部权力保证的。

(四)统一时期。十九世纪末二十世纪初,社会学方面出现了综合统一的倾向,影响于法律学的研究,同样也酝酿着社会法学的综合统一的倾向。统一时期的社会法学家否认从前各派法学所用的种种方法之自足的态度,而主张采用社会学的方法;同时,他们也否定法律学本身的自足的态度,而主张把法律学作为社会学的一部分。他们主张法律学不应当只注重于法规的研究,而应使法律与社会的目的并行,使法律生活与事实生活相一致,所以必须以社会学的方法为主,使法律学成为社会学的一部分,脱离概念法学与论理法学的领域,而应当成为目的法学与利益法学,务使法律成为实际生活法则的"活法律",他们认为这样成立的法学,才是社会法学。

第三节　社会利益学说

庞德认为,现代正处在法律社会化时期,以集团主义取代个人主义,以国家干预主义取代放任主义。法律由个人本位转化为社会本位,财产权的限制及契约自由的限制是该时期的一项原则,为此,他强调增进和保护社会利益。换言之,他的社会利益学说正是为适应现代西方社会的需要而产生的。

一、理论渊源

庞德的社会利益学说渊源于三位著名思想家不同的理论,即詹姆斯的伦理观、耶林的目的观和史丹姆勒的"特定团体"观。

(一)詹姆斯的伦理观

詹姆斯认为,任何人都有自己的需要或欲望,而每个人的需要或欲望,无论大小,都应该得到满足,因为任何需要都是同样必要的。人类如有某种需要,该需要就有存在的价值。因此最普遍性的原则,就是善的本质在满足需要。然而,各人的需要或欲望常常发生冲突,也就是说,在这个世界里,后人的需要或欲望往往很难全部获得满足。为此,伦理学的原则应该是尽可能地去满足一切需要,多多益善。根据这一原则引申开来,凡是为全体的福利而引起个人的不满,如果该不满只是最低限度的不满,那就是最好的行为。这样,人们在鉴别理想的是非时,凡一理想的实现对其他理想的妨害最轻的,就是最有价值的理想。因此历史的过程,不外是人类一代一代致力于寻求一个更为合理的秩序而已。詹姆斯认为,创设一种实现你自己的理想的方式同时又可以满足他人的需要是唯一的和平的道路。

庞德将詹姆斯的伦理观和法律学相结合,认为法律的目的就是满足需要(求)或保障利益。庞德所谓的"需要(求)",是指在某个特定社会的特定时期内众人的实际需要。这种"需要(求)"在庞德看来就是利益。"利益是人们个别地或通过集团、联合或亲属关系,谋求满足的一种需求或愿望。"①

(二)耶林的目的观

耶林认为,目的是宇宙间普遍的原则,它适用于有生命与无生命的世界。人类的目的和行为的关系,正如自然界的因果关系一样。在自然界,一定的原因必然产生一定的结果。人类有一定的目的,也必然产生一定的行为,用以实现其目的。人类起初只知道努力达到个人的目的,经过互相交际之后,才逐渐发觉把自己的目的和他人的目的相结合后,更易达到自己的目的。正是由于个人目的的互相结合才产生了商业、社会和国家,同时也产生了社会目的。许多社会目的如果不能用自由的方式加以实现,那就必须依赖政治的强制力。这就是法律产生的原因。法律,按照耶林的说法,也就是一种借国家的强制力,来保障社会生活条件的方式或工具,这一点对庞德的法律思想产生了很大的影响。

(三)史丹姆勒的"特定团体"观

史丹姆勒认为,在每一个法律系统中都存在一种观念,即属于该系统的人如果共同努力的话,那么他们在为了自己的生存而奋斗的过程中就能取得更大的成就。同时,每个人参加社会也是为了使自己获得更大的福利。因此,法律的贯通要素,也就是调整社会目的和社会各分子的目的,即调整社会与个人

---

① ［美］庞德:《通过法律的社会控制、法律的任务》,商务印书馆1984年版,第35页。　　*359*

之间相互冲突的利益。这里所谓的社会,是指一个由自由意志的人组成的团体,也就是一切个人自由的目的互相协调后的综合体。这是一个理想,史丹姆勒称之为"社会的理想"。而且这个理想被他认为是用以判断法律是否正当的一个普遍适用的标准。法律在调整团体内互相冲突的利益时是否公平,就视其是否符合"社会理想"而定。这种方法也就是庞德在解决利益冲突时所采用的方法。

二、社会利益纲目

所谓"社会利益纲目",在庞德看来,是指某特定社会的立法者及司法者,根据该社会的法律基本原则,将众人所应该满足及国家所应该保障的各种实际需要或利益分别加以列举。据此,庞德认为,法学家首先要做的工作是调查某一特定文明社会众人的实际需要,再依据归纳法,找出人们行为的基本准则作为法律的基本原则,然后再根据法律的基本原则对各种利益进行分门别类,制成一个利益纲目,以作为调整各种利益冲突的工具。依照这一理论,庞德于1919年为现代西方文明社会制定了较为完整的法律基本原则和社会利益纲目。

(一)文明社会的法律基本原则

庞德把文明社会的法律基本原则概括为如下五种基本"假说":

第一,在文明社会,众人必须假定,别人不会故意侵犯他们。

第二,在文明社会里,众人必须假定,凡自己所发现并供自己使用的一切,因自己劳动而获得的一切,以及在现有社会和经济制度下取得的一切,都可为有利于自己的目的而进行管制。

第三,在文明社会里,众人必须假定,凡是与我们交往的人都是善意的。

第四,在文明社会里,众人必须假定,人们在从事某种活动时尽可能注意不损害别人。

第五,在文明社会里,众人必须假定,别人在保管容易灭失或容易损坏的物品时,会小心将它们放在适当的场所。①

---

① [美]庞德:《通过法律的社会控制》,耶鲁大学出版社1942年版,第113—115页。

(二)利益分类

根据德国法学家耶林的学说,庞德编订了一份利益纲目。根据这个利益纲目,他将利益分为三大类:个人利益、公共利益和社会利益。个人利益是直接与个人生活有关的利益,即直接从个人生活本身出发,以个人生活名义提出的主张、要求和愿望。公共利益是与政治生活有关的利益,即从政治组织社会生活角度出发,以政治组织社会名义提出的主张、要求和愿望。社会利益是与整个社会生活有关的利益,即从社会生活角度出发,为维护社会秩序、社会正常活动而提出的主张、要求和愿望。

具体说来,庞德认为,上述三类利益又可细分如下:

第一类,个人利益。包括人格利益、家庭利益和物质利益。

1. 人格利益。即涉及个人身体和精神方面的主张或要求。包括身体的安全及健康,意志的自由,名誉的保障,隐秘的自由,居住及行动的自由,信仰和意见的自由等。在普通法中,这些利益常常涉及有关伤害、诽谤的规定,契约的原则,以及警察干涉集会游行的限制等问题。

2. 家庭利益。即有关家庭关系的利益。主要包括法律对于婚姻的保护,赡养的要求,以及父母与子女间的法律关系等。它所牵涉的问题,有父母对子女的体罚权,父母对子女收入的管理权,以及少年法院对父母与子女间法律关系的监督权等。

3. 物质利益。即有关个人经济生活方面的需要。主要包括财产的保护,企业自由和契约自由及参加社会团体的自由等。所涉及的多属财产法及契约法上的问题。

第二类,公共利益。包括两类,即国家作为法人的利益和国家作为社会利益捍卫者的利益。

1. 国家作为法人的利益。这种利益与国家的尊严有关。如国家不能任意被人作为诉讼的对象,国家的权利要求不能因债务的存在而被抵消等。这种利益涉及人格利益和物质利益两大方面。

2. 国家作为社会利益捍卫的利益。这种利益与政治效率有关。如国家为保障社会利益所作的指导或监督行为不得干涉等。

第三类,社会利益。包括六类,即一般安全利益、社会组织安全利益、一般道德利益、保护社会资源的利益、一般进步的利益和个人生活方面的利益。

1. 一般安全利益。即以社会名义并通过社会集团所提出的主张、需要和要求，保障不受各种威胁行为之害。包括一般治安和公共保障的维持，取得财物的保障和交易安全的保障等。

2. 社会组织安全利益。即文明社会生活要求，社会组织的安全不受威胁其存在或妨碍其有效运行的行为之害。包括家庭关系的维护、政治、经济及宗教组织的保护等。

3. 一般道德利益。指文明社会生活要求制止的触犯道德感的行为。这种利益与防止道德的败坏有关。如欺诈、腐化、赌博、亵渎的禁止，违反道德的交易无效，以及对于信托中受托人行为的严格规定等。

4. 保护社会资源的利益。包括自然资源和人类资源。这种利益一方面与防止生存必需品的浪费有关，如对能源、森林等的保护。另一方面又与保护不能独立生活及身心残缺的人有关，如对婴儿精神病者的保护及对少年犯的感化等。

5. 一般进步的利益。这是文明社会所要求的，旨在使人类力量能不断控制自然界，以满足人类需要。这是人类为了自身的不断发展而提出的要求。包括政治的进步、经济的进步以及文化的进步三种利益。

6. 个人生活方面的利益。这也是文明社会所要求的，旨在使每一个人都能依照该社会的标准生活。如法律保障个人主张自己的权利。法律要求每个人的机会及生活条件合理而又均等等。

庞德认为，上述这些不同的利益之间，必然要发生各种各样的冲突。这是"由于个人相互间的竞争，由于人们的集团、联合或社会相互间的竞争，以及由于个人和这些集团、联合或社团在竭力满足人类的各种要求、需要和愿望时所发生的竞争"。① 在这种情况下，庞德指出首先应该确定何种利益在相互冲突；其次把每一种冲突的利益都视为社会利益，然后加以权衡比较，并以尽量减少对于整个纲目内的利益的影响为目标，来选择一个解决的办法。这就是达到公平正义的途径。

在西方法学界，庞德关于利益的分类，尤其是关于社会利益学说，是较为著名的。帕特森甚至推崇说，庞德的社会利益的学说，是他对法律哲学的"最

---

① ［美］庞德：《通过法律的社会控制、法律的任务》，商务印书馆 1984 年版，第 36 页。

重要贡献","他的关于社会利益的分类,看来包括了立法机关和法院在制定或解释法律时所必须考虑的全部公共政策,至少可以像门捷列夫的化学元素表所起的作用那样……"①

第四节 法律的社会工程和社会控制

庞德指出,要实现法律的目的,保障社会利益,促进现代社会的文明与进步,最为有效的手段是通过法律的"社会工程"和"社会控制"。

一、法律的社会工程

法律的社会工程,是庞德针对法律实证主义而提出的。他从实用主义的观点出发,反对研究法律理论中的一些基本问题(如法律的本质、形式等),而主张把法学当成"社会工程学"来研究。"社会工程被认作是一种过程,一种活动,而不只是被认为是一种知识体系,或是一种固定的建筑秩序。"②法律就是这样一种社会工程。在这一工程中担任主角的是司法和行政机关,尤其是法官。为此,他主张对立法者、法官和法学家,如同对工程师一样,应当根据他们所完成的工程的质量优劣来判断他们的才能,而不是根据他们的工作是否符合一个传统的理想形式来判断。

庞德认为,在现代社会中,由于司法活动的日益复杂化,对法官们的要求必须像工程师一样,需要他们在司法活动中具有灵活的创造精神,把法律对社会关系和利益的调整看做是一项社会工程。而进行这项工程是为了贯彻社会利益和需要这一法律目的。"庞德在《普通法精神》中指出,用社会工程学的名词来说明法律目的的问题不是抽象地调和人类意志而是想具体地保证人类利益。"为此,人们应当研究法律秩序,即法律为达到其目的的各种活动的总和,而不是在争论法律的本质;要考虑利益、主张和要求,而不是去考虑权利;要考虑人们要求保障和满足的东西,而不是仅仅考虑保障和满足这些东西的

---

① 沈宗灵:《现代西方法理学》,北京大学出版社1992年版,第295页。
② [美]庞德:《法律史解释》,华夏出版社1989年版,第149页。

制度;要考虑人们要做的事能做到什么程度,而不仅仅考虑如何去做;要考虑一种体制如何活动,而不仅仅考虑它是否有条不紊或完美无缺;要根据法律秩序,即根据活动,而不是根据法律,即一套被陈述的经验或用以调整法律秩序的制度来进行考虑;要考虑调整各种关系或调和、协调各种不同主张和要求的活动,而不是考虑调整、调和、协调本身。换言之,"我们越是清楚地认识到我们在做什么和为什么这样做,则我们的社会工程将越有效"。①

总之,庞德的法律社会工程本质上是工具论的具体运用。实用主义工具论主张"有用即是真理","成功证明手段合理"。他强调以社会效果作为衡量法律的标准,实际上就是以是否有利于垄断资产阶级的统治为标准,来评判法律的效用与优劣。

二、社会控制论

庞德认为,法不仅是"社会工程"的工具,而且是"自然秩序"的稳定器,是维护社会文明、对社会进行有效控制的最重要的手段。他的这一理论是十九世纪末德国法学家柯勒关于法律和文明的关系的学说和美国社会学家罗斯的社会控制论的结合。

柯勒认为,法律是文明的一种现象,而文明就是人类对于人性和自然知识及控制力的日益充分的发展,故文明的不断变化必然导致法律随之也发生改变。因而也就不存在所谓的永恒法,必须根据特定时期的特定文明制定出与其相适应的法律。庞德吸收了柯勒的这一观点,并由此出发来阐述"通过法律的社会控制"这一命题的。他说:"不论我们把文明看做事实还是观念,我认为它是各门科学的出发点。"②法学尤其如此。因为法律与文明密切相关:从过去看,法律是文明的产物;从现在看,法律是维护文明的手段;从将来看,法律是促进文明的手段。"文明是人类力量不断地更加完善的发展,是人类对外在的或物质自然界和对人类目前能加以控制的内在的或人类本性的最大限度的控制。"③这段话明确告诉我们,文明包括两个方面:一个是对外部物质

---

① [美]庞德:《法律史解释》,哈佛大学出版社 1946 年版,第 157 页。
② [美]庞德:《通过法律的社会控制、法律的任务》,商务印书馆 1984 年版,第 9 页。
③ [美]庞德:《通过法律的社会控制、法律的任务》,商务印书馆 1984 年版,第 9 页。

自然界的控制；另一个是对人类内在本性的控制。这两种控制是互相依赖的。如果脱离了对人类内在本性的控制，人类就难以征服自然界；反之，如果没有对自然界的征服，人类自身则难以生存，也就谈不上所谓的文明。庞德认为，对人类内在本性的控制就是社会控制，"对内在本性的支配，过去是，现在也是通过社会控制来保持的，即通过人们对每个人所施加的压力来保持的，目的在于迫使他尽自己的本分，支持文明社会，并制止他从事违反社会秩序的行为。①

人类之所以需要加以控制，是由人的本性所决定的。因为人生来就有一种"扩张性"，"'扩张性'或自我主张的本能使他只顾自己的欲望与要求，不惜牺牲别人来满足这些欲望与要求，并克服一切对这些扩张的阻力"。② 这种本能需要外部强力才能控制，然而，那些运用强力的人自身也受这种本能的支配。这就是法律秩序大部分矛盾产生的根源。庞德认为，人除了自我主张或"扩张性"的本能以外，还有一种"社会性本能"。这种本能是通过别人而实现的。

庞德认为，在人类行为中的正常情形似乎是社会本能对自我主张的本能占优势，否则就不会有人类文明和社会生活。但是，这是以社会控制为前提的，如果没有社会控制，人的扩张性自我主张就会胜过他的合作性社会倾向，文明就会寿终正寝。因此，必须借助于外部的社会控制，使人类的合作性社会本能对扩张性的自我主张加以限制，才能保障人类文明的正常发展。

庞德从历史的观点出发，提出了社会控制的三种主要手段，即道德、宗教和法律。它们分别同三种类型的社会组织相适应：第一，与民族或早期国家组织相适应的，是道德的手段。当道德形成体系时，道德即具有法律的性质，即道德法。第二，与宗教组织相适应的，是宗教手段。一旦宗教构成系统的组织并获得国家强力支持时（如欧洲中世纪），就会出现宗教法。第三，在近代世界，与系统的政治组织相适应的，是法律手段。法律是道德和宗教手段的发展，它本身也包括道德（价值判断性）和宗教（信仰性）的成分。在当今的社会，法律把社会控制的全部活动都纳入自己的领域之中了。

---

① 沈宗灵：《现代西方法理学》，北京大学出版社 1992 年版，第 289 页。
② ［美］庞德：《通过法律的社会控制、法律的任务》，商务印书馆 1984 年版，第 81 页。

综上所述,庞德的社会控制论是以抽象的人性论为根据的,这是不科学的。但他能从社会学的角度,指出法律不能脱离社会实际生活,法律应当为社会服务,并且利用法律对社会生活加以调节等观点,具有一定的合理性。

(1)他把法律作为一种社会现象,把社会看做是一个有机整体,主张法律是社会机体中的要素之一,强调法律与其他社会要素之间,有着互相制约的关系,主张对它进行综合研究。

(2)他把法律作为一项社会工程,用社会学的观点和方法来加以研究,在利用西方社会学的最新成果分析法律,从社会的角度观察法律方面,提供了一些合乎规律的原则和措施。

(3)他把法律看做是社会控制的一种有效手段,比较重视法律的实际应用,强调法律的社会效果,在研究司法实践时,特别重视社会防范,能够较好地为实现政治服务。

(4)他在研究法律的社会功能和作用上,有一定的广度和深度,这就能够在解决社会问题、缓和社会矛盾、维护统治阶级的利益和社会秩序上,起到一些作用。恩格斯认为,每个时代的意识形态都具有过去时代得到的一定的思想资料。[①] 庞德的研究在一定程度上为我们建立中国的法律社会学,提供了有益的思想资料。

---

　① 参见《马克思恩格斯全集》第37卷,人民出版社1971年版,第490页。

第二十三章　凯尔森和哈特的
分析法学思想

分析法学在现代主要以凯尔森和哈特为代表,凯尔森是纯粹法学的代表,哈特是新分析法学的代表。现代分析法学基本上继承了传统分析法学的理论,严格地把"实际上是这样的法律"和"应当是这样的法律"分开,只对实在法进行逻辑分析而不作任何有关价值判断,否认法律和道德的必然联系。

第一节　凯尔森的纯粹法学

纯粹法学的创始人是汉斯·凯尔森(Hans Kelsen,1881—1973 年)。他原籍奥地利,曾在维也纳大学任教,起草过奥地利共和国宪法,担任过最高宪法法院法官,在科隆大学任教,后入籍美国。其著作主要有《纯粹法学》、《法律和国家一般理论》、《国家法的主要问题》、《国家学概论》、《国际公法概论》以及《什么是正义》等。

凯尔森分析法学思想是他在维也纳大学任教期间形成的,因而其法学思想深受维也纳哲学派的影响,注重逻辑分析法律内部结构;再则他以新康德主义作为其思想渊源。凯尔森的分析法学同奥斯丁相比走得更远,是比奥斯丁更加纯粹的分析法学。他反对法学研究中掺入任何价值标准和意识形态的因素,而且主张将法律规范与法律事实截然分开。因此,其分析法学思想被称为纯粹法学或规范法学。

一、纯粹法与正义

纯粹法学是"实在法(Positive Law)的一般理论",①凯尔森对此作了进一步解释。实在法就是指某一共同体的法:美国法、法国法、墨西哥法,国际法,法的一般理论的主题就是法律规范及其要素和相互关系,作为一个整体的法律秩序及其结构,不同法律秩序之间的关系,以及最后法在多数实在法律秩序中的统一。"它旨在以从结构上去分析实在法,而不是从心理上或经济上去解释它(指法律——引者注)的条件,或从道德上或政治上对它的目的进行评价。"②凯尔森的纯粹法学是特定的社会历史和文化背景的产物。凯尔森的纯粹法学形成于 20 世纪 20—30 年代,当时欧洲正处于二次人类自相残杀的世界大战之间,人的权利遭到无情践踏,在这种历史条件下,关于法律的价值判断观念被抛弃了,民族国家的主权性也似乎微不足道了。凯尔森的纯粹法学在哲学上深受新康德主义和逻辑实证主义的影响。新康德主义哲学有两个派别,一是马堡学派,认为一切科学认识的来源不是感觉经验,而是一种"纯粹思维创造的过程"。因此,科学的任务就是研究思维的构造。二是弗莱堡学派,认为自然科学能确定普遍性的规律,而历史没有普遍必然的规律。因此自然科学与价值观无关,历史是关于精神的科学,与价值有关。总之,新康德主义进一步发展了康德的先验唯心主义,以研究科学为名将自然科学的研究对象限定在与价值观没有关系的纯粹思想结构之内。③ 凯尔森早年受到这种哲学的影响,最先将这种哲学的研究方法应用到法学研究上来,提出要建立任何与价值无关的纯粹研究法律结构的法律科学,即所谓"纯粹法学"。对于以往的法学,凯尔森认为"很多传统法学的特征是具有一种将实在法的理论同政治意识形态混淆起来倾向,这些政治意识形态或伪装为对正义的形而上学的空论,或伪装为自然法学说"。④ 凯尔森认为法学作为一门科学"必须就其对

---

① [奥]凯尔森:《法与国家的一般理论》,中国大百科全书出版社 1996 年版,作者序第 1 页。

② [奥]凯尔森:《法与国家的一般理论》,中国大百科全书出版社 1996 年版,作者序第 2 页。

③ 汪子嵩:《欧洲哲学史简编》,人民出版社 1972 年版,第 203—207 页。

④ [奥]凯尔森:《法与国家的一般理论》,沈宗灵译,中国大百科全书出版社 1996 年版,第 11 页。

象实际上是什么来加以叙述,而不是以某些特定的价值判断的观点来规定它应该如何或不应该如何"。①

这是因为凯尔森从西方个人本位的法律思想传统出发,对以往的先验的正义持道德怀疑的态度,试图将法律科学与政治科学分开。"对于正义的期望是人们永恒的对于幸福的期望。这是人作为孤立的个人不能找到幸福,因而它就在社会中寻找。正义是社会幸福"。② 这样正义就与幸福紧密联系起来。对幸福的狭义原始的角度来理解——一个人的幸福就是他自己以为的那种幸福,那就不可能有为每个人都提供幸福的"合乎正义的"秩序,这是因为,每个人的幸福总会在一定时候不可避免地同别人的幸福直接发生冲突,即使从一个合乎正义的秩序正在企图实现的是最大多数人的最大幸福,这种秩序也是不可能的。社会秩序所能保证的幸福只能是集体意义上的幸福,即作为社会权威的立法者承认对某些需要的满足是值得加以满足的那些需要,例如吃、穿、住的需要。但对人类哪些需要值得满足,以及其适当排列顺序是不能用理性认识的方法来加以回答的,而取决于情感因素的价值判断,因而在性质上是主观的,它只对判断人有效,从而只是相对的。因此,精神财富或物质财富,自由或平等,能否代表最高价值这一问题,是不能理性地回答的。凯尔森认为,"但在回答这一问题时的主观的从而是相对价值判断,都经常呈现为一种客观的,绝对的价值判断,一种普遍有效的规范。"③他从手段和目的的角度来揭示这种客观化绝对化倾向的错误。就愿望和渴望关系到赖以达到某种目的的手段而言,在原则上是可能的,但"在很多情况下,我们还没有使我们能决定如何最好地达到一定社会目的的充分经验"。④ 因而连这一点也是不可能的,关于适当手段这一问题也往往取决于主观价值判断。

---

①　[奥]凯尔森:《法与国家的一般理论》,沈宗灵译,中国大百科全书出版社1996年版,作者序第2页。

②　[奥]凯尔森:《法与国家的一般理论》,沈宗灵译,中国大百科全书出版社1996年版,第7页。

③　[奥]凯尔森:《法与国家的一般理论》,沈宗灵译,中国大百科全书出版社1996年版,第7页。

④　[奥]凯尔森:《法与国家的一般理论》,沈宗灵译,中国大百科全书出版社1996年版,第7页。

对于自然法学中的绝对正义,凯尔森认为这"是一种自欺或者等于一种意识形态"。① 他从其实证主义哲学的角度出发,认识到在众多的自然法学说中迄今还没有一个能以较正确与客观的方式来成功地界定这种正义秩序的内容,能像自然科学决定自然律的内容,法律科学决定实在法律秩序的内容一样。迄今为止,被认为是自然法的,或者说产于正义的事物,大都是一些空洞的公式,②他们容许任何所需要的实在法律秩序看来都是正义的。当称为"自然法"或正义的规范具有固定的内容时,它们体现为一定实在法的或多或少一般化的原则。凯尔森认为自然法学说"只是一定集团利益或阶级利益的反映"③,在性质上有时是保守的,有时是改良的或革命的。保守的自然法是辩护或怀疑实在法;革命的自然法只关心对实在法的维护和攻击,只关系政治的而非科学的任务。④ 在他看来,如果有一种客观上可能认识的正义的话,那就不会有实在法,因而也就不会有国家;因为没有必要去强迫人们得到幸福。

凯尔森认为应将法律和正义分开,但又认为丝毫不反对要求合乎正义的法律,既然他对正义持道德怀疑论不可知论的态度,他为什么又这样说呢? 这是因为他说的"正义"是"建立在一定社会秩序的可靠基础上"的。⑤ 这里的秩序就是实在法,因此这一意义上的"正义"就是指合法性,正义又是与任何实在法律秩序相一致并为它所要求,"正义"的意思是指将一个一般规则实际适用于按其内容应该适用的一切场合⑥以维护实在法律秩序。凯尔森认为"只有在合法性意义上,正义概念才能进入法律科学中"。⑦

---

① 〔奥〕凯尔森:《法与国家的一般理论》,沈宗灵译,中国大百科全书出版社 1996 年版,第9 页。

② 〔奥〕凯尔森:《法与国家的一般理论》,沈宗灵译,中国大百科全书出版社 1996 年版,第10—11 页。

③ 〔奥〕凯尔森:《法与国家的一般理论》,沈宗灵译,中国大百科全书出版社 1996 年版,第11 页。

④ 〔奥〕凯尔森:《法与国家的一般理论》,沈宗灵译,中国大百科全书出版社 1996 年版,第11 页。

⑤ 〔奥〕凯尔森:《法与国家的一般理论》,沈宗灵译,中国大百科全书出版社 1996 年版,第14 页。

⑥ 〔奥〕凯尔森:《法与国家的一般理论》,沈宗灵译,中国大百科全书出版社 1996 年版,第14 页。

⑦ 〔奥〕凯尔森:《法与国家的一般理论》,沈宗灵译,中国大百科全书出版社 1996 年版,第14 页。

二、法律

纯粹法学的研究对象是法律规范,也就是某一个国家具体的实在法,那么纯粹法学的法律指的是什么呢?

(一)"法是人的行为的一种秩序",[1]这种秩序是具有体系统一性的一系列规则。要想充分了解法律的性质,还必须明确理解构成法律秩序的那些关系。这里的"人的行为"凯尔森解释说"并不是指法律秩序仅与人的行为有关,仅人的行为才成为法律规则的内容",法律规则的内容是人的行为以及与人的行为有关(或作为其条件或作为其效果)的生理过程和自然事件。[2] 人的行为的秩序不仅法律秩序一种,还有其他秩序,如道德秩序、宗教秩序,因而"法的定义又必须具体说明,法在哪些方面有别于人的行为的其他秩序"。[3]

但是由于政治成见的影响使得以往的法律定义成为政治定义,如在法律秩序和定义中放进某种最低限度的个人自由和私有财产的可能性,"在这里,人们使法的概念适合于一个特定的正义理想,即民主和自由主义的理想"。[4]但从摆脱任何道德或政治价值判断的科学角度看,民主和自由主义只是社会组织的两种可能的原则。纯粹法学的定义是科学的定义,它主张把法律和正义分离,它仅研究实在法概念,它"没有任何道德涵义,它仅指出社会组织的一个特定技术",[5]这是因为,法律问题作为一个科学问题,是社会技术问题。也就是说:"法律是一个手段,一个特种的社会手段,而不是一个目的",[6]它能为任何社会政治、经济制度服务。

---

① [奥]凯尔森:《法与国家的一般理论》,沈宗灵译,中国大百科全书出版社 1996 年版,第 3 页。

② 参见[奥]凯尔森:《法与国家的一般理论》,沈宗灵译,中国大百科全书出版社 1996 年版,第 3、4 页。

③ [奥]凯尔森:《法与国家的一般理论》,沈宗灵译,中国大百科全书出版社 1996 年版,第 4 页。

④ [奥]凯尔森:《法与国家的一般理论》,沈宗灵译,中国大百科全书出版社 1996 年版,第 5 页。

⑤ [奥]凯尔森:《法与国家的一般理论》,沈宗灵译,中国大百科全书出版社 1996 年版,第 5 页。

⑥ [奥]凯尔森:《法与国家的一般理论》,沈宗灵译,中国大百科全书出版社 1996 年版,第 20 页。

法律作为一种技术其特殊性又在哪里呢？在于"法是一种强制性秩序"。① 从社会秩序的功能来看，它是调整人们的行为，使人们不做有害于社会的行为而做有益于社会的行为。有两种动因促使社会秩序这一功能的实现，即直接动因和间接动因。间接动因就是将符合既定秩序和违反秩序的行为分别同所约许的利益与所威胁的不利即认可与制裁联系起来。直接动因就是没有规定认可与制裁，由人们自愿服从这一秩序所要求的行为，但这种纯粹类型的直接动因在社会现实中是罕见的。唯一的差别是某些社会秩序本身规定了固定的认可或制裁，而其他秩序的认可与制裁存在于共同体的，不由秩序明白规定的自发反应中。当制裁已在社会上组织起来时，对破坏秩序所适用的灾祸就在于剥夺所有物——生命、健康、自由或财产，这是违背被剥夺者的意志的，因而这种制裁就具有强制措施的性质。这并不意味着在实现制裁时必须使用武力。这种武力只有在适用制裁遭遇抗拒时才是必要的。凡设法以制定这种强制措施来威胁危害社会的行为，这种社会秩序就被称为强制秩序。因此，法律是一种强制秩序是指它所规定的制裁具有强制的性质，违反本人意志，剥夺其生命、自由、健康和财产，在必要时使用武力实施制裁。道德上的制裁是不由道德所规定，或者是有规定，都不是社会有组织的，宗教制裁具有先验性。

法是一种强制秩序，是指法律以武力来防止在社会中使用武力，但法律对于人们关系中使用武力赋予一定条件，它授权只由一定的人并只在一定的情况下使用武力，法律造成共同体对使用武力的垄断，只有这样才能建立法律状态，即和平状态。法律上的强制不是精神上的强制，是法律秩序的规则规定了在特定场合下作为制裁的特定强制行为。

法律社会学反对把强制作为法律的要素。其典型的论据是提出以下事实：人们服从法律秩序，履行法律义务，在很多——即使不是大部分——情况下，不是由于恐惧法律秩序所规定的制裁，而且是由于其他理由。法律社会学的奠基者之一欧金·埃利希曾以此论据来论说其论点。凯尔森指出：从属法律秩序的人之所以使自己的行为符合这一秩序不仅仅是由于他们希望避免秩

---

① [奥]凯尔森：《法与国家的一般理论》，沈宗灵译，中国大百科全书出版社1996年版，第19页。

序所规定制裁的不愉快后果的讲法无疑是正确的；但这种讲法和认为强制是法律的一个要素的学说并不是不可调和的。主张强制为法律要素的学说，并不指从属法律秩序者的实际行为，而指法律秩序本身，指法律秩序规定制裁的事实，以及正由于而且也只是由于这一事实，即由于这一特种社会技术，方使法律秩序与其他社会秩序区别开来，欧金·埃利希的论点是：我们只有将法律看成是法院在判决它们面前的争端时所必须依据的规则，那么法律才是一个强制秩序；但是法律并不是，或者不只是法院在判决争端时所依据或必须依据的规则。因而在埃利希看来，规定强制行为作为制裁的规则，只不过是法律的一部分而且甚至不是一个主要的部分。埃利希企图使法律定义摆脱强制因素，凯尔森指出其结果就是以下定义：法律是人们行为的一种安排。凯尔森认为这种定义是社会的定义，而不是法律的定义；而且这一定义没有把法律秩序同其他社会秩序区分开。

反对强制是法律的一个因素或制裁成为法律结构中的一个要素这一学说的另一论据是：为保证规范的实效，法律是永无止境的系列制裁。凯尔森指出：一个规则之所以是一个法律规则并不是由于其实效由另一规定制裁的规则所保证；一个规则之所以是一个法律规则是由于它规定了一个制裁。强制（约束、制裁）的问题并不是保证规则实效的问题而是规则内容的问题。法律秩序的所有规范都是强制规范，但并不意味在一个法律规范里所载的制裁的执行，始终具有一种法律义务的性质。

（二）法律是规范而非命令。奥斯丁认为法律是命令，"每一法律或规则……是一个命令或者不如说，原来所称的法律或规则，是命令的一种"。①凯尔森不赞同奥斯丁这一主张，对其进行了修正。一人命令是一个人以另一人的行为为客体的意志或愿望的表示，且是以绝对必要的形式的意思表示，某个人应在一定方式下行为。诚然，与权力有关的命令并不都是有效力的规范，"一个命令只有在它对它所指向的人有约束力。只有这个人应当做命令所要

---

①　［奥］凯尔森：《法与国家的一般理论》，沈宗灵译，中国大百科全书出版社1996年版，第32页。

求做的事情时,才是一个规范"。① 凯尔森指出"奥斯丁把'命令'和'约束性的命令'这两个概念等同起来"②是错误的,因为并不是某一具有优越权力的人所发出每一个命令都是有约束力的。他认为"一个命令之是否有约束力要依命令人是否已'被授权'(authorized)发出命令为根据"。"一个命令之所以有约束力,并不是因为命令人在权力上有实际优势,而是因为他'被授权'或'被赋权'发出有约束力的命令。而他之'被授权'或'被赋权',只是由于一个预定是有约束力的规范性命令,授予他这种能力,即发出有约束力命令的权限"。③ 凯尔森通过对遗嘱、立法过程以及习惯法的分析认为"法律不是心理学上的意志或命令(competence)"。④ 对于把法律或法律秩序称为立法者或国家的命令或意志,凯尔森认为这必须理解为一种比喻性的"说法"。

在凯尔森看来,如果法律规则是命令,它就是非心理学意义上的命令,这是因为法律规则所规定的行为是在没有任何人必须表示心理学意义上的"意志"时"被要求"的,这是用人们"应"、"应当"遵守法律订定的行为这种讲法来表达的。"'规范'是这样一个规则,它表示某个人应当以一定方式行为而不意味任何人真正'要'他那样行为。"⑤因而"一个不具人格的和无名的'命令'——这就是规范"。⑥ 认为一个人"应当"在一定方式下行为这种说法,既不意味着某一其他人表示"意志"要求他或"命令"他这样,也不意味着应当以一定方式行为的那个人实际上就这样行为。"规范表示这样的观念:某件事应当发生,特别是一个人应当在一定方式下行为。"⑦这种说法意味着"应当"

---

① 〔奥〕凯尔森:《法与国家的一般理论》,沈宗灵译,中国大百科全书出版社 1996 年版,第32 页。
② 〔奥〕凯尔森:《法与国家的一般理论》,沈宗灵译,中国大百科全书出版社 1996 年版,第33 页。
③ 〔奥〕凯尔森:《法与国家的一般理论》,沈宗灵译,中国大百科全书出版社 1996 年版,第33 页。
④ 〔奥〕凯尔森:《法与国家的一般理论》,沈宗灵译,中国大百科全书出版社 1996 年版,第36 页。
⑤ 〔奥〕凯尔森:《法与国家的一般理论》,沈宗灵译,中国大百科全书出版社 1996 年版,第37 页。
⑥ 〔奥〕凯尔森:《法与国家的一般理论》,沈宗灵译,中国大百科全书出版社 1996 年版,第38 页。
⑦ 〔奥〕凯尔森:《法与国家的一般理论》,沈宗灵译,中国大百科全书出版社 1996 年版,第39 页。

只不过表示了人的行为是由一个规范所决定的这一特定意义。认为某件事应当发生这种说法是关于一个规范的存在和内容的一种说法,而不是关于自然现实,即自然中实际事件的一种说法。

三、法律规范及其等级体系

法律是由规范组成。凯尔森坚持实证主义的根本原则"应当"和"是"的区别,认为应把法律规范的效力和实效区分开。法律效力的意思是法律规范是有约束力的,人们应当像法律规范所规定的那样行为,应当服从和适用法律规范。法律实效的意思是人们实际上就像根据法律规范规定的应当那样行为而行为,规范实际上应当适用和服从。效力是法律的一种特性;所谓实效是人们实际行为的一种特性。法律效力和法律实效是两个不同的概念,但二者又有密切联系。一个法律秩序的规范,只有在这一整个秩序有实效的条件下,才被认为是有效力的。因此,实效是效力的一个条件而不是效力的理由。

但是法律规范效力的理由是什么呢? 与上一区分相联系,凯尔森认为,一个规范效力的理由始终是一个规范,而不是一个事实。每一个规范效力的理由都来自另一个更高的规范,我们称之为"基础规范"。因而,法律规范的效力来自其所属秩序的基础规范,"实在法律秩序的基础规范却只不过是用来创造这一秩序的各种规范的基本规则而已"[①]。"一个法律秩序的基础规范则规定一个人应当像宪法的'缔造者'和由宪法——直接或间接地——授权(委托)的那些人命令的那样来行为。"[②]

关于法律的效力问题,凯尔森还持实效性和合法性原则。实效性原则是指全部法律秩序的实效是该秩序的每一规范效力的必要条件。合法性原则就是指当规范并不曾在法律秩序本身决定的方式下归于无效时,它就继续是有效的。合法性原则是受实效性原则所限制的。

法律是一种动态规范体系。一个共同体以基础规范为纽带的许多规范的

---

① [奥]凯尔森:《法与国家的一般理论》,沈宗灵译,中国大百科全书出版社1996年版,第129页。

② [奥]凯尔森:《法与国家的一般理论》,沈宗灵译,中国大百科全书出版社1996年版,第131页。

总和构成一个法律秩序或法律规范体系。以基础规范的秩序为标准,把规范体系划分为动态体系和静态体系。静态规范体系的特点是其规范之所以"有效力"是因其本身是自明的,这样一个体系的所有特殊规范,只能通过一种智力的作用,即通过一般到特殊的推论,才能得到。动态规范体系的基础规范仅仅建立一定的权威,这个权威可以依次把创造规范的权力授予某些其他权威。一个动态体系的诸规范,只能由那些曾由某个更高规范授权创造规范的那些个人通过意志行为而被创造出来。实在法律秩序就是一种动态规范体系,其基础规范却只不过是用来创造这一秩序的各种规范的基本规则而已。它把某事件当作各种法律规范创造中的最初事件,它是一个规范创造过程中的出发点,并因而具有一种完全动态的性质,法律秩序的特殊规范不能从这个基础规范中逻辑地推断出来,也不是通过一种智力作用从一个前提中得出结论的,而是特殊的意志行为创造出来的。①

由于法律规范之所以有效力是因为它是按照另一个法律规范决定的方式被创造的,法律秩序就是一个由不同层次规范组成的等级体系,这一体系以基础规范为终点。在凯尔森看来,法律规范等级体系由高到低依次是:基础规范、宪法、一般规范、个别规范(个别国家机关或司法官员的意思表示以及具体法律秩序)。

四、国家是集权化的法律秩序

对于法律和国家关系问题,凯尔森是持一元论的,国家学说也是他的纯粹法学的一个组成部分,"作为一个社会秩序的国家和法律必然是同一的。它也废除了法和国家的二元论。由于这样,它就建立了一个作为法的理论不可分割部分的国家理论……纯粹法理论是一个一元论理论"。② 国家只是作为一个法律现象,作为一个法人即一个社团来加以考虑。社团的通常定义是:由法律当作是一个统一体的个人集团,即当作一个具有与那些组成集团的个人的权利和义务有所不同的权利和义务的个人。因而社团定义就决定了国家的性质。国家这一社团和其他社团的区别一定在于构成国家社团的那个规范性

---

① [奥]凯尔森:《法与国家的一般理论》,中国大百科全书出版社 1996 年版,第 127 页。
② [奥]凯尔森:《法与国家的一般理论》,中国大百科全书出版社 1996 年版,第 4 页。

秩序。国家是由国内的(不同于国际的)法律秩序所创造的共同体。国家作为法人是这一共同体或构成这一共同体的国内法律秩序的人格化。从法学观点来看,国家问题因而就是国内法律秩序的问题。

传统的观点认为国家和法律的二元性,作为社会现实的国家属于社会的范畴,它是一个共同体;法律属于规范的范畴,它是一个规范体系,一个规范性的秩序。在凯尔森看来,这种二元论在理论上是站不住脚的。对此他首先从其纯粹法学观点来予以批驳,认为国家作为一个法律上的共同体不是一个和它的法律秩序分开的东西,正如社团并非不同于它的构成秩序一样;若干人之所以形成一个共同体,只是因为一个规范性秩序在调整着他们的相互行为;"共同体"只是一个隐喻性说法,即为规范性秩序所构成的关系。因此,"没有理由断定有两个不同的规范性秩序——国家秩序与国家的法律秩序",就必须承认"国家"的那个共同体就是"它的法律秩序"。

凯尔森然后对社会学认为法律和国家的二元论进行了批驳。他认为国家和法律的二元论应该这样来加以证明,即属于同一国家的那些人组成一个统一体,而这一统一体并不是由法律秩序而是由一个与法律毫不相干的因素构成,凯尔森指出这样一个因素是不能找到的。[①] 社会学认为这样因素有几种观点:相互作用;共同意志或利益;国家行为有机体;国家作为统治权;国家政治组织论。凯尔森指出,在自然的每一个地方,我们都发现相互作用,所以单单相互作用的概念,不能用来解释作为任何特殊自然现象特征的统一体,而且属于同一国家的人往往比不同国家的公民更加强烈地接触。对于共同意志或利益为因素的共同体只能在那些实际上处于同一精神状态的人中间并且也只在这种同一性实际上占优势的那些时刻才存在,但这样的同一性不像会是存在的。他认为这是一种政治上的虚构,即用来掩饰国家不同利益集团的利益冲突。对于国家有机体论,凯尔森认为是从政治性角度考虑,其目的在于确保国家制度本身或某一特殊国家的价值,是为了证实国家机关的权威并促进公民的服从,这不是科学的考虑。从国家统治权对社会现实的解释,国家被界说为某些人命令和统治而另一些人则服从和被统治的一种关系。在凯尔森看来

---

① [奥]凯尔森:《法与国家的一般理论》,沈宗灵译,中国大百科全书出版社 1996 年版,第 205 页。

"作为国家特征的统治关系总主张是合法的,而且在实际上一定要由统治者与被统治者当作是合法的;只有在统治关系根据其效力为行为人所预定的法律秩序来实现时,这种统治关系才是合法的;而这个秩序就是其机关为国家的统治者的那个共同体的法律秩序。"①

对于从国家是一个政治组织来论证国家和法律二元论,凯尔森认为也是站不住脚的。组织就是秩序,国家的政治性在于它是一个调整如何使用强力的秩序,它垄断了对强力的作用,这是法律的主要性质之一。因此,在凯尔森看来,"国家是一个政治上有组织的社会,是因为它是一个由强制性秩序构成的共同体,而这个强制性秩序便是法律"。② 对于以国家具有或就是"权力"为理由将国家说成是一个政治组织,他也不认同。因为只要存在这样一种权力,事实就只是:法律本身是有实效的,关于规定制裁的法律规范的观念推动着个人的行为,对个人施加精神上的强制;社会的或政治的意义上的权力意味着权威和上级与下级之间的一种关系,国家的权力是由实在法律组织起来的权力,是法律的权力,这就是实效。

既然凯尔森持法律和国家一元论,自然也就认为国家只有法学概念,而没有社会学概念。社会学的适应法律秩序实际行为模式的概念并不是一个国家概念,这种社会学概念预定要有法学概念的国家概念。那么国家的法学概念是什么呢? 即:国家是——集权化的——法律秩序。如此偏执的态度和观点造成德语世界法社会学几乎后继无人,而英语世界习惯法民间法的法律社会学研究却盛况空前。真正的学者都是具有反思精神的,晚年流亡美国的凯尔森已是80多岁高龄,他很后悔当年自己年少气盛,对埃利希的法律社会学展开无情的批判,他承认英美法律社会学的蓬勃发展和德语世界在这方面的落后。③

---

① [奥]凯尔森:《法与国家的一般理论》,沈宗灵译,中国大百科全书出版社1996年版,第188页。

② [奥]凯尔森:《法与国家的一般理论》,沈宗灵译,中国大百科全书出版社1996年版,第213页。

③ 参见林端:《法律社会学的定位问题:Max weber 与 Hans Kelsen 的比较》,载《现代法学》2007年第4期。

第二节 法律是一种特殊的规则

这是新分析法学的一个重要的基本原理,新分析法学即语义分析法学是20世纪60年代形成的,其创始人是哈特(H. L. A. Hart,1907—1992年),哈特是英国著名的法理学家,其主要著作有《法律的概念》、《法律、自由和道德》、《惩罚和责任》、《法律中的因果论》等。

哈特曾在20世纪50—60年代同别人展开了两次大论战。第一次是哈特和富勒的论战,这次论战的序幕是由哈特为法律实证主义辩护、攻击富勒等人的新自然法学说所作的《实证主义和法律和道德之分》的学术报告揭开的;60年代初,哈特为反驳富勒发表了《法律的概念》一书,这本书标志着新分析法学的形成。第二次论战是哈特和德夫林的论战。这次论战起因于1957年沃尔芬登委员会的报告,这个报告认为,成人之间私下自愿的性行为不应再作为犯罪而由法律禁止,其主要理由是法律不应介入私人道德领域,个人应享有就私人道德问题作出行为选择的自由,只要这种自由的行为不构成对他人的伤害,法律就不应制裁。德夫林于1959年在英国科学院讲演时攻击了这一报告,而哈特则从自由主义的道德观点出发,对德夫林进行了驳斥,并发表了《法律、自由和道德》一书。

哈特的法律学说是以奥斯丁的分析实证法学作为重要的理论渊源的。哈特指出,奥斯丁学说包括三个相互联系又可以分开的基本内容:第一是关于法律的定义即法律命令说;第二是坚持法律和道德之分,即划分开实在法和正义法或理想法;第三是关于一般法理学的研究范围是分析实在法的共同概念。对以上三个基本内容,哈特表示他反对第一个,支持第二个和尊重第三个。由此我们可以看出他仍是分析实证主义的代表人物。

一、法律和道德

法律和道德的关系,是法律实证主义和自然法学说两派长期争论的问题。哈特和富勒的论战,其中心就是古典分析法学说和自然法学说围绕法律和道德的关系的争论。这种争论往往集中在古典分析法学者所提出的一个基本公式上：应划分开两种法律，一种是"实际上是这样的法律"，又称实在法；另一种是"应当是这样的法律"，又称理想法和正义法。法律实证主义认为，它作为一门科学，摒弃一切形而上学，仅研究实在法，并主张法律与道德是无关的，至少是没有必然联系的。另一方面，反对古典分析法学的人，特别是各种形式的新自然法学说，则反对上述划分，认为法律与道德是不可分的等等。

哈特在与富勒等人论战时，也首先为上述公式进行辩护。他说，这一公式是由 19 世纪奥斯丁、边沁首先提出的。奥斯丁当时指出，"法律的存在是一回事，它的功过是另一回事；它是否这样是一个问题，它是否符合一个假定的标准是另一个问题。一个实际上存在的法律是一个法律，尽管我们碰巧讨厌它，或认为它不同于我们用以表示赞成与否定的教科书中所讲的东西"。① 哈特认为，古典分析法学在强调这两种法律之分或法律与道德之分时，其原意并不是否认法律和道德在发展过程中的相互影响，他们只是为了指出以下两点：第一，在没有宪法或法律明文规定时，不能仅以违反道德标准这一事实出发，就认为某一规则不是法律规则。其次，反过来也不能仅以合乎道德要求这一事实出发，就认为某一规则是一个法律规则。在哈特看来，区分实在法和理想法，有助于看出可能将法律及其权力溶化在人们关于法律应当是什么的概念中和将现行法律代替道德作为衡量行为的最终准则的危险。

自然法学说认为法律和道德存在必然的联系，这种必然联系体现在以下几个方面：权力和权威，道德对法律的影响、法律的解释、对法律的评价，法治和正义原则、法律效力等方面。对此哈特批驳说：或者是没有弄清法律与道德的联系所以被认为是必然的意思。但把它说成是法律和道德的必然联系却是最混乱不清的。在哈特看来法律和道德是有联系的，但并无"必然的联系"。法律在任何时候和任何地方的发展，事实上既受特定社会集团的传统道德、理想的深刻影响，也受到一些个别人所提出的开明的道德批评的影响，这些个别人的道德水平超过流行的道德，但不能由此得出结论说，一个法律制度中所使用的检验特定法律的法律效力的标准，必须明示地或默示地包括对道德或正义的引证。

对于自然法，哈特认为，"自然的"——都根源于完全世俗的希腊思想，

---

① 沈宗灵：《现代西方法理学》，北京大学出版社 1992 年版，第 194 页。

"其实,对某种形式的自然法学说的持久不断的主张,一部分是由于求助于自然法是为摆脱神的或人的权威这种事实;一部分是由于如下事实——自然法确实包含着对于理解道德和法律有重要意义的某些真理"。①　自然法往往有一个目的论的假设,即人的目的是生存;对有关人性以及人类生存世界的一些很明显的判断(其实是公理)的思考表明,只要这些判断站得住,那么有些行为就是存在的。它们是如欲持续存在下去的社会组织所不可缺少的。这些规则确实构成了已进步到法律和道德区分为不同社会调整形式之阶段的一切社会的法律和道德的共同因素。这些以有关人类他们的自然环境和目的的基本事实为基础的、普通认可的行为原则,可被认为是自然法的最低限度的内容。②　由此,我们可以看出哈特的分析实证主义法学具有向自然法靠拢的倾向。

接着哈特列举对人性和人类生存世界这种事实的五个简单判断或公理。第一,人的脆弱性,人的肉体很容易遭到攻击,因而法律和道德共同要求克制,限制使用暴力杀人或施加肉体伤害。第二,大体上的平等,即人类在体力、智力上大体平等,所以要建立一个相互克制和妥协的制度,它是法律和道德两种义务的基础。第三,有限的利他主义,人既不是绝对自私自利的恶魔,也不是天使,因此,人的利他主义的范围是有限的并且是间歇性的,而人的侵犯倾向却是经常存在的,如果无法律和道德的控制,人类就无法继续生存。第四,有限资源,所以必须有一定的财产制度和尊重这种制度的所有权规则。第五,有限的理解和意志力,大部分人都能服从体现相互利益的法律,但由于人们各自的理解力、意志力和动机的不同,难免有人考虑眼前利益而违法犯罪,这就需要有进行侦查和惩罚的专门机关;为了大多数人的利益,"理性所要求的是在一个强制制度中的自愿合作"。

哈特对法律实证主义还作了一个新的解释,法律实证主义是指法律反映或符合一定道德的要求,尽管事实上如此,然而不是一个必然的真理。这种观点显然已不同于奥斯丁,后者认为,实在法和理想法必须严格分开,

---

① ［英］哈特:《法律的概念》,中国大百科全书出版社 1996 年版,第 184 页。
② ［英］哈特:《法律的概念》,中国大百科全书出版社 1996 年版,第 189 页。

"法律科学研究的是实在法或严格地说的法律,而不管这种法律好坏与否"。① 哈特的这种观点与凯尔森的学说距离更远了。按照后者不仅必然严格划分法学和正义论(即道德和正义学说),而且正义问题是根本不能科学地回答的。

二、法律的概念

(一)广义的和狭义的法律概念

通过对法律和道德关系的理解,法律实证主义者认为恶法亦法,哈特指出理解这一问题的关键是广义和狭义的法律概念。狭义的法律概念是把那些违反道德的规则排除出"法律"之外,也即自然法学说中的法律概念,对此,哈特认为,它将导致我们把即使展现出法律的所有其他复杂特征的规则,都一概加以排斥。广义的法律概念是一种将法律的效力和法律的非道德性区分开来的概念,"如果我们来用广义的概念,就会使我们在理论探讨中将下列所有规则都归在一起,并视为'法律',即以第一性和第二性规则体系的形式标志来看都是有效的规则,即使其中有些规则违反了一个社会本身的道德或违反了我们可以坚信是开明的或真正的道德"。② 在哈特看来广义的法律概念优于狭义的法律概念。

(二)法律制度的核心是第一性规则和第二性规则的结合

哈特认为法即第一性规则和第二性规则的结合;这两种规则的结合居于法律制度的核心是法理科学的关键。③

所谓第一性规则即规定社会成员的义务责任的规则,它要求人们从事或不从事一定行为,而不管他们愿意与否。第二性规则则授予权力。第一性规则和第二性规则的关系在一定意义上说前者是主要的、后者是次要的,这是因为根据第二性规则,可以引进、修改、取消或决定第一性规则。

哈特从法律发展史以及法律的系统分析角度来论证在法律社会中第一性规则和第二性规则结合的必要性,哈特把社会分为前法律社会和法律社会。

---

① 沈宗灵:《现代西方法理学》,北京大学出版社 1992 年版,第 195 页。
② [英]哈特:《法律的概念》,中国大百科全书出版社 1996 年版,第 204—205 页。
③ [英]哈特:《法律的概念》,中国大百科全书出版社 1996 年版,第 100、83 页。

在前法律社会是以第一性规则为法律制度基础,法律社会是以第一性规则和第二性规则相结合为法律制度的基础的。

前法律社会,是指一个小型的、简单的原始社会。为什么在前法律社会只有义务规则即第一性规则呢?如果一个社会单靠这种第一规则生存的话,显然必须符合某些条件,即认定若干关于人性和我们生活的世界的最明显的公理为事实。这些条件是:这种规则必须以某种形式包含对任意使用暴力、盗窃、欺骗的限制;内在地接受规则的人是多数。原始社会共同体的材料证实了这些。所以在前法律社会"法律"是以第一性规则为基础的。

在哈特看来,"只有由血亲关系、共同感受和信念紧密联系,并处于稳定环境中的小型社会才能依靠此种非官方的规则体系持续"。① 这是因为第一性的义务规则具有缺陷。第一个缺陷是不确定性,群体据以生存的规则构成不了一个体系,而仅是一批单独的标准。第二是静态性,规则的唯一变化将是缓慢的成长过程以及相反的衰落过程——经此一度被认为是随意采用的行为方式首先成为习惯或常例,然后变得有约束力;或者一度严加处理过的偏离行为,后来被容忍,忽略过去。第三是维护这些规则的分散的社会压力无效性,这种社会缺乏一个专门机关来最后确定是否违反规则,并对违反者实行惩罚。

在前法律社会即原始社会以后,需要从不同方面对此种简单的社会控制体制进行补充,对上述三个主要缺陷的补救办法就在于以不同种类的第二性规则来补充第一性的义务规则。针对每一个缺陷所实行的补救办法本身,都可以认为是从前法律世界进入法律世界的一步,因为每一种补救都随之带来了贯通于法律的因素(指法律效力,立法权,司法权——本文作者注);这三种补救合起来无疑地是以使第一性规则体制转换为无可争议的法律制度。②

哈特认为针对第一性义务规则的三个缺陷的补救办法即承认规则、改变规则、审判规则三种,这三种规则就是第二性规则。补救第一性规则不确定性的是承认规则,这将具体指明某一或某些特征,一个拟议中的规则拥有这些特征,就可被决定性地认证为这一群体的由它所施加的社会压力为后盾的规则;或者说通过承认规则的承认即授权,主要规则才取得法律效力。补救第一性

---

① [英]哈特:《法律的概念》,中国大百科全书出版社1996年版,第93页。
② [英]哈特:《法律的概念》,中国大百科全书出版社1996年版,第95页。

规则的静态性的第二性规则是改变规则,这种规则的最简单形式是授权个人或群体,给群体的生活行为或群体中某一阶层的行为引入新的第一性规则或废除旧规则;这种可变规则也可能相当复杂,除具体规定立法权的主体外还可以或多或少硬性的措辞规定立法时应遵守的程序。补救第一性规则社会压力无效性的第二性规则是审判规则,这种规则授权个人对特定情况下第一性规则是否已被破坏作出权威性决定,这种规则也将规定审判应当遵循的程序。

关于第二性规则中的相互关系,哈特认为,承认规则是最重要的,它是法律制度的基础,它提供了用以评价这一制度的其他规则的效力的标准,诚然在发达的法律制度中,承认规则自然较为复杂;但在一个重要意义上说,承认规则是一个最终的规则:像通常一样,在标准是依照相对从属和优先的地位排列顺序的地方,其中之一将是最高的。

哈特认为,从第一性规则和第二性规则的观点出发,进一步指出"一个法律制度的存在"的这种论断是一个两面性的说法,它既期望普通公民的服从,又期望官员把第二性规则作为公务行为的重要的共同标准来接受。哈特认为这种两面性是法律社会法律制度混合特征的反映。当然这包含了一个法律制度存在的两个最低限度的条件。

(三)对法律规则的内在观点和外在观点

哈特认为,对法律定义的理解,除了第一性规则和第二性规则相结合外,还应重视关于法律规则的两种观点:内在观点和外在观点。对法律规则的内在观点是指群体的一个成员接受法律规则并以此作为指导。对法律规则的外在观点是指这一群体的一个成员并不接受这些规则而是对这些规则的观察。从外在观点出发所作的陈述可能本身就有不同种类。其一是从局外引述人们从内在观点出发关心这些规则的方式。其二是不仅满足于记录可观察到的、某种程度上对规则的遵守就存在于其中的行为的规律性,以及其他一些规律性,即偏离规则将遭受敌视反应、谴责或惩罚的规律性。一段时间后,外在观察者可能以观察到的规律性为基础,将偏离和敌视反应联系在一起,并能相当准确地预测偏离这一群体的正常行为将受到敌视反应或惩罚,且可估量其可能性。这种知识不仅在很大程度上显示出这一群体的情况,而且还使他能够在他们之中生活而无不愉快的后果。

对法律规则的内在观点和外在观点是法律实施过程中,人们对法律的态度。哈特认为,在任何特定时间,依据规则(法律规则和非法律规则)为生的任何社会的生活都可能存在于两种人之间的张力之中:一方面是接受规则和自愿合作以维护规则,并因而以规则的观点来看待他们本人和他人行为的人;另一方面是拒绝这种规则,仅以把规则作为可能惩罚之征兆的外在观点出发才注意这些规则的人。这两种观点的持有人的表述方式都有所不同:持内在观点的人表述一般是:"我有义务","你有义务"等等;持外在观点的人表述一般是:"我不得不这样做","如果……我大概将为此而受苦","如果……他们将对你这样干"等。

　　哈特对立法权力的连续性也以对法律规则的内在观点和外在观点予以解释,"立法权力的连续性取决于那种社会实践形态——它既建构起对规则的承认,又在我们指出方面不同于纯粹习惯服从的简单事实"。① 纯粹习惯服从者对法律是持一种外在观点。而立法权力的连续性具有复杂性,既有对其持内在观点也有对其持外在观点而承认的。承认规则而言也有持内在观点和外在观点之分,法律效力一词一般是指对承认规则的一种内在观点。哈特从对法律规则的两种不同观点出发,对法律的本质和作用作出一个结论,一个是有法律的社会,既有从内在观点出发将法律规则当作已接受的行为准则的人,也有必须以武力或武力为之强行设定这些法律规则的人,"这两个组成部分人之间的平衡将由许多不同的因素决定。如果这一制度是公平的,并真正关系它对之要求服从的所有人的重大利益,它可以获得和保有大多数人在多数时间内的忠诚,并相应地将是稳固的。但是,它也可能是一个按照统治集团的利益管理的褊狭的和独断的制度,它可能成为愈加是有压迫性和不稳定性的制度,并包含着潜在动乱威胁。②

第三节　对传统的更正和发展

　　现代分析法学既坚持传统分析法学的基本区分,划分开"实际上是这样

---

①　[英]哈特:《法律的概念》,中国大百科全书出版社 1996 年版,第 61 页。

②　[英]哈特:《法律的概念》,中国大百科全书出版社 1996 年版,第 197 页。

的法律"和"应当是这样的法律",又对传统分析法学有所更正和补充发展。

一、法律和国家

在法律和国家关系问题上,凯尔森和哈特都是持法律和国家的一元论的。凯尔森的这种一元论十分明显而又突出。哈特在从第一性规则和第二性规则来考察国际法的性质时指出:实际上,"一个国家"这种表达方式,并不是用从指称某个内在地或"本质上"处于法律之外的人或事物。① 也就是说国家是法律的一个组成部分。哈特进一步指出:"一个国家是用以称谓两个事实的一种方式。"事实之一是,一块领土之内的居民生活于某种有秩序的政府形式之下,这种政府形式由一个拥有立法机关、法院结构和第一性规则的法律制度所安排,事实之二是该政府享有一种其程度未加明确界定的相对独立性。

凯尔森以法律和国家的一元性对西方政治学、法学的传统学说进行了修正。凯尔森认为公私法是难以划分的;一个传统国家学说是三要素说,即国家由领土、人和权力这三种要素所构成,凯尔森认为这是国内法律秩序的效力范围问题。国家的职能只有创制法律和适用法律两项;政府形式只有专制和民主两种,任何一个国家都有这两种,只是专制或民主占优势。

西方的传统学说中,尤其是自然法学派把三权分立看成是民主的,而且西方人也是把三权分立当作民主的形式。凯尔森认为三权分立不是权力的分立而是权力的分配,实质上不是民主的。② 美国历史学家摩尔根在《古代社会》一书中通过对古代社会考察指出军事酋长制逐渐衍化出立法、行政、司法三种权能,并分由三机关掌握。关于权力分立的思想最初是蕴含于柏拉图《法律篇》混合政体思想中。③ 资产阶级所确立的三权分立原则是近代资产阶级反封建斗争的产物,经由洛克的二权分立发展到孟德斯鸠的三权分立。凯尔森主张分权原则的历史作用是反对集权。符合民主观念的是全部权力应集中于人民,以及在不可能是直接民主而只可能是间接民主的地方,则全部权力均由

---

① [英]哈特:《法律的概念》,中国大百科全书出版社1996年版,第217页。

② [奥]凯尔森:《法与国家的一般理论》,沈宗灵译,中国大百科全书出版社1996年版,第313页。

③ [美]乔治·霍兰·萨拜因:《政治学说史》,盛葵阳、崔妙因译,商务印书馆1986年版,第626页。

一个其成员由人民所选出并在法律上对人民负责的合议机关所行使这种观念。因而凯尔森得出结论:民主要求立法机关应被赋予对行政和司法机关的控制,对于分权只能用历史上的理由来加以解释,而不能作为特别是民主因素来加以辩护。

二、法律的性质

在传统的分析法学看来,法律是主权、命令、制裁三位一体的。"任何法律和规则(在最大意义上可称为严格的法律)都是命令。或者说,所谓严格的法律都是某项命令"。"如果你向我表示或告知一种做或不做某些行为的希望,而当我没有按照你的希望去做,你将以灾难来惩罚我,你的希望的表示或先知就是命令"。① 也就是说,法律是以制裁为后盾的主权者的命令。对此无论是凯尔森还是哈特都对其进行更正,克服了传统分析法学中法律心理因素的缺陷。凯尔森在"事实"和"应当"区分这一基本前提下,通过对法律命令说缺陷和分析提出了法律是规范;哈特则主张法律是一种特殊的规则,即第一性规则和第二性规则的结合,人们对法律规则的看法存在内在观点和外在观点,法律规则这一现象本身具有复杂性和特殊性。凯尔森是从法学上对法律的制度性描述,而哈特则是从法学上对法律的考察。现代分析法学在法律是规范或规则这一前提下对法律的结构、范围等具体论述与传统分析法学也有所不同。

传统的分析法学认为任何成熟的法律体系都具有共同的结构特征。第一,它们都是完整的门类齐全封闭的逻辑结构体系,以这个体系自身原则出发运用逻辑推理的方法就可以得出正确无疑的法律结论(判决、裁定、处理等),而根本不必顾及伦理、道德、政治、社会的需要和限制。第二,任何法律体系都是由一种等级的规范体系构成。这种等级规范结构理论为凯尔森和哈特继承和发展。凯尔森规范等级体系理论与传统法律理论有所不同,他将法律规范分为一般规范和个别规范,在传统的法律理论中,法律只是指一般规范。哈特对法律规范的分类是义务性规范(第一性规范)和授权性规范(承认规则、改变规则、审判规则)。凯尔森认为传统所划分的实体法和程序法两种规范实

---

① 张乃根:《西方法哲学史纲》,中国政法大学出版社 1993 年版,第 181—182 页。

际上是不能分开的,它们的有机结合才构成法律。

现代分析法学在法律效力问题上同传统分析法学也不同。传统的分析法学认为法律的效力来自于主权者。凯尔森认为来自基础规范,是假定有"效力"的;哈特则认为法律的效力来自最高的唯一的承认规则,这一规则的存在是事实。此外,哈特认为法律制度的关键的中心或基础是第一性规则和第二性规则的结合但并不是全部,承认规则是法律制度的基础。

三、法律和道德关系

现代分析法学尽管仍然坚持"实际上是这样的法律"和"应当是这样的法律"的区分,反对对法律进行道德评价,但已经不是那么绝对。奥斯丁虽然认为法学仅研究实在法本身,而不管这种法律好坏,但奥斯丁仍信奉功利主义的伦理原则,认为立法应服从上述原则。凯尔森持相对的正义观,"正义"的意思是指认真地适用法律以维护实在法律秩序,是"在法律下"的正义。当然,这种正义学说也不同于其他一些新康德主义法学家,后者虽然信奉相对主义,但仍主张法学应研究不同价值观。在二战后,凯尔森的实证法学受到攻击,他于1952年为自己的正义论进行了辩护,他声称,道德原则仅有相对价值的观点,并不意味着它们根本没有价值,它仅意味着有几种不同的道德体系而不仅是一种,因而必须从几种不同体系中加以选择。①

哈特虽然认为法律和道德并无必然的联系,批驳了法律是维持社会道德的观点,②但主张法律受道德影响出现了向自然法靠拢的倾向,主张法律的内容应包含最低限度的自然法的内容。

四、法律的具体应用

现代分析法学虽然沿袭了严格的形式主义的传统,但在法律的具体应用上又吸收了社会法学的观点;主张法律形式的多样化及较灵活的适用规则。凯尔森认为法律是一个由不同等级构成的等级规范体系,哈特也认为法律是具有多样性的并以此为根据来分析揭露奥斯丁法律命令说的缺陷。传统的法

---

① 沈宗灵:《现代西方法理学》,中国政法大学出版社1992年版,第162页。
② [英]哈特:《法律、自由和道德》,牛津大学出版社1962年版,第19页。

律理论认为,法官只适用法律,但凯尔森认为法官起"立法者作用","司法判决就像立法一样,既是法律的创造又是法律的适用"。① 传统法律理论较严格地把法律的创立和适用划分开,但凯尔森认为二者并不是对立的,它们只有相对意义的区别;在法律的适用上除采用严格的规则主义外,还承认法官的自由裁量;在法律出现间隙或空缺的情况下,允许法官创制规则的主张等。

此外现代分析法学在对法律形式的逻辑分析上更多地运用新的科学方法,如系统的语义分析。凯尔森除对法律权利法律义务这一基本范畴进行语义分析外,还对法律责任、制裁、不法行为、资格、归责等法律范畴进行了语义分析。哈特对法律、命令、义务、法律要素等进行语义分析。

总之,现代分析法学既克服了传统分析法学的缺陷,也吸收采纳了其他法学流派的合理成分,增添了丰富的内容,使得分析法学成为很有影响力的法学流派,与新自然法学、社会学法学成为现代西方三大主流法学派别。

---

① ［奥］凯尔森:《法与国家的一般理论》,中国大百科全书出版社1996年版,第152页。　　　*389*

第二十四章　新自然法学

　　在西方法律思想史上,新自然法学是西方自然法思想传统的继承和发展。自然法的意识"可以追溯到我们文明的起源"。① 在长达几千年的历史中,"自然法"这一概念被不同的人们在不同的时期为着不同的目的而使用,自然法的形式不断翻新,内容也不断完善。然而,随着17、18世纪资产阶级革命的胜利,历史法学派、功利主义法学派和分析实证主义法学派等反映资产阶级利益的新的法学派别相继出现,它们公开抛弃自然法,鼓吹资产阶级现行法才具有"永恒性"和"权威性"。于是,曾风靡于西方两千多年而未衰的自然法学说伴着资本主义制度的建立顿然失去了昔日的光彩和魅力。

　　然而,十九世纪末二十世纪初,随着自由资本主义向垄断资本主义的过渡,尤其是第二次世界大战以后,资本主义危机日益加重,资本主义社会的阶级斗争和民族解放运动日益高涨,人们开始对实证主义所标榜的确定性和科学性感到不满,并产生了怀疑。垄断资产阶级为了维持其反动统治,除了在国内推行法西斯制度,国外加紧侵略活动外,在法学上也需要寻找一种新的理论来为垄断资产阶级的利益作更有效的辩护。于是一度衰落的自然法学说在经历了一段黑暗的时期之后又得以重见光明。"时代越黑暗,则诉诸'自然法律和状态'便越加频繁。"②因此,现代自然法学说的"复兴",决非偶然,而是垄断资产阶级经济、政治形势的需要,是资本主义统治危机意识和随之而起的反省浪潮的反映,是为维护资本主义统治而改变自身局限性的一种活动。它不

---

① 王哲:《西方政治法律学说史》,北京大学出版社1988年版,第495页。
② ［英］梅因:《古代法》,商务印书馆1959年版,第53页。

但不能显示资产阶级法学的繁荣,恰恰相反,却体现了资产阶级法学的严重危机。

新自然法学包括神学的自然法学和非神学的自然法学两大类。神学的自然法学主要指新托马斯主义法学,又称新经院主义法学。它代表梵蒂冈天主教廷的官方政治法律思想,其目的是否定 17、18 世纪自然法的内容,以恢复中世纪神学自然法,为垄断资产阶级统治服务。代表人物主要是法国的马里旦等人。非神学的自然法学说与新托马斯主义法学不同,它是对古典自然法的复兴,但在理论上与古典自然法学又有很大的不同。非神学的自然法学派在第二次世界大战后的主要代表人物有美国的富勒、罗尔斯和德沃金。他们不再主张实在法之上的、永恒不变的自然法,而是强调法律与道德的密不可分的联系和实在法之外的正义准则等。

第一节　自然法是神与政治法律的中介

以马里旦为代表的"新托马斯主义法学"是 20 世纪初开始复兴的现代资产阶级法学流派之一。马里旦在继承和发展托马斯·阿奎那政治法律哲学的基础上,进一步强调了自然法的概念并注入了新的内容,从而形成了较为完整的新自然法学说。

一、自然哲学思想——自然法思想的理论渊源

马里旦指出,自然法思想是从基督教和古代思想而来的。这不仅可以溯源到中世纪,而且可以溯源到古希腊哲学思想。他在《人和国家》一书中写道:"真正的自然法观念是希腊和基督教思想的一种遗产。它不仅可以追溯到格老秀斯,而且可以追溯到他以前的苏亚雷斯……甚至还可以追溯到西塞罗、斯多亚派……"①古希腊自然哲学思想主要指宇宙物质世界的自然规则。立足于这一本质含义,新托马斯主义将自然哲学追求的目的蜕变为对自然界的各门科学作出预告,并通过思辨的途径引申出这些科学的原则,而不考虑任

---

① 　[法]马里旦:《人和国家》,商务印书馆 1964 年版,第 80 页。

何经验资料。这种哲学原则是先于科学的,就其实质来说,是先天的,它们起源于上帝。

新托马斯主义者追随托马斯·阿奎那之后,认为自然哲学是关于那些变动不居的存在形式的学说。一切运动着的、短暂的、在空间和时间上有限的、派生的事物,都属于存在的最低领域。自然界被规定为一种不独立存在之物。因此,运动和变化是自然界所固有的,他们把这样一种情况解释为自然界依附于上帝的证明。进而,新托马斯主义者又用托马斯·阿奎那温和的实在论来武装自己。阿奎那认为,共相(一般概念)在上帝的理性中,既存在于事物之先,又存在于事物之中(事物是上帝理性观念的体现),也存在于人的意识中(因为意识理解着事物)。共相的化身就是存在于自然界中的一切事物的实体。种属之间的差别被理解为实体的差别。实体的多元论,是神学以一种特殊的方式否定自然现象的相互制约及这些现象的有规律的发展。他们把实体的概念绝对化,以力图证明:除上帝外,所有实体都是有止境的,所有实体的规定性和彼此之间的区别,首先意味着实体不能同时既是自然又是他物,因而也意味着所有实体都是有限的。在新托马斯主义看来,物体形成论是一种关于一切存在事物中形式与质料之间相互联系和相互关系的学说,它构成新托马斯主义自然哲学的中心。他们认为,质料是一种没有形式的、没有质的本原,且任何一种规定性都是由非物质的形式纳入质料之中,而形式又直接体现在上帝对自然界的作用之中。概言之,新托马斯主义者追随于托马斯·阿奎那之后,在理解质料与形式及其相互关系上与亚里士多德分道扬镳了。托马斯主义者认为世界是上帝从虚无缥缈中创造出来的,他们用这种观点取代亚里士多德关于永恒质料的观点,同时又用神的形式取代自然的形式。这种神的形式正是新托马斯主义自然法的最高来源和起因。

二、自然法的概念及要素

在新托马斯主义法哲学思想中,自然法占有极为重要的地位,甚至可以毫不夸张地说,自然法思想构成马里旦政治法律思想体系的核心。

在阐述自然法的概念时,马里旦首先对传统自然法的历史进行了总结与回顾,他严厉地批判了17、18世纪的理性主义自然法。他认为,格老秀斯以后的自然法违反了基督教神学的含义,"歪曲"并"滥用"了自然法的概念,使上帝"只成了自然、理性和自然法这三位一体的,自存的绝对物的一个外加的担保者;即使上帝并不存在,这个绝对物仍然支配着人们。所以,最后,人类意志或人类自由……在事实上代替上帝成为自然法的最高来源和起因"。① 马里旦反对理性自然法将自然法的本质归结为人类理性、意志或自由。他认为,人认识自然法不是通过理性的知识,而是通过人类自身的本性倾向而获得的知识。"在这中间,理智为了要进行判断,就求教并倾听悠久趋向的颤动的弦线在这一问题所发出的内在的旋律。"②由于自然法的本意被十七、十八世纪那些自然法论者的篡改,从而动摇了上帝这个最不可动摇的权威和基石,因此,自然法一旦不再作为激进的革命派蛊惑人心的口号之后,它便失去了自身的魅力。这种以人的意志、自由概念偷换了上帝神圣的概念的自然法,是虚假的毫无生气的自然法。据此,马里旦对自然法下了如下定义:"自然法,即不成文法,是根据人性而来的一个秩序或倾向。这个秩序或倾向是可以被人类理性发现的,并且人类意志必须按此秩序或倾向行为以便使自己调整得与人类的必然目的相一致。"③他接受阿奎那的观点指出:"自然法之所以是法律,仅因为它是对永恒法的参与。"④简言之,在马里旦看来,自然法是神的意志的体现,是不成文的、永恒不变的法律。

为了进一步认识自然法的概念,马里旦提出了自然法的两个核心要素:本体论要素和认识论要素。

第一,本体论要素。自然法本体论要素即自然法的本质、本源问题。马里旦认识到自然法在经过长期的衰落沉寂之后,在新的历史条件下,"除非下大力对自然法观加以阐述和重新表达,否则就不会有自然法观念的真正复兴"。⑤ 对如何把握自然法的问题,他引用圣保罗的名言说:"没有法律的外邦人顺着本性行法律上的事情,他们虽然没有法律,而自己就是自己的法律……"⑥这就是说,人在本性上是从事法律活动的。马里旦论证说:"我姑且

---

① ［法］马里旦:《人和国家》,商务印书馆1964年版,第78页。
② ［法］马里旦:《人和国家》,商务印书馆1964年版,第87页。
③ ［法］马里旦:《人和国家》,商务印书馆1964年版,第61页。
④ ［法］马里旦:《人和国家》,商务印书馆1964年版,第96页。
⑤ ［法］马里旦:《道德哲学》,商务印书馆1960年版,第88页。
⑥ ［法］马里旦:《人和国家》,商务印书馆1964年版,第80页。

假定我们承认有一种人性,这种人性在所有的人身上都是一样的;我姑且假定我们也承认人是一种赋有智慧的生物,并且这样一种生物在行动时了解到他在做什么,因而有为本人决定其追求目的的力量,另一面,由于人拥有一种本性或拥有一种包含可以理解的必然性的本体结构,他就拥有了必然符合其基本结构,并且对所有人都一样的目的。"于是就有了一种先在秩序和安排。人的意志和行为必然与其基本结构和目的合拍,这就是自然法。① 在马里旦看来,每一种存在都有其本身的自然法,正如有它的本质一样,但是人的自然法是具有道德责任的,它是一种"道德法则",作为"对永恒法的参与",它所追求的是一个高于一般秩序的"特别秩序",一个高于无所不在共同福利之上的"最终目的",因此,人人都有责任生活在这一法则之中。这就是马里旦所要重新解释的自然法。他认为,阿奎那是唯一在一种完全一贯的学说中把握到这一要旨的人,即把自然法准确地归结为上帝的理性,并与人类超世俗的道德生活相联系,但是却因语言晦涩不明而最终被人所忽略和漠视了。因此,马里旦认为,要揭示出自然法思想的全部含义,必须以一种"本体论"的观点来看待它。从本体论来看待自然法,其首要本质是绝对的正义性,以及其存在的普遍性和永恒性。简言之,自然法是一个永恒存在的"应在",表明的是一种理想的东西。同时,自然法又具有现实性,因而它会发展变化。马里旦说:"自然法是某种既是本体论的东西,又是理想的东西。它之所以是某种理想的东西,因为它是以人的本质及其不变结构和所含有的可以理解的必然性为依据的。它所以是本体论的东西,因为人的本质就是一个本体论上的现实,而且它不是单独存在的,而是存在于每一个人的身上,即必然处在一切现有人的生存中的。"②因此,从实质上看,马里旦自然法本体论是一种价值本体,它表明着人类生活的理想境界或法律固有的价值目的。

第二,认识论要素。即指如何实现上述本体的方法和途径。马里旦认为,自然法的存在与人们对自然法的认识是两个不同的事物。自然法即是人们行为的圭臬,但它又不是一种成文法,因此人们要想知道它是比较困难的。然而,自然法并不是不可认识的,"行善避恶"是自然法的根本原则。据此,人们

① [法]马里旦:《人和国家》,商务印书馆1964年版,第87页。
② [法]马里旦:《人和国家》,商务印书馆1964年版,第84页。

对自然法的认识可随着道德良知的增加而不断增加,但人的道德良知必须受到神的启示,也即只有当上帝的福音渗透到人的本体最深处,即人的灵魂时,人才可以认识自然法。马里旦指出:"自然法是一种不成文法,人们对自然法的知识是随着人的道德良知的发展而一点一点增加的。人的道德良知起初处于朦胧的状态,人类学家告诉过我们,人的道德良知最初是在那种部落生活结构里以及在那种半觉醒的幻景之中形成的……我们自己的道德良知对这一不成文法的知识无疑也还是不完备的……只有等福音渗入到了人体的最深之处,自然法才会开花并达到完善的境地。"①由此可见,马里旦把人对自然法的认识纳入了神学自然法的规范,进一步昭示了其反动的神学世界观的阶级本质。

在如何认识自然法的问题上,马里旦从唯心主义出发认为,自然法是一种天赋知识,根据"对象决定方法"的原则,认识自然法的唯一方式是依靠人的天赋倾向,他指出:"有德之士的道德知识、思想者的神秘知识及艺术家富于想象的知识等都是一种天赋知识。"②在这种本身出于联想而不是出于理性的概念或逻辑的推理的知识中,人要认识和了解它,只能依靠天赋的倾向。他说:"在出于天然倾向的道德知识中,理智以一种非概念的前意识的方式起作用,它从可感觉经验中抽取些直觉,而这种直觉在精神的前意识之中保持着一种含蓄未明状态;从这些直觉中将呈现出一些由于理智的无意识而来的人类倾向。"③在这段晦涩的解说中,马里旦实质上强调的是对道德知识的认识只能依靠神秘的直觉和感觉,也就是天赋倾向。在马里旦看来,由于自然法是人类精神之前意识生活中的一些根深蒂固的表现,是享有理性的人类于本性中固有的一种倾向,或者说它就是一种天赋知识,而这种天赋的自然法知识是上帝创造的关于真理和善的存在,所以马里旦关于自然法的知识必然是属于神学知识这一最高等级。因此,自然法知识的认识必须建立在信仰基础上,也即人们要获得这种知识,必须经过神的启示和加强对上帝的崇拜,这是地地道道地宣扬新的蒙昧主义,是反科学的。

---

① 〔法〕马里旦:《人和国家》,商务印书馆1964年版,第85—88页。
② 〔法〕马里旦:《论天赋知识》,载《形而上学评论》1951年6月号,第474页。
③ 〔法〕马里旦:《论天赋知识),载《形而上学评论》1951年6月号,第474页。

三、自然法、实在法与法律的分类

马里旦认为自然法是实在法的基础和力量之源,也是实在法的评价标准,是一切规范的神化和根据。

首先,马里旦从精神的角度概括出当代世界与中世纪时代不同的情况和特点。他指出,中世纪的文明是一种神圣文明,该文明有两种支配力量:一种是为神服务的坚韧不拔的思想;另一种是世俗文明对教会事务有很大的行政作用,国家也追求宗教的统一。相反,现代文明是一种世俗文明,它的两种支配力量是国家的观念和自由与人的尊严的观念。这种文明是以一种二元论为特征的(主张世俗与宗教的分离),因此并未真正建立起对人的信仰,相反人仍处在矛盾和危机之中。他认为造成这种结果的最直接原因是神圣与世俗东西的分离。为此,他主张现在迫切的任务是改变这种分离状态,使二者取得协调。这就是马里旦所指的"协调工作",其任务是使福利和灵感的酵素渗透到世俗生活中去,使世间秩序神圣化。[①]

其次,马里旦从价值标准的角度指出,法所反映的不是现实的真理,而是一种凌驾于实在现象之上的某种理想的典范,这就是"价值判断"。然而在法的规范中所反映的只是关于正义的相对的判断,而非绝对的判断。唯有自然法才表现着正义的绝对标准。这种标准的基础是"事物的本性",而非立法者的自由意志。

在法律的分类问题上,马里旦沿袭了中世纪神权政治家阿奎那的观点,把法分为永恒法(神法)、自然法、实在法和国际法。所谓永恒法,即神圣理性的秩序,是神的意志的体现,是上帝统治整个宇宙的法律。所谓自然法,即指对永恒法的一种参与,是处理必然地同"行善避恶"原则相联系的权利和义务;它是不成文的箴规,是普遍和永存的。实在法是由国家制定的,处理偶然地同首要原则相联系的各种权利和义务;它建立于自然法的基础之上并受自然法的约束。国际法又称万民法,是介于自然法和实在法之间的一种法律。

在讨论几种法律间的关系时,马里旦指出,国际法和实在法都从自然法那里取得法律效力,是自然法的延伸。在自然法没有明确规定的地方,由国际法和实在法根据特定事实和特定社会具体情况加以规定。因此,在自然法、国际

---

① [法]马里旦:《人和国家》,商务印书馆1964年版,第53页。

法和实在法之间的过渡是不可察觉的,自然法体现在人类法中而使得后者更完善、更符合正义。像阿奎那一样,马里旦宣称:"不公正的法律便不是法律。"①总之,马里旦也将自然法看做是上帝和尘世社会、政治和法律制度之间的桥梁,他的自然法学说是神学政治论的延伸。

四、自然法与人权

马里旦认为,自然法是人权的哲学基础。自然法不仅规定我们的基本义务,而且也确认一些基本权利。人是权利主体,因为人具有人格,他不仅是取得目的的手段,而且自身就是目的,并且应该作为目的来对待。马里旦着力剖析了近代建立在唯理主义基础上的人权理论。他说:"十八世纪的特殊成就——这的确是一个伟大的成就——是充分地提出了为自然法所要求的人的权利。"但是,"这一巨大成就因其思想意图上的错误所抵消。"②这种错误思想在他们那里由于人的理性和意义被提升为柏拉图天堂里的"神道",因而在事实上代替了上帝而成为自然法的最高来源和起因。于是自然法成为一个可以从所谓意志推理出来的东西。马里旦认为建立在这种自然法基础上的人权观所造成的结果只能是个人放纵,"除了他自身的意志和自由的法则以外不服从任何法则"。③ 的确,马里旦大加抨击古典自然法,其真实意图是用人权反神权,但在马里旦看来,这种理论不仅没有为人权建立起真正的基础,相反,"它损害和践踏了这些权利","促使人们由只注意义务而转向只注意权利,其实真正的人权是义务和权利的统一"。④ 马里旦在一定程度上看到了古典自然法理论及其人权观的偏激所导致的片面性缺陷,但是,他把近代西方人权观的破产完全看做是其理论基础的缺点所导致,这却是错误的。

马里旦强调说,真正的人权观是建立在一种从本质论来看待的自然法基础上的,其根本意图是要说明人权最终来源于上帝。唯有通过认识自然法,人们才可能感到:"人所拥有的每一权利,都依靠上帝……的权利。"⑤基于这样

①　张宏生、谷春德:《西方法律思想史》,北京大学出版社 1990 年版,第 455 页。
②　[法]马里旦:《人和国家》,商务印书馆 1964 年版,第 89 页。
③　[法]马里旦:《人和国家》,商务印书馆 1964 年版,第 79 页。
④　[法]马里旦:《人和国家》,商务印书馆 1964 年版,第 79 页。
⑤　[法]马里旦:《人和国家》,商务印书馆 1964 年版,第 90 页。

的理解,马里旦指出人权有两大特征:一是它的至上性和不可剥夺性;二是它的发展变化性。接着,他对现实社会中的人权状况作了如下分析:

首先,他对社会存在的各种权利的归属作了划分。这种划分是建立在自然法与实在法区别的基础上的。他认为,有的人权属于自然法,有的人权属于实在法。其中,自由、生存、追求道德生活的完善都是自然权利;而财产和劳动权,言论、出版、集会、结社自由等权利属实在法人权,但在本质上又与自然法要求相一致。

其次,马里旦分析了人权不可让与性问题。他把人权分为绝对不能让与的人权和基本不能让与的人权两类。绝对不能让与的人权就是不受政治体任何程度限制的权利,包括生存权和追求幸福权。基本不能让与的人权是这样一种性质的权利,即如果政治体不在某种程度上限制人们对它们的自然享用,共同福利就会受到危害,它包括结社权、言论自由等。

第三,马里旦就人权的享有和使用进行了分析。他认为,应当把权利的享有和使用区别开。就享有而言,绝对不能让与的权利不受限制;但就使用来说,应当受到某种限制。权利的使用要服从正义在每一场合下所规定的条件和限制。

第四,马里旦基于人权发展变化的特征提出了所谓“新旧权利”问题。在当代,“新权利”主要指劳动权和自由选择工作的权利,自由组成职业集团或工会的权利等。“旧权利”指私有财产权、契约自由权等。在马里旦看来,这两类权利之间存在着不可克服的矛盾:一方面,新权利如果不对旧权利进行激烈斗争,就得不到承认;另一方面,新权利对旧权利发动的斗争,又使后者很不公正地受歧视。

综上所述,马里旦关于自然法和人权的理论既有消极的一面,也有积极的一面。消极的一面表现为它使中世纪的经院哲学“现代化”了,积极的一面表现为他不仅在理论上深入探讨了人权问题,尤其强调突出了劳动者的权利,而且在实践上他本人还积极参与制定联合国主持的《世界人权宣言》以及其他国际组织的有关活动。

第二节　道德是法律的基础

第二次世界大战期间,严酷的历史事实对十九世纪以来西方占主导地位的功利主义法学和分析实证主义法学关于"恶法亦法"的论断,尤其是对分析实证主义法学把道德和法律完全割裂开来,主张法学应研究"实然法"而非"应然法"的观点的正确性提出了严重的挑战。面对这一黑暗困惑的局面,富勒的新自然法学说应运而生了。其基本思想是强调法律与道德的不可分,不仅立法具有实体的道德目的,而且法律本身也必须以一系列道德要求为存在前提。

一、道德的内容

富勒(LonL Fuller,1902—1978 年)是美国现代著名的法学家,他认为,道德包含两部分内容,即愿望的道德和义务的道德。所谓愿望的道德,即是关于善的生活以及使人类能力得到最充分实现的道德,它是一种美德。同时,它又是人们对理想的追求,是人类生活的最高目的。他指出:"在希腊哲学中,有许多简单明了的愿望的道德的例证。指的是完美的生活、美德和人类能力的完全实现。"①为了通俗地说明愿望的道德,富勒将它比作为边际效用的经济学。愿望的道德所解决的问题是如何尽量利用我们短暂的生命,边际效用的经济学则研究如何充分利用我们有限的资源。两者不仅目的相似,而且限度也相同。愿望的道德必然包含着某种人的至善概念,但它没有告诉我们什么是至善。边际效用经济学则将消费者看做是追求他所支出的每一美元的收益平均化。当他在购置书籍方面所花支出的收益递减时,他就会改变其支出流向。在这种转变中,似乎蕴含着某种最高标准。虽然边际效用的经济学家难以描绘这种标准究竟是什么,但他毕竟还是使用了"效用"这个词。经济学家正是以此作为屏幕,掩饰其无法分辨某种经济学上的善。这种缺陷本质上与伦理学家向人们展示通向善的生活之路,却并不确定这种生活的最高目标是

---

① ［美］富勒:《法律的道德性》,耶鲁大学出版社 1964 年英文版,第 4 页。

什么并无差别。

所谓义务的道德，主要是体现社会生存最基本的要求，是社会生活本身要求人们必须履行的义务。也就是说，义务的道德是从人类生活的最低点出发的，"它设立了一些基本规范，没有这些规范，人们就不可能组成一个有秩序的社会，或者说，没有这些规范，为某些特定目的而组织起来的有秩序的社会就不能达到它的目标。这也就是《旧约全书》和十戒所陈述的道德。它通常用'你不该'，而不用'你应该'来表述"。①　换言之，义务的道德是人类过有秩序的社会生活的一种基本要求，没有这些规范，人类就无法达到自己最基本的生存目的。这种义务的道德通常表现为否定形式，即"你不应该做某事"。

关于愿望的道德和义务的道德之间的区别，富勒认为主要表现为以下几个方面：

首先，就道德的内容来说，由于愿望的道德是人们对美好生活和至善等的追求，是人类能力的全部实现。因此，如果有人在实现愿望的道德方面取得了进展，他将得到人们的赞扬；如果失败了，人们也不会加以谴责，只是对他的失败感到惋惜而已。而义务的道德，由于是人类过有秩序的社会生活的必需条件，因此，人们不会因遵守了义务的道德而受到赞扬；但若有人违反了义务的道德，则要受到谴责和惩罚。

其次，就道德的表现形式来说，愿望的道德是肯定性的，即用"你应该如何如何"这样的句式来表述；而义务的道德大多表现为一种否定的、禁止的形式，即用"你不应该如何如何"这样的句式来表述。

再次，就道德的可知性程度来看，愿望的道德是对美好生活和至善的追求，是人类能力的全部实现。可实际上，人们不可能知道这种完美的生活、这种至善和这种人类能力的全部实现到底是什么东西，也就是说，它们是不可知的。而义务的道德，则是实实在在必须遵循的行为规范，因而是可知的。

此外，为了进一步区分愿望的道德和义务的道德的不同，富勒打了一个生动的比喻。他说："我们可以把义务的道德比作语法规则；把愿望的道德比作批评家们所讲的作一篇优秀文章应遵循的原则。正像义务的道德规定了社会生活所必需的规则一样，语法规则规定了保持语言作为交流工具所必需的原

---

① ［美］富勒：《法律的道德性》，耶鲁大学出版社 1964 年英文版，第5—6 页。

则。也正像愿望的道德一样,写好文章应遵循的原则,不仅含糊、松散、不具有确定性,而且不能给我们提供任何作一篇好文章所必需的确定的和不变的指示,只不过给我们提供了一种观念,这种观念要求我们努力争取,使我们的文章达到完善的境地。"①

　　由此可见,富勒从伦理学角度详细分析了道德的内容,而这正是他的核心思想——法律是内在道德与外在道德的统一——所依赖的理论基础。在富勒看来,义务的道德是社会生活最基本的行为准则;愿望的道德是引导人们争取至善生活的灯塔。前者是后者的前提,否则,在混乱的社会,任何理想的目标都无法实现;后者是前者的灵魂,因为每个人、每个社会都有其追求的目标,否则,人类生活就失去了意义。

二、法律的内在道德:程序自然法

　　在法律本身的道德问题上,富勒主要论述了法律的内在道德问题。所谓法律的内在道德,是指在法律制定和执行过程中应遵循的原则。富勒有时又称之为合法性或程序自然法。它既是法律制度的必备条件,又是人们在创制法律时所尽力追求的目标。任何法律如果彻底违背了法律的内在道德的任何一项要求,都必将导致整个法律的失败。法律的内在道德包括如下八项原则:

　　(一)法律的普遍性。它并非指我们通常所说的法律规范应该是针对所有人和一系列相同事物的规定这种概念,而是指首先得具有普遍意义的规范。富勒给法律下的定义是:"法律是使人类行为服从规范统治的事业。"②既然是"规范的统治",首先得有规范存在,否则就够不上规范的统治,而且这种规范必须具有普遍性。否则,也就没有法律,更谈不上所谓法律的内在道德。

　　(二)法律必须公布。根据富勒的解释,法律的公布不仅指把法律公开颁布,而且还包括法制教育,即尽可能让人们了解法律的含义。法律之所以需要公布有很多理由。首先,一个法律公布后,即使一百个人中仅有一个人去了解,这也足以说明必须加以公布,因为至少这个人有权了解法律,而这个人是国家无法事先认定的。其次,人们遵守法律一般并非因为他们直接了解了法

---

① ［美］富勒:《法律的道德性》,耶鲁大学出版社 1964 年英文版,第 27—28 页。
② ［美］富勒:《法律的道德性》,耶鲁大学出版社 1964 年英文版,第 106 页。

律,而是仿效了解法律的人的行为式样,即少数人的法律知识间接地影响着许多人的行为。再次,法律只有在公布后才能由公众加以批评,包括对不应制定的那些法律的批评,同时也才可能对适用法律的人的违法行为加以制约。最后,大量现代法律的内容是专门性的,它们是否能为公民所了解,这无关紧要,法律应公布决不是指望每个公民都坐下来阅读全部法律。

(三)法律不应溯及既往。所谓溯及既往,是指用今天制定的法律去判断昨天发生的行为是否合法。从理论上讲,由于法律是"使人类的行为服从规范统治的事业",因此,规范所统治的只能是规范制定以后人们的行为。至于规范制定以前人们的行为,由于行为发生时规范尚不存在,也就谈不上规范统治。而且避免制定溯及既往的法律在理论上已普遍为人们所接受。

(四)法律必须明确。富勒认为,这个问题似乎不成其为问题,因为人人都知道,法律既然是让人们遵守的,那就首先得让人们明白它的含义。然而正因为它不成其为问题,人们往往容易忽视它。这是与当前流行的一种思想倾向有关的。"这种观点把忠于法律和服从既定的权威混淆起来,认为只有法官、警察和检察官才破坏法制,而立法者,只要它们不超越法定的权力界限,就不会破坏法制。"①正是在这种观点的指导下,人们往往忽视立法者应制定清楚明白的法律这个问题。富勒进一步指出,如果立法者不注意使法律具有明确性,则更易破坏法律的内在道德。因此,必须把这个问题专门提出来进行研究。

(五)法律应避免自相矛盾。富勒指出,法律中有可能出现自相矛盾的规定,这种自相矛盾的规定有两种情况:一是同一法律中出现自相矛盾的规定;二是不同法律中出现互相矛盾的规定。为避免这两种自相矛盾的情况出现,立法者需要进行大量深入细致的工作。一般说来,这只是一个逻辑问题。众所周知,甲不能同时是非甲。这一形式逻辑原则难以解决法律中自相矛盾的问题。在处理这一问题时所公认的原则是寻求一种可能协调互相冲突的方法。

(六)法律的可行性。即指法律所要求的行为必须是人们力所能及的,也即法律不能要求人们做他们不可能做到的事情。然而富勒认为,在现实生活中往往会出现这种情况。这就如同一个立法者往往会像一位教师那样向他的

---

① [美]富勒:《法律的道德性》,耶鲁大学出版社 1964 年英文版,第 64 页。

学生提出过高的要求。其差别在于：当学生没有完全实现教师的不切实际的要求时，教师可以向学生为他们已实现的要求真诚地表示祝贺。但一个政府官员却仅能面临这种困境：或者是强迫公民去实现他们不可能实现的事情，从而构成十分不正义的行为，或者是对公民的违法行为视而不见，从而削弱法律的尊严。

（七）法律的稳定性。富勒认为，保持法律的稳定性，不随时更改法律，具有十分重要的意义。为此，他引用了美国宪法的制定者之一詹姆斯·麦迪逊的一段话。这段话本来是为宪法中写进了禁止制定溯及既往的法律的条款作辩护的，但却更多地谴责了法律的频繁改变。麦迪逊说："严肃的美国人民对于指导议会的朝三暮四的政策感到担忧。他们遗憾而愤慨地看到，突然的变化和立法干预……成了……给社会上那一部分比较勤奋而又消息不太灵通的人们设下的陷阱。他们还看到，一次立法干预只不过是一连串同样事件的前奏。"①

（八）官方行为和法律的一致性。陈弘毅译为"法必须贯彻实施。"②张文显解释为"官员的行为与已公布的规则的一致性。"③在富勒看来，这是法律内在道德中最复杂的一项要求。因为"法治的实质必然是：在对公民发生作用时（如将他投入监牢或宣布他主张有产权的证件无效），政府应忠实地运用曾宣布是应由公民遵守并决定其权利和义务的规则。如果法治不是指这个意思，那就什么意思都没有"。④然而，在现实生活中，这种一致性极易遭到破坏，其破坏的形式有多种多样，如错误的解释、法律的难以接近、缺乏维持法制统一性的眼光、贿赂、偏见、漠不关心和争夺个人权力等。富勒认为，其中最微妙也最棘手的问题是对法律的解释。如果对法律作了违背原意的解释，毫无疑问就会导致官方行为和法律规定之间的不一致。要解决这个问题，就必须在解释法律时遵循以下的原则：（1）在制定该法前，普通法是什么；（2）有哪些普通法没有规定的伤害或过失的处理办法；（3）国会已决定并指令用什么救

---

① ［美］富勒：《法律的道德性》，耶鲁大学出版社1964年英文版，第80页。

② 陈弘毅：《对古代法家思想传统的现代反思》，2003年在中国政法大学法律史研讨会上发言。

③ 张文显：《二十世纪西方法哲学思潮研究》，法律出版社2006年版，第55页。

④ ［美］富勒：《法律的道德性》，耶鲁大学出版社1964年英文版，第209—210页。

济方法来解决这些社会弊端;(4)这种措施的真正理由,和所有法官作出克服这种危害,促进补救措施的解释;(5)如何使那些依法办事的人合理地理解法律的内容,因为法律绝不能成为那些不如法官透彻了解法律的人的陷阱。

以上是法律内在道德的基本内容。富勒特别强调,这八项是内在的,并不是外力强加给法律的,是法律本身就具有的特征。任何法律,只要它存在,就必然会体现出这些特征,只是程度不同而已。

三、法律的外在道德:实体自然法

法律的外在道德是指法律的实体目标。在西方法哲学中,就非神学的新自然法学说而论,道德和自然法二词几乎是同义的。因此,富勒将法律的内在道德称为程序自然法,而将法律的外在道德称为实体自然法。实体自然法可归结为最基本的两条:一条是"保持人类目的的形成过程的健康性";另一条是"保持人类交流渠道的开放性"。①

法律是调整人们行为以符合规则要求的事业,是持久的、有目的努力的产物。这是富勒研究法律外在道德的基本出发点。在逐一剖析了美国法学家霍姆斯的法律预测说、德裔法学家弗里德曼的公共秩序说、美国人类法学家霍贝尔的法律强义说、凯尔森等人的权力等级体系说、英国法学家戴雪的国会主权说和哈特的法律规则说之后,富勒再次强调:法律是有目的的事业,并着重分析了作为有目的的事业的法律和与为社会权力事实表现的法律之间的区别。他坚持认为法律是有目的的事业;而对立的观点则将法律看做是社会权威或权力的表现事业,人们应研究法律是什么和实际如何,而不过问法律努力要做什么或将成为什么。他指出,如果法律仅仅是社会权威或权力的表现事业,那么,我们虽然可以谈论特定立法的实体正义或非正义,但却不能评估整个法律制度争取合法性理想的程度。因此,在富勒看来,要实现法律的实体目标,必须在法律内容上体现道德观念,法律的外在道德与正义是一致的。

富勒在谈论法律的外在道德时是与法律的内在道德相提并论的,且二者存在着内在的必然的有机的联系。这种联系主要表现为两个方面:首先,任何一项内在道德的败坏,如果超出了内在道德本身可以弥补的程度,必然导致外

---

　① 张宏生、谷春德:《西方法律思想史》,北京大学出版社1990年版,第463页。

在道德的彻底失败。因为内在道德的彻底失败意味着整个法制的不复存在。"皮之不存,毛将焉附"? 既然法制已不复存在,也就谈不上外在道德。其次,从广义上讲,法律的内在道德可以为不同的实体目的服务,也就是说,只要你遵守了法律的内在道德,就可以运用法律达到不同的具体目的。有一种例外的情况是法律的内在道德不能为邪恶的目的服务,即不能为邪恶的外在道德服务,其原因有如下三个方面:

第一,当人们制定具有邪恶目的的法律时,为了实现其邪恶目的,往往不得不违背法律的内在道德。例如,希特勒统治时期,他为了达到根除犹太人的目的,曾不止一次制定溯及既往的法律。

第二,制定法律以达到邪恶目的的那些人,出于对社会舆论或国际关系的考虑,往往并不在法律中表现出他们的目的,因此,在很多情况下,制定的法律是一回事,执行的法律是另一回事。

第三,制定具有邪恶目的的法律,本身就是对人的蔑视。而把人看做人、尊重人的价值又是隐含在法律的内在道德中的,因为法律的内在道德之所以要求让人们了解法律,不制定溯及既往的法律,就是因为相信人们是能够变成责任主体,具有理解和遵守规范,并对自己的错误负责的能力。因此制定具有邪恶目的的法律本身就是对法律内在道德的违反。

由此可见,法律的外在道德和内在道德是相互联系、相辅相成的,它们共同构成较为完善的法律制度。其中,内在道德是主要的,起主导作用的方面;外在道德是次要的,但又是缺一不可的方面。

综上所述,富勒新自然法哲学的核心是法律的道德论。为此他提出了许多独到的见解,以反对"恶法亦法"的主张,具有一定的进步性。但是,富勒只是抽象地谈论道德的内容,并抹杀了法律和道德的阶级性,以维护资本主义法制原则,为资本主义服务。尽管如此,我们应该看到富勒的法律理论仍有其积极的意义。毕竟,富勒的法律道德论是针对第二次世界大战期间法西斯主义残酷的法制而提出的,因此它为批判专制、独裁政治提供了理论依据。此外,他提出的在制定与执行法律时应遵循的八项原则,对我国的法制建设也具有一定的启示。

第三节　正义与法

在第二次世界大战结束以后,战争给人们的心灵留下了难以愈合的创伤。随着对纳粹法西斯惨绝人寰、令人发指的暴行的指控以及西方资产阶级民主制度所暴露出来的各种弊端,人们对从前一直被认为是不成问题的并为之浴血奋战、以鲜血和生命代价所获得的自由民主制度的有效性产生了怀疑。这种新的形势给法学领域带来了一系列新的问题,如西方政治法律制度的基础是什么? 社会、政治和法律制度是否应符合某些正义标准? 这些正义标准又是什么? ……罗尔斯的正义论法哲学就是在这样的背景下产生的。

一、正义的对象与分类

罗尔斯(John Kawis,1921—2002 年)是哈佛大学教授,当代美国著名的政治哲学家、新自然法学的主要代表。他指出,正义的主要问题是社会问题,更准确地说,是社会的基本结构问题。社会的基本结构,是指社会主要制度分配基本权利和义务,并决定由社会合作产生的利益的划分方式。而所谓主要制度,罗尔斯的理解是社会政治结构及重要的经济和社会安排。其主要表现为竞争市场、生产资料的个人所有、一夫一妻制家庭和对思想自由的保护等。罗尔斯深刻认识到人类社会是一个由许多人组成的自足的联合体,由于社会合作,人们存在着利益的一致。因为社会合作使人们可能过一种比他们仅靠自己的努力单独生活所过的更好的生活;但同时也存在着利益的冲突,人们都想从社会合作的利益中获得较大的份额。因此,仅靠个人的正义德性来自我约束是无法抑制人类的贪心的,必须首先依靠正义的制度来协调利益和负担的分配以及权利和义务的划分。

在罗尔斯看来,社会的基本结构之所以是正义的主要问题,是因为它对个人生活的影响十分深刻,并自始至终。它包含着不同的社会地位而给人们带来不同的生活前景。这些前景在很大程度上是由政治体制和社会经济条件决定的。这样,社会制度就使人们在出发点上存在着不平等,这种不平等不仅涉及面广,而且影响到人生的最初机会。如果说它们在任何社会中都不可避免,那它们就应该是正义首先适用的对象。

罗尔斯把社会基本结构作为正义的首要对象,也即把社会基本结构的正义放在第一位,这是应该肯定的。公民的权利和义务关系是由社会制度确定的,只有社会制度正义,才能保证社会权利与义务的划分以及利益和负担的分配公正合理。任何一个社会都应该注意制度本身的正义。

在正义的分类问题上,罗尔斯从不同的角度对之作了不同的划分,具体有如下几种:

(一)对社会的正义与对个人的正义

这是罗尔斯从对象上对正义作的最基本的分类。对社会的正义即是适用于社会基本结构的正义。罗尔斯认为,一个社会当被设计得不仅旨在推进它的成员的利益,而且也有效地受着一种公开的正义观管理时,它就是组织良好的社会。在这样的社会,每个人都接受也知道别人接受同样的正义原则;同时,基本的社会制度普遍地满足、也普遍为人所知地满足这些原则。这些原则就是他提出的两条作为公平的正义原则:平等自由原则和机会公平原则。

罗尔斯认为,对社会的正义原则不能适用于个人,只有就社会正义的原则达成协议后,才能确定对个人的正义原则。这里,社会利益占了上风,资本主义初期那种个人至上的观念已经过时。对个人的正义原则包括两个部分:公平原则和自然义务。公平原则的要求为公民职责,当社会的基本制度是正义的,即它满足了两个正义原则;同时,一个人又自愿接受这一社会制度安排的利益或利用它提供的机会来促进自己的利益,他就必须履行社会制度规范确定给他的职责。自然的义务包括肯定性义务和否定性义务。肯定性义务如坚持正义、互相尊重和帮助,否定性义务如不伤害人、不损害无辜者等。① 它与公民职责相比,其特征在于它适用时并不涉及人们自愿的行为,而且它们与制度没有任何必然联系,其内容一般也不由社会规则确定。

(二)实质性正义和形式的正义

实质性正义指制度作为抽象目标的正义,它为基本权利和义务的划分,为社会合作产生的利益和负担的分配提供了一个合理的实质性标准。法律的实质性正义指法律制度把正义作为最高价值目标,"调整理性人的行为并为社

---

① [美]罗尔斯:《正义论》,中国社会科学出版社 1988 年版,第 104 页。

会合作提供某种框架"。① 正义的首要对象是社会的基本结构,法律的任务就是确定社会的基本结构。当制度被公正一致地管理和实施,而不问其实质性内容如何,就是形式的正义。它在法律上的表现即为法治。

罗尔斯认为形式的正义与实质性正义二者不能截然分开。他甚至认为,在社会基本结构正义的背景条件下,形式的正义与实质性正义是结为一体的。凡是能发现形式正义的地方,一般也能发现实质性正义,二者的统一体现在社会基本结构的正义里,深藏在有理性的人的正义感中。

(三)政治的正义与分配的正义

罗尔斯把社会的基本结构划分为政治和经济两大部分。两个正义原则正好与之对应。第一个平等的自由原则是讲政治权利和自由的,属于政治的正义;第二个差别原则和机会公正平等原则是讲经济利益和负担分配的,属于分配的正义。政治的正义要求所有公民都有平等的权利参与政治过程。分配的正义是用社会财富和收入的分配无法做到完全的平等,所以要求这种分配应该从社会最少受惠者的利益来考虑,正当优先于效率。社会的发展应该使社会的每个成员都有同等受益的机会,那些状况较好者利益的增加至少对较不利者的福利应有所贡献,社会利益总额的增加也应该有利于最少受惠者。在罗尔斯看来,人们对自然分配上的不平等无可奈何,于是力图使社会制度为人们安排一个较为平等的出发点,而这个平等的安排过程离不开正义的程序作保证。

(四)对程序正义的划分

罗尔斯把程序正义划分为理想社会的完善程序正义与纯粹程序正义,非理想社会的不完善程序正义与准纯粹程序正义。所谓理想社会是指一个组织良好的社会,非理想社会即现实社会。在理想社会,完善的程序正义有两个特征:其一,对什么是正义有一个独立的标准;其二,有一种保证达到预期正义结果的程序。纯粹程序正义不存在关于正当结果的独立标准,只存在一套明确而合理的程序,这套程序若被严格遵守,会得出一个明确的结果,不管它们可能是什么结果。在分配利益的时候,如果要采用纯粹的正义程序,就应该建立和管理一个正义的制度体系。只有在社会基本结构正义的背景下,在政治、经

---

　　① [美]罗尔斯:《正义论》,中国社会科学出版社 1988 年版,第 225 页。

济和法律制度是正义的前提下,才可能获得正义的结果。

罗尔斯指出,把这种完善的、纯粹的程序正义理论运用于现实社会之中,它们多少会有些走样,变为不完善的和准纯粹的。不完善程序正义指存在着一种判断正义结果的独立标准,却没有保证达到它的合理程序。对于这种情况,罗尔斯把它说成是因为一些偶然因素的影响造成的。准纯粹程序正义则不但没有一个关于正义结果的独立标准,而且其程序本身也是不明确的,只能根据少数服从多数的"多数裁决规则"来决定问题。

以上是罗尔斯对正义分类的基本观点,其中社会正义是他正义论的主题。尽管罗尔斯对正义作了不同的分类,但都是形式上的分类,他不可能从阶级本质的高度来划分正义。他所主张的社会正义不过是想把资本主义社会资产阶级剥削人民群众辩护成公正合理。他的正义观是一种资本主义的正义观。

二、正义的实质:自由主义

罗尔斯的正义论体系是以自由为本质内容的。首先,他从法律制度的角度规定了自由的含义。他说:"自由是制度的某种结构,是规定种种权利和义务的某种公开的规范体系。"①在他看来,自由有三个要素:主体——自由的行动者;客体——主体自己决定去做与不做的事情;方式——主体摆脱种种限制束缚或主动追求行为。这样,一个人摆脱某种限制或主动追求去做或不做某事,并同时受到保护而免受其他人的侵犯时,则他是自由的。罗尔斯把自由规定为制度的某种结构,是在这个基础上的一种升华,这种升华体现为三个方面:

第一,自由是一个完整的体系,它规定着公民的基本自由权利。这些权利包括:政治上的自由即选举和被选举担任公职的权利及言论和集会自由;良心的自由和思想的自由;个人自由和保障个人财产的权利;依法不受任意逮捕和剥夺财产的自由等等。

第二,对自由的限制要服从于自由本身的意义和两个正义原则的优先性规则。一种不够广泛的自由必须加强由所有人分享的完整自由体系,一种不够平等的自由必须为那些拥有较少自由的公民所接受。根据优先性规则,对

---

① [美]罗尔斯:《正义论》,中国社会科学出版社 1988 年版,第 192 页。

正义的第一个原则所包括的基本自由的限制,仅仅是为了自由本身,即为了避免带来一种更大的不自由以及更佳的方式调整整个自由体系。

第三,自由和自由价值是两个不同的概念。自由表现为平等公民权的整个自由体系,而自由价值则是自由在个人和团体身上的具体实现,它与人们在自由体系规定的框架内促进他们目标的能力成比例。自由作为天赋权利,对所有人都是一样的,而自由价值则不一样。罗尔斯认为,作为公平的正义原则,其目的就在于,社会基本结构应该被安排得最大限度地提高最少受惠者的自由价值。

在罗尔斯看来,既然自由是正义的实质,那么自由就应当优先于其他一切道德原则。根据词典式序列,罗尔斯列出了两个优先规则:

"第一个优先规则即自由的优先性。两个正义原则要以词典式次序排列,因此,自由只能为了自由的缘故被限制,这有两种情况:(1)一种不够广泛的自由必须加强由所有人分享的完整自由体系;(2)一种不够平等的自由必须可以为那些拥有较少自由的公民所接受。

第二个优先规则即正义对效率和福利的优先。第二个正义原则以一种词典式次序优先于效率原则和最大限度追求利益总额的原则;公平的机会优先于差别原则。这有两种情况:(1)一种机会的不平等必须扩展那些机会较少者的机会;(2)一种过高的储存率必须最终减轻承受这一重负的人们的负担。"①

罗尔斯认为,两个正义原则相当于资产阶级革命时期提出的"自由、平等、博爱"的口号。第一个正义原则相当于自由,第二个原则中的机会公平平等原则相当于平等,差别原则相当于博爱。自由和平等是他正义论中体现的主要思想。这样,第一个优先规则就成了自由对平等的优先;第二个优先规则则变为自由对功利和至善的优先。

罗尔斯的正义论是在强调国家干预的新的历史条件下自由主义思想的发展。与近代自由资本主义条件下契约论思想家所说的个人权利和自由不同,罗尔斯强调的是社会自由、制度自由。在他看来,"自由是制度的某种结构、规定权利义务的公开规范体系"。自由的立足点是社会制度。在自由体系中

---

　　　① ［美］罗尔斯:《正义论》,中国社会科学出版社 1988 年版,第 292 页。

的各种基本自由权利都是以一个正义的社会的基本结构为背景的。罗尔斯把正义分为对社会的正义和对个人的正义,人们在原初状态下必须首先就社会基本结构的正义达成协议,然后才能确定对个人的正义原则。正义的首要对象是社会的基本结构。这展示了正义德性的社会性即自由的社会性及其与社会实践的内在联系。对个人职责和义务的要求预先假定了一种对制度的道德观,必须先确定正义制度的内容。"一个人是否自由,是由社会主要制度确立的权利和义务决定的。自由是社会形式的某种样式。"①在对个人的正义原则里,产生职责的前提条件是所涉及的制度或实践必须正义;自然的义务也要求每个人都坚持正义。罗尔斯的社会正义论是为了让每个人都享有充分合理的自由而设计的正义社会。诚如他本人所说:"正义论的目的是要详细阐述用来调整背景制度的原则。"②正是在这个意义上,他的自由是制度的某种结构。

罗尔斯强调社会自由,一方面是主张国家更多地干预经济、干预社会生活,协调个人与社会的矛盾,从而保持资本主义制度的稳定性;另一方面,是使人们在心理上觉得资本主义制度是正义的制度,在这种制度背景下的任何一种稍微的改良,都会给每一个人带来好处,从而鼓吹资本主义制度的永恒性。

三、正义与法的关系

(一)正义是法律的最高价值准则

罗尔斯指出:"法律体系是一系列强调性的公开规则,提出这些规则是为了调整理性人的行为并为社会合作提供某种框架。"③他把正义的首要对象确定为社会的基本结构,法律则是用来确定社会基本结构的制度体系,这样,法律本身就是社会基本结构的一部分,它又用来固定这种结构安排,不管从哪点来说,正义都是法律不可缺少的价值。因此,罗尔斯一开始就直截了当地宣布正义是法律的首要价值。他说:"正义是社会制度的首要价值,正像真理是思想体系的首要价值一样。一种理论,无论多么精致和简洁,只要它不真实,就必须加以拒绝或修正;同样,法律和制度,不管它们如何有效率和有条理,只要

---

① ［美］罗尔斯:《正义论》,中国社会科学出版社 1988 年版,第 59 页。
② ［美］罗尔斯:《正义论》,中国社会科学出版社 1988 年版,第 269 页。
③ ［美］罗尔斯:《正义论》,中国社会科学出版社 1988 年版,第 225 页。

它们不正义,就必须加以改造或废除,……作为人类活动的首要价值,真理和正义是绝不妥协的。"①

正义不仅是法律的实体价值目标,而且法律的实施也应该充分体现正义,这就是法律的形式正义,罗尔斯称之为"法治"。为了保证法律规则公正一贯地实施,实现法律的实体正义,罗尔斯规定了几条法治准则:第一,应当意味着能够的准则。法律允许和禁止的行为应该是人们期望去做或不做的行为,法律不能提出人们不可能做到的义务。第二,类似情况类似处理的准则。这一方面是保证公民享有平等的诉讼权利,另一方面也是要限制法官任意解释法律。第三,法无明文规定不为罪的准则。它要求法律为人所知并公开地宣传,而且它们的含义要得到清楚地规定。第四,自然正义观。在法律规定的幅度内,法官可以根据正义感作自由裁量,以保护司法程序的完整性。

罗尔斯的这些法治准则并非什么新创造,而是近代资产阶级提出的"法律面前人人平等"、"罪刑法定主义"、"法不溯及既往"等法制原则的翻版。所不同的是,他强调形式正义与实质性正义联为一体,法治有助于实现法律的实体正义,而在法律实体不正义的国度里,很难说会有法治可言。

(二)理想社会与非理想社会法对正义要求的差异性

罗尔斯把他的正义论分为理想的理论与非理想的理论两部分。理想的理论适用于理想社会即一个组织良好的社会,非理想的理论适用于非理想社会即现实社会。在组织良好的理想社会里,确定了理想环境中的社会正义原则,并规定了社会制度和人们行为对正义原则的严格服从,法律应该严格根据正义原则来安排设计,这就是"应然"法,它是人类努力追求但又不能完全达到的理想境界。当人们掀开无知之幕带着正义原则进入现实社会,情况就出现了差异。社会环境没有那么美好完善,且存在着各种不幸的条件,法律制度实际上不可能严格按照正义原则来安排,只要求基本正义或接近正义,这种法律就是"已然"法。

罗尔斯认为,法学研究对两种法律都不应该忽视。他反对脱离现实抽象地探讨法律应该是什么,在他看来,仅仅研究法律的应然是不完善的理论,它缺乏理性的现实基础。同时,抛开应然讲已然,法律就会失去正义的灵魂,变

---

　　① [美]罗尔斯:《正义论》,中国社会科学出版社 1988 年版,第1—2 页。

为纯粹的技术性规则,导致"恶法亦法"。他解决这个问题的方法是把它们看做正义原则在法律中的抽象理想与现实运用两个方面,使应然和已然统一在法律正义论的整个体系中。

(三)正义与国际法

罗尔斯认为,一种完善的正义理论不仅包括适用社会基本结构和个人的正义原则,还需要有关国际法的正义原则。对国际法正义问题的考察,是他研究具体已然法的典型例证。

罗尔斯把国际法规定为建立在正义原则基础上处理国家之间关系的法律。他认为,正如适用于国内社会基本结构的正义原则一样,适用于国家之间的正义原则也产生于原初状态下各国之间的契约。由契约产生的支配各国行为的正义的政治原则就构成了国际法的道德基础。[1] 国际法有两个基本原则:一是平等原则。任何组成为国家的独立民族都具有某些基本的平等权利。根据国家之间的平等原则,每一个国家都有自决的权利,即自己决定自己的国家选择何种社会制度和政治制度,决定自己的事务,别国无权干涉,平等原则也赋予每一个国家有反对侵略进行自卫的权利。二是信守条约的原则。即如果两国或多国签订的互利互惠的条约同调节国家关系的正义原则相一致,那么条约参与国就有信守条约的义务,其他国家也应该尊重别国的条约。但是,如果条约是不公正的或者是危害和侵略他国的合作协议,那它一开始就是无效的。

此外,罗尔斯还探讨了战争的正义问题。他认为战争的目标是一种正义的和平。为了捍卫国家的独立与自由而进行的反侵略战争是正义的,它是为了争取和平而不得不进行的战争。总之,罗尔斯的国际法正义理论,既反映了当时美国人民的厌战情绪,也反映了西方世界长期冷战,人民渴望和平的心声。

第四节　权利论

20 世纪 50 年代末至 70 年代初,西方社会尤其是美国发生了社会大动

---

[1]　[美]罗尔斯:《正义论》,中国社会科学出版社 1988 年版,第 366 页。

荡。黑人反对种族歧视,妇女解放运动,青年学生反越战运动等争取权利的运动此起彼伏。在这种潮流的驱使下,出现了与罗尔斯同时代,并与之齐名的美国著名法学家罗纳德·德沃金。他的学说以"权利论"而闻名。

一、权利论的基本思想

德沃金(Ronald Dworkin,1931—　)是美国当代法学家,他的权利论所要解决的关键问题是"公民应享有什么权利"。他认为,公民是政治社会的基本成员,公民与政府的关系是政治生活的基本关系。针对公民的权利是否限于法律明文规定,公民是否享有某种最一般的权利等问题,德沃金明确指出:"受平等的自由观制约的所有公民均享有得到平等关怀和尊重的权利。"[1]这是高度抽象的权利,公民应享有的一系列权利都由此产生。在公民所享有的所有权利中,"平等关怀"和"尊重权"构成德沃金权利论的核心思想。换言之,德沃金其他一系列论述,如道德原则和法律原则,立法与司法,守法与违法,权利与正义,平等与自由等都是围绕其核心思想展开的。为此,他特别强调说:"作为平等关怀和尊重的平等观不仅为各种众所周知的宪法性权利以及其他经济权利提供了有力的理论依据,而且昭示了传统人权学说中的自治观念。"[2]

那么,什么是平等关怀和尊重权? 德沃金指出:"假设我们都接受如下政治道德的基本原理:政府必须以关怀和尊重的态度对待它所治理的人民。所谓关怀是指将人民当作会遭受痛苦和挫折的人;所谓尊重是指将人民看做是能够根据自己的生活观念行动的人。政府不仅要关怀和尊重人民,而且要平等地关怀和尊重。这意味着政府绝不能以某些公民因值得倍加关怀而有资格获得更多东西为基础来分配各种商品或机会;绝不能以某团体中某些公民的美好生活概念比他人高贵或优越而限制自由。这些基本原理可称为平等的自由观。"[3]这段论述较完整地体现了德沃金关于平等关怀和尊重权的思想。

为了进一步阐明"平等"的含义,德沃金分析了平等关怀和尊重这一抽象

---

① ［美］德沃金:《认真对待权利》,哈佛大学出版社 1978 年版,第 273 页。
② ［美］德沃金:《认真对待权利》,哈佛大学出版社 1978 年版,第 292 页。
③ ［美］德沃金:《认真对待权利》,哈佛大学出版社 1978 年版,第 272—273 页。

权利可能包含的两种不同的权利。第一种是平等对待的权利,即政府平等地分配给每个公民相同的商品或机会;第二种是作为平等者得到对待的权利,这不是平等地分配一些商品或机会,而是在如何分配这些商品和机会的政治决定中,每个公民都有权得到政府平等的关怀和尊重。在德沃金看来,平等的关怀和尊重权是个人的基本权利。

此外,德沃金在其《认真对待权利》这一书中,还集中地论述了当时美国社会矛盾极为激化的情况下所提出的一个尖锐的法律和道德问题,即美国公民是否有非暴力地反对政府的权利,或是否有违反法律的道义权利。他认为,在政府是否有权限制公民享有宪法所规定的言论自由的权利的问题上,有两种观点:第一种是传统的观点:政府的行动应采取中间路线,平衡社会利益和个人权利,使二者各得其所,但这种观点错误地混淆了社会的权利和社会成员的权利。第二种,即德沃金所支持的观点:只有在出现某些迫不得已的理由,即有理由认为不符合原先的权利所根据的设想时,政府才能剥夺这种权利。为了认真地对待权利问题,必须接受以下两个观念或至少其中之一:(1)人类尊严的观念,应认识到有一些对待人的方式同承认他是人类社会正式成员是不相称的,并认识到这种待遇是极不公正的;(2)政治平等的观念,即政治社会地位较低的成员,有权像比他高的成员那样,取得政府同等的关怀和尊重。

由上可知,德沃金将一个特殊的权利——平等关怀和尊重权作为正义和自由主义政治道德构成要素的根本。尽管这样一个权利从直觉上来看是具有吸引力的,但政府平等地对待它的公民意味着什么仍是一个悬而未决的问题,而且,资本主义的阶级本质也注定了其政府是不可能平等地对待它的公民的。

二、平等与自由的关系

平等和自由,作为两种不同的价值观,自古以来就是思想家所谈论的经久不衰的永恒话题。平等和自由究竟有何关系,思想家们众说纷纭,莫衷一是。当代西方法哲学家罗尔斯、诺锡克和德沃金等都试图解决这个问题,他们对此也都明确地阐述过;但他们观点各异,至今仍未得到统一。诺锡克认为,平等与自由,自由首要的就是一切,平等什么也不是。这在德沃金看来,诺锡克采取了一种极端的立场一边倒了。罗尔斯则试图在平等和自由之间寻找妥协,在阐述社会正义的基本原则时,他首先选择了一些基本自由,这些基本自由可能会与平等的要求发生矛盾,而一旦发生矛盾,则基本自由拥有优先权(即自由优先性原理)。然而,这些基本自由只是大多数人所说的"自由"的一部分,因此,任何发生在第二条正义原则内的平均主义要求与不包括基本自由中的其他自由,如经济自由之间的冲突,则由平等优先的原则加以解决。

在平等与自由的关系问题上,德沃金的观点与他们大相径庭。他说:"我的观点的中心概念不是自由,而是平等。"①他提出任何旨在支持自由权利的社会调整措施都必须认真考虑和尊重平等的权利,平等的权利是第一位的,他认为在任何社会,每一个重要的社会立法都面临着这两个目标之间的紧张状态。问题的关键不在于我们是否需要自由的权利,而在于我们本身是否有权享受自由。如果我们都有权(作为平等的人)获得各种基本的自由,那么就可以建立起协调平等和自由的基础。德沃金指出,自由的传统定义是政府没有规定对个人行为的限制。这种像许可证一样的自由意味着允许人们选择自己的道路,并决定要做的事。然而,传统的自由观,包括霍布斯、洛克、孟德斯鸠和边沁等,都认为法律是对自由的限制。这就意味着平等与自由之间存在着冲突。为了协调这种冲突,德沃金提出了一种所谓的"强义的权利观",即公民享有的平等自由权是作为平等者得到平等对待的权利。根据这种强义的权利观,人们不是要求平等,而是他们有资格享有平等。诚如德沃金所总结的:"在我所说的强义上,一个成功的权利要求具有这样的结果:如果某人有权享有某物,那么政府否认之,是错误的,即使政府的行为是为了普遍的利益。这种权利的实质(可称为反功利主义的权利概念)对我来说,似乎十分接近目前在有关政治和法律的著作中主要使用的权利概念。"②这种权利就是国家须尽力保护的个人权利。

为了进一步阐述平等和自由的关系,德沃金在20世纪70年代末至80年代,又接连撰写了《自由主义》、《自由主义为什么应该关注平等》等论文,并将它们编入《关于原则的问题》一书。德沃金进一步指出:"平等的自由观是自由主义的神经。"③平等不仅是经济权利的基础,而且也是政治权利的基础。

---

① [美]德沃金:《认真对待权利》,哈佛大学出版社1978年版,第272页。
② [美]德沃金:《认真对待权利》,哈佛大学出版社1978年版,第269页。
③ [美]德沃金:《关于原则的问题》,哈佛大学出版社1985年版,第183页。

然而,自由与平等不时地发生冲突,有时,促进自由的种种结果对平等不利。好的政府往往会努力协调二者的冲突。在协调二者的关系上,德沃金认为自由主义较保守主义更倾向于平等。在平等的问题上,他强调要区分两种不同的平等观。第一种是要求政府将所有公民作为平等者对待。第二种是要求政府在分配一些机会、资源方面平等地对待每个公民,或至少保障公民人人平等的状况,或得到比较平等的尊重。总之,德沃金坚信:"经济平等和传统的个人权利都起源于独立意义上的平等这一概念,平等是自由主义的原动力,捍卫自由主义也就是捍卫平等。"①

三、权利论与法律的完整性

德沃金在《法律帝国》一书前言中开宗明义地指出:"我们生活在法律之中,并以法律为准绳。法律确定了我们的身份:公民、雇员、医生、配偶以及财产所有人。"②在德沃金看来,法律并非一种仅在法典中明确规定的稳定不变的体系,而是人们对何为法律的规定莫衷一是,判若云泥。尤其当那些记载法律规定和说明的典籍缄默不语、含混不清或模棱两可时情况更是如此。然而即便当人们就法律对人们的行为作出了什么决定而争论不休时,人们也属于"法律帝国的臣民"。③ 为此,德沃金从法律的完整性的角度对司法中的权利问题进行了较为详细而又深刻的分析。

德沃金认为,法律在司法中至关重要,因为它关系到法官如何断案的问题。"不管是遭到不幸的或喜好诉讼的人,还是作恶多端或品行高尚的人,一旦置身法庭,这个问题对他们就至关重要。"④在现代法治社会里,法官的判案往往涉及社会生活的方方面面。尤其在美国,联邦最高法院作为"准立法机关",有权解释宪法和法律,而且它经常对涉及重大政治问题的案件作出判决。因此,人们非常关注法官的判案。

由于法官们对法律的理解不同,他们在审理案件时往往产生不同类型的

① ［美］布·麦基:《思想家》,生活·读书·新知三联书店1987年版,第395页。
② ［美］德沃金:《法律帝国》,中国大百科全书出版社1996年版,前言。
③ ［美］德沃金:《法律帝国》,中国大百科全书出版社1996年版,前言。
④ ［美］德沃金:《法律帝国》,中国大百科全书出版社1996年版,第1页。

争论。"至少从原则上讲,诉讼总会引起三种争论:关于事实的争论,关于法律的争论,以及关于政治道德和忠实的双重争论。"①首要的问题是,发生的是什么事。譬如,站在车床旁的人是否将扳钳砸在另一工人的脚上? 其次,与此有关的法律是什么。这种法律是否允许受伤的工人因此种伤害而可从其雇主那里获得赔偿金? 第三,如果法律否定赔偿,它就不公平了吗? 如此,法官又是否应该不顾法律而同意以任何方式来赔偿呢?

这些争论中的第一个问题,即关于事实的争论,似乎非常明确。第三个问题是道德和忠实,这与其他问题不同,但也常常出现。人们经常对此有不同的意见,道德的争论在法院并不会引起什么特殊的问题。唯有第二个问题即法律问题才真正是律师和法官们经常争论的焦点。德沃金将这种有关法律的争论称之为"法律的命题"。② 而将人们在论证这些命题时所引用的根据称为"法律依据"。③ 有关法律的争论有两种:一是关于法律经验的争论,即律师和法官们一致同意有关法律的根据,但对这些根据是否适用于具体案件,意见不一;二是关于法律理论的争论,即他们对法律根据的争论。

为了解决上述法律争论,德沃金又提出了一个"阐释法律"的问题。德沃金认为无论制定得多么精细的宪法、法规和先例都很难直接准确无误地适用于每一可能出现的案件。当法官们对某一案件的正确判决各执一词时,他们实际上是对法律的正确阐释产生分歧,对何为法律见解不一。法律并非为一种昭然事实,即任何一位获有充分信息的人都明确无误地知道什么是法律。他指出法律是一个阐释性概念,为了在某一特定案件中确定何为法律的要求,就不仅有必要考虑该案件的相关事实、法规明确的语言文字、法规先前运用的例证,同时也有必要考虑法律的要旨和法律所包含在其中的更为广泛的习惯和实践的特点,所有这一切构成了判决的实践。德沃金抓住了这一问题的关键,在对美国两种传统的法律解释理论批判的基础上,提出了一种颇具新意的法律解释理论——作为整体性的法律观。

德沃金在《法律帝国》一书中鞭挞了美国两种传统的法律解释理论:因袭

---

① [美]德沃金:《法律帝国》,中国大百科全书出版社 1996 年版,第 3 页。
② [美]德沃金:《法律帝国》,中国大百科全书出版社 1996 年版,第 4 页。
③ [美]德沃金:《法律帝国》,中国大百科全书出版社 1996 年版,第 4 页。

主义和法律实用主义。他认为这两种见解胶柱鼓瑟,难以对我们法律实践作出令人心悦诚服的解释。他指出,因袭主义从本质上讲是一种"倒退"运动,它认为法律权利不过是现存法律惯例的结果,法律权利只有与过去的决定明显一致时才能得以承认,当惯例的力量消失时,法官就必须找到判决的某种全面的向前看的依据。因此当新的案情出现而惯例又不完备时,就没有可行使的法律权利,只有用某种司法自由裁量权来从事今后的合理论证。这种理论的困境在于用明天的"法律"来判断人们今天和昨天的行为,这与民主、法治社会的宗旨相悖。与此相反,实用主义则是一种"向前看"运动:它认为在决定何为对社会的未来最有利时,与过去决定的吻合或一致并非具有真正的价值,只是由于从策略或便利上考虑才权且可以接受。这种理论的弱点在于割断了社会和法律发展的历史锁链。

整体性的法律观或法律的整体性理论是在上述批判的基础上提出来的,也是德沃金《法律帝国》中最引人注目的见解之一。所谓"整体性的法律观",是指与公平、正义等价值观念既有联系又有区别的"政治性美德","是对承认个人权利的一般性和非战略性的论证",是把"公民的道德生活和政治生活融为一体",并"使政治需要和个人需要相辅相成,互为补充"。① 法律的整体性可分为两个更为实际具体的原则,即"立法整体性"原则和"司法整体性"原则。前者要求立法者在原则上保持法律的一致性,且努力保护每一个人的道德权利和政治权利,以便公共标准能够表达公平和正义的一致性观念。后者要求每个法官在确定法律的权利和义务时,像一位"章回小说"的作者那样,尽力维护普通法的传统,并表达这种传统一贯具有的正义和公平的含义。由此可见,"整体性的法律观"实质上就是要求保持普通法内在的正义和公平的传统。

综上所述,德沃金从法哲学的高度系统阐述了他的"权利"观,在公民应该享有什么样的权利、自由与平等谁具有优先性以及如何在法律上保护个人权利等问题上作了较为深入的探讨,并提出了自己独到的见解。这些见解对我们进一步研究法律的理论和实践具有一定的参考价值。他的法律权利论反映了战后特别是 20 世纪 60 年代社会动荡中的美国法律的新动向。

_____

① ［美］德沃金:《法律帝国》,中国大百科全书出版社 1996 年版,第 170 页。

第二十五章　昂格尔的批判法学思想

批判法学(Critical Legal Studies Movement,简称 CLS,又译批判的法律研究运动)是 20 世纪 80 年代美国法哲学界最有影响的思潮之一。它以批判和否定作为自己的武器,向现代法理学殿堂发起完全正面的攻击。批判法学理论是当代法学研究中的一个"难缠的顽童",它以彻底否定和抛弃自由主义法律思想作为神圣使命,因而在美国法学界引起了轩然大波,它在赢得狂热般赞美的同时,也受到激烈甚至于刻薄的抨击①。但无论如何,围绕着批判法学的阐述和诘难,是 20 世纪 80 年代以来美国法学理论界关注的头等大事。

昂格尔,1949 年出生于巴西,1969 年,获里约热内卢大学文学学士学位,1970 年入哈佛大学法学院求读,获法学硕士学位,1976 年,获哈佛大学法学博士学位。在此期间,他就致力于批判法学的研究,1977 年任哈佛大学教授至今。昂格尔是批判法学运动的思想领袖和权威,被称为该运动的"基督"(思想来源)②,霍钦森(Hutchinson)称昂格尔为"法学界的但丁","开启了一个时代"③。昂格尔的发轫之作《知识与政治》(1975 年版)对批判法学运动具有深远的影响。批判法学的支持者和反对者都承认昂格尔的重要地位以及《知识与政治》对批判法学的重要影响。④"在近来的理论著述中,《知识与政治》对

---

① ［美］威廉姆·埃瓦尔德:《昂格尔的哲学:批判法学》,载《耶鲁法学评论》1988 年第 97 卷,第 665 页。

② ［美］施瓦兹:《带着枪和照相机通过最黑暗的 CLS 土地》,载《斯坦福法学评论》1984 年第 36 卷,第 413—416 页。

③ 霍钦森等:《昂格尔对权利的批判》,载《萨克斯法律评论》1984 年第 62 卷,第 1491 页。

④ ［美］阿克曼:《法律发展的前沿》,载《耶鲁法律杂志》1983 年第 96 卷,第 1466 页。

自由主义的批判是最有深度和最具影响力的著作。"① "昂格尔对批判法学的贡献是他对自由主义理论的批判,他的主要影响归于他早期的著作《知识与政治》"。② 该书对于批判法学运动具有萌发性意义,他在该书中对意识形态的批判性研究成为以后批判法学运动的特征和原动力。《现代社会生活中的法律》(1976 年版)是昂格尔对传统社会理论的批判性研究初步完成的标志。《批判法学研究运动》(1986 年版)是昂格尔以在 1983 年批判法学研究年会上的报告为基础撰写的一部力作,该著述是处于发展高潮中的批判法学纲要,借此昂格尔完成了对传统法律理论的批判,转而探索改革的途径。昂格尔的《政治学》(1987 年版)是 20 世纪 80 年代后期批判法学运动最重要的发展。它促使人们进一步全面分析该运动与昂格尔的理论。昂格尔对批判法学的产生、发展倾注了大量的心血,深深地影响了一大批批判法学家。批判法学运动的另一重要人物邓·肯尼迪在《布莱克斯东的"释义"一书的结构》一文中提到,他的思想来源之一是昂格尔的理论。昂格尔对自由主义法学的批判,为我们认识资本主义法律制度和法律理论提供了全新的视角,给我们留下了一份极具价值的思考材料。对昂格尔法思想的研究,不仅有助于我们把握批判法学的大致轮廓和基本脉络,而且有助于我们更准确地理解现代法治社会的深层困惑和发展趋势。

第一节　对自由主义法学的挑战

批判的法律研究运动是一种美国现象。二战后,西方社会曾经历了一段相对稳定和繁荣的时期。而到六七十年代,美国社会却处在一段长期的、严重的动荡时期:战后第六次经济危机席卷美国,黑人民权运动、反战运动、学生运动此起彼伏、连绵不断。它们在对美国现行社会秩序、对美国的未来产生极大怀疑的同时,也直接动摇了支持这种社会秩序的正统法律观念——"法律至

---

① ［美］列维森:《书评》,载《哈佛法律评论》1983 年第 96 卷,第 1466 页。
② ［英］亨特:《批判法学理论》,载《牛津衡平法研究》1986 年第 6 卷,第 1 页。

上"，战后西方传统处在"前所未有的危机之中"。① 反对正统法律观念的历史传统和意识形态多元化，也为批判法学的产生注入了催化剂。特别值得一提的是反理性的学术思潮。在资本主义的传统中，理性主义是它的一面旗帜。然而从十九世纪下半叶开始，黑格尔哲学走向衰落，标志着西方传统理性主义的破产，从而出现了一股强大的非理性主义思潮。现代西方哲学的内容主要是反理性即非理性，其主要特征是强调主观反客观、强调多元反一元、强调相对反绝对，而批判法学的渊源之一是法兰克福学派的理论，法兰克福学派是西方马克思主义的主要组成部分，西方马克思主义的主要内容也是反理性，主要特征也是主张客观、多元、相对三个特征。批判法学产生之时，美国的官方哲学是实用主义，是国家精神。当然，实用主义也是反理性的，所以批判法学是非理性主义思潮在法学领域中的反映。经过一百多年的发展，非理性主义不仅在哲学领域，而且在文化的其他领域，诸如文学艺术、社会政治等领域产生了很大影响。非理性主义思潮的上扬构成了批判的法律研究运动根本否定自由主义法律思想合理性的总的学术背景。

自由主义在美国社会一直具有重要的影响，占据着统治地位，并渗透到美国宪法之中。因此"以自由主义为基础构建起来的自由主义法律思想一直就是美国法学界的正统思想"②。

一、自由主义和自由主义法学

昂格尔对传统法律思想的批判是以"自由主义"为突破口的。在批判法学内部，唯有昂格尔宣称他已动摇和摧毁了传统法学的基石——自由主义，他因此以彻底的批判法学家自诩③。昂格尔认为，自由主义在现代思想体系中占据着核心和支配地位。尽管人们早已遗忘或不予承认，但它却深深地植根于人的心灵之中，控制着人的思维。罗素认为，"自由主义在美国一向成功最大，在美国因为没有封建制度和国家教会的阻碍，从 1776 年到现在，或至少到1933 年，自由主义一直占优势"④。"在战后的二十年间，在西方民主国家中

---

① [美]伯尔曼：《法律与革命》，中国大百科全书出版社 1993 年版，第 33—41 页。
② [英]罗素：《西方哲学史》（下册），何兆武、李约瑟译，商务印书馆 1982 年版，第 128 页。
③ [美]昂格尔：《知识与政治》，纽约自由出版社 1975 年版，第 1—3 页。
④ [英]罗素：《西方哲学史》（下册），何兆武、李约瑟译，商务印书馆 1982 年版，第 128 页。

出现了一种自由主义的舆论,其势之猛,使人们不禁开始谈论起意识形态的终结来。"①因而昂格尔主张,对自由主义法学的批判,必须首先摧毁自由主义思想体系。昂格尔对自由主义的分析和批判,成为以后批判法学的主要特征。

自由主义是十九世纪初期到二十世纪初在欧洲形成的资产阶级的政治思潮,当时又名"资产阶级急进主义"②。自由主义产生于资本主义自由竞争时代,反对封建制度和宗教权威的束缚,初期主张个性发展、自由竞争和人身保障,要求用民主的议会政治代替封建的官僚寡头政治,起过一定的进步作用。但随着资本主义生产方式从自由竞争向垄断资本过渡,资本主义矛盾日益激化,自由主义则主张用社会改良的方针来保障资产阶级的既得利益,变本加厉地反对马克思主义,反对无产阶级革命运动,暴露其为资产阶级服务的反动本质。

在法学领域,自由主义通常是指以满足和实现人的个性为核心内容的一套思想观念。而昂格尔却认为,自由主义既是一种意识形式又是一种社会秩序。作为一种意识形式,昂格尔发现自由主义就是一种观念体系,或者说是"一种思维模式"③。昂格尔通过对法律理论、心理学理论和政治学理论的研究发现,它们具有共同的基本问题,而对这些问题的认识及解决这些问题的方法只是单一的思维模式的不同方面。此后,昂格尔便把依附于这种思想模式之上的理论称为自由主义理论。在昂格尔看来,自由主义思想体系只是自由主义社会秩序在观念领域中的代表,反过来,自由主义国家只不过是自由主义思想所对应的现实④。

萨拜因在《政治学说史》一书中指出,"凡建立在以满足和实现人的个性为核心内容"⑤的法学都属自由主义法学。20 世纪 70 年代初以德沃金为代表的法学思想在西方社会相当盛行。他们认为,法律的目的是依靠并维护一系列个人的基本权利,而这些权利独立于政治之外,是一个自由社会所固有

---

① ［美］布·麦基:《思想家》,生活·读书·新知三联书店 1987 年版,第 367—368 页。
② 上海社会科学院社会学研究所:《社会学简明词典》,甘肃人民出版社 1984 年版,第 170 页。
③ ［美］昂格尔:《知识与政治》,纽约自由出版社 1975 年版,第 13 页。
④ ［美］昂格尔:《知识与政治》,纽约自由出版社 1975 年版,第 17—27 页。
⑤ ［美］乔治·霍兰·萨拜因:《政治学说史》,商务印书馆 1986 年版,第 741 页。

的。因而该派在法学界被称为自由主义法学派。然而昂格尔所使用的"自由主义法学"范畴却独具匠心,他认为,自由主义是一种思维模式,凡是以"自由主义"这一载体建立起来的法律思想,都属自由主义法学的范围。具体而言,除了马克思主义法学和批判法学以外,近、现代林林总总的法律思想都属于自由主义法学①。无论是近代的自然法学、现实主义法学或分析实证主义法学,还是当前在美国最有影响的法律理论,诸如德沃金的新自然法学、哈特的分析法学或是波斯纳的经济分析法学都属于自由主义法学。

昂格尔认为,尽管自由主义法学内部流派林立,它们之间也经常发生尖锐的分歧和冲突,但有一点它们是共同的,即都是从不同的侧面为当代资本主义制度辩护,美化资本主义的法律制度和社会制度,或者为改革和完善资本主义制度出谋划策。分析法学、自然法学和社会法学代表了美国传统的自由主义法学的三个不同侧面,即规范理论、价值理论和事实理论。昂格尔将其基本观点概括为:第一,法律推理的确定性;第二,法反映社会共识;第三,法是满足社会需要的工具。

二、自由主义法学的内在矛盾
(一)自由主义的深层结构及困惑

昂格尔认为,自由主义起源于霍布斯的自由主义世界观。而自由主义包含着深刻的矛盾和悖论。昂格尔认为,自由主义的深层结构如下:

理论　　　　　　　和　　　　事实的二律背反

心理学层面　　　　　　　　　　政治实践层面

(1)欲望和理性　　　↔　　　(4)规则和价值

(2)独裁的欲望　　　↔　　　(5)价值的主观性

(3)解释的主观性　　↔　　　(6)个人主义

昂格尔认为,心理学层面的三条原则与政治实践层面的三条原则相对应,他认为这些原则导致了自由主义社会内部矛盾的产生。理论和事实的二律背

---

① ［美］霍金森·莫娜海姆:《法律、政治和批判法学学者》,载《斯坦福法律评论》1984 年 1 月,第 199 页。

反是一切矛盾的根源,欲望和理性的纠葛以及规则和价值的对立是自由主义的主要矛盾。昂格尔认为,自由主义将人的生活演绎成一系列诸如欲望和理性此类不可调和的二元对立。在政治学领域里,这种对立表现在价值形式与规则的矛盾。昂格尔进而认为自由主义包含着诸多二元对立,如主观与客观,男性与女性,自我与他人,个人与社会,诸如此类。因而矛盾性和不确定性不仅渗透了法律学说和法律理论工作,也充斥了自由民主政治的心脏。因此,昂格尔对"自由主义"这种思维模式深恶痛绝,他指出,自由主义造成了两大罪恶,一是个人的伦理困境,二是现代社会的政治困境。所谓个人的伦理困境即个人的自我分裂、异化和顺从主义;政治困境即科层制下官僚的不正当统治。因而自由主义带来了个人的原子化以及原子化的个人无力抵御官僚的不正当统治和国家权力长驱直入的问题。一方面是个人只有服从于现时的社会秩序,另一方面是政治专断,"法律至上"成为神话。昂格尔认为,在自由主义的牢笼中,一切宗教、艺术、个人情爱被牢牢拴住,理性的思维被窒息,人与人的关系遭到了扭曲,自由主义在认识论层面和政治实践层面严重地束缚了人们的手脚,禁锢了人们的思维。因此采取适当的批评已毫无用处,必须粉碎自由主义本身,人们才能获得解放。

（二）自由主义法学的内在矛盾

自由主义法学思想认为,自由主义法律思想没有内在矛盾,具有理论上的一致性和实践上的吻合性。而昂格尔通过还原的方法发现自由主义法学与自由主义政治思想如出一辙,也是由三条基本原则组成,即规则和价值的对立原则、价值的主观性原则和个人主义原则。在昂格尔看来,法律不单单是有抱负的社会理论家可以从中随意挑选的社会产品之一。他认为,恰恰相反,法律是唯一了解社会的工具,因为"每个社会都通过它的法律揭示它把人们结合在一起方式的最深层秘密"[①]。因而,昂格尔认为,自由主义深层结构中的矛盾在自由主义法中体现得淋漓尽致。昂格尔通过对立法理论和审判理论的分析研究后得出结论,自由主义法律思想内部矛盾重重。

在昂格尔看来,立法理论建立在上述三原则的基础之上,其核心在于确定自由为中心问题,围绕这一问题呈现出两种自由理论,一种是以康德为典型代

---

① ［美］昂格尔:《知识与政治》,纽约自由出版社 1975 年版,第 4、47 页。

表的形式上的自由理论。该种理论"试图仅仅从自由观念本身引申出法律规则"①。而此种尝试否认立法机关需要在相互竞争的个人和主观的价值中加以选择并有所偏向。从康德的陈述中,人们不可能从中引申出法律究竟应当命令、禁止和允许什么的确切结论。而立法的目的是通过制定中立性的规则,使每个人都可以不受他人意志的束缚而实现自己的欲望和利益。问题在于,一旦我们将有关行为的规则加以具体化,我们就不得不有所选择,有所偏向,进行价值抉择就难以避免。解决自由问题的另一种就是实质上的自由理论。它主张社会中存在着某些公认的程序,而这些程序正是制定法律的基础,其实质在于认为人们对于自由问题具有共同的标准。即在价值交错组合以及按轻重缓急排列顺序的基础上制定中立的规则,但是按照自由主义的原则,是非取舍是个人的选择问题,取决于各自的欲求关系。实质自由的理论同形式自由的理论就具有同样的缺陷,因为人们不可能发现一种结合个人的、主观的中立方式,两种自由理论表明,选择是任意的,那么制定中立性规则的基础就是不安定的。

审判理论是立法理论的继续。昂格尔通过对审判理论的研究还发现,在完全相同的社会结构中,实际上存在着两种审判理论,即规则理论和价值目的理论。规则理论主张根据法律定罪量刑,而目的价值理论则主张根据法律所要达到的目的定罪量刑。昂格尔指出,首先,这两种理论所依据的根本原则即规则和价值是完全对立的。其次,由于这两种理论都追求超越个人之上的客观价值,因此,规则和价值原则与自由主义法律思想中的个人主义原则和价值主观性原则相悖。昂格尔通过分析自由主义法学的原则发现,自由主义法律思想是由一系列虚假的法律基本观念所组成的,诸如法律的确定性、中立性、客观性等等。

1. 法律的"确定性"观念

千百年来,法律的确定性一直是无数法学家永恒的追求。当代著名法学家阿利斯·阿尔诺(Aulis Aarunio)精辟地指出:"实现法治就是实现法律的确

---

　① ［美］昂格尔:《知识与政治》,纽约自由出版社 1975 年版,第 175 页。

定性。"①但令人遗憾的是,自有成文法以来,法律的不确定性一直是困扰着法学家的"斯芬克斯之谜"。法律的"确定性"即判决的可预测性,其含义是法律通过自己的概念、范畴、推理模式和制度在社会生活中发挥着特殊作用。在具体的诉讼中,当法律规则适用于司法过程时,可以产生明确的、可预见性的结果。

自由主义法学认为,对每一个案件来说,法律制度都能提供一个唯一的和正确的判决。它认为,通过一种自动化的程序,人们就能够从法律中推导出正确的判决,而审判与特定时期的政策或法律所要达到的目的无关。自由主义法学认为法律具有确定性,其理论支点是:法不同于政策,法约束着国家,法超脱于政治即"法律至上",因而法律和法律推理具有确定性。法律具有"确定性"的观点,主要体现在分析实证主义法学之中。作为自然法学的否定物的分析法学派认为,法官处理案件按照法律规定,不受其他任何政治因素和价值判断的影响。分析法学将法律与政治决然分开,认为法仅仅是中立或具有独立性的进行法律推理的依据和技术,为此具有公正性和实在性。奥斯丁认为,法理学是一种独立而自足的关于实在法的理论。"法理学所关注的乃是实在法,或严格意义上的法律,如果不考虑这些法律的好坏"②。如果法律实证主义用于司法工作,那么,法官就应当是仅囿于法律及按法律作判决的一架自动机器的形象。纯粹法学家凯尔森认为,真正科学的法学,只能是客观地把实在法规范作为唯一的研究对象。彻底割断法律和道德的联系,否定国家主权性,排除任何社会学、政治学、伦理学、心理学的因素,尤其是排除价值判断因素。

(1)规则怀疑论

早在20世纪二三十年代,美国现实主义法学家就曾对"法律具有确定性"观念予以了激烈的批判性分析。现实主义法学甚至认为,"法律在很大程度上曾经是,现在是,而且将来永远是含混的和有变化的"③。法律现实主义者认为,法律先例在很多案件中可能用来支持任何一方,司法判决决不是根据抽象的法律科学,而是根据法官个人的倾向、信仰和偏见,"法官、律师、警察、

---

① Aulis Aarunio,芬兰当代著名法学家,他在《适当的理性》一书中提出"法律确定性理论"。

② [英]奥斯丁:《既定的法理学范围》,伦敦罗伯特·坎贝尔出版社1954年版,第126页。

③ 沈宗灵:《现代西方法律哲学》,法律出版社1983年版,第96页。

狱吏在实际上对法律案件的所做所为,实质上就是法律本身"①。"司法判决的逻辑因素,不过是隐藏法官个人的主观论据的主观之物;规则、公理和判例都不具有普遍的适用性和永恒性"②。

现实主义法学的代表人物之一弗兰克提出了一种激进的现实主义观点,在《法律与现代精神》、《审判法庭》中他揭示了奢谈法院坚持真正法治的美国式伪善。他认为法律是法官或行政官员的行为,即使建立起一种价值准则,用以衡量相互冲突着的利益,司法和行政官员也不会采用,因为它是纯主观的,因人而异的,因而判决更多地受到法官个人偏见而不是正式法律的影响,因为"法律规则不是法官判决的基础,司法判决是由情绪、直觉的预感、偏见、脾气以及非理性的因素决定的"。"在作出一个特定的判决以前,没有人会知道在审理有关案件或者有关特定情形、交易或事件时所适用的法律"③。弗兰克学说的核心,是他关于法律推理不确定性的理论。弗兰克认为,那种将法律看成是确定的观念,是一种自欺欺人的神话。"法律的确定性只有在有限的程度上才能达到。……广泛流传的那种认为法律是,或者可以是在很大程度上被制定成稳定的、确定的看法是非理性的,应归结为一种幻想或神话"④。人们普遍认为,《法与现代精神》具有强烈的"规则怀疑主义"倾向⑤。新分析法学派资深的法哲学家哈特在分析立法规则和司法规则时指出,立法规则是确定的,只要符合规则规定的一定事实和条件,就应适用该规则;司法性规则是灵活的,它是法官依据不同情况,将立法规则适用到具体案件中去所作出的一定裁判。立法者不可能预见未来可能发生的所有情况,这就决定了立法者制定的法律规则只是一般性的行为标准,在具体适用法律规则时人们须有一定的选择可能性。德沃金在《认真对待权利》一书中指出,"疑难案件使法律形同虚设"⑥。美国著名法学教授波斯纳坦言:"在精英法学院里,法律训练的绝大

---

① [美]凯斯勒:《法的基础理论》,载《芝加哥大学法律评论》1941 年第 9 卷,第 109 页。

② [美]G. 怀特:《美国法律思想模式》,西南政法学院法律系法制史教研室 1986 年编,第 86 页。

③ [美]E. 博登海默:《法理学—法哲学及其方法》,邓正来译,华夏出版社 1987 年版,第 113 页。

④ 张乃根:《西方法哲学史纲》,中国政法大学出版社 1993 年版,第 297 页。

⑤ 张乃根:《西方法哲学史纲》,中国政法大学出版社 1993 年版,第 303 页。

⑥ [英]德沃金:《认真对待权利》,哈佛大学出版社 1987 年版,第 80 页。

部分,就是研究法律的非确定性。"①

(2)法律推理的"非确定性"

法律的"非确定性"即法律不具有确定价值,法律不能对各种行为的法律后果加以明确宣示,从而司法判决无可预见性,人们在行为之前不能恰当地预测法律对自己行为的意义。

在美国现实主义法学那里,昂格尔找到了批判自由主义法律观念的钥匙——法律推理并不具有确定性,实际上"非确定性"观念已构成了昂格尔对自由主义法学挑战的主要内容。据此,有的西方学者往往视批判法学为美国现实主义的一个分支和派生物②。然而从本质上讲,它与现实主义法学具有质的区别。现实主义法学产生于20世纪二三十年代,它旨在为罗斯福新政出谋划策,它在贬低司法权力的同时却极力主张加强行政机构的权威,强调法与政治的紧密联系,鼓吹专家治国。在批判法学者们看来,虽然现实主义法学怀疑美国的法律传统,但它仍然是站在维护资本主义制度的立场上提出改革的要求。它所进行的只不过是一场"宫廷革命"③。而昂格尔却不仅仅是规则的怀疑论者,他突出强调"政治至上",法已经沦为政治的奴婢和附庸。因而昂格尔对传统法学观念"法律至上"采取完全否定的批判态度。在昂格尔看来,"社会中的一切都是政治学的"④。

昂格尔与现实主义法学一样,也揭示了司法过程中的"非确实性"。所不同的是,昂格尔主要论及法律推理的政治和政策性。他侧重从政治学角度研究法律,把法律问题政治化,认为法律问题与政治问题密不可分。社会中的一切问题都离不开政治。他认为,任何法律或原则都可能被用来产生相互冲突、矛盾的结果,同一种法律适用于同样的事实可得出截然不同的结论,法官究竟选择哪一种结果,不是依据法律,而是依据政治、政策因素。在相互矛盾的判例和论证的链条中,有一个关键问题并未提到且被遗漏,即所有案件中没有一

---

① [美]波斯纳:《法理学问题》,中国政法大学出版社1995年版,第55页。

② [美]托希里特(M. Tushnet):《批判法学来源和基础之介绍》,载《法律教育杂志》1986年第36卷,第505页。

③ [美]霍钦森等:《法律政治和批判法学学者》,载《斯坦福法律评论》1984年1月,第199—202页。

④ [美]昂格尔:《政治学》,剑桥大学出版社1987年版,第10页。

件是或能够不经过最终的价值判断和政治性选择而作出判断的。

昂格尔认为,福利国家的出现使法律从形式主义为依据向目的性或政策性导向的法律推理的移位,从关注形式公正向关注程序或实质公正转移。政策导向的法律推理破坏了法律适用中的统一性和一贯性。政策本位的法律推理强调判决以政策为依据,那么这种判决就必须以复杂的社会环境,法官本人对具体问题的理解为轴心,因而相同的判决就会出现相反的结果。况且,"美国社会法学教育的目的仅在于培养学生的顺从意识以及实用法律知识"。①由于法官们受到相同的教育,因而他们的政治倾向性是一致的。昂格尔坚持认为,法律推理表明,法律从来就不具有确定性,唯一的解释只能从社会政治原因中去寻找。司法判决最终依赖基于价值和倾向性而作出的判断,而这种判断因法官不同而改变,甚至同一法官因环境的不同也会改变。司法判决是社会、政治、制度、经验和个人因素的组合体而导致的结果。昂格尔进一步指出,社会生活日益复杂多样,影响判决的因素繁琐而庞杂,人们难以确定统一适用的普遍规则,而只能乞灵于模糊标准。因而单纯地采用形式主义难以解决具体而复杂的社会冲突,日益要求法官在具体利益冲突之中进行价值判断和政治判断,以作出最后裁决。鉴于此,昂格尔认为,目的或政策是最终目标,而法律本身只是达到该目标的手段,法律推理没有与政治对话不同的特殊模式,法不过是政治的遮羞布。

(3)法律的非确定性

昂格尔不仅认为法律推理是不确定的,充斥着政治决断性,而且法律自身也是不确定的。他认为,随着福利国家的出现,国家加强了社会干预,从而导致行政权力过度膨胀,行政权力再度成为不受任何力量遏制的绝对权威。在现行立法、行政、司法审判之中,采用"不确定的规定"、"任意的标准"和"一般条款"。例如,法院可以负责管辖显失公平的合同、确认一个政府机构的行为是否符合公共利益等反映了自由裁量权的扩张。政府官员的行为不再根据法治原则,受明确的规则制约,尽可能地表明公民的权利、自由和义务,而在实施政策时,政府官员具有更大的自由裁量权、行动变动性和灵活性。自由裁量规则在当代资本主义社会被广泛采用。法定条款公开设置了政府官员自由裁量

---

① [美]昂格尔:《批判法学运动》,纽约自由出版社 1976 年版,第 83 页。

权的广泛领域,在刑事审判中最为突出。昂格尔认为,当代美国社会立法的一个发展趋势就是民、刑法典之类基本立法的作用日益下降,取以代之的是各种单行法和特别法。在合同法方面普通合同法的地位明显下降,而特定类型的合同法则积聚上升,法的确定性因而处在两面夹攻的境地。自由裁量规则有完全废弃全部规则的趋势,以实现贯彻政策的行政自由权,像指导官僚机构的手册的详细目录一样。法院和各种官员以一定的自由裁量权,按照具体情况和不同的利益要求决定案件的结果,因而自由裁量权的扩张,使法律的确定性荡然无存。

昂格尔十分重视契约法的作用,他通过对契约法的研究,发现法律规范自身内部存在着严重的矛盾和冲突,亦即原则和反原则的矛盾和冲突。如契约理论的第一原则是缔约自由,而反原则则认为,签订契约的自由不得破坏社会的公共利益。昂格尔认为原则与反原则的冲突存在于一切法律之中,"对于庞大的法律规则与先例必须依靠原则与反原则来进行解释"。[1] 一般的法律理论都力图使纵向和横向的冲突降低到最低程度,而昂格尔却要通过原则与反原则来解释内在不和谐的冲突,使各种不稳定因素表面化,显现出社会生活中的各种矛盾,从而揭示法律自身的非确定性。昂格尔通过对"合作国家"[2]的研究发现,私人组织正在形成一种与国家权力相抗衡的力量,并开始效仿国家机构运作。例如工会、跨国公司等各种横向和纵向的垄断组织像国家科层制一样地运作,在其内部形成了一整套系统的权力网络,命令、不言而喻的成文规则在垄断组织内部发挥作用,国家的法律对它们不起作用,"垄断公司内部的法制化削弱了国家统一法制的权威"。[3]

昂格尔通过对"法的确定性"观念的批判,揭示出该观念体现一定的政治倾向性:就司法过程而言,它有助于赋予司法权以正义和合法的色彩。就社会生活领域而言,它可以使社会制度具有合理性,为现存社会制度辩护,阻碍人们认识社会生活,最终阻止人们投身于改革现状的活动。

不可否认,法律作为思想意识形态的重要组成部分,同时又受到阶级、政

---

① ［美］昂格尔:《批判法学运动》,纽约自由出版社 1976 年版,第 83 页。
② 合作国家即国家和社会混同,公共领域和私人领域重叠。
③ ［美］昂格尔:《批判法学运动》,纽约自由出版社 1976 年版,第 192—203 页。

治、历史诸多因素的影响和制约,它不可能具有完全确定的性质,"在我们这个时代,概念法学——至少在其较为教条主义表现形式方面——并未受到普遍的赞誉"。①

2. 法律的"中立性"观念

自由主义法律观认为其法律体现了社会成员的普遍利益,是"社会共识"的体现。因此,自由主义法律是中性的,具有"中立性",即法反映社会共识。该观念是自由主义法律思想的重要内容,是自由主义法学认识法律现象的基本前提。自然法学认为,虽然美国社会是多元的,矛盾的,但不同价值的相互交汇和融合,会形成共同的道德价值,法反映了这种道德价值,故亦反映了社会共识。

尽管法律推理、法律是非确定的,极有可能产生截然相反的判决结果。但昂格尔认为,法律推理的结果依赖于政治实力的对比和较量,在每一个法案,每一个判决的幕后都能看到不同利益间的斗争和冲突,法律决定最终会有利于某一特殊的社会集团、阶级或阶层。但是,占统治地位的法律意识形态却用"社会共识"、"共同价值"等冠冕堂皇的词藻来模糊人们的视线,以达到掩盖人们之间利益冲突的目的。

昂格尔对"中立性"观念的批判是通过他称之为"权利和原则学派"的批判而完成的。这一学派主要指以纽约大学法理学教授德沃金为代表的一种价值论法学。德沃金在其代表作《认真对待权利》(1977年版)中强调了权利和原则的重要意义。德沃金明确指出:"受平等的自由观制约的所有公民均享有得到平等关怀和尊重的权利。"②他强调:政府(这里包括立法、行政和司法机关在内的广义政府)必须平等地关怀和尊重每一个公民。平等关怀和尊重权是德沃金权利论的核心思想。德沃金坚信:"经济平等和传统的个人权利都起源于独立意义上的平等这一根本概念,平等是自由主义的原动力,捍卫自由主义也就捍卫了平等。"③昂格尔认为,"权利和原则学派"主要研究公法,这是研究处于法律制度本身内部的道德要求,主要为自由主义体制服务。

---

① [美]昂格尔:《批判法学运动》,纽约自由出版社1976年版,第173页。
② [美]德沃金:《认真对待权利》,哈佛大学出版社1987年版,第273页。
③ [美]德沃金:《认真对待权利》,哈佛大学出版社1987年版,第395页。

"该学派由一批站在政府权力边缘的人所鼓吹。"①昂格尔并不否认具体的社会需要及道德价值的存在,但他反对将社会需要和道德价值抽象化和一般化,并将其视为法的源泉。他认为,"规则的一般化和权利的固定化将导致永恒的危险"。②

自由主义法律思想认为,人类社会客观存在着共同需要、道德价值及权利体系,法反映这种共同需要、道德价值及权利体系,故法反映了社会共识。昂格尔认为,社会现实生活中存在着形形色色的各种具体需要。大到统治阶级和被统治阶级、工人和资本家,小到黑人和白人、男人和女人都有各自的需要和利益愿望,其间很难找到有共同一致的抽象需要。社会共同的道德价值客观上也并不存在,它只能是"人为"的产物。昂格尔认为,"自然法学所确认的基本原则及权利是从现存的法律及占统治地位的法律观念中抽象出来的,然后将其伪装成客观存在。结果,基本原则和权利体系的内容总是与现存法律的实际内容相吻合或相重叠"。③ 昂格尔认为,在冲击自由主义政治理论的诸多观念中,共同价值的观念具有特别重要的意义。所谓共同价值是指,"由于在每一个社会中人们都具有某些共同的信念和价值,因而秩序和自由是可以实现的"。④ 这种观点认为,在共同的社会生活形式中生活的人们具有相似的经验,因而人们得以相互理解,因此,对持有不同观点的人们可以在事实情况如何区分、规则如何适用等问题上达成共识。昂格尔认为,共同价值观念的基本前提是共同的社会生活。然而,共同价值的确立是以抛弃价值的主观性和个人主义等原则为条件。因而,"共识"理论在自由主义政治、法律层面造成了混乱和困惑。因此,昂格尔认为,共识理论的根本缺陷在于未解释冲突的存在。"法律是冲突的创造物,也是冲突的解毒剂,这正是共识理论留下的未作解释的社会生活的重要方面。"⑤他认为,如果存在一种所有人在同等程度上共享的完全统一的,并毫无争议地确定行为的是非的完全一体化的共同价值体系,则一套公式化的强制性的规则大概就是不必要的了。自由主义的社会

---

① ［美］昂格尔:《现代社会中的法律》,纽约自由出版社 1976 年版,第 12 页。
② ［美］昂格尔:《批判法学运动》,载《哈佛法律评论》1983 年第 3 期第 96 卷,第 582 页。
③ ［美］昂格尔:《批判法学运动》,纽约自由出版社 1976 年版,第 5 页。
④ ［美］昂格尔:《知识与政治》,纽约自由出版社 1975 年版,第 100 页。
⑤ ［美］昂格尔:《现代社会中的法律》,中国政法大学出版社 1994 年版,第 28 页。

秩序已经变成了利益的联盟,它为彼此同意而玩弄人们的需要,"利益联盟破坏了共识的可能性"。① 昂格尔因此得出结论:社会和法律都不是建立在"共识"的基础上,而是建立在冲突的基础上,平衡不是社会的正常状态,冲突、斗争才是正常的;社会是统治阶级依靠暴力,依靠意识形态的"霸权"维持的;法根源于冲突,法的历史就是统治阶级追求对权力的巩固和控制的历史,因此,它往往集中在法律制度所巩固和发展的社会不平等问题上。

昂格尔主张应将上述共同"需要"和"道德价值"转换为特殊集团的"利益",转化为"统治"。也就是说,社会并不是人们所喜好的内容的集合体。它是一种结构,由这种结构决定的生活方式、思维方式、文化遗产、政治组织形式,限制一部分成员的利益和愿望,以满足另一部分社会成员的利益和愿望。昂格尔在《批判法学运动》一书中指出,美国法律所确立和保障的政治、经济制度使得极少数富翁能够"通过作出重大投资决定来控制社会的发展方向","使得资本家在流通和生产领域具有决策及管理权,而劳动者则被沦为被动和无抵抗的木偶"。② 因而法是统治阶级为了组织自己、分解对方,以实现自己的政治经济目的的手段和工具。法从根本上讲是社会中占统治地位的阶级进行组织、管理的工具,它根据统治阶级政治、经济利益的要求,作为控制的机制直接发挥作用。法的统治功能包括两个部分:一是强制惩罚功能,二是意识形态功能。强制惩罚功能表现为统治阶级以武力为后盾,对被统治阶级的直接镇压上,这种统治功能根据处于统治地位的经济与政治利益的要求与支配,作为压迫与控制的机制直接发挥作用。然而法的意识形态功能比统治阶级的直接暴力包含着更多的东西,它包含了普遍正义的语言、共识,即法是为所有人的观念,这种语言可以帮助统治阶级扩大反对、威胁其统治的那些人的利益联盟,模糊穷人的视线,瓦解穷人的反抗。昂格尔更强调法的意识形态功能,即通过教育和灌输来培养被统治阶级的顺从意识,使其确信,现存的法律是客观的、公正的;现存的社会秩序是必然的、合理的。由此可见,法并非是反映社会共识,而只是反映统治阶级或集团的意志。昂格尔因此得出结论,自由主义法律不具有"中立性",仅具阶级性而已。

---

① [美]昂格尔:《现代社会中的法律》,中国政法大学出版社 1994 年版,第 156—157 页。
② [美]昂格尔:《批判法学运动》,纽约自由出版社 1976 年版,第 28 页。

3. 法律的"客观性"观念

自由主义法律思想认为,法是适应社会需要的必然产物。法律制度应按照它们对社会需要的适应程度来描述和解释,因此某种社会制度及与之相适应的法律制度和法律思想的产生、存在和发展都是必然的,因而法具有客观性。所谓"客观性"是指法适应社会需要,社会的发展与法的发展之间存在着因果对应关系,法是一定社会结构的客观必然。

昂格尔指出,该命题的基本方法是先把社会阶段模式化,再去论证法是怎样适应社会每个发展阶段要求的。其中大部分人旨在论证现存法律顺应了资本主义交换关系的确定性和预测性的要求,是必然的和合理的。昂格尔认为,社会生活条件和历史发展过程在根本上是非决定的,或至少不是由任何统一的进化模式决定的,社会与法律之间不存在决定与非决定的关系。法兰克福学派反对马克思主义关于社会发展规律的观点,主张一种"非决定"论,即反对把人类的心理、人格、法律、哲学等仅仅看做是经济的镜子式的印象,而强调"心理联系纽带的复杂作用"。法兰克福学派的观点为昂格尔所吸收,成为其"非决定"论思想的源泉,他认为用一元论的公式似乎是解释一般社会生活中复杂事件的太过于简单的方法,在社会理论方面,纯粹的因果关系越来越没有市场,经济、政治、法律、宗教、艺术和思想之间存在互动关系,而不是单纯的原因和结果。因为社会环境的一切因素和方面以非线性的联系的方式相互联结在一起。"当探寻因果关系认识所产生的扭曲被用来作为创立社会理论的工具时,它们会导致求助于天意的决定因素或求助于经济的、政治的或宗教的终极原因。"①在昂格尔理想社会的蓝图中,与此相适应,他倡导应该建立一套相应的其内容同时是政治、经济、社会和心理的一系列新型权利。

昂格尔认为社会和法律不存在决定和被决定的关系,法律仅仅是权力斗争的偶然产物或缺乏合理性的强权的表现。自由主义法学所谓法适应社会发展的需要,社会的发展与法的发展之间存在因果关系的论断是荒谬的、骗人的。昂格尔认为,自由主义法学的"决定性"观念至少在两个方面是站不住脚的:

第一,社会条件与法律制度之间不存在因果关系,处在同一发展阶段的不

---

① ［美］昂格尔:《批判法学运动》,载《哈佛法律评论》1983 年第 3 期第 96 卷,第 568 页。　*435*

同社会可能有完全不同的法律形式存在,相同的社会和经济条件实际上产生了非常不同的法律反应,而同样的法律形式也可能产生不同的社会效果。那种认为每种社会组织形态具有自身内在的法律结构的观点难以自圆其说,因为"所谓每种社会形态都具有自己内在的法律结构的说法是荒谬的。在资本主义社会制度中就不存在一种内在的法律结构,而是两种或多种法律结构,否则,就应该有一种通用的法律语言以反映这种统一的法律结构"。① 昂格尔以合同理论为例加以说明,他认为,合同中存在着两种互相对立的原则——原则和反原则。令人困惑的是,究竟哪一条原则体现了民主政治和市场经济的内在的法律结构? 总之,法制史和法哲学的材料表明,所谓每种社会形态具有内在的法律结构是不值得信服的。

昂格尔认为,法律本身不可能是自我封闭和无价值取向的。法是政治的产物和副产品,是不同社会力量、阶级、个人相互斗争的产物。法的渊源只能是统治者的意志或控制政府机构的特定统治集团的意志。法律的产生、发展和存在都不是社会的必然,而是非决定的、政治斗争的偶然产物。

第二,同一法律形式由于执法人员水平的差异可能产生完全不同的结果。法官对法律的不同理解和解释,都会使法律具有不同的意义。"既不能把一个社会的法理解为是对客观历史过程的客观反映,也不能把它理解为适应社会需要的中性技术。法律形式和实践是从拥有不相同的财富资源、权力、地位、知识、武器力量和组织能力的冲突着的社会组织之间的斗争中产生的。"② 也就是说,法不是像自由主义法学家所说的是适应社会需要的产物,而是阶级统治的产物,只是为适应统治阶级的需要,因为法律是政治的,所以法是偶然的而非必然的东西。

第二节　对批判法学的批判

昂格尔对自由主义法学批判的三个命题是相互联系的:

---

① ［美］昂格尔:《批判法学运动》,载《哈佛法律评论》1983 年第 3 期第 96 卷,第 567—570 页。

② ［美］昂格尔:《批判法学运动》,载《哈佛法律评论》1983 年第 3 期第 96 卷,第 567 页。

第一个命题"法律推理的非确定性"，说明法律推理甚至法律本身并不像自由主义法学所说的那样是确定的。主要抨击的对象是政治与法律的根本性区别，力图揭示审判与法律程序的政治性。自由主义法律观的深奥而又复杂的性质是一种随意调节的幕布，用以掩盖法律的不确定性和司法选择的不可避免性。昂格尔对自由主义法学的无情揭露使传统的法律颂歌成为一系列笨拙的重复的自我证明，法律论证无非是政治论证的翻版。法律推理就像立法、政治对话一样是人的主观选择的产物，无确定性，法就是政治。

第二个命题"法的阶级性"，表明法代表统治阶级的意志和利益，法律推理尽管是非确定的，但它们归根到底总是受到占统治地位的法律意识形态的制约。对于昂格尔来说，不存在任何理论上的超脱或政治上的中立立场。无论在实践中还是在理论中，所有司法解释与判决都具有不可分离的政治内容，而资产阶级的意识形态却把偶然的社会现象粉饰为必然的和自然的现象，从而使广大人民无条件地接受现存的法律制度和社会制度。

第三个命题"法的非决定性"，说明法是政治斗争的偶然选择，现行法律制度和它的思想远非建立在历史必然性的坚固基石之上，而是立于社会偶然性的泥沙之上。

昂格尔对"法律推理的确定性"的批判与对"法是中立的"、"法是客观的"的批判是相互关联的。他对自由主义法学第一个命题的批判阐明了法律推理、法律是不确定的、不客观的，而是主观的、政治性的，因而是因人而异的。而对第二个命题的批判则进一步阐明"法是政治的"命题，即尽管法律推理是非确定的，但由于自由主义法学的意识形态属性，由于法官受到共同的法学教育、社会上占统治地位的观念总会在结果上起支配作用，而这种观念却以"社会共识"的形式掩饰自己。在昂格尔看来，"法是政治的"不仅意味着法代表统治阶级的利益，而且意味着法不是必然的，而是偶然的。法律与社会结构之间不存在决定与被决定的关系。也就是说，法不是适应社会需要的必然产物，而是阶级统治的产物，因而是非决定的、偶然的。

但是，另一方面，昂格尔批判法思想的三个主要命题之间也存在着矛盾。依据第一个命题，法律、法律推理是非确定的、政治的；而依照第二命题，法律推理的结果归根到底反映的是社会上占统治地位阶级的利益。这样第一个命题与第二个命题就产生了矛盾。因为第一个命题揭示了非确定性的一面，而第二命题似乎又能看到法律推理的确定性即服从统治阶级利益的一面。依照第三命题,一个阶级在社会中居于统治地位,一种政治力量压倒另一种政治力量,完全是偶然的,是政治斗争的产物,这样一来,确定性的结论又转化为非确定性的、非决定性、偶然性的了。昂格尔批判法思想三个命题之所以会产生这种循环矛盾,其原因在于昂格尔的核心观念,即法是政治的,而政治是偶然的、非决定的。

在当今美国社会中,自由主义法律思想到底反映不反映统治阶级的利益,到底有没有政治使命,昂格尔对自由主义法律观的批判意义相当深远。昂格尔坚持必须而且能够对自由主义法学进行挑战,继续争论其理论的本质以及它有多少东西应被抛弃,因而昂格尔的法思想直接威胁到自由主义法学的存在。众所周知,对法律确定性的崇拜,有可能导致法律的僵化。然而法律作为在一定范围内指导人们行为的准则,它首先必须具有相当的确定性,从而使人们知道可以做什么,不可以做什么,以及自己的行为将引起什么样的后果。这是维持社会生活秩序的一般要求。如果法律没有丝毫的确定性,那么也就没有什么标准能将法与其他调整社会的手段相区别,亦不能正确地区分合法与非法的界限。当然,在有些案件和法律领域中,相当多的明确性和可预见性是存在的。例如,美国商业贸易法的某些方面规定得相当具体和完善,目前也没有什么争论,因而稳定性和连续性在这里具有更多的意义。马克思恩格斯指出:"当我们深思熟虑地考察自然界或人类历史或我们自己的精神活动的时候,首先呈现在我们眼前的,是一幅由种种联系和相互作用无穷无尽地交织起来的画面,其中没有任何东西是不动的和不变的,而且一切都在运动、变化、生成和消逝。"①马克思同时指出:"法律是肯定的、明确的、普遍的规范,在这些规范中自由获得了一种与个人无关的、理论的、不取决于个别人的任性的存在,法典就是人民的圣经。"②在德文中 sicher 有肯定的和确定的等义项。因而,马克思上述表述的含义就是:法律乃是具有普遍性、确定性的规范。庞德说,法律必须是稳定的,但不可能一成不变。庞德的这句话揭示了一个永恒的命题,法律是稳定性和变动性的统一,我们必须"在运动与静止"、"保守与变

---

① 《马克思恩格斯全集》第 25 卷,人民出版社 2001 年版,第 386 页。
② 《马克思恩格斯全集》第 1 卷,人民出版社 1995 年版,第 176 页。

革"、"经久不变与变化无常"这些矛盾的力量之间谋求某种和谐。作为使松散的社会结构紧密结合在一起的粘合物,法律必须巧妙地将过去与现在联系起来,同时又不忽视未来的迫切要求。当资本主义进入垄断阶段,尤其是第二次世界大战以来新的科学技术革命的发展,社会发展速度大大加快,在这种情况下试图制定一个有着长久稳定性、普遍适用性的法典,概括出对各种社会问题的现存答案,在不断涌现的新的社会面前,是很难做到的,甚至是不可能的。因此,在这种意义上,法律的"非确定性"实际上是不断变动着的社会环境对法律制度本身提出的挑战。昂格尔"法律是政治的"命题未能考察法律对政治的制约作用。实际上,法是阶级社会的一种特殊的社会规范,和其他各种社会规范如道德、政策、纪律等,既有密切的联系和诸多共性,但又存在明显的区别,显现出它独有的一些特征。法是经国家机关制定或认可的社会规范。它有不同于一般政治的属性:国家意志性、规范性和程序性。马克思主义认为,上层建筑是由经济基础决定的,但是它们一旦产生就具有相对独立性。"政治、法、哲学、宗教、文学、艺术等等的发展是以经济发展为基础的。但是,它们又都互相作用并对经济基础发生作用。"①法律在一定程度上具有自己的内在结构,具有历史的连续性、相对稳定性和继承性。因而将法等同于政治是错误的。昂格尔完全否定法的确定性,过分强调政治对法的制约作用,将法等同于政治的观点值得商榷。昂格尔过分夸大了法律规范的"非确定性",持有法律规范怀疑论的立场,不免有"否定一切"和法律虚无主义倾向。当然,"法是政治的,而政治是非决定的"这一极端命题导致了片面性。但是昂格尔"非决定性"观念对我们不无启迪。昂格尔对法与社会关系的探讨,加深了我们对法律的属性和功能的更深认识。使我们在考察法律这一现象时,除尤其应注意经济条件之外,还应重视对政治、意识、伦理等上层建筑各因素之间的关联考察。

阶级性和社会性是法的两个重要属性,否定二者之中任何一方面都是片面的。自由主义法律观以社会共同的"需要"和"道德价值"来掩盖法的阶级性的观点是必须予以分析批判的。其实,法既是政治统治的工具,具有阶级统治的功能,又是进行社会调整的重要手段,执行着社会公共职能。恩格斯指

---

① 《马克思恩格斯选集》第 4 卷,人民出版社 1995 年版,第 732 页。

出:"政治统治到处都是以执行某种社会职能为基础。"①同样,法只有具备一定的社会职能方能有效。法的社会性与阶级性是不可分割和相互统一的,法的社会公共职能并不违背统治阶级的根本利益,它本质上服务于统治阶级的统治。而昂格尔对"中立性"观念的批判却从一个极端滑向另一个极端,完全否定法的社会性,对此,我们必须加以正确分析。

昂格尔对传统"决定论"的观点进行了尖锐的批判。对此不无辛辣讽刺的是,昂格尔在其著述中不遗余力地阐述法律或意识在社会历史发展过程中的突出作用,这样的观点在《现代社会生活中的法律》一书中俯首皆是。昂格尔在《政治学》一书中走得更远。他指出,社会中的一切都是政治学的。他认为社会体制不是自然规律作用下的必然产物,而是人为安排的结果,社会乃意志的产物。这也违背了马克思主义关于法是统治阶级意志的体现,但这种意志的内容归根到底是由统治阶级的物质生活条件决定的观点。如果法律不是建立在物质基础之上的上层建筑的一部分,那么我们必须相信昂格尔把法律或意识看做是经济和政治制度形成中一种发动力和牵引力的不可接受的观点吗?昂格尔的法律观是唯意志的法律观,他否定社会物质生活条件对法的决定作用,转而强调意志对法的决定作用。对此我们必须保持清醒的认识。

第三节　新世纪的法学

昂格尔对自由主义法思想的认识和批判具有严重的片面性。而这种片面认识不仅仅体现于批判的法律研究运动的个别学者,而是普遍存在于批判法学家的大量论著中,并且被反复地、多方面地加以阐述。由此可见,这种片面性是批判法学的一个基本特征,这决定了它不可能成为前景光明的法理学流派。首先,批判的法律研究运动已经对传统法律活动的特权性堡垒发起了越来越猛烈的攻势。然而,这种批判无论如何清晰地阐述了批判的法律研究运动自己的立场,仍不可避免地通过它与法律和政治中的其他激进倾向的关系来确定它。批判的法律研究运动从法律现实主义和法兰克福学派那里获得了

　　① 《马克思恩格斯选集》第3卷,人民出版社1995年版,第523页。

理性的启示和激进的力量,它的起源正在于它对这些丰富渊源的特殊借用和调和。由于法兰克福学派只是小资产阶级激进派的世界观,①尽管它提出了一些值得深思的问题和发人深省的创见,但是总的说来,它对现代社会缺乏科学的分析,因而,也就不可能对这一社会的问题作出合理的思考。现实主义法学虽然怀疑美国的法律传统,但它仍然是维护资本主义法律制度的法理学流派。其次,在人类思想发展的历史长河中,超越先辈的首要条件就是对前人的认识持一种积极的"扬弃"态度,"就是说,要批判地消灭它的形式,但要救出通过这个形式所获得的内容"②。而批判法学的"彻底否定"仅只表达了抛弃自由主义法学思想的良好而强烈的愿望,没有包含足以与自由主义法学相抗衡的积极因素。尽管昂格尔提出建立"超级自由主义"的理想社会,但就其理论的可能性或实际号召力而言,都不足与经过若干代思想家的努力,存在了几个世纪的自由主义法律思想分庭抗礼,更谈不上取而代之了。最后,"彻底否定"缺乏现实可能性。

昂格尔批判法思想的特征是要破坏一切既定性、事实性的东西,以说明它们是虚伪的、不真实的,所以它是作为否定一切的理论出现的,昂格尔不承认自由主义法律思想具有丝毫的合理性,从而得出彻底否定自由主义法律这一结论。昂格尔认为,只有在彻底否定或者把"批判推进到极端程度"③之后,才能谈得上重建理论的问题。昂格尔表示,批判不仅应该进行得十分彻底,以至于达到空前的程度。昂格尔深知理论的批判并不能解决一切问题。他认为,只有通过现实政治改造社会,其中的问题才能得到解决。而且批判还应该"导致建设",即提出一种新的观点和政治纲领,以便使人得到进一步的解放。在当今的资本主义社会中,自由主义法律思想仍然占据着主导地位,大多数美国人依旧坚定地将法治奉为理想,同时由于它与资产阶级的统治具有密切的联系,因此,在资产阶级尚未丧失其统治地位时,这种思想当然也就不会丧失其存在和发展的可能性与必要性。指望通过一番激烈的批判就能"彻底抛

---

① 徐崇温:《西方马克思主义》,人民出版社 1982 年版,第 52 页。
② 《马克思恩格斯选集》第 4 卷,人民出版社 1972 年版,第 219 页。
③ [美]昂格尔:《批判法学运动》,载《哈佛法律评论》1983 年第 3 期第 96 卷,第 567—572 页。

弃"自由主义法学思想是言过其实的。

西方法学的发展历时约两千年,其间各种流派层出不穷,学术争鸣持续不断,构成了一幅令人兴叹的历史画卷。20世纪特别是二战以来,西方法理学发展中出现了社会法学、复兴自然法学和分析实证主义法学三派鼎立、互相渗透的局面。上述三大流派各自侧重于法的事实、价值和形式中的一个方面。社会学法学主要研究法律与社会的关系、法律的基本功能和社会目的;分析实证主义法学着重分析实在法的规范结构、形式以及各种法律概念;而复兴自然法学则强调法律的正义、伦理等价值准则,使实在法从属于这些价值标准。社会法学、复兴自然法学、分析实证主义法学三大派的主张,各有其片面性,也各有其局部适用性。由于垄断资产阶级利益和政治需要侧重不同,资产阶级把一种学说作为主要的工具使用,同时必须运用各种学说去解决如同高速公路上交通阻塞般的矛盾。因而"分中有合、合中有分","分化基础上的综合"将是新世纪法学发展的主要倾向。这种综合亦即相互渗透表现在两个方面:一是法学理论与其他科学理论的相互影响和交叉,创立某种法学流派,如社会学法学、现象学法学、符号学法学等。二是某一法学分支学科内各种相互争鸣的法学流派趋于相互分工、协调统一,如综合法学,试图使社会学法学派、复兴自然法学派、分析实证主义法学派互相补充,结成统一的法理学体系。多少年来,三大主流派之间相持不下,鼎足而言,谁也不能取得独尊地位,谁也没有被消灭,并各自在一定的地域保持着自己的优势地位,同时也表明三大法学流派在垄断资产阶级内部能找到自己存在的基础。可以预见,三大法学流派将按照垄断资产阶级的根本利益和政治需求来修正、补充和完善自己的理论方向。各流派只有借鉴和吸收其他流派和学说的养料,才能推动自身走向成熟和繁荣。三大法学流派彼此的差异仅在于分别地适应该阶级在不同经济、政治情势下的具体要求,以及分别地适应特定时期中该阶级不同部分的要求。然而,现代西方社会矛盾重重,只要垄断资产阶级在一定条件下的利益和要求还存在,或者垄断资产阶级一定阶层的利益和要求还存在,三大主流派就永远也不可能达到综合和统一。即使是综合法学派,也不可能从根本上消除它们之间的分歧和冲突。

"分化基础上的综合"将是新世纪法学发展的主旋律。而新世纪法学的主要倾向如何,有何主要特点,我们将密切注意其动向,并加以更深入的研究。

后　记

　　本书描述的是西方法律思想产生及其演变发展的历史过程。但如冯友兰先生所言,这是"写的历史",不是"本来的历史"。"写的历史与本来的历史并不是一回事"。"本来的历史"是客观的历史,是客观的存在,而"写的历史"是"本来的历史"的一个摹本,是写历史的人主观的认识,"写的历史"不可能完全符合"本来的历史"。① 因此,本书只表示笔者对西方法律思想史的一种主观认识和理解,虽然注意了吸收学术界的新成果,考虑了西方法律思想史教学中存在的问题,但囿于对西方文化有限的了解和研究能力的局限,主观认识不符合客观历史之处在所难免,敬请学界同仁和读者批评指正。

　　本书写作的近因是西南政法大学自建校以来还没有一本完全由自己编写、供学生使用的西方法律思想史读本,写作的远因可以追溯到 20 世纪六七十年代。六十年代我在北大哲学系读书时有幸认识了齐良骥先生,他和张世英先生给我们讲授西方哲学史课程。齐良骥先生是我国著名的康德专家,他慈祥、谦和、平静,他的人格魅力与学问对我产生了极大的影响。离开北大后,齐先生常来信鼓励我研究西方思想史,并指出最实惠的办法就是读原著,还要读经济史、政治史、宗教史、艺术史。七十年代末我在桂西北山区工作,齐先生从北京寄来刚刚出版的黑格尔的《小逻辑》,我爱不释手,异常兴奋,因为那是一个精神贫乏的年代,人们就像久旱的土地需要甘霖而渴求知识。

　　杨适教授、薛华教授都是齐先生的学生,是我的学长,但他们又是我的老师。杨适教授的《哲学的童年》、《重读马克思》、《中西人论的冲突》、《爱比克

---

　　① 参见冯友兰:《中国哲学史新编》第 1 卷,人民出版社 1982 年版,第 2 页。

泰德》《古希腊哲学探本》等论著为我研习西方法律思想史和写作本书提供了极其重要的观点和资料,他提出的原创文化理论与方法给人极大的启示。薛华教授是国内外知名的黑格尔法哲学专家,就黑格尔法哲学问题,我曾多次请教于他,他总是不厌其烦,耐心地讲解。他讲授哈贝马斯商谈伦理学也给人留下了深刻印象。在这里,还要感谢刘家和、陈村富、王树人、王晖等为代表的原创文化学者,他们宽广的学术视野和对问题的精深研究,对我和我的学生既是教育,又是一种鞭策。

我是1968年离开北大的,先到湖南沅江县洞庭湖军垦农场劳动锻炼,1970年被分配到广西凤山县金牙人民公社工作,那是一个瑶、壮、汉等民族聚居的大石山区,公社政府位于崇山峻岭之中。当时在地区负责理论教育工作的是后来任中央党校副校长的杨春贵教授,他通过组织把我们几位北大、清华、人大和武大毕业的学子从大山里调出来,集中力量研读马列原著,撰写解读马列著作的理论读物,这就自然需要去阅读有关西方的哲学、政治和历史的书。杨春贵教授对理论充满热情,而又思想敏锐,富于逻辑力量,他教会了我们很多东西,最初的理论研究成果与他的关心和指导是分不开的,而这些成果实际上又成为我后来研究法律思想的起点。杨春贵教授是一位好学长,又是一位严厉的老师和真诚的朋友,永远值得我们尊敬。

在为人与为学的道路上,我还要感谢杨景凡教授的教诲。他的人品与学术思想堪称楷模,在我国法学界享有很高的威望,他为西南政法学院的创办、复办和建设作出了历史性的贡献。他认为做人要讲节操,不应有私心,而应该"蜜熟蜂饥有志";治学不要浮躁,而要"珠沉玉蕴无华",学而不厌。他鄙视言行不一、见利忘义之辈,视名利如浮云,总是鼓励我们多读书、多思考。

本书的出版还要感谢人民出版社的李春林先生和李媛媛女士,他们为本书的编辑出版付出了辛勤的劳动。本书是我10余年前撰写的一个旧本子,李春林先生比较了目前社会流行的关于西方法律思想史的几个版本,他觉得我这个旧本子简明扼要,通俗易懂,适合青年学生阅读,要求我稍加修改由人民出版社出版。我欣然同意了李春林先生的意见,因为给法学专业的学生提供这方面的通俗读本还是非常必要的。但因为时间和个人精力的缘故,此次出版对原稿只作了一些小的修改,这是需要说明的。

最后还要感谢詹茂华、王洪、张奎升、付绍明等几位青年学子,十多年前他们读研期间帮助我整理资料、校对书稿,并且还参加第二十章、第二十二章、第二十三章、第二十四章、第二十五章的初稿撰写工作。现在他们已事业有成,各自都是政法战线上的骨干,我祝愿他们永不懈怠,百尺竿头,更进一步。

陈 金 全

2011 年 11 月 8 日于西南政法大学